# Die Beat Generation

# Die Beat Generation

Steven Watson

**Visionäre, Rebellen und Hipsters, 1944–1960**

Aus dem Amerikanischen übersetzt
von Bernhard Schmid

hannibal

Titel der Originalausgabe:
»The birth of the beat generation – visionaries, rebels, and hipsters 1944–1960«

Published by Pantheon Books, a division of Random House, Inc., New York



Lektorat: Manfred Gillig-Degrave
Vorwort: Wolfgang Kos
Umschlaggestaltung und Typographie: Michael Bergmeister
Satz: Vogel Medien GmbH, Korneuburg
Druck: Ebner Graphische Betriebe
ISBN 3-85445-155-5

Für William Burroughs, Allen Ginsberg
und Herbert Huncke:
Sie standen an der Wiege der Beat Generation
und haben sie überlebt

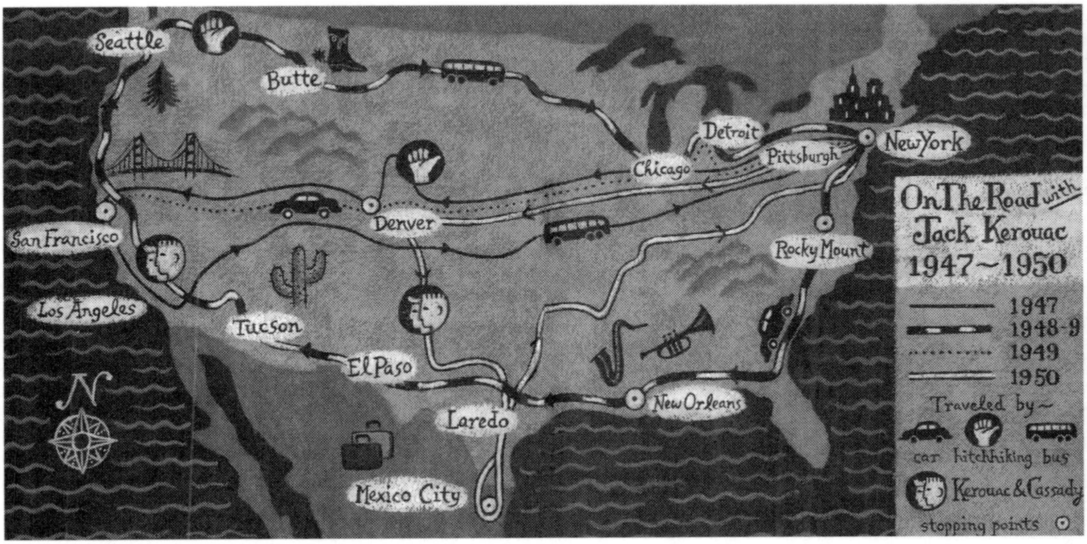

# Inhalt

## Vorwort

Wie formiert sich Kreativität? Wie zünden ideelle Treibsätze? Wo haben kulturelle Zeitströme ihre Quellen? Allzeit bereit ist bei solchen Fragen die Vorstellung vom autonomen Einzelgenie, das in »Sternstunden der Menschheit« solipsistisch vorprescht in neue Territorien. Wenn es sich um Phänomene der Gegenkultur handelt, trägt dieser Ausnahmetypus oft das Kostüm des verkannten Einzelgängers - wenn schon Heroen, dann möglichst solche, die einsam und verloren sind und allein mit dem Rücken zur Wand stehen.

Die Kulturgeschichte aber zeigt, daß dort, wo Neues verhandelt, erprobt und propagiert wird, sehr oft Gruppen das tragende Geflecht für innovative Aufbrüche bilden. In der avantgardistischen Sippe (die sich von innen als Bund von Initiierten darstellt, von außen als Clique, die, wenn sie sich durchsetzt, sehr schnell in den Ruf der Verschwörung kommen mag) kann man einander bestärken, befeuern und nach außen abschirmen. Gerade in Inkubationszeiten neuer Ideen ist es offenbar wichtig, sich in der Kontraposition zusammenzukuscheln und ein dissidentes Wir-Gefühl zu entwickeln - im Gegensatz zur Mehrheit, die man verachtet.

Im Vorwort der amerikanischen Originalausgabe dieses Buches zitiert Steven Watson den Musikkritiker Paul Rosenfeld, der 1947 äußerte, daß komplexe Kunstwerke stets die Stimmen von Ensembles repräsentieren und eben nicht die von Individuen. Die Geschichte der Moderne ist auch eine Geschichte von Gruppenbildungen. Solche »Circles« waren stets, so Watson, »wichtige Hebammen des Modernismus, weil sie für psychologische und oft auch finanzielle Abstützung und für eine erste Streuung ästhetischer Positionen sorgten«.

Ob französische Nachtklubboheme oder Wiener Kaffeehaus-Moderne, ob Dada oder De Stijl, ob Amerikaner in Paris oder Kiffer in Tanger, ob Edeldekadenz der Bloomsbury Group oder neuwilde Malerei der Mühlheimer Freiheit: immer wieder das Gefühl, daß die Welt der Avantgarde in ihrem Innersten aus lauter Dörfern, Stammtischen, Wahlverwandtschaften und gemeinsam zerwühlten Betten besteht. In Phasen produktiver Brüche mit der Orthodoxie - ob die der Zwölftöner um Schönberg oder die der Pop Artists im New York der Sixties - rücken stets eine Handvoll von Künstlern,

Kritikern, Mäzenen, Groupies und Verleger/Galeristen konspirativ eng zusammen. Man ist immer wieder verblüfft, wie klein und intim solche Netzwerke in ihrem Kern sein können – und wie schnell Nähe in Familienstreit umschlagen kann.

Manche Avantgarde-Trupps begannen ihre Strategiespiele mit fanfarenartigen Manifesten im öffentlichen Raum, andere, wie die Beat-Poeten, entwickelten ihr Ziele, Codes und Riten eher informell, an der äußersten Peripherie des Kulturbetriebs, in der Intimzone persönlicher Beziehungen, angetrieben von der Dreifaltigkeit Sex, Drugs & Bebop. Das Freilegen dieser Beziehungsgeflechte ist das eigentliche Ziel des vorliegenden Buches, das der Autor im Rahmen eines Zyklus erarbeitet hat, den er »Circles of the Twentieth Century« nennt (ein weiteres Buch gilt der »Harlem Renaissance«, das neueste den Kunst- und Theaterzirkeln der Weimarer Republik). Es geht dem Kulturhistoriker Steven Watson, über das Thema des vorliegenden Buches hinaus, also um eine in der Geschichtsschreibung sehr aktuelle Problematik: Wie kann man individuelle Lebenswege mit komplexen sozialen Konstellationen verknüpfen? Wie läßt sich die Biographie einer Gruppe erzählen, die keine formellen Mitglieder hat wie etwa eine Rockgruppe und in deren Netzwerk immer wieder Menschen hinein- und hinausdriften? Die Souveränität, mit der Watson solche Fragen beantwortet, macht sein Buch, in dem die überreich vorhandenen Detailstudien, Dokumente und Innenberichte der Beat-Poeten synchronisiert werden, so innovativ.

Die »heiligen« Texte der Beat-Dichter stehen im Zentrum auch dieser Untersuchung, doch das Weitwinkelverfahren des Autors beschert den Lesern einen enormen Mehrwert. Die Beat-Bewegung erscheint gewissermaßen als kollektives Gesamtkunstwerk, angetrieben von der Anti-Energie psychischer Outlaws und von ihrer pathetischen Gier nach Grenzerfahrungen. Neben den Zentralfiguren Kerouac, Burroughs und Ginsberg (beziehungsweise Ferlinghetti, Snyder und Orlovsky für die kalifornische Szene der »zweiten Generation«) werden auch mysteriöse Impulsfiguren wie Lucien Carr oder Herbert Huncke voll ausgeleuchtet – und vor allem auch die Beat-Frauen, allen voran Joan Vollmer, deren Bedeutung in diesem Milieu der dionysischen Männerbündelei und der schwulen Psychodramen allzuoft marginalisiert wurde. Watson zeigt uns, so schrieb Luc Sante über dieses Buch, auch »die Fehlstarts, die verlorenen Nächte und die vergessenen Mitspieler«.

Am Gruppengeflecht der Beats wird exemplarisch herausgearbeitet, wie sich aus gemeinsamen Visionen und aus der elitären Erfahrung des intentionalen Außenseitertums (und durch Übernahmen aus den Sprachmilieus des schwarzen Jazz, der Drogen-Subkultur und der Schwulenszene) ein spezifischer Jargon entwickeln konnte, aus dem letztlich eine suggestive Propagandasprache für ein »neues« Lebensgefühl werden konnte. Ein Buch wie »On the Road« war, ähnlich wie später die Songlyrik von Bob Dylan, ein unerschöpfliches Reservoir von Empfindungsanleitungen – immer wieder Sätze, die wie Geheimformeln gelesen werden konnten und die den Lesern den Weg in ein mystisches Alternativamerika wiesen, in eine Zone der permanenten Verwandlung des schäbigen Alltags in rauschhafte Euphorie: »Jede Bodenwelle und Ebene reizte meine Sehnsucht.« – »Jenseits der glitzernden

Straße war Dunkelheit und jenseits der Dunkelheit der Westen. Ich mußte ziehen.« – »Vor dem Sex reden sie nicht miteinander. Ich meine nicht dieses Verführungsgeschwätz, sondern echte Gespräche über die Seele. Denn das Leben ist heilig und jeder Augenblick wertvoll.« – »Jeder Muskel zuckte, um zu leben und loszustürmen«. Die Autofirma Ford warb 1951 mit dem Slogan »Today the American road has no end.«

Die insiderhafte Mythologie der rasenden Boys in ihren abgerissenen T-Shirts hätte nie zu einem Massenphänomen explodieren können, wenn es nicht längst fein ausdifferenzierte Codes bezüglich Sprache, Kleidung und Sozialverhalten gegeben hätte. Watsons Idee, dem Buch ein Wörterbuch des subkulturellen Jargons der Nachkriegsjahre beizugeben, unterstreicht die Bedeutung kommunikativer Rituale. Letzlich sind es Techniken der Unterwanderung, Besetzung und Umdeutung (man denke an die verschwörerische Umdeutung von Worten wie »beat«, »kicks« oder »bad«), die es avantgardistischen Gruppen ermöglichen, von der Peripherie aus das Zentrum zu erobern. Die dafür notwendige Stabilität wird im Inneren geschützter Zirkel erworben. Das jahrelang angestaute Gefühl des heroischen Scheiterns und die Erfahrung der Ausgrenzung vom Kulturbetrieb (Burroughs erstes Buch »Junkie« erschien in einer Schund-Reihe, sein zweites, »The Soft Machine«, in einem Pariser Pornoverlag) kann den Ideenschub einer Gruppe durchaus verstärken. Kommt dann der plötzliche Ruck in die Berühmtheit und die Umwandlung einer Gegenkultur in eine dominante Antimode, so ergeben sich Widersprüche. Daß die Beat-Dichter, vor allem Jack Kerouac, von dieser Kontextverschiebung überrollt wurden, hängt mit dem romantischen Bohemebild zusammen, aus dem sie ihre Outsider-Identität bezogen hatten. Zu bizarr waren die Auswüchse der Beatnik-Mode, bis hin zu massenmedialen Anweisungen, wie man sich als perfekter Beatnik zu kostümieren habe. Was kultursoziologisch und kommunikationstechnisch als strategischer Triumph erscheint, wurde im Inneren des Zirkels als Enteignung wahrgenommen: Antihelden in der Rolle von Medienstars – eine Problematik, die bis heute zum Szenario aller subkulturellen Aufstiege und »style wars« gehört. Was den weniger Erfolgreichen als Verrat von Idealen erscheinen muß, ist zugleich strukturelle Logik.

Nimmt man den Bucherfolg von »On The Road« als Wasserscheide, so läßt sich an diesem Modellfall die ganze Widersprüchlichkeit beobachten, mit der Kunst, die mit dem Treibstoff der Unmittelbarkeit gezündet wurde, in der Arena des Kulturbetriebs und in der massenkulturellen Rezeption rechnen muß. Ein paar Jahre nach seinen ersten Überlandfahrten und nach der Begegnung mit Neal Cassady, dem »Propheten« und »Heiligen« des Outsidertums, verdichtete und überhöhte der immerhin schon 29jährige und mehrfach als Dichter gescheiterte Kerouac das Erlebte 1951 in einem rauschhaften Schreibvorgang . Wie wir aus den Sagen des modernen Altertums wissen, hat Speedy Jack in diesen legendären drei Wochen nicht weniger als zwölf T-Shirts verschwitzt. Die Endlosrolle seines Textes erschien ihm, als sie am Fußboden lag, »wie eine Landstraße«. Der rasenden Eruption folgte eine jahrelange Suche nach einem Verlag, also ein frustrierender Stillstand. Als das Buch 1957 dann endlich erschien, reagierten die Leser begeistert auf den Rhythmus der Bewegung und imaginierten ihren Helden Jack Kerouac als jungen Wilden und unbändigen Rebellen, der er in Wirklichkeit längst nicht mehr war. Der reale Kerouac der späten Fifties war ein körperlich und psychisch ziemlich ramponierter Mann mit zunehmender Schreibhemmung und ängstlichem Rückkehrimpuls in die triste Idylle im Haus seiner Mutter, wo er sich letzlich totgetrunken hat. (Ganz anders ging Ginsberg mit dem Problem der Lebensrealzeit um: Er wurde zum Inbegriff des hellwachen, allzeit zornigen und letztlich zeitlosen Barden, der immer wieder die Nähe zu nachwachsenden subkulturellen Zirkeln suchte. In den Tagen der Abfassung dieses Vorworts ist gerade wieder eine CD von Allen Ginsberg erschienen, aufgenommen mit so unterschiedlichen Partnern wie Lenny Kaye, Paul McCartney und Philipp Glass, auf der der Dichter den »Skeletten« unserer Zeit höhnische Spottverse zuruft.)

Beeindruckend an Watsons multipler Biographie ist, daß sie die Früh- und Erfolgsgeschichte der Beat Generation nicht isoliert darstellt. Immer wieder ergeben sich Bezüge zu früheren oder parallel agierenden Boheme-Zirkeln, beispielsweise zum Kreis, der sich am Black Mountain College gefunden hatte und dem John Cage und Merce Cunningham ebenso angehörten wie die Maler Josef Albers, Franz Kline und Robert Rauschenberg sowie der Poet Robert Creeley. Nie erscheinen die Utopien der Beat-Rebellen als geschichtsloser Nullpunkt. Man erfährt, daß für Burroughs und Ginsberg die Vorstellung einer »neuen Vision« auch aus Texten wie Spenglers »Untergang des Abendlandes« gespeist wurde und daß Kerouac ein Nietzsche-Zitat über seinem Schreibtisch an die Wand gepinnt hatte. Und es zeigt sich, daß es – wie für alle innovativen Zirkel – auch für die Beat-Poeten Mentoren gegeben hat, die sie ermutigt haben, etwa den Dichter William Carlos Williams, der seit den zehner Jahren dieses Jahrhunderts ein unermüdlicher Avantgarde-Networker gewesen war. Williams war es, der Allen Ginsbergs Gedichtbrocken »Howl« (»Das Geheul«) 1956 mit diesen Worten begrüßte: »Nehmen Sie Ihre Röcke hoch, meine Damen – jetzt geht es durch die Hölle!«

Watson betrieb gewissermaßen Rasterfahndung, indem er die Lieblingsbücher seiner Protagonisten ebenso in sein Gesamtbild einfließen ließ wie ihre Drogenkarrieren oder die Frage, wer wen in welcher Bar regelmäßig getroffen hat. Obwohl das Buch mit dem Jahr 1960 abschließt, handelt es indirekt auch von allen späteren visionären Gegenkulturbewegungen. Ihnen allen ist ja gemeinsam, daß sie ihre dissidente Energie angesichts eines schnell zunehmenden materiellen Wohlstands entwickelten – und inmitten einer sich rasant beschleunigenden Medienlandschaft. »Die Kommunikation hat sich in eine Schwerindustrie verwandelt«, sagte Umberto Eco 1967 bei einem Vortrag in New York. Gewisse Formen von »Massendissens« – Eco nannte als Beispiele die Hippies, die Beatniks und die neuen Studentenbewegungen – erscheinen »als Absagen an die Gesellschaft der Technologischen Kommunikation«, könnten sich aber nur realisieren, »indem sie die gegebenen Mittel der technologischen Industriegesellschaft verwenden«. Die Gegenkulturen waren also, indem sie ihre Codes in die Massenkommunikation einschleusten, ungewollt Teil jener Zirkulation, die ihnen als suspekt erschien, was zu »pittoresken Formen der Integration« (Eco) führte. Ein Jahrzehnt nach dem Medienrummel um die Beats und die Beatniks warb der Unterhaltungskonzern CBS mit Slogans wie »That's Underground« oder »The

Rock Revolution Turns You On«. Auf prototypische Weise waren die Beat-Dichter mythenfähig, indem sich ihr Image von den realen Texten ablöste beziehungsweise zu diesen auf irritierende Weise hinzutrat. Vom semiotischen Standpunkt aus waren letztlich die Kleiderordnungen der Beatniks nicht weniger sinnstiftend als die Textzeilen ihrer Helden. Ein Wort wie »Beatnik« stand, ebenso wie Nachfolgebegriffe wie »Hippie« oder »Gammler«, für intendierte Schäbigkeit; das ungepflegte Haar und die ausgelatschten Schlabberklamotten wurden zum Synonym für den Geruch zivilisationsferner Wildnis.

An einigen Leitmotiven der Beat Generation läßt sich diese Ambivalenz und Kontinuität der Subkulturen in ihrem Status nascendi erkennen:

Zentral für den weltanschaulichen Grundton der Beats war ein Modell der Ununterscheidbarkeit von Leben und Kunst, also die Idee der radikalen Authentizität – und damit die romantische Vorstellung, daß nur ein gefährliches Leben ein freies und künstlerisch produktives sein könnte. Die entscheidende Verbindungsfigur zwischen Kerouac und dem »wirklichen Leben« war bekanntlich ein Nichtdichter, der Autodieb, Frauenheld und impulsive Briefschreiber Neal Cassady. Seine asoziale Energie und anarchisch-machistische Lebenspragmatik floß wie ungefilterter Rohstoff aus einer zwar illegalen, aber in einem höheren Sinn »reinen« Quelle in Kerouacs Texte ein. Cassady wurde damit zu einem Kronzeugen der Beat-Bewegung, zu einem Guru des aktiven Prinzips (»The only thing to do was go«), zum edlen Wilden vom Dienst. Indem er von den intellektuellen Streunern dazu »manipuliert« wurde, selbst ein Dichter zu werden, wurde er zu einem Rollenmodell der kollektiven Phantasie, eine Konstruktion, an der er letztlich zerbrechen mußte. (Sein Prosabuch »Flügel des Engels« erscheint parallel mit »Die Beat Generation« im Hannibal Verlag.) Die Familiengeschichte der Beats ist reich an tragischen Persönlichkeitskrisen in der Danger Zone zwischen Realität und hyperrealer Simulation.

Da sich bei den Beats der imaginative Raumgewinn aus tatsächlichen Reiseerfahrungen und Selbstversuchen auf der »anderen Seite« der Wirklichkeit speiste, kam ihnen eine starke »pädagogische« Wirkung zu. Viele junge Menschen konnten sich nach dem Muster der Beat-Mythologie eine neue Identität erarbeiten und ein Gefühl der Weite spüren, das im Gegensatz zur kleinbürgerlichen Enge ihrer Elternhäuser stand. Von Bob Dylan weiß man, daß er 1960 Kerouacs »Mexico City Blues« in sich aufsaugte, also genau in jener Phase, in der er sich eine neue imaginäre Biographie zurechtlegte. Aus diversen Versatzstücken – Blues, James Dean, Rimbaud, Kerouac, Hank Williams und vor allem Woody Guthrie, der sozialkritischen Folk-Rambler – kondensierte der junge Dylan die Lebensgeschichte eines Vaganten, der mit Zirkusleuten und Hobos durch Amerika gezogen ist. Auch wenn diese Biographie, die der 20jährige Folknik prompt seinen ersten Interviewern auftischte, weitgehend erfunden war: Die poetische Kraft von Dylans Liedern bewies, daß er tatsächlich all seine Highways entlanggewandert war – nämlich in seiner Phantasie. Dabei hatte die Route 66, diese Hauptschlagader des Straßenfiebers der Beats, bereits in den 50er Jahren durch den Ausbau zu einer mehrspurigen Autobahn ihre reale Bedeutung verloren. Die Bars und Tankstellen, die in einem Buch wie »On the Road« als heilige Orte eines neuen Bewußtseins erscheinen, waren also damals schon schäbige Reste einer alten, untergehenden Welt.

Die Beats bevölkerten also eine mythologische Urlandschaft, die man heute noch »Amerika« nennt und die von Regisseuren, Musikern, Jeans-Werbefilmern und USA-Touristen weiterhin dringend benötigt wird – als Phantasmagorie von längst globalen Ausmaßen. So explizit auch ihre Verachtung des technokratischen »Corporative America« war – die Beat-Dichter waren auch unterschwellige Patrioten. Sie stehen damit in einer langen Kette einer zwar kritischen, aber letztlich dennoch pathetischen Amerika-Überhöhung, die von John Steinbeck bis Bruce Springsteen, von Woody Guthrie bis Jim Jarmusch, von Creedence Clearwater Revival bis Grateful Dead reicht. Ginsbergs Predigertiraden waren poetische Pamphlete der Haßliebe zu einem Land mit besonderer Verpflichtung zur Freiheit. In Burroughs' rituellem Umgang mit dem Colt lassen sich Unabhängigkeitsriten des amerikanischen Pioniers erkennen. Und Kerouacs Reise durch Amerika war von Anfang an auch eine Erweckungsreise nach Amerika. Fluchtpunkt aller Aufbrüche war der wahre, also vorindustrielle Geist Amerikas. Als die Ich-Figur auf dem Weg in den »Westen meiner Zukunft« erstmals »meinen geliebten Mississippi-Fluß« überquert, macht Kerouac daraus ein nationales Sakralbild: Der Mississippi mit seinem »starken, üppigen Duft« riecht »wie der rohe Körper Amerikas«, denn »er wäscht ihn aus«. Das Bild der Reinigung eines verkommenen Landes ist ein zentrales Motiv der Beat-Poesie, nicht nur in »On the Road«. Einer der Alternativtitel von Kerouacs Roman lautete: »American Road Night« (eine LP von Neil Young heißt »American Stars 'n' Bars«).

Die Poesie der Beats hatte nämlich einen musikalischen »Sound«. In ihr sollte die Motorik des Bebop durchklingen und die Spontaneität dieser Musik. Kerouacs Prosa fließt immer dann besonders schön, wenn er versucht, die Innenwelt der Jazz-Erfahrung zu beschreiben. Avantgardekunst, Underground und Populärkultur rückten in den 50er Jahren näher zueinander als je zuvor (sieht man von den Kabarett-Liedern der Weimarer Republik einmal ab). In Frankreich haben damals die Protagonisten der Nouvelle Vague die amerikanischen B-Movies mit neuen, offenen Augen in sich aufgesogen. Zwischen »high« und »low« ergaben sich neue Mischungsverhältnisse. Die Idee, am musikalischen Gestus ästhetisch Maß zu nehmen, intensivierte sich in der Hippiekultur der 60er Jahre. Zwischen der Struktur von Drogentrips, der ausufernden, spiralenförmigen und entgrenzenden »Free Form« der psychedelischen Musik und dem traumartigen Fließen und Flirren von Sprachbildern ergab sich eine neue Form der konvulsiven Formlosigkeit. Diese Tendenz zur simultanen Mehrfachbesetzung der Sinne ist in der Suche der Beats nach rauschhaftem Glückserleben bereits erkennbar.

Damit ist ein weiteres Kernstück der Beat-Erbschaft angesprochen: die Ästhetik der Spontaneität, das Aufbrechen der Kontinuität und des »geschlossenen« Erzählens. Techniken wie die des »Cut-up« führten zu einer Enthierarchisierung der formalen Elemente; das Wichtignehmen des Unerwarteten wertete alles Periphere auf. Für die Texte der Popmusik, von Bob Dylan bis zu R. E. M., hatte das eine nicht zu überschätzende Befreiungswirkung. Vor allem Burroughs' Werk erscheint als großer Strom des Fragmentarischen und Unschematischen: »Die endgültige Form von ›Naked Lunch‹ und die Anordnung der einzelnen Abschnitte«, so der Dichter, »ergab sich aus der Reihenfolge, in der das Material – zufällig – zum Drucker gelangte«. Denkt man an heutige Musikstudio-Praktiken wie Mixen, Remixen und Sampling, dann hat sich die Bereitschaft zur permanenten Zerlegung und Neuzusammensetzung des Materials breit durchgesetzt.

Susan Sontag hat darauf hingewiesen, daß die Schnitt-Technik in der Prosa von William Burroughs das Ergebnis einer »intensiven Beschäftigung mit der Zeit« gewesen sei. Innerhalb der Texte ergebe sich eine »schwindelerregende Bewegung in der Zeit«. Auch die rasende Fahrt von »On the Road« ist eine Reise entlang einander widersprechender Zeitvektoren: Einerseits ist sie beschleunigt vom Adrenalin einer Erotik der Ungewißheit, andererseits ist sie verlangsamt durch eine zenbuddhistische Suche nach dem Nullpunkt des Ich. Rasen und zugleich in sich ruhend die Ewigkeit spüren – die abstrakte Bewegung und die konkrete Ungleichzeitigkeit als moderne Grunderfahrungen.

In den Gedichten Ginsbergs findet sich gleichzeitig ein weitschweifiges Lamentieren und rhythmisiertes Brabbeln. Der Dichter berief sich bei seinem poetischen Verfahren auch auf physiologische Vorgänge beim Atmen: »Ich stelle mir einen Gedanken nicht so vor, wie ich ihn aussprechen würde, sondern wie ich ihn denke, das heißt in schneller Abfolge von Bildern und Wörtern, und dabei entsteht etwas anderes, als wenn ich langsam spreche.« Eine der Regeln in Jack Kerouacs 1959 im »Evergreen Review« veröffentlichter »Liste der unentbehrlichen Hilfsmittel« (des Dichters) lautet: »Es gilt, die Flut, die, die in deinem Inneren bereits unversehrt existiert, aufzuzeichnen!« Eine andere: »Komponiere wild, undiszipliniert, rein! Schreib, was aus den Tiefen deines Inneren aufsteigt! Je verrückter, desto besser!«

Die Beats und später die Hippies gingen von der Vorstellung aus, das Bewußtsein allein könne und solle das künstlerische Schaffen steuern – eventuell im Zusammenwirken mit sphärischen Faktoren wie »Vibrations« oder spirituellen Gegebenheiten. Daraus ergab sich ein tiefes Mißtrauen gegen alles Geplante, Konstruierte und Rationale. Kerouac strebte ein »ungehindertes Fließen aus dem Geist« an, ein orgiastisches Schreiben ohne Grammatik- und Syntaxregeln, in dem das unterscheidende Denken ausgeschaltet sein sollte. Nachträgliche Bearbeitung stand im Verdacht der Zensur. Auch Burroughs wollte »psychische Prozesse« möglichst »unmittelbar« wiedergeben. Er überantwortete sich völlig der Dynamik seiner Sinnesorgane, seinen Ekstasen und Horrorerlebnissen. Eine solche Kreativstrategie trägt sich im Chiaroscuro der Traum- und Alptraumwahrnehmung zu, ist also weitgehend zustandsgebunden. Spielt die Musik den Musiker oder der Musiker die Musik? Es gibt einen permanenten Wunsch danach, den Halt zu verlieren und hinaufzustürzen in ein kosmisches Universum. Man könnte auch von einem latenten Wunsch nach Regression sprechen, der sich allerdings in großen, apokalyptischen Bildern ausdrückt. In »The Soft Machine« heißt es: »Macht Tore frei . . . Faßt den Sturz in Worte . . . Stoßt vor in den Grauen Raum«. Der Text als Ejakulat, das Leben als permanenter Intensitätsautomat, in dem sogar die grauenhaften Phasen des Down-Seins nach halluzinatorischen Trips als heroische Leidenskonvulsionen gefeiert werden. Was bei den Doors »Come on through to the other side« hieß, wurde in der Rockkultur bis zum Klischee einer Ekstase in Permanenz verdichtet. Vielleicht ist auch der Cyberspace-Kult der letzten Jahre vom Wunsch bestimmt, sich den Kräften eines letztlich transzendentalen »Flow« auszuliefern.

Was ich mit all diesen Assoziationen sagen wollte: »Die Beat Generation« ist ein formidables Basislager für Gedankenreisen durch die Subkulturen des letzten halben Jahrhunderts. Um so wichtiger ist es, daß es sich um eine akribische Spurensicherung handelt, knapp bevor die Erinnerungsmaschine alles glattbügelt. In Hollywood wird, nach langen Rechtsstreitigkeiten um Kerouacs Erbe, endlich »On the Road« verfilmt. Und die Gedenkstätten werden wohl, rechtzeitig für die »Reise zum Film zum Buch«, fein herausgeputzt werden.

*Wolfgang Kos*

# Beats – die geschlagene Generation

*Vorhergehende Seite:*
*Hal Chase, Jack Kerouac, Allen Ginsberg und William Burroughs bei der Inszenierung einer Dashiell-Hammett-Phantasie an der Upper West Side, New York, ca. 1945*

# Beats – die geschlagene Generation

## Vom »Beat« zum »Beatnik«: Evolution eines Begriffs

Das Wort »beat« stammt ursprünglich aus dem Jargon des Zirkus- und Schaustellergewerbes und reflektiert die bescheidenen Verhältnisse dieses fahrenden Volks. In der Drogenszene bedeutete »beat« soviel wie »ausgeraubt« oder »gelinkt« (wie in dem Begriff »beat deal« – »linker Deal«). Herbert Huncke schnappte das Wort bei seinen Freunden aus dem Showgeschäft an der North Side von Chicago auf und führte es im Herbst 1945 bei William Burroughs, Allen Ginsberg und Jack Kerouac ein. Er hatte nicht einen Augenblick lang daran gedacht, darin etwas Positives zu sehen: »Ich meinte ›geschlagen‹, ›fertig‹. Die Welt gegen mich.«[1]

Historische Resonanz gewann das Wort, als Jack Kerouac – in einem Gespräch mit seinem Schriftstellerkollegen John Clellon Holmes im November 1948 – folgende Bemerkung machte: »Ich denke also, man könnte sagen, wir sind eine *geschlagene* Generation.« Holmes machte es sich zu eigen und präsentierte das Wort vier Jahre später, im November 1952, in einem Artikel im *New York Times Magazine* mit dem Titel »This Is the Beat Generation«, der breiten Öffentlichkeit. »Sie umfaßt eine gewisse Nacktheit des Geistes und letztlich auch der Seele«, schrieb Holmes, »ein Gefühl, auf das Grundgestein des Bewußtseins reduziert zu sein.«

*Demut ist wirklich Geschlagen-Sein [beat-ness]: eine erzwungene Tugend, die man nur an den Tag legt, wenn man unbedingt muß.*
– William Burroughs

Bereits Anfang der fünfziger Jahre hatten Kerouac und Ginsberg die »beseligende« – »beatific« – Qualität von »beat« herauszuheben begonnen, indem sie dem Standpunkt des »Besiegten« eine mystische Dimension verliehen. »Das Entscheidende des *Beat*seins besteht darin, auf eine gewisse Nacktheit zurückgeworfen zu werden, in der sich die Welt auf visionäre Art sehen läßt«, schrieb Ginsberg,

*It's time we thought about our material. Call them hipsters, the »beat Generation«, »postwar kids«, or our own displaced persons whatever you will.*
*Es wird Zeit, über unser Material nachzudenken. Nenn sie Hipster, »Beat Generation«, »Nachkriegskinder« oder Amerikas Vertriebene, wie immer du willst.*
– John Clellon Holmes an Jack Kerouac, 1950

*The essence of the phrase »beat Generation« can be found in* On the Road *in another celebrated phrase, »Everything belongs to me because I am poor.«*
*Das Wesen des Begriffs »Beat Generation« findet sich in* On the Road *noch in einem anderen berühmten Satz: »Mir gehört alles, denn ich bin arm.«*
– Allen Ginsberg

*Womit haben wir das verdient?*
– Life, in bezug auf die Beats

*Kerouac hat eine Million Café-Bars eröffnet und eine Million Levis an Männlein wie Weiblein verkauft.*
– William Burroughs

»was dem klassischen Verständnis dessen entspricht, was sich in der finsteren Nacht der Seele abspielt.«[2]

Eine weite Verbreitung fand »Beat« mit dem Erscheinen von Kerouacs Buch *On the Road* im Jahre 1957, auf das hin man die Beat Generation in den Medien als kulturelles Phänomen zu vermarkten begann. Herb Caen, Kolumnist beim *San Francisco Chronicle*, prägte den Begriff »Beatnik« nach dem Start des russischen »Sputnik«, mit der Begründung, der Satellit sei »genauso abgehoben«[3] (»far out«) wie dieser neue Typ des Bohemiens. Diese abschätzige Inkarnation von »beat« stand für eine Spezies von Mitläufern der Avantgarde, die ausnahmslos schwarzes Barett, Spitzbart und schwarze Jeans (im Falle der Männer) oder (was die Frauen anging) schwarze Strumpfhosen trug, auf Bongos eintrommelte, billigen Chianti trank und Marihuana rauchte. Beatniks schätzten Charlie Parker, Lord Buckley und Lenny Bruce, saßen in Kaffeehäusern herum und sagten »Dig«, »Crazy« und »Cool!«.

Diese modische Kommerzialisierung der Beat Generation begann im Herbst 1957 und kam zwei Jahre später in *Life* und *Time* so richtig in Schwung. 1959 wurde die Beat Generation zu einem gleichnamigen B-Picture, und der ziegenbärtige Maynard G. Krebs, eine Figur aus der beliebten TV-Serie *The Many Loves of Dobie Gillis*, verkörperte den Inbegriff des Beatnik. Anfang der sechziger Jahre war die Mode bereits wieder am Abklingen, und einige Jahre später galten Beatniks bereits als kurios antiquierte Objekte der Nostalgie; ihre Zeit hatte schnell den Höhepunkt überschritten. Überraschenderweise jedoch durchdrang das Phänomen »Beat« die amerikanische Populärkultur weiter und tiefgreifender als jede andere Spielart der Avantgarde vor Andy Warhols Factory. Aber während Warhol den Vorstoß in die Kommerzkultur beabsichtigte, galt das für die Beats nicht. Trotzdem halten sich noch heute, zur Zeit der Arbeit an diesem Buch, Bilder von Galionsfiguren der Beat Generation in Jeans- und Turnschuhwerbung.

Für einen Eintrag in den *Random House Dictionary* lieferte Jack Kerouac eine treffende historische Definition: »Angehörige der Generation, die nach dem Zweiten Weltkrieg volljährig wurde und sich, angeblich als Folge einer Desillusionierung durch den kalten Krieg, einer mystischen Distanz und der Lockerung sozialer und sexueller Spannungen verschreiben.«[4] Mittlerweile, im ausgehenden 20. Jahrhundert, hat die Beat Generation jenen historischen Augenblick überdauert, Berühmtheit und Medienrummel überlebt und ist für die Folgegenerationen zur literarischen Klassik avanciert.

## Beat-Leben/Beat-Literatur

Will man es ganz genau nehmen, so besteht die Beat Generation lediglich aus William Burroughs, Allen Ginsberg, Jack Kerouac, Neal Cassady und Herbert Huncke; etwas später kamen noch Gregory Corso und Peter Orlovsky hinzu. Im weitesten Sinne fallen unter den Begriff fast alle innovativen Dichter, die sich mit San Francisco, dem Black Mountain College und der Szene aus »downtown« New York in Verbindung bringen lassen. Im Sinne dieser breiten Definition zeichnet sich die Beat Generation durch ein gemeinsames Interesse an spiritueller Befreiung aus, die sich in einer freimütigen Darstellung persönlicher Inhalte und in offenen Formen, sowohl in Versen als auch in Prosa, manifestiert und so zur Bewunderung für Walt Whitman, William Carlos Williams und andere Autoren der Avantgarde führt.

Die Identität der Beats hat ebensoviel mit literarischer Ästhetik zu tun wie mit ihrer kollektiven Biographie. Ihre ineinander verwobenen Lebensläufe bieten eine der Grundlagen für ihre Literatur, was sich am besten im Werk von William Burroughs, Allen Ginsberg und Jack Kerouac verfolgen läßt. Sie verarbeiteten Details aus dem Alltagsleben, Fetzen erinnerter Gespräche und persönliche Freundschaften zu höchst eigenwilligen Erzählwerken, die zuweilen, so hat es den Anschein, von einem unzensierten Bewußtsein diktiert wurden. So erzählt Burroughs in *Junky* die ersten Jahre seiner Heroinsucht im knappen, trockenen Ton des »Tatsachenberichts«, in *Naked Lunch* dagegen im Ton einer alptraumhaften schwarzen Komödie. In einer Reihe von Schreibanfällen brachte Kerouac – zuweilen von Benzedrin getrieben, zuweilen von Marihuana inspiriert – in einer »spontanen Bop-Prosodie« seine pikareske Lebensgeschichte zu Papier. Seine Schreibmarathone führten nicht nur zum berühmtesten sei-

*By avoiding society you become separate from society and being separate from society is being BEAT.*
*Indem man der Gesellschaft aus dem Weg geht, stellt man sich außerhalb der Gesellschaft, und außerhalb der Gesellschaft zu stehen, ist das Wesen des BEAT.*

– Gregory Corso

*Neal: His names were long and will never be forgotten.*
*Neal: Seine Namen waren lang, und man wird sie nie vergessen.*
*Lucien: All our intelligence was in him.*
*Lucien: Er hatte unser aller Intelligenz.*
*Allen: All his sorrows were more than ours.*
*Allen: Sein Kummer war immer größer als der unsere.*
*Bill: All our courtesy was most in him.*
*Bill: Er war der Inbegriff unserer Höflichkeit.*
*Joan: Her madness was all our own.*
*Joan: Ihr Wahnsinn gehörte uns ganz allein.*

– Allen Ginsberg, über seine Freunde

ner Romane, *On the Road*, sondern auch zum Fortsetzungsepos seines eigenen Lebens, der »Legende von Duluoz«, wie er es nannte. In seinem berühmt-berüchtigten Gedicht »Howl« schuf Allen Ginsberg die breit angelegte Apologie seiner Generation. Leben, Legende und Literatur beginnen zu verschmelzen.

Der Bund der Beats, den sie bereits ein Jahrzehnt vor Beginn ihrer Verherrlichung durch den Rest der Welt geschlossen hatten, ermöglichte ihnen den Eintritt in die Welt des Schreibens. Ihr intimer Kreis war sowohl Thema als auch Publikum – und weil sie Autobiographisches zu Kunst transformierten, leben ihre fiktiven Charaktere noch lange nach dem Tod ihrer Prototypen fort. Dieses Kollektiv von sowohl fiktiven als auch reellen Charakteren ist ein gutes Beispiel für ein entscheidendes Paradigma der amerikanischen Literatur des 20. Jahrhunderts: das Aufspüren höchster Spiritualität unter Randexistenzen und Enteigneten, das Schaffen von Verbindungen zwischen Kunst und Pathologie, die Suche nach Wahrheit in Visionen, Träumen und anderen nicht rationalen Zuständen.

*In the U.S. you have to be a deviant or die of boredom. In den Vereinigten Staaten muß man Abweichler sein, man stirbt sonst vor Langeweile.*
– William Burroughs

Die Beats waren nicht die ersten Amerikaner, die gegen literarische Traditionen rebellierten, noch waren sie die ersten, bei denen sich Leben und Kunst miteinander verbanden. Wie ihre avantgardistischen Vorfahren, die auf allen Gebieten von der Kleidung bis hin zu Drogen, Politik und Sex experimentiert hatten, führten auch die Beats ein Leben als gegenkulturelles Experiment.

*Wir sind jetzt womöglich die engagierten Ingenieure unserer eigenen kleinen amerikanischen Renaissance, vielleicht sogar der Pionierzeit des Goldenen Zeitalters der amerikanischen Literatur.*
– Jack Kerouac

Zur Zeit ihres ersten Ruhmes, während der Eisenhower-Ära, rührte die Beat Generation an einen offenen Nerv. Nachfolgende Generationen – die Hippies der 60er, die Punks der 70er Jahre – sahen in ihnen kulturelle Vorläufer, und immer wieder wird ihr Werk neu entdeckt. 1951 schrieb Allen Ginsberg an Jack Kerouac: »Ich kann's nicht glauben, aber wir drei sind bereits der Kern eines absolut neuen, historisch wichtigen amerikanischen Schaffens.«[5] Zu jener Zeit hörte sich Ginsbergs Aussage noch wie jugendliche Arroganz an, ein halbes Jahrhundert später wirkt sie wie eine verwunderte Prophezeiung.

*Aber hör mal ... bist du dir bewußt (anders kann man es nicht sagen), daß in der amerikanischen Literatur eine neue Ära beginnt?*
– Jack Kerouac

Allen Ginsberg selbst teilt die Geschichte der Beat Generation in vier Phasen: 1) Das Zusammentreffen der Schlüsselautoren und deren spirituelle Befreiung. 2) Die Niederschrift der literarischen

Werke. 3) Der Kampf gegen die Zensur. 4) Zweifelhafter Ruhm und Ansehen im Gefolge ihrer Veröffentlichung.[6] Die Geschichte, wie sie hier erzählt wird, folgt diesem groben Aufriß.

## Der junge William Burroughs

Einer der frühesten Vignetten von William Burroughs – »Billy« im Alter von acht Jahren – stammt von einem Spielkameraden aus jener Zeit. Er erinnerte sich an Billys Versteck unter der Hintertreppe des Elternhauses, zu dessen Ausstattung ein Karton, eine Kerze, Löffel und anderes Werkzeug gehörte, mit dem sich das Umschmieden harter Metallgegenstände zu Waffen erforschen ließ. Die Atmosphäre in dieser »Unterwelt« war ebenso fesselnd wie konspirativ, und Billy, obzwar anderthalb Jahre jünger als sein Spielgefährte, dominierte durch seine finster-entschlossene Neugier jede Aktivität.[7]

*William Burroughs als Kind in der Pershing Avenue, St. Louis, Missouri*

Während desselben Jahres machte Burroughs auch seine ersten Erfahrungen mit Schußwaffen und der Schriftstellerei – beides Aktivitäten, die sein Leben dominieren sollten. Er nannte sein erstes Werk »Autobiographie eines Wolfs« – eine zehnseitige Erzählung über ein Tier, das nach dem Verlust seines Gefährten von einem Grizzly getötet wird. Als die Erwachsenen ihn zu korrigieren versuchten – er meine doch sicher »Biographie eines Wolfs«? –, war er eisern und kühl. Wie er sich siebzig Jahre später erinnerte: »Nein, ich meinte Autobiographie eines Wolfs, damals wie heute.«[8]

Wie war es zu dieser intensiven Identifikation des kleinen Billy mit einem wilden Tier, das außerhalb der Gesellschaft lebt, gekommen? In seiner unmittelbaren Umgebung fällt die Saat einer solchen Entfremdung auf den ersten Blick nicht ins Auge. Die Burroughs bewohnten ein gepflegtes, dreigeschossiges rotes Backsteinhaus in der Pershing Avenue 4664 in St. Louis, Missouri, inmitten von großen Bäumen, durch deren Laub gesprenkeltes Licht auf frisch gemähten Rasen, Rabatten mit sorgfältig gepflegten Pfingstrosen, Irissen und Rosen und auf einen kleinen Fischteich fiel. Vor die Wahl gestellt, in dieser eleganten Umgebung oder im Dunkel unter der Treppe zu spielen, zog Billy Letzteres vor.

*Here once the kindly dope fiend lived.*
*Hier lebt' er einst, der liebenswürd'ge Drogenfreak.*
– Jack Kerouac über William Burroughs

Als William Seward Burroughs II. am 5. Februar 1914 geboren wurde, verfügten Mortimer und Laura Burroughs über die Mittel, ihrem zweiten Sohn ein privilegiertes Leben zu bieten. Das Vermögen der Familie kam von Großvater William Seward Burroughs I., nach dem Billy benannt war. Dieser hatte die erste über Tasten zu bedienende Rechenmaschine erfunden und 1888 patentieren lassen – das Arithmometer, das zur Existenzgrundlage für die äußerst profitable Burroughs Adding Machine Company geworden war. Die Investoren von Burroughs' Firma strichen Millionen ein, der Erfinder freilich hatte den größten Teil der Aktien verkauft. Mortimer hielt einige Anteile, die er in kluger Voraussicht 1929, drei Monate vor dem großen Börsenkrach, für 276.000 Dollar verkaufte. Dennoch war das Vermögen bereits beträchtlich geschrumpft, als es schließlich dem Enkel des Erfinders zufiel.

**Anmerkung zum Slang der Beats**

*Der Slang der Beat Generation vereinte in sich das Vokabular vieler Welten und gestaltete es um. In ihrer Unterhaltung wie in ihrer literarischen Produktion finden sich Ausdrücke aus den Jargons von Jazzern und Drogensüchtigen, von Jahrmarkts- und Zirkusvolk, Homosexuellen, Hipstern und Schwarzen. Ihre Sprache wurde Ende der fünfziger, vor allem aber in den sechziger Jahren zum Klischee, in der Anfangszeit jedoch war sie Ausdrucksmittel eines Untergrunds. Sie war die Stimme der Außenseiter, der Hippen, des enterbten Stadtbewohners. Ein Artikel aus dem Jahre 1948 beschrieb ihre Funktion als »Neuausgabe der Welt durch neue Definitionen ... Jargon-Definitionen«. In den unteren Ecken der folgenden Seiten finden Sie aus Gesprächen, Briefen und der Literatur zusammengetragene Beispiele für die Sprache von Hipster und Beat.*

Mortimer und Laura Burroughs' finanzielle Lage brachte sie in den Genuß aller Annehmlichkeiten einer großbürgerlichen Existenz wie Dienstboten – Haus- und Kindermädchen, Koch und Gärtner – und eine Sommerresidenz am Lake Huron. Ihre gesellschaftliche Stellung blieb jedoch zweifelhaft: gut genug für einen Eintrag im Social Register von St. Louis, aber nicht gut genug für den Country Club der Stadt. »Natürlich lud man uns zu den *größeren* Partys ein«, erinnerte sich Burroughs. »Aber wenn sich die angelsächsisch-protestantische weiße Elite zu Diners, Lunches und Drinks traf, hatte man die lumpigen Burroughs nicht gern dabei.«[9]

Billys Eltern scheinen ein treues Paar gewesen zu sein, das sich hervorragend ergänzte. Laura war eine gertenschlanke, kultivierte Schönheit von brutaler Offenheit und unsagbarer Melancholie. Sie war komisch, gescheit, medial veranlagt und eitel. Sie war nicht nur die Architektin der Burroughschen Gärten – sie verfügte auch über ein so beträchtliches Geschick für Blumenarrangements, daß sie sich dreimal von Coca-Cola zum Verfassen von Büchern zum Thema beauftragt sah. Billy, ihren Favoriten, liebte sie hingebungsvoll, und sie schätzte auch seine sonderbaren Streiche. Selbst nachdem sie ihren Sohn mehrmals aus Problemen mit dem Gesetz herausgepaukt hatte, konnte sie noch lachend sagen: »Er ist einfach der komischste Mensch, den ich kenne.« Und ihm selbst gegenüber gestand sie ein: »Ich verehre den Boden, auf dem du gehst.«[10]

Mortimer war der Älteste und Stabilste dieser Familie, zu der eine trinkende Schwester und ein morphiumsüchtiger Bruder gehörten. Nach seinem Abschluß am Massachusetts Institute of Technology gründete er eine Tafelglasfabrik. Obwohl seine freundliche Fassade undurchdringlich war und er zur Schweigsamkeit neigte, tat er im kleineren Rahmen beständig Gutes und zeigte ein aufrichtiges Interesse an seinen Söhnen. Er verbot Billy zwar die Werkstatt im Keller, führte ihn jedoch bereits früh in den Umgang mit Waffen und in die Jagd ein und förderte die verbalen Talente seines Sohns durch Vorlesen und die Forderung, jeden Tag fünf neue Wörter zu benutzen. Die Burroughs bemühten sich gemeinsam um die intellektuelle Entwicklung ihres Sohnes und schickten ihn schließlich auf die progressive Community School.

Schließlich brach ein walisisches Kindermädchen in Billys sonnige Kindheit ein. Wie eine Hexe aus einem finsteren Märchen brachte sie dem Vierjährigen okkulte Verwünschungsformeln und schlimme Verse bei, Schreie, mit denen man Kröten unter ihren Steinen hervorlockte, Beschwörungen, mit denen man einem Feind Würmer in die Augen wünschte und dadurch blind werden ließ. Die finstere Intimität von Billys Beziehung zu seinem Kindermädchen war so stark, daß er es nicht ertrug, an ihren freien Tagen nicht bei ihr zu sein. An einem dieser Tage nahmen sie und ihr Liebhaber, ein Tierarzt, Billy mit auf einen Ausflug. Sein ganzes Leben gingen Burroughs die bösen Vorzeichen dieses Nachmittags nicht mehr aus dem Sinn: »Ich hörte das dunkle Gemurmel einer Dienstbotenunterwelt.«[11] In jenem Wald passierte etwas, woran er sich, Jahre später, durch Psychoanalyse und Hypnose vergeblich zu erinnern versuchte. Alles, was sich einstellen wollte, waren zusammenhanglose Bilder: das lächelnde Gesicht des Liebhabers, seine heruntergelassene Hose, das Zureden des Kindermädchens, das Gefühl gestoßen zu werden, der Schmerzensschrei des Liebhabers. Er erzählte seinen Eltern nichts davon, aber das Gefühl, daß da etwas Schreckliches passiert war, ließ ihn nie wieder los. Im Alter von vierundvierzig Jahren formulierte er während seiner Psychoanalyse eine Version dieses Kindheitstrau-

**Hip:** *Bezeichnete ursprünglich als Adjektiv einen Drogensüchtigen: »When we get where the Yage is, we'll dig a hip cat and ask him, ›Where can we score for Yage?‹« [Burroughs]. Es bedeutete außerdem jedoch, daß man über ein bestimmtes Wissen, über bestimmte Informationen verfügte: »Hip is the affirmation of the barbarian« [Mailer]. Man wurde »hip« in bezug auf eine bestimmte Erfahrung: »In the 1940s pre-med students and nurses were getting hip to amphetamine to help them through their long days« [Huncke]. Darüber hinaus fand es Anwendung als Tätigkeitswort im Sinne von »jemanden mit etwas bekannt machen«: »Keep diggin' the all-night, all-frantic one over WMCA – 570 first on the dial – and I'll hip you to all the things that are jumpin' off. Your boy, Symphony Sid.«*

mas: »Ich wurde Zeuge einer Fehlgeburt Marys, der bösen Gouvernante, deren Frucht man in meiner Gegenwart in der Heizung verbrannte. Das ist der ›Mord‹.«[12]

Für Nachbarn und Mitschüler war Billy Burroughs ein merkwürdiges Kind und kein guter Einfluß. Sein blasser Teint, seine verschlossene Art, sein unsportlicher Körperbau, Probleme mit den Nebenhöhlen, das alles machte ihn zum Außenseiter. »Der Junge sieht aus wie ein Schafe reißender Hund«, bemerkte der Vater eines Schulkameraden, und ein anderer korrigierte ihn: »Der Knabe sieht aus wie eine wandelnde Leiche.« Burroughs' Identität war früh geprägt: Grabeserscheinung, düster und sehr gescheit. Selbst Kinder mieden ihn. »Du bist schon eine Marke«, sagte ein Mitschüler, »aber die falsche.«[13] Billy wurde seinem Ruf gerecht, indem er mit seinem Bleistift auf Klassenkameraden zielte, als wäre er eine Waffe, und zu Hause Bomben bastelte. Als er vierzehn war, explodierte eine in seinen Händen, worauf er sechs Monate im Krankenhaus lag. Eine andere flog durch das Fenster des Schulrektors, zündete aber nicht.

*»If God made anything better, he kept it for Himself,« I said ...*
*»Falls Gott irgendwas verbessert hat, dann hat er das für sich behalten«, sagte ich.*
– William Burroughs

*Just when you think the earth is exclusively populated by Shits, you meet a Johnson.*
*Du denkst grade, es gibt bloß noch Arschgeigen auf der Welt, da triffst du einen total senkrechten Typ.*
– William Burroughs

**Cop:** *Bezeichnete die Übergabe von Heroin beim Kauf, von Hand zu Hand. »Get ready to cop, I said, and dropped the caps into his hands.«*

Burroughs war sich sicher, bereits mit sexuellen Gefühlen für Männer auf die Welt gekommen zu sein, aber als Heranwachsender gab er seinem Verlangen einen Namen, und seine Begierden verstärkten das Gefühl für seine finstere Isolation. Es grenzte an eine wunderbare Erlösung, als er im Alter von dreizehn Jahren auf die Memoiren eines drogensüchtigen Diebes und Wanderarbeiters stieß, der sich Jack Black nannte. Zwischen dem roten Karton der Deckel entdeckte er eine Welt von Hochstaplern und Geldschrankknackern, Morphium und Opium, und schon der Titel schien die nihilistische Denkweise des Jungen zu beinhalten: *You Can't Win*. Billy nannte es seine »rote Bibel«[14] und fand darin ein Pantheon von Helden und Antihelden, einen Unterweltjargon, der viel farbiger war als die blasse Sprache Missouris, und einen Kanon von Außenseiterwerten, die ihm authentischer schienen als das Heuchlertum des Country-Club-Set von St. Louis.

Der heranwachsende Burroughs war ein guter Schauspieler. Mit Phantasie versetzte er sich in die Persönlichkeiten fiktiver Charaktere – allesamt Diebe, Piraten, zwielichtige Typen, dekadente Schriftsteller in Seidenanzügen, Drogenabhängige und Nassauer. So wie

Bücher die Quellen für seine phantasievollen Identifikationen, seine neu gefundene »Familie«, geliefert hatten, boten seine Geschichten ein Ventil für seine finstere Phantasie. Selbst die Jugendwerke aus seiner Highschool-Zeit weisen bereits die Themen wie auch den sardonischen Humor seiner späteren Arbeiten auf. Mit dem Ziel, Groschenromane zu schreiben, produzierte er Epen voller abgetrennter Hände, unter Zwang verabreichter Marihuana-Injektionen, ominöser Wahrsager, blutüberströmter Leichen und Gelynchter, die sich langsam vor roten Sonnenuntergängen drehen. Er hoffte, eines Tages für *True Confessions* zu schreiben. In Burroughs' Phantasie war ein Schriftsteller einer, der im Opiumtran herumdöste und die phantastischen Früchte exotischer Örtlichkeiten zu kosten verstand. Sein erstes veröffentlichtes Werk, das erschien, als Billy fünfzehn Jahre alt war, trug den Titel »Personal Magnetism«, und er schrieb in diesem kurzen Essay: »Ich wüßte gerne, wie man andere mit einem Blick kontrolliert.«[15]

*William Burroughs mit fünfzehn, ein unglücklicher Schüler an der Ranch School in Los Alamos, New Mexico*

Seine Highschool-Jahre verbrachte Burroughs an der Los Alamos Ranch School, wo er mit Büchsen zu schießen und Messer zu werfen lernte; außerdem warf hier mit einigen Zwischenfällen bereits sein späteres Leben seine Schatten voraus. Mit sechzehn kaufte Burroughs im Drugstore am Ort eine Flasche Chloralhydrat, atmete es ein, starb fast daran und behauptete später, er hätte »nur sehen wollen, wie's funktioniert«. Obwohl der Direktor der Schule seinen Eltern versicherte: »Ich bezweifle, daß er so was noch mal versucht«,[16] war es genau die Art von experimenteller Selbstmedikation, die der Forscher auf dem Gebiet der Psyche zeitlebens, in vielen Variationen, immer wieder wiederholen sollte.

Als sich, während seiner letzten Highschool-Jahre, Burroughs' Hormonausstoß beschleunigte, entwickelte sich eine starke und ritualisierte Wechselbeziehung zwischen seinem homosexuellen Verlangen und dem Schreibakt. Nach obsessiven sexuellen Phantasien und Masturbation wurde das Schreiben – als eine Art Fetisch – zum Vehikel persönlicher Buße. Das homosexuelle Verlangen wurde auf dem Papier auf dieselbe Art und Weise »abgeführt« wie sein Samen bei der Masturbation; sein Tagebuch wurde zum Beichtstuhl. Seine Vernarrtheit in einen Mitschüler – Burroughs vermochte seine skla-

*Fähiger Junge, muß noch mehr Gemeinschaftssinn entwickeln; wird besser, wenn er sich einen Platz unter den Jungs geschaffen hat.*
– ein Lehrer, in William Burroughs' Zeugnis

vische, aber unerwiderte Hingabe nicht zu verbergen – führte zu Sticheleien, Spott und Geflüster. Obwohl er ohne die Anerkennung seiner Altersgenossen zu überleben gelernt hatte, hielt Burroughs dem unablässigen Beschuß seitens seiner halbwüchsigen Schulkameraden nicht stand. Zwei Monate vor dem Abschluß forderte er seine Eltern auf, ihn von der Schule zu nehmen, und wie immer paukten sie ihn heraus.

Burroughs machte sich Sorgen, sein Tagebuch könnte in die Hände seiner Klassenkameraden fallen, die ihn auf immer und ewig mit diesem schriftlichen Beweis für seine abweichende Sexualität hätten quälen können. Er las die verkrampften Worte, die er den Seiten anvertraut hatte, und die Emotionen schienen ihm so melodramatisch, daß ihm ganz übel wurde, so demütigten sie ihn. Er verbrannte jede einzelne Seite. »Der Schreibakt war peinlich geworden, widerwärtig und vor allem *falsch*«, erinnerte sich Burroughs. »Der Anblick meiner Worte, die ich auf eine Seite geschrieben hatte, traf mich wie der scharfe Aasgeruch, wenn man mit einem Stock einen toten Hund umdreht, und das ging so bis 1938. Ich hatte mich zu acht Jahren verurteilt.«[17]

Los Alamos lieferte noch eine letzte schulische Beurteilung von Burroughs: »Er hat ein Interesse am Morbiden und Abnormalen, das seinen Sinn für Verhältnismäßigkeit beeinträchtigt und zu uneinheitlichen und unausgeglichenen Ergebnissen führt. Seine geistigen Fähigkeiten scheinen, richtig eingesetzt, ausreichend für den Besuch eines Colleges, aber es bestehen Zweifel an seiner Fähigkeit, ihnen eine Richtung zu geben.«[18]

Nach einem Zwischenspiel an einer Schule in St. Louis, deren Aufgabe darin bestand, ihre Schüler auf den Besuch eines guten Colleges vorzubereiten, immatrikulierte sich Burroughs im September 1932 am Harvard College in Cambridge, Massachusetts, und entwickelte alsbald eine heftige Abneigung gegen die exklusive Club-Atmosphäre, die unter den WASPs, der weißen, angelsächsisch-protestantischen Elite, herrschte. Sexuell blieb er frustriert und erstaunlich naiv – so verlor er seine Unschuld erst im Abschlußjahr, und über Sexualität wußte er auch nicht ansatzweise Bescheid. (Babys, so dachte er, kämen durch den Nabel der Frau zur Welt, und als er vom

Geschlechtsverkehr erfuhr, zitierte er Chesterton: »Das Vergnügen ist flüchtig, die Mühe ungeheuer, und die Stellung ist lächerlich.«[19])

Anstatt am Campusleben teilzunehmen, verkroch er sich in seinem Zimmer mit dem, was ihm am teuersten war: einem Revolver vom Kaliber 32 und einem Frettchen namens Sredni Vashtar (benannt nach dem Frettchen in einer Kurzgeschichte von Saki, das darauf abgerichtet war, ein despotisches Kindermädchen zu töten). Reinemachefrauen hatten Angst, sein Zimmer in der Claverly Hall zu putzen, aber dafür fand sich an Sonntagnachmittagen ein Zirkel gleichgesinnter Außenseiter bei Burroughs ein. Doch selbst Freunde betraten sein Reich nur mit Vorsicht. Einmal, als er mit seinem Revolver herumspielte, schoß Burroughs einem Klassenkameraden fast in den Bauch; der Lauf wurde im letzten Augenblick abgelenkt, und die Kugel riß ein klaffendes Loch in die Wand.

Den größten Spaß während seiner Jahre als »undergraduate« hatte Burroughs an einer Handvoll von Seminaren in englischer Literatur. So entdeckte er die Notizbücher von Samuel Taylor Coleridge und Thomas De Quincy, in denen detailliert über die phantasmagorischen Auswirkungen des Opiums auf ihr Schreiben zu lesen stand. Da er zu derlei bewußtseinsverändernden Drogen keinen Zugang hatte und außerdem nach wie vor Angst davor hatte, an der demütigenden Scham zu rühren, die er lange Zeit mit dem Schreiben verband, speicherte Burroughs lediglich alles, was ihm so einfiel, in seinem Gedächtnis ab. Am Ende seiner College-Zeit schenkte er sich die Abschlußfeier (»Sie bedeutete einen Dreck«[20]), und im Jahrbuch stehen auch nur sein Name und seine Adresse. Später, in einer Kurzbiographie von wenigen Sätzen, beschrieb er diesen Lebensabschnitt folgendermaßen: »Harvard 1936 A. B. Keiner hat ihn dort je gesehen, aber er hatte es schwarz auf weiß.«[21] Für den Abschluß schenkten Mortimer und Laura ihrem Sohn eine Europareise, die ein ganzes Jahr dauerte, und einen monatlichen Zuschuß von 200 Dollar, der ihm für die nächsten fünfundzwanzig Jahre ein finanzielles Sicherheitsnetz bot.

So begann der Lebensabschnitt, den Peter Swales, der Historiker der Psychoanalyse, »Burroughs in the Bewilderness«[22] – »Burroughs in der Wüstenei der Verwirrung« – genannt hat. Burroughs

*Wenn Harvard mich zufrieden läßt, lasse ich Harvard zufrieden.*
– William Burroughs

*William Burroughs, Harvard-Jahrbuch*

*Die einzig mögliche Ethik besteht darin zu tun, was man will.*
– William Burroughs

*Ich hätte ein erfolgreicher Bankräuber, Gangster, leitender Angestellter, Psychoanalytiker, Dealer, Forscher, Stierkämpfer werden können, aber es hat sich einfach nie ergeben.*
– William Burroughs

hatte nun einen Abschluß von Amerikas renommiertestem College, war jedoch damit vom Ausbildungsstand her nicht in der Lage, sich seinen Lebensunterhalt mit einem Beruf zu verdienen. Er hatte Anglistik studiert und liebte die Literatur, bewohnte deren Charaktere und exotische Schauplätze, war jedoch als Autor gelähmt. Ebensowenig konnte er Medizin studieren, da er weder Scheine in Mathematik noch Physik aufzuweisen hatte, die dazu nötig gewesen wären. Er dachte sich vielleicht, sein Bestimmung im Leben sei es, Psychoanalytiker zu werden. Er hatte diesen Beruf aus der Perspektive der Couch kennengelernt und sah ihn auch weiterhin so. Bevor er Allen Ginsbergs und Jack Kerouacs Bekanntschaft machte, hatte er sechs Psychoanalytiker gehabt und wiederholt festgestellt, daß er als Analysand in der Theorie der Psychoanalyse bewanderter war als die meisten seiner Therapeuten.

Burroughs' große »Europatour« in jenem Sommer war eine düstere Angelegenheit: Er sah Nazis, allenthalben, das schöne, von Knaben übervölkerte Römische Bad in Wien, ein Homosexuellenhotel in Budapest, jugoslawische Zigeunercafés. Bis Herbst schließlich hatte er sich entschlossen, in Wien zu bleiben und dort, als ersten Schritt zum Psychoanalytiker, Medizin zu studieren. Burroughs wohnte in einer Kombination aus Hotel und türkischem Bad, studierte und unterzog sich einer Behandlung gegen Syphilis. Als Wien sich zunehmend mit Nazis füllte, wurde Burroughs klar, daß er dort nicht bleiben konnte, und er hörte mit seinen medizinischen Seminaren auf. Er tat etwas ganz und gar Unerwartetes: Im Juli 1937 heiratete er eine 35jährige Jüdin, mit der er sich angefreundet hatte. Sie hieß Ilse Klapper, und es handelte sich um eine reine Zweckehe, die es ihr erlaubte, durch die Emigration in die Vereinigten Staaten der Verfolgung durch die Nationalsozialisten zu entgehen. Burroughs' Handlungsweise war anscheinend völlig selbstlos und ohne Hintergedanken: Er machte sich dadurch bei seinen Eltern nicht eben beliebt und zog keinerlei Vorteile daraus – außer daß er es eben tat. Entgegen aller Befürchtungen seitens Lauras und Mortimers zog Ilse Klapper nach New York und bat nicht ein einziges Mal um Geld. Burroughs ließ sich später, in Mexiko, von ihr scheiden, aber zu diesem Zeitpunkt gab es bereits eine zweite Mrs. Burroughs.

***John:*** *Ein »Freier«, jemand, der sich eine Prostituierte, einen Strichjungen kauft und mit der Situation entsprechendem Respekt behandelt wird. »A sucker is just to be taken. But a John is different. You give him what he pays for« [Burroughs].*

Burroughs kehrte nach Amerika zurück und betrieb seine psychoanalytischen Studien auf einem anderen Weg. Während der nächsten vier Jahre besuchte er an den Universitäten Harvard und Columbia einige psychologische und anthropologische Seminare – beides eine Hintertür, durch die er schließlich die Psychoanalyse studieren zu können hoffte. Er warf diese Seminare jedoch immer wieder noch vor dem Abschluß hin. In Harvard mietete er zusammen mit seinem alten Freund Kells Elvins ein weißes Holzhaus, wo die beiden hinter dem Fliegengitter der Veranda zusammen Sketche durchspielten, Dialoge improvisierten und dabei Lachanfällen anheimfielen. »So hatte ich seit meinem ersten Potrausch mit achtzehn nicht mehr gelacht«, erinnerte sich Burroughs, »wo ich auf dem Boden herumkugelte und mich bepißte.«[23] Einer ihrer Sketche war vom Untergang der Titanic und der Morro Castle inspiriert, und sie nannten ihn »Twilight's Last Gleaming«. Von der skizzenartigen Entstehung und seinem Mosaik grotesker Einfälle bis hin zum ersten Auftritt des schlüpfrigen Dr. Benway ist »Twilight's Last Gleaming« Burroughs' erster Schritt heraus aus dem literarischen Jugendwerk. Im Rückblick nannte Allen Ginsberg das Stück Jahre später »den ganzen Schlüssel zu seinem Werk, wie der Untergang Amerikas«.[24] Es begann in typisch Burroughsscher Manier: »Ein Paretiker namens Perkins saß schief in einem kaputten Rollstuhl. Er legte die Lippen zurecht und lispelte: ›Du armfeliger kleiner Hurenfohn!‹«[25] Burroughs und Elvins schickten das Stück an den *Esquire*, der es mit der Begründung ablehnte, es sei »zu verrückt«. Wieder hörte Burroughs zu schreiben auf – diesmal für sieben Jahre.

*Das Gefährlichste, was du tun kannst, ist stehenzubleiben.*
– William Burroughs

Zum ersten richtigen Liebhaber nahm er sich Ende 1939, im Alter von fünfundzwanzig Jahren, einen oberflächlichen blonden Büroboten namens Jack Anderson, der sich nebenbei noch an Männer wie Frauen prostituierte. Die homosexuelle Anziehungskraft, die er auf Burroughs ausübte, löste in diesem ein altes Verlangen nach demütiger Hingabe aus, und sowohl willentlich als auch unbeabsichtigt quälte ihn dieser Freund. Durch die hauchdünnen Wände, die sie trennten, bekam Burroughs das Knarren des Bettes und das orgiastische Gestöhn der Seitensprünge seines Freundes mit. Burroughs ertrug weder das Gefühl seiner Verletzbarkeit noch seinen

*Mit meiner Liebe, die einigen wenigen gehört, gehe ich nicht in der ganzen Hölle hausieren in dem schändlichen Versuch, nichtsnutzige, beleidigte Arschgeigen zu beschwichtigen.*
– William Burroughs

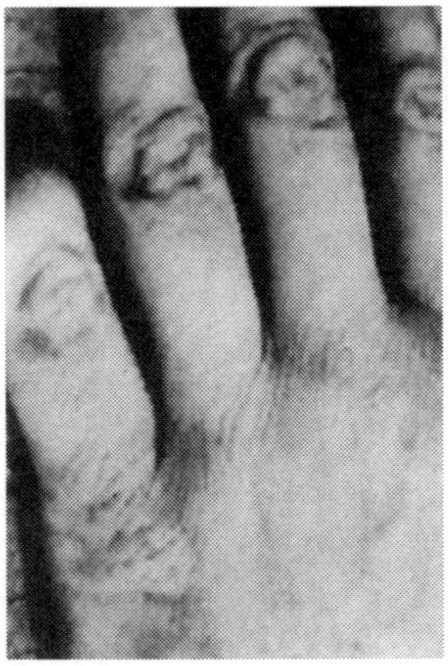

*William Burroughs' linke Hand, 1963, mit dem Finger, dessen Kuppe er 1940 mit einer Geflügelschere abgeschnitten hat*

Zorn, aber anstatt diese Gefühle zum Ausdruck zu bringen, »machte er einen auf Van Gogh«.[26] Für zwei Dollar und einundsiebzig Cent kaufte er eine Geflügelschere aus rostfreiem Stahl, die ihn an die Truthahnessen am Thanksgiving Day bei seiner Großmutter erinnerte. Er blickte in den Spiegel seiner Frisierkommode, »arrangierte seine Züge zur herablassenden Larve eines Dandys aus dem 18. Jahrhundert« und schnitt sich die Spitze des kleinen Fingers der linken Hand ab. Kurz beobachtete er das hervorquellende Blut, dann bandagierte er den Finger und steckte das abgetrennte Glied in die Westentasche. »Ich hab's getan«, sagte er sich und stellte fest, »daß der Panzer seiner Feindseligkeit, der ihn bis dahin geschützt hatte, von ihm abgefallen war.«[27] Diese Euphorie hielt an, bis ihn sein Psychiater dazu überreden konnte, sich in die psychiatrische Klinik Bellevue einweisen zu lassen, von der aus man ihn in die Payne-Whitney-Klinik überwies. Dieser Vorfall markierte das Ende seiner Studien in Richtung Psychoanalyse.

Burroughs fand seinen Platz schließlich an der anrüchigen North Side von Chicago, wohin er im September 1942 zog. Herbert Huncke, den Burroughs drei Jahre später kennenlernen sollte, beschrieb die Gegend folgendermaßen: »Ich sage ihnen, woraus die North Side sich zusammensetzte: Lesben, Schwuchteln, ein gewisses hippes Element, wie man es nannte, Schwulenlokale und Lesbenlokale.«[28] Es glich dem Leben in Jack Blacks Memoiren. Burroughs ging zu den sonntäglichen Würfelpartien, hörte sich die Geschichten ehemaliger Häftlinge an und hatte das Gefühl dazuzugehören. Mit dem Revolver in einer Socke und Träumen, der Geschäftswelt das Geld abzugaunern, arbeitete er an seiner eingebildeten Kriminellenidentität. Geradezu mit Besessenheit plante er Luftschlösser – zum Beispiel die Einsteigeschächte auf Chicagos Straßen ausfindig zu machen, um dort Bomben zu plazieren und sie in dem Augenblick explodieren zu lassen, wenn ein Geldtransporter darüberfuhr. Aus keinem seiner »Coups« ist je etwas geworden.

***Daddy, Daddy-O, Daddy O:*** *Schwarzer Slang aus den zwanziger Jahren; eine Frau nannte ihren Liebhaber Daddy; ein Mann nannte jemanden, den er mochte und respektierte, Daddy-O; wandelte sich in der Bebop-Ära der vierziger Jahre zur Bezeichnung für den hippen Mann: »Get with those technicolor peyote kicks Daddy O . . .« [Burroughs]*

In rascher Folge fand Burroughs einen eintönigen Job in einer Fabrik und eine langweilige Anstellung, bei der er Verkäufer des Diebstahls zu überführen hatte. Erst bei A. J. Cohen, einem Kammerjäger, fand er Arbeit, die ihn acht Monate hielt – länger als jede andere in seinem Leben. In seinem Lieferwagen, einem schwarzen Ford V-8, konnte er durch die Straßen Chicagos gondeln und brauchte nur zu klingeln, um in einen Wohnblock zu kommen und die einschlägige Frage zu stellen: »Ungeziefer, die Dame?«[29] Er war ein wandelnder Giftschrank voll Kerosin, dalmatinischem Insektenpulver, Fluorid, Phosphorpaste und Arsen. Er verdiente 50 Dollar die Woche und dazu was sich noch so unter der Hand verdienen ließ, er bestimmte seine Arbeitszeit selbst und war stolz genug auf das, was er da machte, um zum Experten für die schändlichen Gewohnheiten der Bettwanze zu werden.

*Safety lies in exterminating the type that produces the environment in which you cannot live.*
*Sicherheit besteht darin, den Typ auszurotten, der für eine Umgebung sorgt, in der man nicht selbst leben kann.*
– William Burroughs

Im Herbst 1942 trafen Burroughs' alter Freund aus St. Louis, David Kammerer, und das Objekt seiner Begierde, der achtzehnjährige Lucien Carr, in Chicago ein. In St. Louis hatte Burroughs mit angesehen, wie sich die Beziehung zwischen den beiden Männern zu einer Version des *Blauen Engels* auswuchs. Groß, rothaarig, prägnante Nase, weichliches Kinn, das schwarze Schaf einer angesehenen Familie aus St. Louis, war Kammerer ein Mann mit Charme und Manieren und einem kultivierten, von Snobismus, Geist und Spott kontrapunktierten Akzent. Kammerer hatte an der Washington University Anglistik gelehrt und eine Theatergruppe für Volksschüler geleitet, wo er auch Lucien Carr kennengelernt hatte. Danach war er Luciens Gruppenführer bei den Pfadfindern geworden und ihm seine ganze Jugend hindurch gefolgt, von St. Louis über die Colleges Phillips in Andover, Massachusetts, und Bowdoin in Brunswick, Maine, bis an die Universität von Chicago.

**Solid:** *Ein populärer Ausdruck ab den vierziger Jahren, oft mit einer begleitenden Geste. Kann einfach für »Ja« stehen: »The waiter nodded. ›That's two dry martinis and two orders of shish kebab. Right, gentlemen?‹ – ›Solid, Pops‹« [Burroughs]. Oder es bezeichnet als Adjektiv eine wohlgeordnete, wenn auch nicht langweilige Existenz: »Everything was solid that year. I had a pad on tenth street living with a gone little chick from Newark« [Kerouac, einen Hipster imitierend, 1950].*

Lucien war einen Meter fünfundsiebzig groß, von schlankem Wuchs, hatte eine haarlose Brust, muskulöse Schenkel, schräge grüne Katzenaugen, gemeißelte Backenknochen und einen blonden Schopf. Obwohl er selbst nicht homosexuell war, zog sein Charisma Kammerer, wie auch später Allen Ginsberg und Jack Kerouac, in seinen Bann.

Burroughs sah das Paar oft, obwohl ihm seine Launenhaftigkeit eine Menge Ärger bereitete – nachdem sie zum Beispiel aus Burroughs' Fenster uriniert und die Gideon-Bibel in seinem Zimmer zerrissen hatten, sah Burroughs sich von seiner Wirtin gekündigt. Im Frühjahr 1943 steckte Lucien Carr seinen Kopf in einen Herd. Ob es sich dabei nun um einen Selbstmordversuch handelte, ob er sich nur vor dem Wehrdienst zu drücken versuchte oder ob es ein Kunstwerk sein sollte (wie er später behauptete), bleibt unklar, jedenfalls landete er im Cook County Hospital. Nach dem Krankenhausaufenthalt entschlossen Carr und Kammerer sich unabhängig voneinander, nach New York umzuziehen. Der wurzellose William Burroughs folgte den beiden.

Burroughs traf im Frühjahr 1943 in New York ein. Im Alter von 29 Jahren hatte seine physische Erscheinung bereits jene Unverkennbarkeit, an der sich über Jahre hinweg nichts ändern sollte:

> Lees [ein von Burroughs häufig benutztes Pseudonym] Gesicht, ja seine ganze Person schien auf den ersten Blick ganz und gar anonym. Er sah wie einer vom FBI, wie irgendwer aus. Aber eben dieser Mangel an Beiwerk, an allem, was auch nur im entferntesten malerisch oder barock gewesen wäre, unterschied und charakterisierte Lee, so daß man ihn bereits nach der zweiten Begegnung nie wieder vergaß . . . Sein Gesicht, das aussah, als hätte man ein Foto darübergelegt, reflektierte einen zerrissenen Menschen, der niemals in seiner Ganzheit lieben könnte, sei es einen Mann, sei es eine Frau.[30]

## Jack Kerouac: Die Anfänge

Gabrielle Kerouac gebar Jean-Louis Lebris de Kerouac in einem großen Messingbett im ersten Stock eines gemieteten Holzhauses im französisch-kanadischen Viertel von Lowell, Massachusetts. Das kräftige Baby war so rundlich, daß seine Familie ihn »Däumling« – »Little Thumb« – nannte. Jahre später behauptete Kerouac, sich an jenen Spätnachmittag des 12. März 1922 zu erinnern, bis hin zu Rosenkranz und Spitzengardinen und dem »roten Licht und der Traurigkeit«.[31] Über ihm hing ein schwarz lackiertes Kruzifix.

»Memory Babe« war ein Spitzname, den man Kerouac in seiner Kindheit gab und an dem er ein Leben lang festhielt. Trotz seines erstaunlichen Gedächtnisses sind derlei Erinnerungen freilich unwahrscheinlich. Immerhin verkörpern sie gewisse Elemente seiner Legende – die Aura des Katholizismus, den vorherbestimmten Verlust und die Verdammnis. Jack – oder »Ti-Jean« (»Petit Jean«, »Klei-

*Ich wurde geboren, meine verdammte Sünde begann. Ich frage mich wann.*
– Jack Kerouac

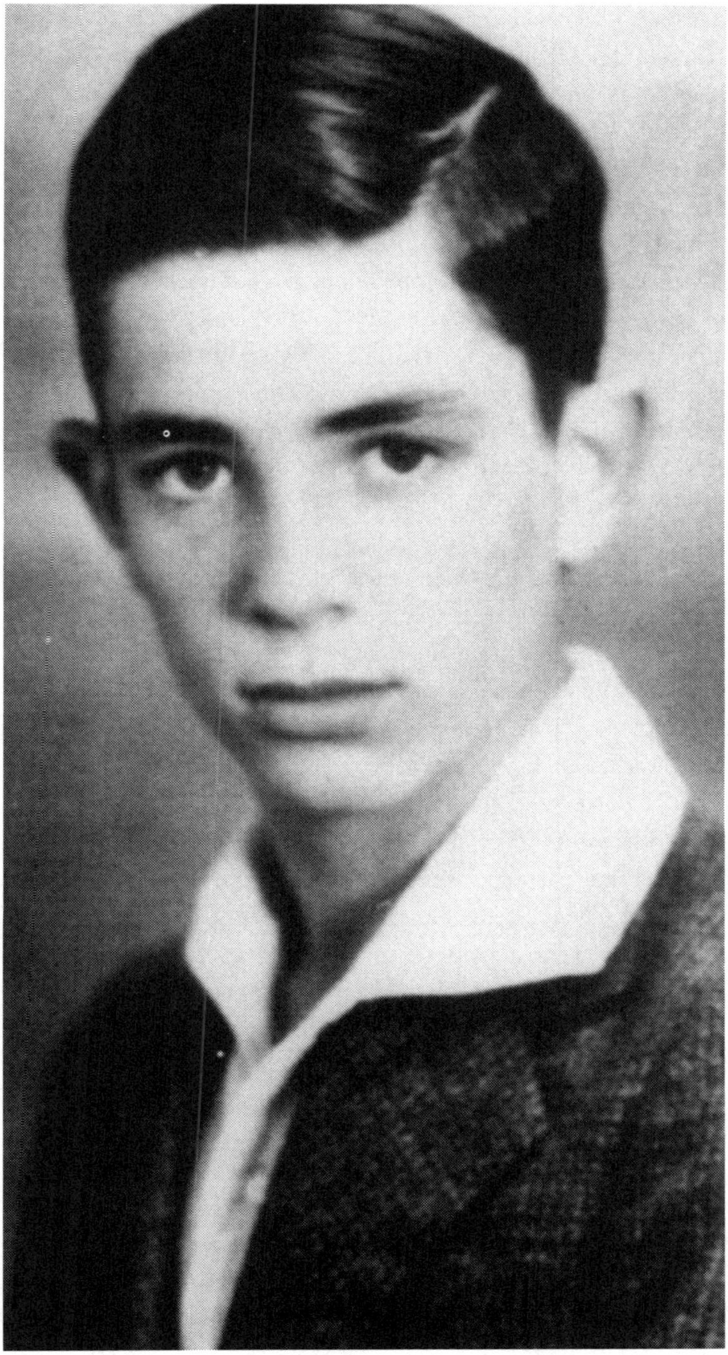

*Jack Kerouac mit etwa elf Jahren in Lowell, Massachusetts*

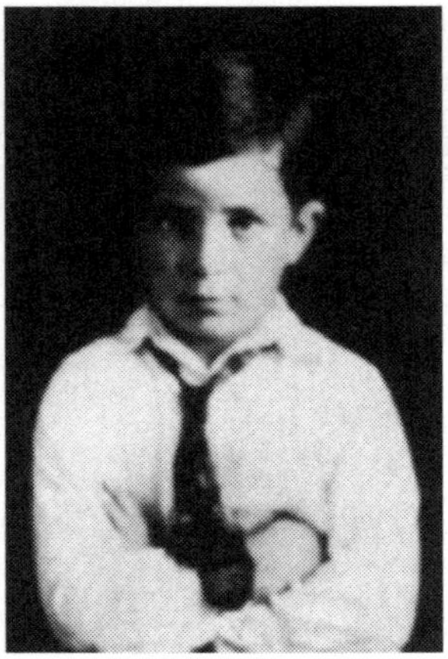

*»Ti-Jean« Kerouac mit drei*

ner Jean«), wie man ihn zu Hause nannte – war das letzte von drei Kindern des Arbeiterpaares Leo und Gabrielle. Das Motto auf dem blau-goldenen Familienwappen lautete: *Aimer, Travailler, et Souffrir* (Lieben, Arbeiten und Leiden). Bis zu seinem fünften Lebensjahr sprach der Kleine nur eine als *joual* bekannte franko-kanadische Mundart, da Gabrielle des Englischen kaum mächtig war. Die Kerouacs bewohnten nacheinander eine Reihe weißgetünchter Mietshäuser und Obergeschoßwohnungen mit wackligen Veranden in Lowell oder dessen französisch-kanadischem Ghetto Pawtucketville. Während seiner ersten Jahre kam Jack, wie seine Mutter, kaum aus dem Haus. Morgens roch er den auf dem Kohleofen köchelnden Haferbrei, abends Hackepeter, Pellkartoffeln und den Duft von Vaters kubanischen Zigarren. Sein Leben bewegte sich zwischen dem Linoleumboden des Wohnzimmers, dem Kinderbett im Obergeschoß, der Veranda und einem Fenster in dem kurzen Schrägdach. Diese abgeschlossene Welt wurde zur Leinwand, auf die er seine Hoffnungen und Phantasien projizierte, bei denen es meist um Gerard, seinen älteren Bruder, ging. Oder wie es Jack Jahre später formulierte: »Während der ersten Jahre meines Lebens war ich nicht Ti Jean Duluoz, ich war Gerard, die Welt war sein Gesicht, die Blüte seines Gesichts, die Blässe, die Gebeugtheit, seine herzzerreißende Art, seine Heiligkeit und was er mir über Zärtlichkeit beigebracht hat.«[32]

Gerard war fünf Jahre älter als Jack und physisch sein Gegenteil; die Familie nannte das Bruderpaar »Brot und Butter«. Gerard war groß und schlank, seine Füße waren nach innen gedreht, und die blauen Augen blickten aus tiefen Höhlen in seinem fahlen Gesicht. Gerard kam mit einer angeborenen rheumatischen Karditis zur Welt, und Leo strich ihm oft über den Kopf und meinte seufzend: »Mein armer kleiner Wolf, bist zum Leiden geboren.«[33] Nachdem Gerard sich im Alter von sieben auch noch einen Gelenkrheumatismus zugezogen hatte, kanalisierte Gabrielle ihren ganzen Kummer in seine Pflege. Tag für Tag, wenn Leo von der Arbeit in der Druckerei nach Hause kam, steckte sie in der Küche eine geweihte Kerze an, betete zur Heiligen Martha und füllte ihr Zuhause mit Gebetskärtchen und Bildern der Heiligen Theresia. Leo betrachtete Gerards nahen Tod als bittere Bestätigung seiner tragischen Lebensauffassung. Er fand

***Sound:** Eine Meinung zum Ausdruck bringen; sich erkundigen: »I sounded the cat was he holding« (Ich fragte ihn, ob er Drogen hat).*

keinen Trost in der Religion und empfing einen Priester an seiner Tür mit der brüsken Aufforderung: »Scher dich weg.«[34]

Gerard begegnete dem nahen Tod mit der Gelassenheit jener, die daran glauben, daß das richtige Leben erst nach dem Tode beginnt; sein Mangel an physischem Leben schien Quell einer entkörperlichten Spiritualität. Eines Tages, in der Schule, hatte er eine Vision, die er der Mutter Oberin folgendermaßen schilderte: Die Jungfrau Maria war gekommen, ihn in den Himmel heimzuholen, in einem kleinen, von Lämmern gezogenen weißen Karren. Worauf Familie und Nachbarn, die Schwestern von St. Louis de France und vor allem sein kleiner Bruder Gerard Zauberkräfte zuschrieben. Jack verehrte ihn als Heiligen, der mit Vögeln, Gott und den Engeln sprach. Laut der Mythologie der Kerouacs war Gerard das erste Opfer der Prüfungen, die die Familie heimsuchten. Gerard starb eines Julitages, als Jack vier Jahre alt war. Trotz seines guten Gedächtnisses erinnerte Jack sich später nur vage an das Ereignis. Das Letzte, woran er sich erinnerte, war, daß Gerard ihn geohrfeigt hatte. Doch er wußte, daß er auf dem Gehsteig die Beaulieu Street entlanggelaufen war und »*Gerard est mort!*« geschrien hatte, »als handelte es sich um ein großes Ereignis, auf das hin sich alles zum Besseren fügen würde«.[35] Die Beisetzung fand im Souterrain einer Kirche statt, unter einem großen Betonkreuz; durch das Buntglasfenster fiel farbiges Licht auf den offenen Sarg, in dem Gerard mit einem massivsilbernen Kruzifix in der Hand lag. Jack erinnerte sich später an die Zeremonie als großen Film unter der Regie Gottes, mit Gerard als Star.

*Ich glaube, mein Bruder war ein Heiliger, und das erklärt alles.*

– Jack Kerouac

Gerards Präsenz überschattete den kleinen Bruder noch lange, nicht nur in Form des Porträts über dem Kaminsims, sondern auch in der idealisierten Rolle eines heiligen Märtyrers. Jack begann zu halluzinieren – ihm schwammen weiße Punkte vor den Augen – und ahmte damit Gerards Halluzinationen während der letzten Monate seines Lebens nach. Jack zog sich ins Bett seiner Mutter zurück, und es entwickelte sich ein viel zu starkes emotionelles Band zwischen Gabrielle und dem ihr verbliebenen Sohn. Die Vision seiner Mutter, die ihn in ihrem abgetragenen braunen Bademantel umschloß und ihm ein mit Zucker bestreutes Buttersandwich anbot, blieb ihm zeit

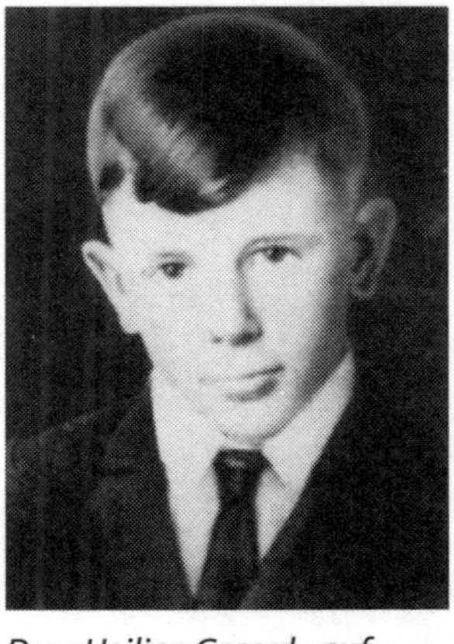

*Der »Heilige Gerard« auf einem handkolorierten Familienporträt.*

*Ich bin Judas, Gerard ist Jesus.*
– Jack Kerouac

*Was habe ich meine Mutter geliebt! Wie sehr liebt ein Baby seine Mutter! Wie gut es doch tut, ein gutes Säugetier zu sein.*
– Jack Kerouac

*Er war ein Engel, ich war ein Sterblicher; was er der Welt gebracht haben könnte, habe ich durch mein bloßes Dasein zerstört; denn hätte ich nicht gelebt, dann hätte Gerard gelebt.*
– Jack Kerouac

*Du bist dazu bestimmt, ein Mann von viel Traurigkeit und Talent zu werden; egal, ob du lebst oder stirbst, du wirst leiden wie die anderen, mehr noch.*
– Joe Kerouac an seinen Neffen Jack

seines Lebens – ebenso wie der bittere Klang ihrer eisigen Worte: »Du hättest sterben sollen, nicht Gerard.«[36]

Jahre später, als er einen immer wiederkehrenden Traum von Gerard im Sarg schilderte, formulierte Kerouac: *»Schreib zu Ehren seines Todes.«*

Zur Sorge seiner Eltern entwickelte sich Jack zum Einzelgänger. Die Forschungsreisen seiner Phantasie begannen damit, daß er wortlose »Stummfilme« – Pantomimen – aufführte. Im Halbdunkel des elterlichen Wohnzimmers, unter den Augen eines leuchtenden Jesus an der Wand, spielte er zu Mamboklängen und Sousa-Märschen von einem aufziehbaren Victrola sämtliche Rollen. Diese Stücke wurden zu langen Serien in der Art der samstäglichen Filme, die aus Jacks Kindheit bald nicht mehr wegzudenken waren. Im Alter von acht Jahren begann er seine Fortsetzungspantomimen zu Papier zu bringen. (Der erste dieser grob skizzierten Comicstrips, die sich zu komplexen Epen entwickelten, hieß »Kuku und Koko im Kern der Erde«.)

Erst nach Gerards Tod wagte Jack sich aus dem Haus in eine Welt, die Englisch sprach und in der katholische Ordensschwestern für eine strenge Disziplin sorgten. Obwohl er ein eifriger Schüler war und gute Noten bekam, blieb er im Unterricht extrem schüchtern und sah sich durch die Sprachbarriere ausgeschlossen. Ein Klassenkamerad erinnerte sich: »Er war wie eine Gruft – völlig in sich eingeschlossen.«[37] Von einem Englischlehrer angeregt, begann er schließlich mit Hingabe zu schreiben. Sein literarisches Erwachen kam im Alter von zwölf Jahren, als er seine eigene Geschichte zu erzählen begann. Diese Werke waren lange, intime und geradezu ekstatische Ergüsse, die oft in der Selbstbefriedigung mündeten – eine Angewohnheit, die er zeit seines Lebens beibehalten sollte. Von Anfang an also war sein Schreiben nicht auf das Endprodukt ausgerichtet, sondern als Prozeß der Selbststimulierung gedacht.

Er merkte sich einen Film, den die Nonnen in der Schule gezeigt hatten: Die magischen Tricks des Kinos sorgten dafür, daß eine steinerne Statue der Saint Thérèse den Kopf bewegte. Einige Jahre später sah er die Theresienstatue seiner Mutter den Kopf bewegen – diesmal ohne filmische Tricks. Kurz darauf hatte er eine Vision, in der ihm, zwischen anderen Schemen hin- und herhuschend, ein verstorbener Spielkamerad als Geist erschien. Die Grenze zwischen Symbol und Wirklichkeit, so glaubte er, sei durchlässig. Er behielt diese Erfahrungen mit einer aufflackernden Unterwelt jedoch für sich.

*Ich glaube nicht, daß sich Erinnerungen und Träume trennen lassen.*
– Jack Kerouac

Schritt für Schritt betrat Jack die Welt seines Vaters. Leo war dunkelhäutig und streitlustig, ein unzufriedener Alkoholiker, dessen Welt aus Druckereien und rauhbeinigen Männersportarten bestand. Nach und nach ersetzte Lowells Öffentlichkeit die verdunkelten Zimmer und religiösen Schreine in Jacks Elternhaus, und er hörte das Mischmasch der Sprachen, deren Klänge ihn faszinierten. Der Merrimac River, der durch die Stadt floß, bot Kerouac eine Metapher für eine Freiheit durch Flucht.

*Jack Kerouac als Leichtathlet an der High School in Lowell, 1939*

Während der Weltwirtschaftskrise ging es mit Leo Kerouacs Branche steil bergab; klarer denn je traten Jack die Klassenunterschiede vor Augen. Gabrielle arbeitete ganztags an einer Lederspaltmaschine in der örtlichen Schuhfabrik und übernahm Abend für Abend ruhig und unerschütterlich die Herrschaft im Haus. Leo ermunterte seinen Sohn dazu, sich ein einseitiges Wettformular zu setzen und machte ihn mit den Pferderennbahnen außerhalb Lowells vertraut. So lernte er zum erstenmal die »aufregenden Städte aus großen Neonreklamen kennen. Providence, der feine Dunst an den düsteren Wänden großer Hotels.«[38]

Es war Kerouacs Sportlichkeit, die ihm schließlich das Ticket zum Verlassen Lowells verschaffte. Im Alter von sechzehn Jahren entwickelte er eine stämmige Figur, muskulöse Arme und kräftige Beine. Sehr zur Freude seines Vaters schaffte er es ins erste Footballteam seiner Schule und sprang im ersten Spiel der Saison bereits für einen Halfback ein. In seiner ersten Spielzeit lief Kerouac einigen seiner Verfolger davon und brachte es auf mehrere Touchdowns, so daß er bald eine Art Lokalmatador war. Sein Coach setzte ihn freilich nur selten ein, so daß man ihn hin und wieder den »zwölften Mann in der Elf der High School von Lowell« nannte. Das Publikum jedoch skandierte »Wir wollen Kerouac!«, und schließlich begannen Talentsucher ein reges Interesse an seiner sportlichen Zukunft zu zeigen. Außerdem war Kerouac der schnellste Sprinter unter den Leichtathleten

*Vergiß die Schreiberei, Jean, das zahlt sich nicht aus. Bist so gut in der Schule – klar gehst du aufs College, suchst dir einen Job. Hör auf zu träumen!*

– Leo Kerouac zu seinem Sohn Jack

der Schule und verhalf der High School von Lowell zur Staatsmeisterschaft in der Staffel über 300 Yards. Der Halbwüchsige begann die Disparität zu spüren zwischen seinem persönlichen Denken, das ganz auf Schreiben und Erinnerungen ausgerichtet war, und seiner Highschool-Rolle als Footballstar. Footballscouts des Boston College und der New Yorker Columbia University boten ihm Sportstipendien, und da Boston College Leo Kerouac ab und zu als Drucker beschäftigte, verspürte Jack eine gewisse Verpflichtung, nach Boston zu gehen. »Kümmere dich nicht um uns«, sagte seine Mutter. »Geh an die Columbia.«[39]

## Der junge Allen Ginsberg

Mit dreizehn war Allen Ginsberg der Kleinste in seiner Klasse, und seine dicke Brille, die Zahnspange und der hoch entwickelte Intellekt machten ihn bei seinen Klassenkameraden zum »Professor«. Tests ergaben einen Wortschatz, der das verbale Repertoire der meisten Highschool-Absolventen übertraf, und sein Motto – »Mach, was du willst, wann du willst«[40] – deutete bereits auf seine liberalistische Philosophie hin. Ginsberg charakterisierte sich selbst als »Atheist und eine Kombination aus Jeffersons demokratisch-sozialistischem Kommunisten«.[41] Später beschrieb er sein jugendliches Selbst als »eine Art geistigen Ghul, völlig losgelöst von jeder Realität, der in einer Welt von Zeitungen und Ästhetik existierte: Beethoven, Leadbelly, Ma Rainey und Bessie Smith«.[42] Als Nathan, der örtliche Schneider, Ginsberg viele Jahre später sah, erinnerte er sich an das Kind: »Du hattest den Verstand eines 80jährigen und warst so lebendig, so voller Freude, deine Augen leuchteten, als hättest du Sterne drin.«[43] Allens vorzeitig gereifter Geschmack, seine bilderstürmerische politische Haltung und sein literarischer Ehrgeiz waren ganz natürlich für ein Kind aus einer pikanten Verbindung wie der zwischen Louis und Naomi Ginsberg. »Ist er als Dichter geboren, oder hat er das mit der Muttermilch aufgesogen?« fragte Louis Jahre später. »Ich denke beides.«[44]

*Entweder bin ich ein Genie, oder ich bin egozentrisch, oder ich bin leicht schitsophren [sic], wahrscheinlich eins und zwei.*

–Allen Ginsberg, als Vierzehnjähriger

Als sie 1919 heirateten, waren Louis und Naomi linke Bohemiens. Er war Sozialist, sie Kommunistin, und so nannten sie ihren

***Crazy:*** *Entweder »großartig« oder »ungewöhnlich«: »Crazy, man!«*

*Naomi Ginsbergs Porträt von Allen, Öl auf Papier, aus dem Gedächtnis im Krankenhaus gemalt*

*Naomi und Louis Ginsberg, Coney Island, ca. 1919*

Erstgeborenen denn auch nach Eugene Debs. In Greenwich Village engagierten sie sich in den Dichterzirkeln um Alfred Kreymborgs kleine Zeitschriften; sie kannten so archetypische Bohemiens wie Joe Gould und Maxwell Bodenheim. (Naomi quälte ihren Gatten später sogar mit der Behauptung, mit Bodenheim geschlafen zu haben.) Die beiden waren ein attraktives und ernstes Paar – Louis, hochgewachsen, fesch, welliges Haar, zeigte beim Lächeln kräftige Zähne und hatte einen Abschluß von der Rutgers University, und die energische, grazile Naomi hatte stets ein zündendes Lied oder eine Hymne auf die Arbeiterklasse parat. Die mysteriösen Symptome von Naomis Schizophrenie (damals noch Dementia praecox), die ihrer 29jährigen Ehe schließlich ein Ende bereiten sollte, zeigten sich erstmals 1919. Naomis Familie konnte ihre plötzliche Überempfindlichkeit gegen Licht und Geräusche nicht verstehen, Symptome, die nur einige Monate anhielten. Sieben Jahre später, am 3. Juni 1926, kam ihr zweites Kind, Irwin Allen Ginsberg, zur Welt.

Der nächste Schub von Naomis Schizophrenie kam erst, nachdem sie bereits Jahre ohne Zwischenfall als Aktivistin, Mutter, Ehefrau und Pädagogin für benachteiligte Kinder tätig gewesen war. Den dreijährigen Allen und den achtjährigen Eugene zurücklassend, ging Naomi in ein Sanatorium. Danach wechselte sie die psychiatrischen Einrichtungen bei jedem Schub. Während der Perioden schizophrener Dekompensation ließ Naomi sich immer ausführlicher über ihre kommunistischen Überzeugungen aus und bestand zu Hause auf Freikörperkultur. Aus familiären Konflikten machte sie großangelegte Verschwörungen mit Abhöreinrichtungen an der Decke ihrer Wohnung und der Behauptung, man hätte ihr Spieße in den Rücken gesteckt; schließlich bezog sie Hitler, Mussolini und Roosevelt in ihre paranoiden Wahngebilde mit ein. Die Fachleute jener Zeit diagnostizierten einen »Nervenzusammenbruch«, hatten aber keine Mittel zur Heilung. Naomi unterzog sich einem traumatisierenden Gewitter von Schocktherapien – über vierzig Insulinschock-, Elektroschock- und Metrazolbehandlungen. Privatsanatorien waren kostspielig und wirkungslos, andererseits drückte Louis das Gewissen, wann immer sie in Greystone im staatlichen Krankenhaus war. Der kleine Allen verstand nicht, warum seine Mutter diese merkwürdi-

**Groove:** *Auf den Beat, swingend, aus dem Jazz-Slang; Glenn Millers »In The Groove«. Als Tätigkeitswort bedeutet es »fasziniert sein von«: »Groove on that hip chick!«*

gen Orte der Familie vorzog, wo Menschen mit leerem Blick in Krankenhauskitteln auf grünem Rasen Krocket spielten. Wenn Naomi dann wieder nach Hause kam, hatten die Medikamente ihren Stoffwechsel derart verändert, daß die Gestalt, an die Ginsberg sich später als »die schöne Garbo meines Karmas«[45] erinnern sollte, nun aufgedunsen und fleischig war. Als Vierzehnjähriger schrieb Allen in sein Tagebuch, sie habe »ihr mädchenhaftes Lachen und ihre mädchenhafte Figur verloren. Ich kreide ihr ihren Zustand nicht an«.[46]

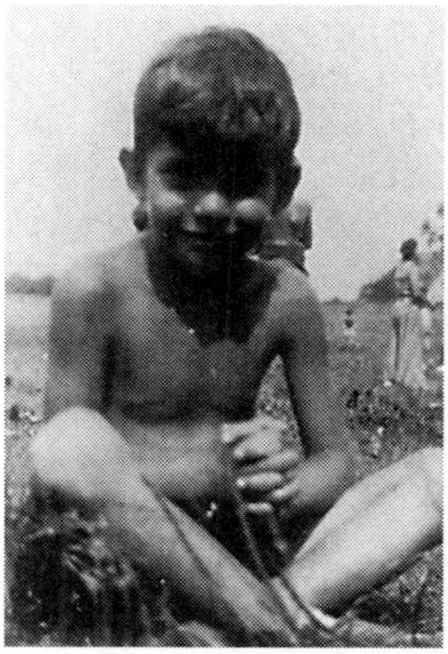

*Der vierjährige Allen Ginsberg in New Jersey*

Als bei Naomi die Schübe schizophrener Dekompensation immer länger und intensiver wurden, sah sich Allen in zunehmendem Maße zwischen seinen Eltern hin und her gerissen. Später beschrieb er seine Verwirrung folgendermaßen: »Ich *empfing* & fügte mich, mit wahrhaftigem Gespür, in die paranoide Gefühlswelt meiner Mutter ... *Dann*, wenn ich die Klagen meines Vaters hörte, identifizierte ich mich mit der seinen: Folge davon war, daß ich innerhalb *einer* Stunde auf ihrer ›Seite‹ und auf ›seiner‹ war & mich zu einer Entscheidung nach der anderen gezwungen sah.«[47] Manchmal ging Allen nicht zur Schule, um Pfleger und Vertrauter seiner Mutter zu sein. Er hörte sich ihre paranoiden Phantasien an – Louis vergifte die Suppe, sie brauche Töpfe auf den Ohren, um sie vor Bösem zu schützen, unsichtbares Ungeziefer und Attentäter aus Newark bedrohten sie. Hin und wieder steckte Allen unter einer Decke mit ihr, freilich unbewußt – wie sollte ein Heranwachsender zwischen den irrationalen Ideen seiner Mutter und ihren tief empfundenen Emotionen unterscheiden?

Allen und sein großer Bruder Eugene sahen sich in Paterson, New Jersey, von einer heruntergekommenen Wohnung in die nächste verbracht, ohne zu wissen, was ihrer Mutter wohl jetzt wieder einfallen würde. Allen erinnerte sich an eine von Großzügigkeit und Liebe getragene Kindheit, obwohl sein Repertoire familiärer Erinnerungen kaum dem der üblichen vierköpfigen Familie der Zeit zwischen den Kriegen glich: Seine Mutter nahm ihre Söhne auf kommunistische Versammlungen mit, wo Allen seine ersten Lieder lernte (»The Red Flag« und »On the Line«, das Kampflied der Gewerkschafter); Naomi spielte Mandoline und sang dazu »Last Night the Nightingale Woke Me« und erzählte linke Märchen über

***Lay on:*** *Das in den vierziger Jahren geprägte Tatigkeitswort bedeutet informieren: »I laid on him my understanding of Genesis.« Außerdem bedeutet es geben: »He laid a C-note on me« [Huncke].*

*If at first you don't succeed,*
*try a little ardor.*
*Is life worth living? It depends*
*on the liver.*
– Louis Ginsberg, aus
»Keep an O'Pun Mind«

Prinzen, die der Arbeiterklasse zu Hilfe kamen; Aufenthalte in einem von den Kommunisten geführten Sommerlager namens Camp Nicht-Gedeigat (Jiddisch für »Keine Sorge«); Sonntagvormittage mit der *New York Times* auf dem Boden, während Louis, Milton und Keats rezitierend, die Hausarbeit erledigte. Als Allen im Alter von elf Jahren ein Stück für eine Puppenbühne mit dem Titel »A Quiet Evening with the Jones Family« inszenierte, geriet das zu einem Versuch über seine Vorstellung von Normalität. Bei aller Ungewißheit versuchte Louis seinen beiden Söhnen ein stabiles Zuhause zu geben; nach seiner Arbeit als Englischlehrer an Patersons Central High School kaufte er im S & Z-Restaurant Borschtsch und Kascha zum Mitnehmen, und an den Wochenenden ging er mit seinen Söhnen zu Familientreffen. Allen kannte noch nicht einmal den Anschein eines konventionellen Familienlebens, dafür erfuhr er Großzügigkeit und lernte in Ad-hoc-Gemeinschaften zu leben, wie er sie im späteren Leben selbst fördern sollte.

Wenn er wirklich mal einen Augenblick Zeit hatte, saß Louis an seinem Schreibtisch in der Ecke unter einer Schwanenhalslampe und schrieb Lyrikgedichte, die seine an Hiob erinnernde Existenz abstrahierten und idealisierten. Er nannte sich »Paterson's Principal Poet« und veröffentlichte nicht nur in kleinen Magazinen wie *The New Masses* und in Lokalzeitungen, selbst Louis Untermeyer nahm ihn in seine Anthologie *Modern American Poetry* auf (Allen bezeichnete sie als »meine Schulbuben-Gedichtbibel, als ich zwölf Jahre alt war«).[48] Trotz der beengten finanziellen Verhältnisse – während der Wirtschaftskrise sah er sein Gehalt um ein Drittel gekürzt – verschuldete sich Louis, um Horace Liverights Veröffentlichung seiner Gedichtsammlung *The Everlasting Minute* zu unterstützen.

*Allen Ginsberg zu Besuch bei seiner Mutter in Greystone, ca. 1937*

Allen sah sich immer wieder von beängstigenden Schatten und dunklen Hecken erschreckt, von Gespenstern in Gassen und dem »verhüllten Fremden«, der später in seinen Gedichten auftauchen sollte. Er flüchtete sich in die Phantasiewelt von Kino, Musik, Hörspielen und Büchern. Louis erinnerte sich daran, wie sein Sohn auf dem Spielplatz einem antisemitischen Kameradenschinder die Stirn bot und ihn mit seiner pointierten Sprache schlug: »Ich glaube, daß mein Sohn damals die Macht der Worte gespürt hat.«[49] Mit

*Allen Ginsbergs Jahrbuchfoto mit einer Anmerkung von Ginsberg und einem Klassenkameraden, Eastside High School, Paterson, New Jersey, 1943*

elf begann Allen seine Gedanken in einem in Leder gebundenen Tagebuch festzuhalten, das er mit einem Schlüssel verschloß.[50] Allen hielt alles fest: Träume, Lieblingsfilme, Prügeleien mit seinem Bruder und die Krankenhausaufenthalte seiner Mutter, alles in ein und demselben Ton. Das Wort war eines der wenigen Dinge, die sich kontrollieren ließen, und sein kunstvoller Umgang damit reflektierte sowohl die Gedichte seines Vaters als auch die seines älteren Bruders. Mit vierzehn prophezeite er in seinem Tagebuch: »Ich schreibe, um meinen Egoismus zu befriedigen. Falls ein künftiger Historiker oder Biograph wissen möchte, was das Genie gedacht und im zarten Alter gemacht hat, hier ist es. Auf dem einen oder anderen Gebiet werde ich ein Genie, wahrscheinlich in der Literatur. Ich glaube das wirklich (aber nicht naiv, wie vielleicht glauben mag, wer immer dies liest.)«[51] Das Führen eines Tagebuchs wurde zum beständigsten Faktor von Allens Leben, und das bis auf den heutigen Tag. Eines seiner frühen Tagebücher begann mit den Zeilen: »Jetzt forme ich, aus dem gesprungenen und blutenden Herzen/Triumphierend – Kunst!«[52]

***High:*** *Im Zustand der Euphorie (aufgrund von Drogen, Alkohol, ästhetischer Ekstase oder Sex); von Schwarzen in den dreißiger Jahren benutzt, danach von Hipstern: »Sure, man, that cat's real high on tea! Look at those big, staring eyes« [Holmes].*

Außerdem suchte Allen Trost und Sicherheit in der greifbarsten Spielart der Liebe. Der physische Kontakt wurde Allen ein derart starkes Bedürfnis, daß Louis ihm den Spitznamen »kleine Kußwanze« – »little kissing bug« – gab.[53] Schon im Alter von sieben Jahren war er sich sexueller Regungen bewußt, die er als seine »niederen Gefühle«[54] bezeichnete und die die ganze Kindheit und das Jugendalter hindurch noch um ein Vielfaches zunahmen. Er teilte das Bett mit seinem älteren Bruder Eugene, der Allen wegschubste, wenn er sich an ihn zu kuscheln versuchte, und manchmal stieg er auch zu Louis ins Bett, erregt, als er sich am Bein seines Vaters rieb. »Ich muß eine sexuelle Landplage für die ganze Familie gewesen sein«, bemerkte er später.[55] Manchmal richtete sich sein beginnender Hunger nach Haut auch auf Spielkameraden, und die üblichen voradoleszenten Schwärmereien sahen bei ihm so aus, daß er sich in muskulöse Jungs oder Anführer von Jugendbanden aus dem Viertel verknallte. Während er in Phantasien über seinen jeweiligen Schwarm schwelgte – »traumhafter Earl/du Prinz von Paterson« – stand Allen hinter dem Verandageländer und entblößte sich dem Verkehr auf der Haledon Avenue. (Nicht daß es jemand bemerkt hätte.) »Vielleicht bin ich sowieso von Grund auf exhibitionistisch veranlagt«, bemerkte Ginsberg im Rückblick auf diesen Zwischenfall.[56] Er gab sich Tagträumen über Jungs hin und machte sich mit sechzehn in der Stadtbibliothek auf die Suche nach einer Erklärung für sein Verlangen. Verstohlen öffnete er Kraft-Ebbings *Psychopathia Sexualis*, las die Fallstudien über Homosexuelle und fragte sich: »Bin ich homosexuell?«[57] Als er dreißig Jahre später darauf zurückblickte, bemerkte Ginsberg, daß sein Verlangen ihn von anderen absetzte und gleichzeitig ein »Katalysator für die Selbsterforschung«[58] war.

Seine Masturbationsphantasien wurden zur Heldenverehrung. Der »Held meines Highschool-Verstandes, Judenjunge, später ein Arzt – damals ein stiller, adretter Kerl«[59] war ein Junge namens Paul Roth, der ein halbes Jahr älter als Ginsberg war. »Ich habe soviel Zeit wie möglich mit ihm verbracht«, erinnerte sich Ginsberg, »aber auf eine ausgesprochen schüchterne Art.«[60] Ginsberg träumte davon, seinem Helden an die Columbia University zu folgen, für die Roth ein Stipendium bekommen hatte. Als er 1943 die Fähre über den Hudson nach Hoboken nahm, um die Aufnahmeprüfung der Universität zu machen, stand Allen am Bug und gelobte, sein Leben der Arbeiterklasse zu widmen.

## Columbia University

Im Westen der New Yorker Columbia University erstreckte sich der Riverside Drive, das Zuhause der jüdisch-akademischen Aristokratie, im Osten lag, getrennt durch den Morningside Park, Harlem. 1754 gegründet, hatte sich Columbia zu einer der großen Ivy-League-Hochschulen entwickelt; seit 1902 war Nicholas Murray Butler Rektor. Von besonderem Interesse für die Studienanfänger Jack Kerouac und Allen Ginsberg: Columbia hatte eines der besten Anglistik-Seminare des Landes.

Jack Kerouac kam im September 1940 an die Columbia, er war ein Jahr älter als die meisten seines 500 Köpfe zählenden Jahrgangs. Nach seinem Abschluß an der High School von Lowell hatte er ein Jahr die Horace Mann Preparatory School besucht, wo er sich für den Footballsport Gewicht antrainierte und seine schulischen Leistungen auf den Standard der Columbia University brachte. In seinem blauweißen »Beanie« – der zu jener Zeit für Studienanfänger obligatorischen kleinen runden Kopfbedeckung – lauschte er Präsident Butlers Begrüßungsansprache über »Die Freuden der Arbeit« und machte sich danach auf einen etwas schizophrenen Zickzackkurs, der den Rest seines Lebens charakterisieren sollte.

*Verstand und Muskeln sind in Jack gut kombiniert.*
– Horace Mann in einem Jahrbucheintrag für Jack Kerouac

Jeden Nachmittag trainierte Kerouac auf dem Baker Field als Running Back Football. Er machte seine Sache in den ersten beiden Spielen der Saison sehr gut, brachte sogar einen Kickoff über neunzig Yards. Einige Tage später jedoch knackste er sich das rechte Schienbein an, worauf Kerouacs Footballkarriere nur noch außerhalb des Spielfelds stattfand. Auf Krücken über den Campus humpelnd, bot der dunkle Athlet als schwermütig-hübsche Erscheinung für die Phantasie von Columbias Studienanfängern ein so ansprechendes Bild, daß man ihn zum stellvertretenden Präsidenten des Jahrgangs wählte und für eine Aufnahme in eine von Columbias renommierten Verbindungen – Phi Gamma Delta – vorschlug. (Wo er sich jedoch nicht lange hielt, da er sich weigerte, das für Anwärter vorgeschriebene »Beanie« zu tragen.) Wenigstens äußerlich gelang es Kerouac, den Ivy-League-Studenten zu mimen.

*Go into the American night, the Thomas Wolfe darkness, the hell with these bigshot Gangster football coaches, go after being an American writer, tell the truth, don't be pushed around.*
*Geh hinaus in die amerikanische Nacht, die Finsternis von Thomas Wolfe, zum Teufel mit den großen Footballtrainern, diesen Gangstern. Versuch ein amerikanischer Schriftsteller zu werden, sag die Wahrheit, laß dich nicht rumschubsen.*
– Jack Kerouac

Als Gegengewicht zu dieser extravertierten Persona pflegte Kerouac sein Einzelgängertum auf seiner Stube in der Livingston

Hall, wo er, Pfeife rauchend, klassische Musik hörte und durchs Fenster das Steinfries mit den großen Schriftstellern an der Fassade der Butler Library anschaute. Der Autor freilich, der seine Phantasie am meisten beschäftigte, hatte nichts mit dem Studienpensum zu tun. Nachdem er *Look Homeward, Angel* gelesen hatte, verschlang Kerouac systematisch den Rest von Thomas Wolfes Werk. Er entdeckte in diesen umfangreichen autobiographischen Erzählungen eine Seelenverwandtschaft mit einem anderen Außenseiter, der dem ungeheuren Versprechen dieser unfertigen jungen amerikanischen Nation zugetan war und in einer geradezu unverfroren poetischen Sprache schrieb.

Kerouacs Verhältnis zur Columbia University war ebenso launenhaft wie seine Footballkarriere und seine schulischen Leistungen – letztere rangierten zwischen Einsen in Literatur und Sechsen in Chemie. Als er am Anfang seines zweiten Jahres einen Tag zu

*Jack Kerouac, »Komisches Selbstporträt auf See«, ca. 1941*

spät zum Footballtraining erschien, begrüßte sein Coach ihn recht kühl. Noch vor dem ersten Spiel der Saison verschwand Kerouac mir nichts, dir nichts aus dem Training, sprang mit einem vollen Koffer auf einen Bus in den Süden und kam erst ein Jahr später und auch das nur für kurze Zeit an die Columbia und in deren Footballteam zurück. Da wegen des Krieges ein Mangel an Spielern herrschte, telegraphierte ihm sein Trainer und bot ihm eine letzte Chance, aber er überstand noch nicht einmal die erste Woche. Er war zu leicht und hatte außerdem Schwierigkeiten mit der Ausführung von Coach Fureys Spielzügen. Während er Beethovens Fünfte hörte, gelobte Kerouac sich, Künstler zu werden, ließ das Training sausen und ging nie wieder hin. Er ließ damit seine Footballkarriere ebenso sausen wie sein Stipendium an der Columbia; er kehrte der Leiter konventionellen Erfolgs den Rücken und kam nie wieder zurück.

Bevor er wieder in den Dunstkreis der Columbia trat, aber nicht als Student, übte er eine ganze Reihe von Tätigkeiten aus – wie Automechaniker, Seemann bei der Handelsmarine und Koch in einem Schnellimbiß. Er heuerte sowohl bei den Marines als auch bei der Küstenwache an, bekam es vor Dienstantritt mit der Angst, betrank und erbrach sich, kippte auf einer Herrentoilette im Zentrum von Boston um, erwachte, hatte Angst, seinen Eltern unter die Augen zu treten, und schiffte sich als Küchenjunge nach Grönland ein.

Im Februar 1943 ging Kerouac zur Kriegsmarine, ertrug jedoch die Grundausbildung – unbequeme Hängematten, Rauchverbot und Zwangsinspektionen – nur einige Monate. Eines Nachmittags legte er während des Exerzierens einfach das Gewehr auf den Boden und ging wortlos in die Bibliothek, wo man ihn beim Lesen festnahm. Als ihn der Psychiater im Krankenhaus nach seinem Namen fragte, antwortete Kerouac: »Ich bin nur der alte Samuel Johnson.«[61] Damit wollte er sagen, daß er Literat und ihm an seiner Unabhängigkeit gelegen sei, aber der Navy-Psychiater verstand die Anspielung ebensowenig wie Kerouacs Behauptung, er »widme [seine] Handlungsweise der Erfahrung, um über sie zu schreiben, und opfere [sich] auf dem Altar der Kunst«.[62] Schließlich bekam er von der Navy eine ehrenhafte Entlassung mit der »Diagnose«, ein »indifferenter Charakter« zu sein.

*Mein Leben ist wie ein Meer,*
*meine Erinnerung das Schiff.*
– Jack Kerouac

Ein Brief Kerouacs aus dem Navy-Krankenhaus reflektiert seine eigene Sicht seiner gespaltenen Psyche, die er durch Schreiben wieder intakt zu bekommen hoffte:

> Meine schizoide Seite ist die Raskolnikow-Dädalos-George-Webber-Duluoz-Seite, die brütende, gebeugte Gestalt, die eine Welt voller Mittelmaß, selbstgefälliger Ignoranz und Bigotterie, praktiziert von Möchtegern-Ben-Franklins, verhöhnt; die introvertierte Gelehrtenseite; die fremde Seite.
>
> Mein normales Gegenstück dazu, das du kennst, ist die Halfback-Hurenbock-Saufkumpan-Küchenjungen-Jitterbug-Jazzkritiker-Seite, die Seite von mir, die ein breites, unkultiviertes Amerika möchte; die von richtigen Kerlen mit Mumm in den Knochen genährt werden will; und die, was auch immer mir an freudlosem Lachen geblieben ist, sich Bahn brechen läßt an Stelle des schizoiden Kicherns, das mir in letzter Zeit kommt.[63]

*A man of letters is a man of independence.*
*Ein Literat ist unabhängig.*
– Jack Kerouac zu einem Marinepsychiater

Während dieser chaotischen Wanderjahre bewahrte sich Kerouac eine ritualisierte Schreibdisziplin. Er führte Tagebuch, las unablässig, annotierte sorgfältig H. G. Wells' *Outline of History* und arbeitete an einem sauber von Hand geschriebenen Roman, *The Sea Is My Brother* (in dessen Titel die Suche nach einem Ersatz für den verlorenen Gerard anklingt). Im September 1943 kehrte Kerouac an die Columbia zurück und geriet in die Umlaufbahn der Wohnung 15 des Hauses 421 in der 118. Straße West. Die beiden Frauen, die dort wohnten – Edie Parker und Joan Vollmer – und ihre Freunde sollten sein Leben verändern. Wie Kerouac selbst sich ausdrückte: »Nach und nach stellen sich die Charaktere meines künftigen Lebens ein.«[64]

***Fruit:** Ein Homosexueller; seit den dreißiger Jahren, für gewöhnlich abschätzig von Heterosexuellen benutzt: »All girls go fruit, black girls go fruit for mexican girls.« [Kerouac]. Homosexuelle benutzten das Wort nur in ironischem Kontext: **fruit salad** (eine Gruppe von Homosexuellen); **fruit-bowl queen** (ein homosexueller Sportler).*

## Auftritt Allen Ginsberg

Noch im Herbst des Jahres 1943 traf Allen Ginsberg an der Columbia University ein. Der siebzehnjährige Studienanfänger hatte ein Stipendium des Congress of Industrial Organizations – eines unabhängigen Gewerkschaftsverbands – und einen Zuschuß von 100 Dollar im Monat von der Universität. Seine Belesenheit verschaffte ihm das Rüstzeug, sich mit Studenten zusammenzutun, die nicht nur älter, sondern auch gesellschaftlich akzeptabler und lebenserfahrener waren als er.

Erpicht darauf, sich einzufügen, fand er auch sofort seinen Platz am englischen Seminar, wo er bei Raymond Weaver, dem Dichter und Pulitzer-Preisträger Mark Van Doren und bei Lionel Trilling studierte. Sein Plan, Gewerkschaftsanwalt zu werden, war rasch vergessen, als er den von Trilling umrissenen literarischen Kanon der westlichen Hemisphäre zu absorbieren begann. Wie Ginsberg selbst sagte, versuchte Trilling »die humanistische Solidarität und die guten Umgangsformen aus dem England der Mitte des 19. Jahrhunderts wiederzubeleben. Matthew Arnold in Mahagoni.«[65] Ginsberg fühlte sich zu seinem neuen Mentor hingezogen, »weil wir beide Juden waren und er sich sozusagen in mich hineinversetzen konnte«.[66] Allen wurde ein Musterstudent, der fleißig in die Butler Library ging, Reime schmiedete, die in der *Columbia Jester Review* erschienen, und an den Diskussionen des Debattierclubs teilnahm. Anders als bei den anderen Anfängern, die gähnend in den hinteren Reihen saßen, war es eine wahre Freude, den eifrigen Studenten mit der Hornbrille und der näselnden Aussprache zu unterrichten; sowohl Trilling als auch Van Doren halfen Ginsberg enorm. Sie förderten sogar seine lyrischen Bemühungen, obwohl in ihrem Verständnis von Dichtung kein Platz für Walt Whitman, William Carlos Williams und Ezra Pound war. Da diese auch keinen Platz im lyrischen Universum seines Vaters gehabt hatten, fiel Ginsberg ihr Fehlen zunächst gar nicht auf.

## Auftritt Lucien Carr

Kurz vor Weihnachten 1943 spazierte Allen den Korridor im sechsten Stock seines verlassenen Wohnheims hinauf, als er hinter einer Tür am Ende des langen Flurs das Trio Nr. 1 von Johannes Brahms hörte. Als Ginsberg klopfte, um nach dem Namen des Komponisten zu fragen, erkannte er das Gesicht eines Kommilitonen aus Trillings Seminar. »Sieh einer an! Eine kleine Oase in dieser Wüstenei«, sagte Lucien Carr.[67] Ginsberg trat in ein kleines Zimmer, dem der Studienanfänger etwas befangen den Stempel seiner Persönlichkeit aufgedrückt hatte. Die eine Wand bedeckten Poster mit Gemälden von Rousseau und Cézanne, das Bücherregal war voller Titel, die Ginsberg sofort interessierten: Flaubert, Rimbauds *Une saison en enfer*, Spinozas *Ethik*. Als

*Lucien Carr auf dem Campus der Columbia University, in Blickrichtung der Butler Library, 1944*

*Lerne folgende Wörter, und du sprichst die »Carr-Sprache«: Schwuchtel, Phallus, Klitoris, Manie, Fäkalien, Fötus, Schoß, Rimbaud.*
– Allen Ginsberg, über Lucien Carr

**Lucien Carrs Fetische, notiert in Allen Ginsbergs Tagebuch**
*The West End*
*Pernod*
*Leute*
*The Rack*
*Kleidung (Pulli, Hemd)*
*Rasieren*
*Musik (Brahms, Mahler)*
*The Face-Mask*
*Messer*
*Greenwich Village*
*Burroughs in Morton 48*
*Straßen*
*Geschäfte*
*Gassen*

***Hipster:** Ende der dreißiger Jahre bezeichnete dieses Wort jemanden, der Drogen nahm, eine Bedeutung, die sich hielt; es impliziert jedoch auch, daß er sich im Underground auskennt: »Huge apocalyptic novels by homosexual hipster« [Ginsberg nach seiner Entdeckung Genets, 1949].*

Ginsberg Carrs weltliche Erfahrung, seinen Zynismus, spürte, kam er sich im Vergleich zu ihm wie ein »Simpel« vor. Als Carr an Ginsberg zurückdachte, rief er aus: »Naiv, er war unglaublich naiv! Er war nichts weiter als ein eifriger junger Jude aus Paterson, der alles über Bücher und Autoren und Kunst und Gemälde wissen wollte, der keine Ahnung von den ernsten Dingen des Lebens wie Huren und Saufen hatte!«[68] Ginsberg zitierte Yeats, als er sich an diese erste Begegnung erinnerte: »Nie hatte ich einen Jungen gesehen, der derart einem Engel gleichsah mit seinem Haar, blaß, ›die Wange hohl als wäre Wind sein Wein und eine Schattenherde wär' sein Mahl.‹«[69] Carr und Ginsberg feierten ihr Gefühl, miteinander eine Entdeckung gemacht zu haben, mit einem Glas Burgunder.

Sie schlüpften in Rollen – Lucien nannte sich Claude de Maubris, und Allen wurde Gillette – und gerieten in endlose, hitzig-naive Diskussionen über den Sinn der Kunst, die Notwendigkeit politischen Engagements und die Leere bürgerlicher Existenz. Lucien war Allens erster Schwarm am College, obwohl es drei Jahre dauerte, bis er Carr seine Homosexualität offenbarte. Es war nicht nur Carrs Äußeres eines hübschen, verhätschelten Dandys, was Ginsberg anzog, sondern auch sein kühner Stil (rote Tücher und rote Hemden), seine Bibliothek und seine ikonoklastische Art. Oder wie Ginsberg in seinem Tagebuch schrieb: »Er ist ein ›Lebenskünstler‹ in der Jugend.«[70] Luciens Wirkung auf Ginsberg war von entscheidender Bedeutung, was er fünf Jahre später im Tagebuch so formulierte: »Solange ich uns beide als Künstler sah, war es Claude [Lucien], den ich in der Mitte jeder aktiven, einander befruchtenden Schule oder kreativen Gemeinschaft sah.«[71]

Zu Lucien Carrs »Fetischen«, die Ginsberg in seinem Tagebuch notierte, gehörte auch »William Burroughs in der Morton Street 48.«[72]

## Begegnungen: Ginsberg und Burroughs

Kurz nach Weihnachten 1943 sprangen Lucien Carr und Allen Ginsberg in eine U-Bahn nach Greenwich Village, in eine Diskussion über etwas vertieft, was sie die »Neue Vision« nannten. Die beiden fanden David Kammerer im Gespräch mit William Burroughs, seinem alten

Freund und gegenwärtigen Nachbarn, und die ersten Worte, die Ginsberg aus Burroughs Mund hörte, waren ein Lob für eine Lesbierin, die »geradeheraus, männlich und zuverlässig« war. Burroughs war damals neunundzwanzig; dem siebzehnjährigen Ginsberg schien er unglaublich alt und weise. Seine wäßrigen blauen Augen hinter der Brille, sein Seersucker-Anzug an dem spindeldürren Körper, das durch seine Nebenhöhlen bedingte Schniefen, seine fahle Haut und das dünne sandfarbene Haar, das alles summierte sich für Ginsberg zur Erscheinung eines Mannes von geradezu abnormer Reife. »Ich habe mich gefragt, wer dieser intelligente Aristokrat wohl sei«, erinnerte er sich.[73] Auf einem hochkant gestellten Holzklotz sitzend, hörte er zu, wie Lucien von einer kürzlichen Keilerei zwischen Kammerer und einem Maler erzählte, die ihren Höhepunkt darin gefunden hatte, daß Carr dem Maler ins Ohrläppchen biß. Burroughs reagierte auf diese Schauergeschichte mit einer obskuren, aber passenden Passage aus dem ersten Akt von *Troilus und Cressida*: »In den Worten des unsterblichen Barden – ›Der Anlaß kann mich nicht zum Kampf begeistern, zu dürftig für mein Schwert ist dieser Preis.‹«[74] In diesem Augenblick stellte er, vom mühelosen Umgang des älteren Mannes mit Worten beeindruckt, Burroughs die Frage, die er und Lucien in der U-Bahn diskutiert hatten: Was ist Kunst? Worauf Burroughs trocken antwortete: »Kunst ist ein Wort mit fünf Buchstaben.«[75]

## Begegnungen: Kerouac und Carr

Als Jack Kerouac Lucien Carr zum erstenmal sah, durch die Rauchschwaden im »West End«, einer Bar am Broadway, Ecke 113. Straße West, bemerkte er Edie Parker gegenüber: »Sieht mir nach einem boshaften Scheißkerl aus.«[76] Bei dieser anfänglichen Feindseligkeit spielte zweifelsohne eine gewisse Eifersucht eine Rolle (Edie und viele andere Frauen waren von Carr fasziniert), ganz zu schweigen von Carrs aristokratisch-blonder Anmut, die so ganz anders war als sein eigener proletarischer Stil. Zusammen einen zu heben, half die Barriere zwischen den beiden Männern aufzuheben, und nachdem sie ein Besäufnis im West End damit beendet hatten, daß Carr seinen

*Ist dir klar, daß Hubbard [Burroughs] was vom älteren Bruder von Sherlock Holmes hat?*

– Irwin Garden (eine auf Ginsberg basierende Figur) über William Burroughs

neuen Freund in einer Tonne den oberen Broadway hinauf rollte, war ihre Beziehung auch schon zementiert. Kerouac idealisierte Carrs impulsive Handlungsweise - einen Teller mit Parmesan überbackenes Kalbfleisch über die Schulter zu schleudern, ein zotiges Lied anzustimmen, die Scherben eines Cocktailglases zu kauen, Burroughs' Seersucker-Anzug zu zerreißen. »Nie im Leben hatte ich Leben und Zeit so gesehen wie in jenem Sommer«, erinnerte sich Kerouac. »Das kam daher, daß Claudes [Carrs] Gefühle von seinem Charme nicht zu trennen waren, und umgekehrt, und beide hatten mich in ihrem Bann. Er unterschied sich insofern von den meisten anderen, als er mit seinen Gefühlen nie hinterm Berg hielt - er trug sie sozusagen auf der Zunge anstatt in seinem Herzen.«[77] Carrs Auslassungen über die einzig dem Schriftsteller eigene Vision bestärkten Jack in seiner literarischen Berufung. Kerouac dagegen war für Carr der Schrifsteller aus Fleisch und Blut, Reiz und Bedrohung zugleich; Carr hatte nur wenig geschrieben, Kerouac dagegen bereits eine halbe Million Worte. Ihre Beziehung war eine geladene Bruderschaft der Gegensätze - hell und dunkel, Aristokratie und Arbeiterklasse. Oder wie Carr sich erinnerte: »Jeden, der Kerouac über den Weg lief, den liebte er auch.«[78]

## Begegnungen: Ginsberg und Kerouac

Der »romantische Seemann, der Gedichtbände schreibt«[79], wurde zum regelmäßigen Thema in Carrs täglichen Gesprächen mit Ginsberg. Diese idealisierte Gestalt, so fand Ginsberg, war weniger romantisch als Person aus Fleisch und Blut. Er lernte Kerouac im Frühjahr 1944 kennen; Kerouac saß über einem späten Frühstück aus Eiern und Speck. Er bot seinem Gast ein Bier an. Als Ginsberg antwortete, »Nein, nein. Vorsicht ist die Mutter der Weisheit«, sah Kerouac den vier Jahre jüngeren Studienanfänger nur an und bellte dann: »Ah, wo ist mein Fraß!« Kerouac schilderte die Szene später in einem Roman: »Wie sich herausstellte, brauchte Irwin [Ginsberg] Jahre, bis er eine gewisse Angst vor dem ›brütenden Footballer-Künstler‹ überwand, ›der auf Papas großem Stuhl nach dem Abendessen schrie‹, oder so was in der Art.«[80] Im Konflikt jenes Morgens

***Ignu:** Ende der vierziger Jahre von Allen Ginsberg und Jack Kerouac nach Dostojewskis* Der Idiot *geprägt, bezeichnete das Wort einen heiligen Idioten, einen Engel in komischer Form.*

gerieten ihre konträren Stile aneinander – der Jude gegen den Franko-Kanadier, der Macho gegen den Intellektuellen, der Mann von Welt gegen den Streber –, aber lange hielt das nicht an. Als sich die beiden das nächste Mal trafen, auf dem Campus der Columbia University, begann Ginsberg eine Unterhaltung, die bald weitaus offener und enthüllender wurde als seine Gespräche mit Lucien – er erzählte von seinen Kindheitsängsten und den Gespenstern, die Hecken und Gassen bevölkerten. Kerouac antwortete darauf: »Na so was, solche Gedanken habe ich die ganze Zeit.«[81] Aufgrund dieser gemeinsamen Verletzlichkeit fühlte sich Ginsberg Kerouac plötzlich sehr nah und meinte, »daß er, offenbarte ich ihm wirklich die geheime Empfindlichkeit meiner Seele, ganz und gar verstehen würde, wer ich war«.[82]

Ginsberg verliebte sich rasch in seinen neuen Freund, obwohl mehrere Monate vergingen, bevor er Kerouac rundheraus sagte: »Jack, weißt du, ich liebe dich und würde gern mit dir schlafen, ich mag eigentlich Männer.«[83] Kerouac ließ ein betretenes Stöhnen hören, stieß Ginsberg jedoch nicht zurück, und die Enthüllung öffnete schließlich den Weg für intime Diskussionen ihrer Alpträume. Ginsberg erinnerte sich an Kerouac als »den etwas älteren Mann und jemand, der meines Erachtens größere Autorität hatte, seine Toleranz *erlaubte* es mir, mich zu öffnen und darüber zu reden«.[84]

## Begegnungen: Kerouac und Burroughs

Im Februar 1944 brachte David Kammerer William Burroughs mit zu Jack Kerouac, angeblich um Informationen über die Handelsmarine zu sammeln. In Burroughs' Augen sah Kerouac – noch feucht von der Dusche, nur in schmutzigen Chinos – ganz wie ein Seemann aus, und so begann er ihm eine Reihe Fragen zu stellen. Kerouac war verblüfft, aber nicht etwa wegen der Fragen, sondern wegen der bloßen Anwesenheit dieses undurchsichtigen Intellektuellen in seiner Wohnung. Er entdeckte in Burroughs »ein klein wenig von einem versonnenen jungen deutschen Nazi, als sein weiches Haar sich im Luftzug sträubt«,[85] und vermutete, daß Kammerer und Burroughs »die beiden übelsten und intelligentesten Ba-

*Man kann Burroughs wohl unmöglich mögen.*
– Jack Kerouac

*Die Welt ist voller Spitzel.*
– William Burroughs zu Jack Kerouac

starde und Scheißkerle« waren, denen er je über den Weg gelaufen war.[86]

Als Ginsberg und Kerouac später Burroughs besuchten, erinnerte sich Ginsberg: »Wir waren wie Botschafter beim Kaiser von China, eine Delegation, die seine Seele erkundete. Und das ziemlich buchstäblich und direkt. Wer ist Burroughs? Warum ist er so intelligent? Wird er freundlich oder unfreundlich sein?«[87] Burroughs begrüßte seine Anhänger (es waren seine ersten) mit ungewöhnlichem Interesse. Daß er Budapest und Wien persönlich kannte, faszinierte sie ebenso wie sein Patrizierstil und sein vorurteilsloser Appetit in Sachen Literatur. Und, wie Kerouac bemerkte: »Er hat den letzten Schliff.«[88] Burroughs' Geschmack stand sowohl im Gegensatz zum Kanon von Lionel Trilling wie auch zu dem von Mortimer Adler; auf seinem Bücherregal sofort zu sehen waren Jean Cocteaus *Opium*, Hart Cranes *Collected Works*, die historischen Werke von Vico und Pareto und Oswald Spenglers *Untergang des Abendlandes*. Bevor sie sich veranschiedeten, bedachte Burroughs jeden der beiden mit einem Geschenk: Yeats' *A Vision* für Allen, Spenglers *Untergang* für Jack. Die beiden kamen zu dem Schluß, daß das, was sie da für Reserviertheit gehalten hatten, nichts anderes als Schüchternheit war, und fragten sich, ob Burroughs wohl ihr Mentor werden würde. Ginsberg verglich ihn mit einer Büste von Dants und schrieb in sein Tagebuch: »Bill ist immer der weise, warme, freundliche alte Beichtvater gewesen.«[89] Jack nannte Burroughs »den herrlichsten Spiegel, in dem ich mich selbst anstarren kann«.[90] Burroughs schien ihnen der intelligenteste Mensch der Welt.

*Hier, mein Junge, tu was für deine Bildung.*
– William Burroughs zu Jack Kerouac, als er ihm Spenglers *Untergang des Abendlandes* gab

## Die neue Vision

Von 1944 an begannen Ginsberg, Kerouac und Carr über die »Neue Vision« und »das Neue Bewußtsein« zu reden. Diese Begriffe hatten den Beigeschmack von Jugend (mit ihrem ungeprüften Glauben an Vision und Bewußtsein) und Avantgarde (die mit »neu« Modernität verband). Ginsberg bezeichnete den literarischen Unterbau der Neuen Vision jüngst als »Werke der Spätkultur«, wie Burroughs es vorgeschlagen hatte. Zu den maßgeblichen Texten gehörten Yeats'

***Head, pot head, tea head:*** *Marihuanaraucher; Begriff aus den vierziger Jahren, noch heute geläufig: »Like Proust be an old tea head of time« [Kerouac].*

*A Vision*, Audens *The Age of Anxiety*, Kafkas *Der Prozeß*, André Gides *Les Caves du Vatican* und Camus' *L'étranger*. Kerouac, Ginsberg und Carr lasen außerdem die Texte von Giovanni Vico und Vilfredo Pareto über die Zyklen der Geschichte, Joyce' *Finnegan's Wake* und vor allem Oswald Spenglers *Untergang des Abendlandes*. Ginsberg beschrieb jüngst die Genese der Neuen Vision:

> Es war eine reichhaltige Lektüreliste, die wir nicht aus dem College hatten, ja, die gerade das Gegenteil vom College war, schließlich war das College das Amerikanische Imperium und das war der Untergang des Imperiums . . . Um es einmal ganz grundsätzlich zu sagen, sie [die Neue Vision] kommt aus Spenglers *Untergang des Abendlandes*, in dem es um das Ende der Kultur und den Beginn der Hochzivilisation geht, die nichts weiter ist als degenerierte Kultiviertheit und Abblättern der ursprünglichen Kultur mit einem gleichzeitigen Aufstieg einer zweiten Religiosität . . . Die neue Vision nahm den Tod der Spießermoral als gegeben und ersetzte sie durch den Glauben an die Kreativität. Ich denke, wir waren in gewisser Hinsicht ziemliche Moralisten.[91]

*Wann gehen wir – über Strände und Berge hinaus, die Geburt der neuen Aufgabe zu begrüßen, die neue Weisheit, die Flucht der Tyrannen und Dämonen, das Ende des Aberglaubens; zu bewundern – als Erste! Weihnacht auf Erden?*
– Arthur Rimbaud

Die Neue Vision reflektierte einen dunklen Augenblick der Geschichte, in dem die Zivilisation im Niedergang begriffen, der Westen im Krieg und die erste Atombombe gefallen war. Alle konnten sie den Schluß von »The Second Coming« von Yeats zitieren: »Welch wüste Bestie, deren Stunde nun gekommen ist, schlampt gen Bethlehem in ihre Geburt?« Die Neue Vision bot außerdem eine Arena, in der Ginsberg und Carr Fragen der Moral und Ästhetik nachgehen konnten, wie ein parodistischer Dialog in Ginsbergs Tagebuch nahelegt:

> Carr: Ich sage dir, ich erkenne sie nicht an, deine kleinen Lieben, deine unoriginelle kleine Moral, deinen heuchlerischen Altruismus, deine dumme Humanität, all die Sorgen und Grundsätze deiner eigennützigen kleinen modernen bourgeoisen Kultur.
> Ginsberg: Und ich antworte dir, ich erkenne deinen affektierten Zynismus nicht an, deine nicht weniger verkrampfte Amoral, deinen eskapistischen Egoismus, deine dumme Besessenheit von engstirnigen egoistischen Tricks, all die kleinlichen Kniffe deiner neurotischen eskapistischen Mechanismen.[92]

**Liste von »News«**
(»New« war neben »little«, »free«, »revolution« und »renaissance« ein Schlagwort, das seit den zehner Jahren des Jahrhunderts für die Moderne stand.)
Die neue Frau
Das neue Heidentum
Die neue Republik
Die neue Lyrik
Die neue Freie Frau
Die neue Kunst
Der neue Neger

Ginsberg versuchte ihre Gespräche zu einer Philosophie zu synthetisieren, in der der Kunst eine wichtige politische Rolle zukam: »politisch im höchsten Sinne – humanitär«.[93] Am höchsten schätzte er jene ein, die das Leben aus den verschiedensten Perspektiven sahen. »Kunst um der Kunst willen ist Selbsttäuschung. Der Satanist, der Moralist, der Dichter, die Politiker – alle sind arme Idioten. Nur der Dilettant ist der exemplarische Realist.«[94]

**Verwirrer der Sinne im Dienste der Kunst**
Antonin Artaud
Hector Berlioz
Jean Cocteau
Samuel Taylor Coleridge
Thomas De Quincey
Der Club der Haschischesser
Aldous Huxley

Die Neue Vision bot nicht nur eine Alternative zum bestens bestellten Terrain, wie Lionel Trilling und Mark Van Doren es präsentierten; sie führte auch Konzepte ein, die sich später von zentraler Bedeutung für die Beat Generation erweisen sollten: 1) Unzensierter Ausdruck der eigenen Persönlichkeit ist der Keim jeder Kreativität. 2) Das Bewußtsein des Künstlers wird durch nichtrationale Mittel erweitert: Verwirrung der Sinne, sei es durch Drogen, Träume, halluzinatorische Zustände oder Visionen. 3) Kunst tritt an die Stelle der Gebote konventioneller Moral. »Die oberste und kreativste Welt ist die Welt der Künstler«, schrieb Ginsberg 1944 in sein Tagebuch, und als er den Satz ein halbes Jahrhundert später las, sagte er: »Das glaube ich heute noch.«[95]

## 13. August 1944

Die Ereignisse, die am Morgen des 13. August 1944, einem Sonntag, ihren Lauf nahmen und bis zum nächsten Morgen andauerten, hallten in dem neuen Freundeskreis noch jahrelang nach. Am Ende dieser vierundzwanzig Stunden gab es eine Leiche, einen Mörder und zwei Komplizen, ausweglos miteinander verbunden in einem sonderbaren, durch Totschlag erzwungenen Pakt.

In Greenwich Village wälzte sich der älteste der fünf Beteiligten, der 33jährige David Kammerer, aus dem Bett seiner winzigen Wohnung in der Morton Street 48 und stieg in seine übliche Kluft: billiges Hemd aus der Sixth Avenue, Sulka-Schlips und verknitterter Tweed. Während er sich die erste Lucky Strike des Tages ansteckte und die Nickelbrille aufsetzte, hatte Kammerer bereits ein aufreizendes Bild vor Augen – das von seinem geliebten Lucien Carr.

Seit er Carr nach New York gefolgt war, hatte er bereits die Wände von Columbias Warren Hall angebohrt, um Lucien schlafen zu sehen, und war uneingeladen auf Partys aufgetaucht, um in seiner Nähe zu sein. »Das ist doch albern, Dave, was du da machst, ist egoistisch«, warnte William Burroughs. »Dein Interesse gilt nicht wirklich ihm, sondern dir selbst, und was du da zu bewerkstelligen versuchst, ist ganz und gar nicht zu seinem Besten.«[96]

Lucien Carr wünschte sich manchmal verzweifelt, Kammerer würde seine Nachstellungen aufgeben, aber nur wenige ahnten das, wenn sie die beiden zusammen sahen. Carr schien Kammerers Bewunderung zu begrüßen – vor allem dann, wenn ihm der ältere Mann zum Beispiel ein Referat oder einen Hausaufsatz schrieb. Und Carrs Freundin, Celine Young, war der Ansicht, er sei stolz darauf, daß Kammerer ihm auf Schritt und Tritt folgte. Im August 1944 jedoch sagte Carr: »Ich komme mir vor wie in einem austrocknenden Teich, kurz vor dem Ersticken.«[97] Die Krisenstimmung spitzte sich zu, als Lucien Pläne schmiedete, zusammen mit Kerouac zur See zu gehen.

Einige Tage zuvor hatten Lucien Carr und Jack Kerouac sich, inspiriert durch Jean Renoirs *La Grande Illusion*, die Flucht vor ihren jeweiligen Verehrern ausgemalt. Obwohl Edie Parkers Verehrung für Kerouac keineswegs Kammerers manische Züge aufwies, so machten ihn ihre Bemerkungen hinsichtlich einer Heirat doch ziemlich nervös. Um einen Ozean zwischen sich und ihre »Verfolger« zu bringen, wollten Carr und Kerouac als Matrosen anheuern. Sie hielten den Plan vor David Kammerer geheim, da sie sich gut vorstellen konnten, daß er Carr auch an fremde Gestade folgen würde. Ihr Anstellungsgesuch fürs Schiff unterschrieben sie mit Pseudonymen, aus denen sich ihr Hingezogensein zu Literatur und Boheme ersehen ließ – Arthur Rimbaud (Carr) und Paul Verlaine (Kerouac). Carr hatte sich jüngst angewöhnt, eine Zeile von Rimbaud zu deklamieren: »Plonger au fond du gouffre ... ciel ou enfer qu'importe?« (»Hinabtauchen auf den Grund des Tiefseegrabens ... Himmel oder Hölle, was soll's?«). Der Oberbootsmann der *Robert Hayes* jedoch schätzte die beiden als adoleszente Störenfriede ein und warf sie vom Schiff. (Kerouac schien den Scharfblick des Maats zu bestätigen, als er auf dem Weg die Gangway hinab schrie: »Ihr könnt uns alle mal!«)

***Gone:*** *Laut Herbert Huncke entstand dieses positive Adjektiv Ende der dreißiger Jahre in Midtown New York unter »Zoot-suitern« und Jazzmusikern: »Let's buy some tubes and go over to Ronnie's. They have some gone numbers on the box« [Burroughs].*

An jenem Sonntagmorgen, dem 13. August, war Lucien Carr untröstlich, ja verzweifelt ob des Fiaskos mit der *Robert Hayes*. Er spazierte den Korridor hinunter zu Allen Ginsbergs Zimmer, sah, daß der nicht da war, und schlug sein Tagebuch auf. Dort fand er, in Ginsbergs kaum entzifferbarer Handschrift, einen Eintrag mit der Überschrift: »Versuch einer Charakteranalyse: Lucien Carr«.

> Es wäre ihm gar nicht lieb, als bloßer Bauer zu gelten, als exzentrischer, kauziger Trottel oder als nichtsnutziger, dummer, flegelhafter, exhibitionistisch veranlagter Bulle. Sein Ego verlangt nach intellektueller Anerkennung. Also übernimmt er Pose und Einstellung jenes Intellektuellen, den er kennt - des Bohemien. Er hat sich das Drum und Dran des Bohemien zu eigen gemacht, und diese pathogene Angst, sich weder selbst anzuerkennen noch von anderen anerkannt zu werden, treibt ihn zu roten Hemden, wüsten Liedern, Saufgelagen, Frauen, absonderlichen Schuhen, lautem Gerede, Arroganz und Infantilismus auf hohem intellektuellem Niveau. Es handelt sich somit um einen Ersatz für intellektuelle Anerkennung. Es ist ein Palliativ für sein angekratztes Ego. Entweder ist er ein Genie, oder er . . . Aber eine Alternative vermag er gar nicht zu sehen. Er muß also beweisen, daß er ein Genie ist.[98]

An den Rand schrieb Lucien: »Achte auf die Tränen in deiner besten Arbeit.« (Später erzählte er Ginsberg, es seien keine Tränen gewesen: »Ich habe geschwitzt wie ein Schwein.« Ginsberg antwortete darauf: »Die Wahrheit tut weh, was?«[99])

Einige Stunden später begegnete Ginsberg beim Überqueren des oberen Broadway David Kammerer. Auf der Verkehrsinsel in der Straßenmitte machte Kammerer seinen Ängsten Luft, Carr könnte sich einschiffen, und sagte, er würde Lucien folgen. Er drängte Ginsberg, sich ihnen anzuschließen. Es kam zu folgendem Wortwechsel:

> Kammerer: Ach, Ginsberg, hör auf den Ruf des Künstlers. Reverend Sybarit, entsage deiner Berufung.
> Ginsberg: Die Kunst dient im Augenblick der Menschlichkeit.
> Kammerer: So ist es. Burroughs nannte dich gestern Abend den bourgeoisen Rimbaud.[100]

Am frühen Abend aß Lucien Carr mit seiner Mutter im viktorianischen Wohnzimmer ihres Apartments in der 57. Straße Ost. Zart,

***Bebop:** Anfang der vierziger Jahre entstanden, bezeichnete man diese Art Jazz als »the third stage in jive music«. Sie verband komplexe afrikanische Rhythmen mit europäischen Harmonien. Die herausragenden Musiker dieser Richtung waren Charlie Parker, Dizzy Gillespie, and Thelonious Monk.*

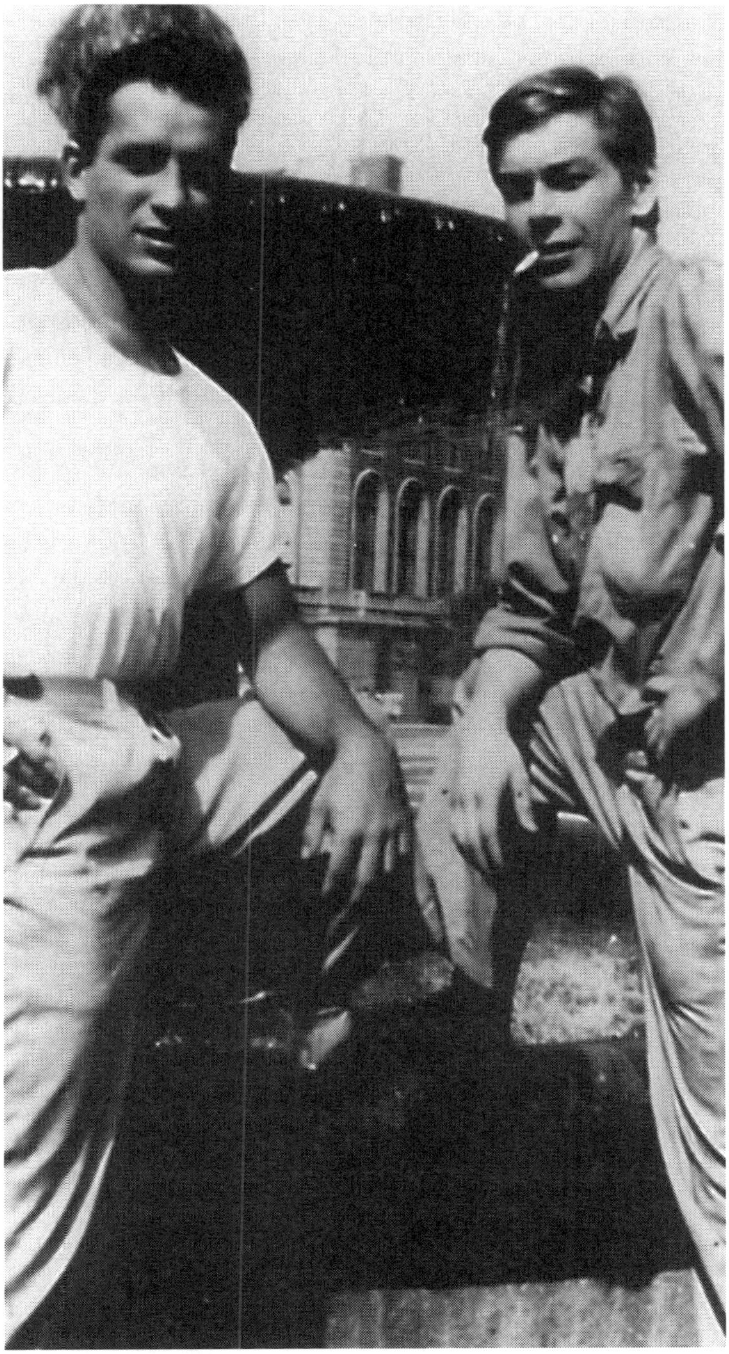

*Jack Kerouac und Lucien Carr, Columbia University, August 1944, einige Tage vor der geplanten Einschiffung*

aber leuchtenden Auges wetterte sie gegen David Kammerer als diabolischem Iago, der ihrem Sohn aus »reiner Liebe zum Bösen« nachstellte. Dann brachte sie ein Schriftstück aus dem Frühjahr 1943 zum Vorschein – der Nachweis über Luciens Aufenthalt in der psychiatrischen Abteilung des Cook County Hospitals. Als Marion Carr ihren Sohn anwies, die Bescheinigung zu verbrennen, feilschte er mit ihr: falls sie eine 20-Dollar-Note hineinlege, wenn er brannte; und falls er ihn auf dem Teppich verbrennen dürfe. Carr kam weder mit der einen noch mit der anderen Forderung durch und erklärte sich bereit, das Schriftstück in einem großen Aschenbecher zu verbrennen. Mutter und Sohn machten das Licht aus, strichen ein Streichholz an und kicherten, als das Papier in Flammen aufging.

Später am selben Abend gingen Jack Kerouac und Allen Ginsberg in ihre Lieblingsbar, das »West End«. Kerouac und Ginsberg saßen in einer der Nischen aus dunkler Eiche, als Lucien durch die Drehtür geschwankt kam, an Musikbox und Zigarettenautomat vorbei, und bekanntgab, er vertrage noch einen Canadian Club. Als er die Verbrennung des Schriftstückes schilderte, bot Ginsberg ihm sein Beileid an: »Damit hast du das einzige Familienerbstück verloren, das du hattest.«[101] Kerouac zog sich um Mitternacht zurück – mittlerweile wieder im Glauben, er könnte am Montagmorgen doch noch auf dem Schiff anheuern. Als er seinen Weg über den Campus der Columbia abkürzte, um zu Edie Parkers Wohnung in der Nummer 421 der 118. Straße West zu kommen, lief im David Kammerer über den Weg, dem er sagte, daß Lucien Carr im »West End« zu finden sei.

Kammerer schaute in der Bar vorbei und verwickelte Lucien in ein Gespräch. Lange nachdem Ginsberg nach Hause gegangen war, um Karl Marx zu lesen, drang Kammerer immer noch auf Lucien ein. Die Musikbox spielte den Sommerhit des Jahres, »You Always Hurt The One You Love«, während die beiden sich unterhielten, bis Johnny, der große Barkeeper, zur letzten Bestellung aufforderte. Kammerer und Carr schwankten hinaus und hielten sich westwärts, Richtung Riverside Park.

Die explosive Mischung aus Whiskey, den verstörenden Ereignissen des Tages und Kammerers verzweifelter Angst vor der Trennung erwies sich als tödlich. Am grasbewachsenen Ufer des

***Kick, Kicks:*** *Die augenblickliche Befriedigung eines Verlangens; die Rezension von* On the Road *in der Sonntagsausgabe der New York Times trug die Überschrift »In Pursuit of Kicks«. Bezieht sich zuweilen auch auf den Zustand, den man mit Hilfe von Drogen, Alkohol oder ähnliche Verwirrung der Sinne erreicht. »›See? See?‹ cackled Dean, poking my ribs, ›I told you it was kicks. Everybody's kicks, man‹« [Kerouac]. Bezeichnet auch ein bestimmtes starkes Interesse: »1955 Chevrolets, that's his kick.«*

Hudson gerieten die beiden Männer in Streit. Nachdem Kammerer ihm angeblich sexuelle Avancen gemacht und damit gedroht hatte, Luciens Freundin etwas anzutun, zog Carr das Pfadfindermesser mit dem weißen Griff aus der Tasche und stach Kammerer zweimal ins Herz. Da er Angst hatte, der blutüberströmte Leichnam könnte noch einmal aufstehen und gehen, zerrte er die 84 Kilo schwere Last ans Ufer, nahm die Schnürsenkel aus Kammerers Schuhen, den Gürtel von der Hose, riß Kammerers blutiges Hemd auf und beschwerte die Leiche mit Steinen. Carr zog sich aus, trat in den Fluß, der ihm bis ans Kinn reichte, und schob die Leiche dabei vor sich her. Doch David Kammerer wollte nicht sinken. Er trieb langsam den Fluß hinab.

*Columbia-Student tötet Freund und versenkt Leiche im Hudson.*

– New York Times, 17. August 1944

Luciens erster Gedanke war, William Burroughs, den weisesten Mann, den er kannte, um Rat anzugehen. Carr winkte einem Taxi am Riverside Drive und wies den Fahrer an, ins Village zu fahren. Als Burroughs ihm im Bademantel öffnete, platzte Carr heraus: »Ich habe eben den Alten umgebracht.« Er brachte eine blutige Packung Zigaretten zum Vorschein und bot Burroughs Kammerers letzte Lucky Strike an. Burroughs' ausdruckslose Stimme und das unbewegte graue Gesicht verrieten weder Entrüstung noch Furcht, als er sinnierend meinte: »So also endet Dave Kammerer.«[102] Carr war sich sicher, auf den elektrischen Stuhl zu kommen, aber Burroughs wägte die Lage messerscharf ab und gab ihm dann einen Rat: »Mach dich nicht lächerlich«, sagte er. »Nimm dir einen guten Anwalt und tu, was er dir sagt. Sag, was er dir sagt. Plädiere auf Notwehr. Ist zwar ziemlich absurd, aber Geschworene haben schon dickere Hunde geschluckt.«[103] Er gab Carr fünf Dollar und schickte ihn weg.

Allein mit seinen Erinnerungen an den toten Freund, zerriß Burroughs die Zigarettenpackung und spülte die blutigen Fetzen und Tabakkrümel die Toilette hinab; daran, die Polizei zu rufen, dachte er kaum. Er war keiner, der Leute verpfiff. Still trauerte er um Kammerer und erinnerte sich liebevoll an Toots Shors Bemerkung, als er Bürgermeister James J. Walker in seinem Sarg liegen sah. »Jimmy, Jimmy, als du reingekommen bist, wurde es richtig hell in dem Puff.«[104]

***The Man:*** *Ein flexibler Begriff aus der Drogenszene; seit den vierziger Jahren; bezeichnet sowohl den Dealer als auch die Polizei oder den einzelnen Drogenfahnder.*

Lucien Carr fuhr mit dem Taxi zur Nummer 421 in der 118. Straße West und stieg die sechs Stockwerke zur Wohnung 62 hinauf, wo Jack Kerouac bei Edie Parker im Wohnzimmer schlief. Auf dem Bauch liegend, einen Arm über dem Kopf, wälzte Kerouac sich herum, öffnete blinzelnd die blauen Augen und fuhr sich mit einer Hand durch das dunkelbraune Haar, als Carr die Nickelbrille des Toten auf den Tisch warf und mit seiner Geschichte herausplatzte. Rasch schickte Kerouac Edie los, Frühstück zu holen, und schlüpfte in seine Chinos und ein weißes T-Shirt. Er und Carr machten sich auf den Weg in den nahegelegenen Morningside Park, wo Kerouac die Aufmerksamkeit von Carr ablenkte, indem er an einen Strauch pinkelte, während Carr die Brille in einem flachen Loch vergrub. Auf ihrem Weg die 125. Straße hinauf kniete Carr über einem vergitterten U-Bahn-Schacht nieder und warf die Mordwaffe, das Pfadfindermesser mit dem weißen Griff, mit dramatischer Geste hinein.

Zwei Tage später stellte sich Lucien Carr in Begleitung eines Anwalts der Polizei. Sowohl bei der Polizei als auch bei der Staatsanwaltschaft war man bestürzt über die intellektuelle Vorstellung Carrs. »Zuerst war er nervös«, berichtete die *New York Times*, »aber nachdem er mit seinem verblüffenden Bericht fertig war, wurde er erstaunlich ruhig und beherrscht.«[105] Carr blieb die Nacht über bei der Staatsanwaltschaft, obwohl man keine Anklage gegen ihn erhob, und las Yeats' *A Vision*. Als die Küstenwache zunächst keine Leiche finden konnte, hielt man Carr für verrückt, aber am Nachmittag dann sichtete man David Kammerers Leiche, die vor dem Westabschnitt der 108. Straße im Hudson trieb. Der Totschlag wurde in den Revolverblättern bald groß als »Mord aus Ehrensache« aufgebauscht. Man erhob Anklage wegen vorsätzlicher Tötung im Affekt, und Lucien kam in die »Tombs« in Lower Manhattan – mit zwei Büchern unter dem Arm: Yeats' *A Vision* und Gerald Heards *The Third Morality*.

Sowohl Kerouac als auch Burroughs wurden als Hauptzeugen festgenommen. Mortimer und Laura Burroughs brachten umgehend die 2.500 Dollar Kaution für ihren Sohn auf, wogegen Leo Kerouac die Notlage seines Sohnes weniger gelassen aufnahm. Er erklärte Jack zu einem Schandfleck für die Familie und weigerte sich, ihn aus dem Bronx City Jail zu befreien. Während die Regenbogenpresse Carr

**Cool:** *Vielzweckwort aus den vierziger Jahren; beschrieb unter Hipstern jemanden, der kein Urteil über andere fällte und nichts mit der Polizei zu tun hatte: »Don't worry, he's cool.« Wurde später zur Allzweckvokabel der Karikatur des Beatnik (Artikel in* Mademoiselle: *»Flaming Cool Youth of San Francisco Poetry«); ein bejahender Ausruf (»Cool!«, »Cool shit!«); außerdem ein vielseitig einsetzbares Adjektiv (»a cool time«, »a cool sweatshirt«). Cool beschreibt zudem die als »second-removism« bezeichnete Haltung einiger Hipster: »Ein* raw mind *und ein* cool mind *sind zwei verschiedene Geister. Den* raw mind *assoziiert man für gewöhnlich mit physischem Leben – Sportlern, Arbeitern oder einfach Beats (wie Huncke); der* cool mind *betont das Intellektuelle und bietet ein physisches Gegenstück in seiner Anmut ... einer Anmut, die geradezu weiblich ist.«*

als intellektuellen Fürsten der Finsternis behandelte, tat man Kerouac lediglich als kleinen Strolch ab. Auf einer Gefängnispritsche las er Aldous Huxleys *Brave New World*, litt an der Zurückweisung durch den Vater und war schockiert, als man ihn in die Gerichtsmedizin brachte, wo der Schub 169 David Kammerers aufgedunsene nackte Leiche freigab.

Kerouac einigte sich auf einen Kuhhandel - aber nicht etwa mit der Staatsanwaltschaft, sondern mit seiner Freundin: Wenn Edie Parker ihm die Kaution vorstreckte, dann würde er sie heiraten. Was sie denn auch tat, und er erfüllte seinen Teil am 22. August in einer Zeremonie im Rathaus - mit einem Gefängniswärter in Zivil als Brautführer und Carrs Freundin, Celine Young, als Brautjungfer. »Die tragischen Ereignisse der letzten Wochen, so glaube ich, haben uns in eine unbesonnene Verbindung katapultiert«, schrieb Kerouac an Edies Mutter, »aber womöglich bedeutet ein schlechter Anfang ja ein gutes Ende.«[106] Kurz darauf nahmen Jack und Edie den Zug nach Grosse Pointe, Michigan, wo sie ein Packard mit Chauffeur empfing und zum Haus der Parkers, Somerset 1407, brachte. Zwischen Kronleuchtern, Spitze, Porzellan und einem Butler kam Kerouac der beängstigende Gedanke, den Knast in der Bronx gegen ein eleganteres und komfortableres Gefängnis getauscht zu haben. In Lederjacke und schweren Stiefeln ließ er die Freunde von Edies Familie wissen, er sei von Beruf »Künstler«, und wenn er nicht gerade in einer Kugellagerfabrik arbeitete, schloß er sich stundenlang auf der Toilette ein und arbeitete auf einem gelben Block an einem Roman über seine Kindheit. Er hatte jedoch Angst, in Grosse Point kein Rohmaterial für seine Arbeit zu finden: »Es gibt keine Tragödien in Grosse Pointe.«[107]

*»Als ›Ehrenmörder‹ Angeklagter Student«*
– Daily News, 17. August 1944

Lucien erschien adrett, in einem kakaofarbenen Anzug, das Haar an den Kopf geklatscht, vor Gericht. In der Rechten hatte er Yeats' *A Vision*, und während des größten Teils der Anhörung starrte er auf das Buch, augenscheinlich ohne zu merken, was im Gerichtssaal vorging. Er erklärte sich der vorsätzlichen Tötung im Affekt für schuldig und wurde zu einer zeitlich nicht festgelegten Haftstrafe in der Besserungsanstalt von Elmira überwiesen, die er am 9. Oktober antrat. Hinter Gittern dachte er die Geschehnisse durch und

**Uncool:** *Adjektiv, das jemanden beschreibt, der keine angemessenen Vorsichtsmaßnahmen trifft, vor allem nicht gegenüber dem Gesetz und der Polizei: »It is uncool to give your home as a forwarding address for packages from Mexico.«*

ließ Ginsberg wissen, er sei immer noch der Ansicht, daß Moral eine innere Angelegenheit und der Intellekt zwar mächtig sei, aber im Augenblick weniger wichtig schien; außerdem mache er sich Gedanken über die Bedeutung des Geistes.

*Und jetzt ist dieser Vorhang gefallen! Alles, was ich am letzten Jahr geliebt habe, ist in die Vergangenheit geflüchtet. Meine Welt ist nicht mehr die alte.*
– Allen Ginsberg, nach David Kammerers Tod

Nur Allen Ginsberg entkam dem Netz des Gesetzes, aber emotionell nahm ihn das alles trotzdem arg mit. Er bekam gnadenlose Kopfschmerzen, als er sich die Ereignisse in seinem Tagebuch durch den Kopf gehen ließ: »Kammerer tot! Ein weiterer Liebhaber geht ins Universum! Das Leben – es bewegt sich! – ? Wie alle traurigen Menschen bin ich Dichter.«[108] Sein erstes Jahr an der Columbia, seine polemischen Diskussionen mit Lucien Carr, seine neuen Freundschaften, das alles nahm jetzt eine dunklere Färbung an: »Aber die Beschleunigung des Lebens war der flüchtige Höhepunkt einer anhaltenderen Freude: Sie war das Vorspiel zum Verfall dieses Lebens. Die verhängnisvolle Tat ist getan. Der Schatten hat uns eingeholt und alle umhüllt ... Mit dem Tod Kammerers ist der Zirkel aus Freigeistern zerstört. Selbst wenn Carr entlassen wird, es wird nie wieder so werden, wie es war. Nur ich bleibe der Vergangenheit treu.«[109]

## 419 West 115. Straße: Joan Vollmers Wohnung

*Einer wie der andere sind wir in unsere melancholische kleine Atmosphäre eingeschlossen, wie Planeten, und drehen uns um die Sonne, unser gemeinsames, aber fernes Verlangen.*
– Jack Kerouac an Allen Ginsberg

Obwohl sich der Freundeskreis im Gefolge von David Kammerers Tod auflöste, brandmarkte das schreckliche Ereignis sie als Angehörige ein und derselben zweifelhaften Sippe. Die Columbia University nannte Kerouac darauf einen »verderblichen Einfluß auf die Studenten« und inoffizieller einen »Lümmel«, während man Ginsberg mit Argwohn begegnete.[110] Noch während des folgenden Jahres versuchten sowohl Burroughs als auch Kerouac und Ginsberg den Mord in literarischer Form zu verarbeiten. Ginsbergs Version, die er für ein Seminar in Creative Writing schrieb, wurde vom stellvertretenden Dekan einbehalten, der sie für »unanständig« hielt. Auf Kerouacs Drängen machten er und Burroughs sich daran, abwechselnd die Kapitel zu einem Roman »à la Dashiell Hammett« mit dem Titel »And the Hippos Were Boiled in Their Tanks« zu schreiben. Kerouac charakterisierte ihn damals als »Porträt des ›verlorenen‹ Teils unserer Generation«.[111] Ihr gemeinsames Unterfangen wurde nie veröffentlicht, obwohl Kerouac es bis 1952 an den Mann zu bringen versuchte. Wichtiger war, daß diese Zusammenarbeit Burroughs nach fast einem Jahrzehnt wieder zum Schreiben anregte; für Kerouac war es eine Gelegenheit, mit dem gescheitesten Menschen zusammenzuarbeiten, den er kannte. »Wir sind ein gutes Team«, schrieb er.[112]

*Joan ist die netteste Frau, die ich kenne; »die Größte«, wie man im Hip-Talk sagt.*
– Allen Ginsberg über Joan Vollmer

Umgeben von einer Reihe von Freunden, gerieten Ginsberg, Kerouac und Burroughs 1945 wieder in den Dunstkreis der Columbia University: Burroughs kam zurück aus St. Louis, und Kerouac trennte sich nach einigen Monaten von Edie Parker. Ab dem Sommer 1945 lebte das Trio so eng zusammen wie nie zuvor. Oder wie Ginsberg sich erinnerte: »Es ging sehr warm zu, sehr herzlich, wie in einer Familie.«[113] Sie legten ihr Geld für Selbstgekochtes zusammen; sie schliefen zusammen, mehr oder weniger keusch; sie hatten »Dostojewskische Konfrontationen« und führten zusammen Kabarettnummern auf; und sie beschäftigten sich mit der Psychoanalyse. Zentrum der Aktivitäten – und Feuerprobe für ihr Erwachsenwerden – war eine weitläufige Sechs-Zimmer-Wohnung mit hoher Decke im Haus 419 in der 115. Straße West, die Joan Vollmer für 115 Dollar im Monat gemietet hatte.

Joans altmodische Wohnung wurde zum inoffiziellen Treff für die Gruppe, die sich zuvor um Lucien Carr im West End geschart hatte. Celine Young, die zum Zeitpunkt seiner Verhaftung Carrs Freundin gewesen war, merkte an, sie würden andere finden, »um den Platz zu füllen, den er für sich geschaffen hatte«. Ergänzt wurde die Gruppe von einem halben Dutzend Leuten in wechselnder Konstellation, von denen nur einer, ein adretter Anthropologiestudent namens Hal Chase, an der Columbia eingeschrieben war.

**Nowhere:** *Das Gegenteil von »hip«; unaufgeklärt, nicht in der Szene, ohne bestimmte Kenntnisse: »I never seen such nowhereness, no s-h-i-t, why don't he just go somewhere and fade, um« [Kerouac]. Es kann außerdem einen Ort oder Ereignis bezeichnen: »Every time I hit Panama, the place is exactly one month, two months, six months more nowhere, like the course of a degenerative illness« [Burroughs].*

Kerouac kam Ende 1945 in die Wohnung, abermals von Edies Gegenwart angezogen, die er mehr wie eine Freundin behandelte als wie seine Frau. Edie hielt sie beide als Zigarettengirl in Nachtclubs wie dem »Zanzibar« oder dem »21« über Wasser, flüchtete sich aber bald in ein stabileres Leben bei ihrer Großmutter. Kerouac dagegen blieb eine feste Einrichtung in Joans Wohnung.

Als Allen Ginsberg im März 1945 bei Joan Vollmer einzog, war er ein sexuell unerfahrener Achtzehnjähriger, den man eben von der Columbia University relegiert hatte. Wie viele entscheidende Episoden in seinem Leben hatte seine Relegierung mit Kerouac zu tun. Eines späten Abends Anfang 1945 schaute Kerouac nach einer Begegnung mit Burroughs noch bei Ginsberg im Wohnheim vorbei. In einem so analytischen Ton, daß er es mit der Angst bekommen hatte, hatte ihn Burroughs darüber aufgeklärt, daß er auf seine Mutter fixiert sei. Kerouac mußte diese allzu passende Beobachtung unbedingt mit Ginsberg diskutieren. Nachdem sie bis zwei Uhr nachts geredet hatten, stieg Jack zu Allen ins Bett, beide in Unterwäsche. Es passierte zwar nichts, aber sie sahen sich durch das Klopfen eines selbstgerechten Dekans geweckt, worauf Kerouac sich unter den Laken von Ginsbergs abwesendem Zimmergenossen vergrub. Der Verstoß, der den unerwarteten Besuch des Dekans gezeitigt hatte, waren zwei kurz Parolen, die Allen in den schmierigen Staub eines Fensters im Wohnheim geschrieben hatte: BUTLER [der Präsident der Universität] IST EIN EUNUCH und ZUM TEUFEL MIT DEN JUDEN – das Ganze nebst Schwanz und Eiern und einem Totenkopf. Die pflichtvergessene und womöglich antisemitische Putzfrau, für die die Nachricht bestimmt war, meldete sie der Universitätsleitung. Die Verwaltung nahm solchen Anstoß daran, daß sie Ginsberg zwei Dollar dreiundsechzig für das Unterbringen eines Gastes berechnete und ihn von allen Seminaren und Aktivitäten der Universität suspendierte; Allens Vater schrieb man, das Vergehen sei so schwerwiegend, daß »es in einem Schreiben nicht wiederholt werden kann«.[114] Allen fand sich im Büro des Dekans ein, ganz darauf gefaßt, jegliche homosexuelle Aktivität abzustreiten – aber die Vorstellung solcher Aktivitäten war schon so unsäglich, daß man noch nicht einmal darauf zu sprechen kam.

Was auf Ginsberg damals großen Eindruck machte, war nicht nur, wie weit so eine Institution in der Leugnung der Homosexualität gehen konnte, sondern auch die hysterische Reaktion auf die Worte eines jungen Studenten. Trotz Unterstützung seiner Professoren Lionel Trilling und Mark Van Doren relegierte Dekan Nicholas McKnight den Studenten für ein Jahr und gab ihn in psychiatrische Betreuung. Ginsberg kam zu dem Schluß, daß es die Verwaltung der Columbia University war, die sich auf ihren Geisteszustand untersuchen lassen sollte, und es dauerte nicht lange, bis er William Burroughs zu seinem Analytiker machte. Als er den halben Block von der Columbia zu Joan Vollmers Wohnung umzog, ließ Allen sich auf eine ganz und gar neue Art von Bildung ein, die sich aus den Leselisten von William Burroughs speiste. »Es war schon irgendwie komisch«, erinnerte er sich, »weil die Konversation im Haus bei weitem eleganter war als im Klassenzimmer, weit wißbegieriger, forschender und psychisch bewegender«.[115]

*Er versuchte mich, ohne Erfolg, zu psychoanalysieren. Als Analyse war es ein Fehlschlag, aber es war eine interessante Erfahrung.*
– Allen Ginsberg über William Burroughs

Ein Zimmer in Joan Vollmers Wohnung war noch frei, und so drängten Ginsberg und Kerouac William Burroughs dazu, es anzumieten, da er ohnehin etwas Besseres wollte als das möblierte Zimmer über einer Bar am Columbus Circle, das er 1945 bewohnte. Außerdem dachten sie, Burroughs und Joan würden ideale Freunde abgeben, ja vielleicht sogar ein Paar. »Sie waren beide älter als wir, ein wenig älter, und wir dachten, sie stünden sich intellektuell und von ihrem Biß her in etwa gleich«, erinnerte sich Allen, »weil sie beide über einen lakonischen Humor verfügten und beide völlig frei waren von jedem normativen amerikanischen Stereotyp«.[116] Kurz nachdem Burroughs Anfang 1946 bei ihnen eingezogen war, wurde er nicht nur Joans Liebhaber, sondern obendrein auch noch Hauslehrer und Analytiker. Auf diese merkwürdige Art und Weise erfüllte sich denn auch Burroughs' Traum, Psychoanalytiker zu werden.

Neben Ginsberg wurde auch Kerouac Analysand von Burroughs. Einige Monate lang gehörte die Couch zum täglichen Pensum; es wurde frei assoziiert und dann über Burroughs periodische Interpretationen gesprochen. Seine Beobachtung von Jack im Alter von dreiundzwanzig Jahren zum Beispiel sagte bereits die emotionale Abhängigkeit voraus, die Kerouac für den Rest seines Lebens beherrschen sollte. »Das Problem mit dir ist, Jack, daß du zu sehr am Rockzipfel deiner Mutter hängst. Du drehst dich im Kreis. Bist du Manns genug, dich loszureißen?«[117] Was Kerouac damals am tiefsten beeindruckte, war Burroughs' Beobachtung, Kerouac würde seinen eigenen Erfolg verhindern – aus dem Bedürfnis heraus, sich dafür zu bestrafen, Gerard in seiner Kindheit den Tod gewünscht zu haben,

***Flip:*** *Tätigkeitswort aus den vierziger und fünfziger Jahren, bezeichnet jede Art von extremer Stimmung von absoluter Begeisterung bis hin zum psychotischen Zusammenbruch wie in »flip one's wig« oder »flip one's lid«: »She's a whole lot and not a little crazy – she's having therapy, has apparently very seriously flipped only very recently ...« [Kerouac].*

und weil dieser dann starb. »Alles, woran ich mich in bezug auf Gerard erinnere, ist zum Beispiel, daß er mich geohrfeigt hat«, schrieb er seiner Schwester, »trotz all der Geschichten, die Mama und Paps mir von seiner Zärtlichkeit mir gegenüber erzählen«.[118] Die formelle psychologische Selbsterforschung war freilich kein Prozeß, den Kerouac lange ertragen hätte, so daß er Ginsberg die folgende Schilderung bot: »Schau uns an. Mit ewig denselben Pistolen schießen wir ewig dieselben Kugeln aufeinander ab, tragen ewig dieselben Mienen zur Schau, das Marionettentheater eines verrückten Langweilers, und es wird nie aufhören.«[119]

*Wen ich auf der Welt am liebsten habe, in dieser Reihenfolge:*
*Neal*
*Eugene*
*Jack*
*Bill – für sie würde ich sterben –*
*Lucien*
*Joan*
*Huncke*
*Neal*

– Allen Ginsberg

Im Gegensatz dazu konnte Ginsberg es gar nicht erwarten, seinen aufgestauten Gefühlen Luft zu machen, und diese brachen so heftig durch, daß selbst Burroughs betreten war. »Keiner liebt mich, keiner liebt mich, keiner liebt mich«, heulte Ginsberg. Und Burroughs dachte bei sich: »Wieso auch sollte dich einer lieben?«[120] Obwohl ihm die amtlichen Dokumente fehlten, hatte Burroughs mit seiner Distanz zum Mitmenschen eben jenen Grad an Objektivität erreicht, die dem wahren Analytiker anstand. Seit seinem sechsundzwanzigsten Lebensjahr befand er sich unter der Obhut von Psychiatern, einer von ihnen war Dr. Louis Federn, ein enger Kollege Freuds. Jüngst hatten Hypno- und Narkoanalysen unter der Leitung von Dr. Louis Wolberg mehrere verschiedene Persönlichkeiten zutage gebracht. Direkt unter der Oberfläche lauerte, mit affektiertem Lächeln, eine lesbische britische Gouvernante, die ihre Schutzbefohlenen für sich requirierte. Auf der nächsten Schicht kam ein kleiner Tabakfarmer namens Luke zum Vorschein, der seine Schrotflinte anbetete und über Charme und Bedrohlichkeit eines psychotischen Rednecks verfügte. Burroughs' unterstes Wesen enthüllte einen Chinesen, der hungernd am Ufer des Jangtsekiang saß, aber weder Gefühle noch Gedanken preisgab, von einer so völligen Leere, daß einem das Frösteln kam. Obwohl nicht klar ist, ob Burroughs diese Persönlichkeiten als abgespalten im Sinne einer klinischen multiplen Persönlichkeitsstörung betrachtete – ihre ontologische Authentizität jedenfalls bestritt er nie.

Die nachmittäglichen Assoziationssitzungen gingen am Abend in Sketche über, in denen sich Kabarett mit Psychodrama verband. Die drei spielten ihre verschütteten Persönlichkeiten aus und interagierten in mitteleuropäischen Sprachen oder vulgärstem Südstaatendialekt. Ginsberg spielte einen schmierigen Ungarn, der es auf Kerouac abgesehen hatte, der wiederum mit dem Strohhut seines Vaters den naiven Amerikaner in Paris darstellte. Oder der abwesende Lucien Carr traf als Variation zu diesem Thema den öligen Ungarn. Burroughs verwandelte sich in Joan Vollmers Kleid zu einer herrischen Gräfin. »Ich spielte eine Edith-Sitwell-Rolle«, sagte er. »Ich schlüpfte in den Fummel und sah aus wie eine finstere alte Lesbe.«[121] Burroughs lachte dabei derartig, daß er zu Boden ging, und Ginsberg war so beeindruckt, daß er eine Schilderung ihres Walpurgisnacht-Theaters in Romanlänge plante, in der »wir drei, Jack, Bill und ich, spontane Scharaden aufführen und uns dabei in unsere anderen Persönlichkeiten verwandeln würden«.[122] Zwanzig Jahre später vor eine Kamera gestellt, stürzten sich er und Burroughs in diese Sketche, als hätten sie sie am Abend zuvor geprobt.

Eines Abends im Herbst 1945 lagen Ginsberg und Hal Chase auf einem Bett, Burroughs und Kerouac auf einem zweiten. Ihre weitläufige Unterhaltung führte zu einer Gruppenepiphanie: Kerouac und Chase wurden zu den »Wolfeanern«, Burroughs und Ginsberg zu den »non-Wolfeanern« (auch als »Baudelaireianer« oder »Schwarze Priester« bekannt). Erstere identifizierten sich mit der epischen Breite von Thomas Wolfe und mit den Pionier-Machos, die an das Versprechen einer »neuen Grenze« glaubten; ihre geistige Heimat war Amerika. Die »non-Wolfeaner« standen für die kosmopolitische, gläubige Alte Welt, mit der man Homosexualität, Judentum, Sozialismus und Intellektualismus verband. Alle vier waren sie verblüfft von diesen Einsichten, aber als die Wirkung des Benzedrins nachließ, hatte Ginsberg Probleme mit dem Antisemitismus und der Zurückweisung der Homosexualität, die in dieser Trennung impliziert waren. »Das war schmerzlich, als schiebe man einen durchsichtigen Schirm oder eine Wand zwischen uns, die Wolfeaner und die non-Wolfeaner.«[123]

Die »Nacht der Wolfeaner« wurde zu einem gemeinsamen Bezugspunkt, nicht nur für die Zeit in Joan Vollmers Wohnung, sondern für viele Jahre danach. In ihr kristallisierte sich die Dualität der

**Mud:** *Bereits vor den dreißiger Jahren benutztes Wort für Opium: »I take a bang or some mud in coffee now and then, and I pick up on gage right smart.« (Ich drücke mir Heroin oder gebe hin und wieder etwas Op in den Kaffee, außerdem kiffe ich kräftig) [Burroughs]. Opium ist hin und wieder auch Cocteaus Kick: »At present I have a quantity of Cocteau's kick ...« [Burroughs].*

*We long ago realized our flesh happily, while you and Bill used to sit under white lamps talking and leering at each other.*
*Wir haben unsere Fleischeslust schon vor langer Zeit glücklich konsumiert, während du und Bill unter weißen Lampen geplaudert und euch dabei geil angeglotzt habt.*
– Jack Kerouac an Allen Ginsberg

*In der Szene konntest du aufkreuzen, wann immer du wolltest, und tagelang bleiben.*
– Hal Chase über Joan Vollmers Wohnung

*Die wollten nicht lernen, die wollten große Gefühle.*
– Hal Chase über die Bewohner von Joan Vollmers Wohnung

Gruppe, die Ginsberg bereits im Sommer 1945 beschrieben hatte. »Wir sind verschieden«, schrieb er an Kerouac. »Jean, du bist ein vollkommenerer Amerikaner als ich, mehr ein Kind der Natur und von allem, was über die Anmut der Erde verfügt.« Sich selbst sah Ginsberg als »deiner natürlichen Anmut fremd und dem Geist, den du als Teilnehmender [*sic*] an Amerika kennst . . . Ich bin kein kosmischer Exilant wie Wolfe (oder du selbst), denn ich lebe im Exil von mir selbst . . . Ich wünsche mir, ich könnte vor mir selbst entfliehen, ich wünsche mir, mein Bewußtsein zu löschen und mein Wissen um eine unabhängige Existenz, meine Schuldgefühle, meine Verschlossenheit.«[124]

Als Kerouac zwei Jahrzente später auf diese finstere Zeit zurückblickte, erklärte er sie zu einem »Jahr böser Dekadenz«.[125] Hal Chase dagegen meinte: »Jack versuchte den Rest seines Lebens, diese Art von Diskussion zu wiederholen.«[126] Die transzendenten Augenblicke und die Benzedrin-Psychosen in der 115. Straße West waren beides Drogenerlebnisse, und das Bedürfnis, zwischen ihnen zu unterscheiden, ist wahrscheinlich im Ansatz falsch. Die Epiphanien, der Seelenstriptease, die sketchartigen Psychodramen – das alles fand schließlich seinen Weg in die Literatur von Kerouac, Burroughs und Ginsberg.

## Burroughs begegnet Junk

Kurz vor seinem Umzug in die 115. Straße kam es zu Burroughs' erster Begegnung mit Morphium. Er arbeitete als Barmann und kleiner Hehler – eine »Branche«, die ihm den Zutritt in die Unterwelt verschaffte, von der er so fasziniert war. Unter der heißen Ware aus Brooklyns Navy Yard befanden sich sechzehn gelbe Schachteln mit Morphintartrat-Spritzen. Burroughs begleitete einen Freund in Phil Whites und Herbert Hunckes Wohnung an der Lower East Side und betrat dort einen schwarzen und gelben Raum mit roter Decke im chinesischen Stil. Burroughs schien »wie ein Fisch auf dem Trockenen«[127] in dieser knalligen Kulisse, bemerkte Huncke. Er trug seine übliche Uniform: Chesterfield, konservativer grauer Anzug, Schlapphut und graue Handschuhe. Huncke dachte schon daran loszu-

**Dollies:** *Dolophin (Methadon-Marke), wird beim Entzug von Heroin als Ersatzstoff genommen: »Both chippying with dollies . . .« [Burroughs].*

schreien: »Herrgott, schafft den raus hier, Mann, das ist ein Polyp!«[128] Die Atmosphäre entspannte etwas, nachdem man sich einander vergewissert hatte und der Mantel abgelegt war, und als Burroughs einige Morphiumspritzen aus der Tasche holte, fragte ihn Bill White, ob er was dagegen hätte, wenn sie sich einen »Schuß setzten«. Burroughs antwortete: »Weißt du, ich würde das selbst gern mal probieren. Ich habe schon immer ein gewisses Interesse an so etwas gehabt.«[129] Huncke und White setzten sich ihre Spritzen im Schlafzimmer, und als die Reihe an Burroughs war, rollte er die Ärmel hoch, so gut es ging, tupfte sich seine Vene mit einem Wattebausch ab und inspizierte die Kanüle, ob sie auch scharf genug war. Huncke und White sahen sich seine hygienischen Maßnahmen amüsiert an. Burroughs wandte den Kopf ab, als man das Morphium injizierte. Nadeln schossen ihm in Wellen durch den Kreislauf, von den Waden bis hinauf in den Hals; ihm wurde heiß im Gesicht, dann schien er

*Herbert Huncke in seinem Zimmer, New York, ca. 1953*

zu schweben, ohne wirklich einen definierten Körper zu haben. Burroughs sah sich um und bemerkte seelenruhig: »Also, das ist ja ein tolles Gefühl.«[130]

Burroughs verkaufte Huncke und White vier Schachteln von den fünfundsiebzig Spritzen (zu je einem halben Gran, das Gran zu einem Dollar fünfzig) und nahm zwölf Schachteln wieder mit nach Hause in die Wohnung, die er für 15 Dollar die Woche bewohnte. Einige Abende später setzte er sich selbst eine Spritze. Er erwachte am Morgen darauf und erbrach sich bis Mittag. Am selben Abend kam Phil White bei ihm vorbei, um den Rest seines Morphiumvorrats zu kaufen, und Burroughs behielt acht Spritzen für sich. White sah Burroughs in das graue Gesicht, schüttelte traurig den Kopf und sagte: »Ist ein übles Zeug. Das Schlimmste, was einem passieren kann. Wir alle glauben zunächst, wir hätten es unter Kontrolle. Aber manchmal wollen wir das gar nicht.«[131]

*A junky spends half his life waiting.*
*Ein Junky verbringt die Hälfte seines Lebens mit Warten.*
– William Burroughs

Burroughs spritzte zunächst aus reiner Neugier, später dann wann immer sich etwas auftreiben ließ. »Ich hatte das Gefühl, daß er die Sache vom rein wissenschaftlichen Standpunkt aus anging«, erinnerte sich Huncke. »Seine Abhängigkeit war in erster Linie ein Forschungsergebnis.«[132] Burroughs beschrieb den Übergang vom rein intellektuellen Interesse zur Sucht folgendermaßen: »Man wird zum Drogenabhängigen, weil man keinerlei Motivation in irgendeine andere Richtung verspürt. Der Junk gewinnt, weil man sonst nichts hat.«[133]

Als Burroughs schließlich bei Joan Vollmer einzog, kannte er bereits einige Heroindealer, und einer der Junkytreffs der Stadt lag bequem – nur zwölf Blocks downtown, auf einer Verkehrsinsel am Broadway, Höhe 103. Straße. Trotz unterschiedlichen Alters und Rasse waren die Stammgäste dort »Brüder im Junk«: fahle Gesichter unter den unvermeidlichen Hüten, magere Körper, von einer steifgliedrigen Gestik belebt. Ihr liebste Quelle, ein seniler Arzt, der seinen letzten Rest an Stolz aus einem stets vollen Wartezimmer bezog, praktizierte nur einen Häuserblock weiter. Als er so senil wurde, daß die Apotheken sich weigerten, seine Rezepte anzuerkennen, pilgerten die Süchtigen zu einem anderen Arzt nach Brooklyn. Abgesehen davon, daß Burroughs lernte, wie man an Heroin kam, schärfte

*I think it no exaggeration to say it takes about a year and several hundred injections to make an addiction.*
*Ich halte es für nicht übertrieben zu sagen, es braucht etwa ein Jahr und mehrere hundert Injektionen, um jemand süchtig zu machen.*
– William Burroughs

er seine paranoide Sensibilität gegenüber dem »Feind« – gegenüber Spitzeln, Junkies vor dem Zusammenbruch, Polizisten und dem Dealer, der seine Ware verschnitt oder beim Portionieren betrog. »Junk ist kein Nervenkitzel«, kombinierte Burroughs. »Es ist eine Lebensart.«[134]

## Joan Vollmer

In jenem entscheidenden Augenblick, in dem Burroughs zum Süchtigen wurde, traf er außerdem die Frau, die seine rechtmäßige Lebensgefährtin wurde. Die Frauen, die in der Geschichte der Beats auftauchten und wieder verschwanden, spielten Nebenrollen als Sexpartner, Muttergestalten und Erlöserinnen. Wie Ginsberg in seinem Tagebuch schrieb: »Die gesellschaftliche Einrichtung, die dem Künstler am meisten entspricht, ist die Jungenbande.«[135] Die wesentliche Ausnahme war Joan Vollmer (Adams), die einzige ebenbürtige Frau in einer sonst ausschließlich aus Männern bestehenden Besetzung. Sowohl Männer wie auch Frauen sahen zu Vollmer auf, und Huncke erinnerte sich: »Auf jede ihrer Bemerkungen folgte auch irgendeine Art von Aktion.«[136] Edie Parker sah in Joan die intelligenteste Frau, die sie kannte, und bewunderte ihre Aura, die etwas von derjenigen der Garbo hatte. Für Herbert Huncke war sie »eine der charmantesten und intelligentesten Frauen, die ich je kennengelernt habe«.[137] Und Burroughs erinnerte sich vier Jahrzehnte später: »Ihre Intuition war absolut erstaunlich.«[138] In einem Tagebucheintrag aus den vierziger Jahren schrieb Ginsberg, Joan habe »ein hohes Bewußtsein – sie lebt ihr Leben bewußt ohne Ehrgeiz & Stolz«.[139] Einer ihrer Mitbewohner, Hal Chase, stellte fest, daß sie mehr Stil als sie alle zusammen hatte und daß ihre Wortgewandtheit Jack Kerouac einschüchtere.

Joan Vollmer hatte am New Yorker Barnard College Journalismus studiert. Sie hatte eine hohe Stirn und eine spitze Nase, einen zarten cremefarbenen Teint und eine mahagonifarbene Ponyfrisur. Schon mit Anfang zwanzig zeigte sie ihren bereits voll ausgeprägten Geschmack und sardonischen Stil. Sie trug legere Seidenkleidung, schulterfreie Stickblusen und eng gebundene Halstücher; sie las

***Chick:*** *Das weibliche Gegenstück zum **Cat** (ein **Chick** kann jedes Alter haben). Kam Ende der vierziger Jahre auf als Versuch, beide Geschlechter in die hippe Szene miteinzubeziehen (»a hot chick and a cool cat«), nahm im Lauf der Zeit jedoch einen sexistischen Unterton an. Zuweilen wird ein Besitzanspruch mit angemeldet: »Only my mother is still great but whether she likes it or not Edie and I are re-uniting again, my own mad chick« [Kerouac über Edie Parker].*

*Joan Vollmer, New York, ca. 1946*

Proust, Joyce und Kant; sie hörte klassische Musik, gönnte sich morgens lange Schaumbäder und las jede Ausgabe sämtlicher New Yorker Zeitungen. Ihr Lieblingscartoon, von William Steig, zeigte einen niedergeschlagenen Mann, der sagte: »Meine Mutter hat mich geliebt, aber sie ist gestorben.«[140] Sie stellte sowohl traditionelle als auch progressive Glaubensbekenntnisse in Frage. »Und sie akzeptierte auch die Unterwelttypen«, so bemerkte Herbert Huncke, »als gehörte sie dazu.«[141]

*Sie hatte eine innere Schön-Schönheit, so schön und extravertiert, daß es einen glatt umhaute.*

– Herbert Huncke über Joan Vollmer

Joan rebellierte gegen die Langeweile der bürgerlichen Oberschicht, in der sie aufgewachsen war, indem sie einen Jurastudenten namens Paul Adams heiratete, der gleich zu Beginn des Zweiten Weltkriegs eingezogen wurde. Nicht der Typ Frau, der während seiner Abwesenheit keusch blieb, wurde Joan von einem Studenten der Columbia University schwanger und wollte das Baby austragen. Sie schmiedete einen Plan, sich in Bellevue, der psychiatrischen Klinik, einweisen zu lassen, um ihren Gatten nach Hause zu locken, mit ihm zu schlafen und ihn dann davon zu überzeugen, das Kind sei von ihm. Also schlurfte sie, mit einem Fuß im Rinnstein und vor sich hinmurmelnd, im Regen auf dem Times Square vor dem Automatenrestaurant Horn und Hardart umher. Ihr Plan ging auf, und so kam 1943 Julie zur Welt. Nach diesem Zwischenfall kaufte Joan sich ein Pessar, das sie in der Badewanne einsetzte, zuweilen jedoch auch vergaß, so daß es im Lauf ihres akademischen Jahres am College zu zwei Abtreibungen kam. Sie legte großen Wert auf Männer, »die gut im Bett waren«; Edie Parker bemerkte, Joan sei weniger wild als promiskuitiv. Sie bot ihren Freundinnen Rat in Sachen Abtreibung und Sex.

William Burroughs' Brillanz zog Joan an, und sie sah in dem hauseigenen Genie sofort das Sexobjekt, das es zu verführen galt. Als Burroughs in ihre große Wohnung einzog, gab Joan ihm das schönste Zimmer, und er stellte dort Bett, Schreibtisch und Bücherregale auf. Burroughs sah in Joan die Gescheiteste der Gruppe und die einzige, die in der Lage wäre, in ihm neue Interessen zu wecken. (Vor allem ihre Bemerkung, Maya-Priester verfügten über telepathische Kräfte, weckte sein Interesse an ihr.) Er schätzte ihren trockenen Humor und ihre psychologische Klarheit, außerdem stellten sie fest,

**Allen Ginsbergs Liste von Bars, 1946**

Schwulenbars:
- Main Street Bar
- McDouglas
- Astor Men's Bar
- Cerudi's
- Ralph's
- Beggar's
- Jimmy's in der 43.
- Tony Pastor's

Intellektuellenbars:
- West End
- Minetta's
- George's
- Beggar's

Jazz-Bars:
- White Rose
- Vanguard
- George's
- Downbeat

daß Conrad Aikens »Silent Snow, Secret Snow« ihrer beider Lieblingskurzgeschichte war. Vor allem aber zog ihn ihr resolutes Bilderstürmertum an, das Ginsberg folgendermaßen beschrieb: »fast schon selbstzerstörerische Weigerung, auch nur an irgendeiner Art Sakrament teilzuhaben, sei es literarischer oder politischer Natur«.[142]

Burroughs führte Joan, Kerouac und Ginsberg auf »Gruppenverabredungen«, wie Joan es nannte, in »tuntige Männerbars im Village« aus.[143] Was seine Potenz anbelangte, gab sie ihm gute Noten: »Da bist du nun angeblich eine Schwuchtel und bist doch im Bett so gut wie ein Lude.«[144] Vor allem aber bewunderte sie seine Intelligenz. Wenn er bisweilen, auf der Couch liegend, eine seiner trockenzotigen Bemerkungen machte, schloß Joan seinen hageren Körper in die Arme und rief begeistert aus: »Ach, Bill!«[145] Stundenlang lagen sie auf ihrem riesigen Bett und unterhielten sich. »Wir hatten, im nachhinein betrachtet, sehr tiefschürfende Gespräche über sehr grundlegende Dinge«, erinnerte sich Burroughs.[146] Joan fiel aber auch auf, daß Sex Burroughs beunruhigte. »Natürlich gibt es da das eine oder andere, was er nicht kann«, merkte sie zu Ginsbergs Psychoanalyse mit Burroughs an. »Ich glaube nicht, daß er jemandes sexuelle Probleme analysieren könnte. Das wäre ihm zu unangenehm.«[147]

## Die Belegschaft

Joan Vollmers Kommune lag auf halbem Weg zwischen »Elfenbeinturm« und »Nachtasyl«. Ein Orientierungspol war der einen halben Block entfernte Campus der Columbia University; der andere lag dreiundsiebzig Blocks weiter südlich: die Treffs am Times Square wie die »Angle Bar« und das »Bucket of Blood«. Die Wohnung wurde der Außenposten in der Uptown für Prostituierte, Süchtige und Diebe. Die meisten von ihnen stammten aus der oberen Mittel- oder der Oberschicht – der Manteldieb beispielsweise war Sproß einer prominenten Bankiersfamilie aus Philadelphia, und der Vater der rothaarigen Gangsterbraut, die nebenher noch anschaffen ging, war Richter. Einige schliefen nur hin und wieder hier, andere waren zahlende Gäste in der Atmosphäre dieser Wohnung, in der sich Gelehrtentum, Patriziermanieren und Gossenerfahrung mischte. Das

***Charge:*** *Marihuana, in den Vierzigern and Fünfzigern in Gebrauch. »Then we picked up on charge ... Then we got more charge out & blasted« [Ginsberg].*

Kontingent vom Times Square – Herbert Huncke, Phil White, Bill Garver und Vicki Russell – stieß im Frühjahr 1946 dazu.

Bill Garver wohnte einige Blocks weiter im Westabschnitt der 109. Straße und fand über Herbert Huncke, mit dem er sich bereits eine Zelle auf Riker's Island geteilt hatte, in den Schoß der Familie. Eine skelettartige Gestalt mittleren Alters mit langen Armen und leisem, höflichem Auftreten, war William Maynard Garver Sohn eines prominenten Bankiers in Philadelphia, der ihm Monat für Monat einen Scheck schickte, damit er sich zu Hause nicht sehen ließ. Man hatte ihn wegen Trunkenheit aus der Marineakademie in Annapolis relegiert – und weil er einen Wasserballon aus dem Fenster geworfen hatte. Er ging darauf nach Harvard und widmete schließlich den Rest seines Erwachsenenlebens seiner Morphiumsucht. Garver hatte eine ganze eigene Methode zur Finanzierung seiner Sucht entwickelt: Er ging in Anzug und Krawatte in Restaurants und bestellte eine Tasse Kaffee. Nachdem er sich an der Garderobe einen Überblick über die Mäntel verschafft hatte, machte er sich in einem davon, den er rasch für zehn oder zwölf Dollar versetzte. Er nannte seinen Modus operandi »boosting bennies«.[148] Obwohl man ihn bereits zehnmal wegen Bagatelldiebstahls verhaftet hatte, leistete ihm diese Methode über Jahre hinweg gute Dienste.

Priscilla Arminger nannte sich Vicki Russell, weil sich das wie der richtige Namen für eine rassige rothaarige Prostituierte von einem Meter zweiundachtzig anhörte, die 100 Dollar pro Freier nahm. Und dann natürlich auch deswegen, um sich von ihrem Vater, einem Richter in Detroit, zu distanzieren. Sie verfügte über Witz und eine dämonische Energie und war nach Ginsbergs Ansicht »die attraktivste Frau, die ich kenne«.[149] Ihre Hobbys waren Wilhelm Reichs Therapie und ihre Drogensucht. Sie wußte, wie man Freier behandelte: »Wenn er körperlich auch nur ein bißchen was zu bieten hat, dann sag: ›Oh, tu mir bloß nicht weh.‹« Oder: »Wenn du einen Kerl wirklich runterbringen willst, dann steck' dir während des Verkehrs eine Zigarette an.«[150] Es war Vicki Russell, die die Belegschaft von Joan Vollmers Wohnung mit der billigsten Methode, zu einem Benzedrinrausch zu kommen, vertraut machte: Man kaufe sich Inhalatoren von Smith, Kline und French – die für sechs Monate Gebrauch gedacht sind –

**Miss Green:** *Codewort für Marihuana: »I am of course indulging in a perfect orgy of Miss Green & can hardly see straight right at this minute, whoo! 3 bombs a day« [Kerouac]. »A curious illusion I get lately when I am a little lushed and swing on Miss Green's unnatural tit, I feel that there is another person present« [Burroughs].*

breche sie auf, entnehme den zwei Zentimeter langen, mit Benzedrin getränkten Akkordeonstreifen Papier, werfe ihn in eine Tasse Kaffee oder schlucke ihn einfach so. Vicki nahm zwei Streifen pro Tag, als sie Jack Kerouac die Methode beibrachte.

Benzedrin wurde Kerouacs Lieblingsdroge. In Kaugummi gewickelt, gab es ihm die Euphorie, die Energie für seine »Wolfeanischen« Streifzüge durch die New Yorker Stadtteile, die ihre Höhepunkte in den Jazzschuppen fanden, wo er Charlie Parker und Thelonious Monk Bop spielen hörte, jene Spielart des Jazz, die eben populär zu werden begann. Kerouac war zu dieser Zeit von dem Gedanken besessen, eine »Methode« für das Schreiben zu finden. Zuerst legte er sich in Gedanken Szenen zurecht, denen er sich zu entwickeln gestattete, während er Radio hörte. Dann stürzte er sich in dieser selbstversunkenen Trance auf die Schreibmaschine, um hundert Wörter pro Minute zu tippen. Er versuchte aus dem Bauch heraus, einen Abdruck seines Verstandes zu Papier zu bringen, bevor dessen Inhalt sich wieder verflüchtigte. Wenn er das Gefühl hatte, daß ein Wort fehlte, zerknüllte er das Blatt und begann wieder von vorn; das Überarbeiten galt ihm als eine Art der Zensur. Seine manische Methode, seine Verherrlichung der Spontaneität, nahm geradezu religiöse Züge an. Vor seinem Umzug in die Wohnung in der 115. Straße hatte er ein allabendliches Ritual des Ausdrucks und der Reinigung gepflegt.

Er schrieb bei Kerzenschein und beendete jede Seite damit, daß er sie der Flamme übergab. Er charakterisierte diesen Prozeß, den er »Selbstzweck-Mäßigkeit« nannte, als Mittel zur Schaffung einer neuen »künstlerischen Moral«.[151] In dem Monat, in dem Lucien Carr ins Gefängnis kam, war Kerouac voll und ganz mit der Neuen Vision beschäftigt; er schrieb an Ginsberg: »Aus den menschlichen Materialien der Kunst, so sage ich mir, entspringt die neue Vision.«[152] Im folgenden Monat schnitt er sich, wobei er ein Stück Schnur zum Abbinden benutzte, und schrieb mit seinem Blut: »Das Blut des Dichters.«[153] Kerouac rechnete aus, daß er bereits fast eine halbe Million Wörter geschrieben hatte. Als Burroughs Kerouac in seiner Bude besuchte, warf er einen Blick auf die Kerzen und das andere Zubehör und meinte schnaubend: »Mein Gott, Jack, laß diesen Unsinn, gehen

***Speedball:*** *Kokain, gemischt mit Morphium oder Heroin: »But I was off the junk now. Still a shot of morphine would be nice later when I was ready to sleep, or, better, a speedball, half cocaine, half morphine« [Burroughs].*

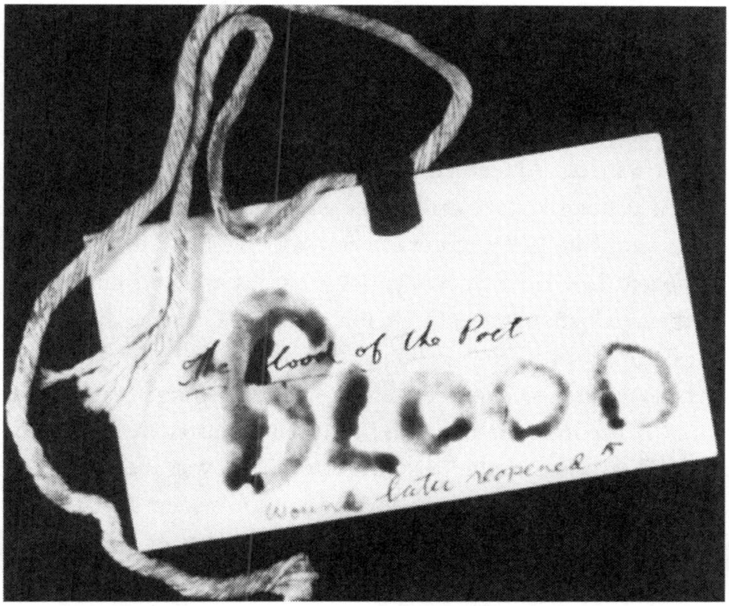


*Der Gipfel der Selbst-Endlichkeit: Kerouac schreibt mit seinem eigenen Blut, November 1944*

wir was trinken.«[154] Obwohl Burroughs seinen jüngeren Anhänger ermutigte, war er insgeheim der Ansicht, wenn Kerouac einen druckbaren Roman zustande brächte, dann könnte das jeder. »Er sah mich gern als Lehrer«, sagte Burroughs. »Er drängte den Leuten derlei Kategorien auf – du wirst mein Lehrer.«[155]

Benzedrin veränderte Kerouac körperlich – seine Muskeln wurden schlaff, der Haaransatz ging zurück, seine dunkle Haut wurde leichenblaß. (Seine Blässe war manchmal so auffallend, daß Vicki Russell ihm Make-up auftrug, bevor er sich im grellen Licht der U-Bahn zeigen konnte.) Seine ersten Erfahrungen mit Benzedrin fanden ihren Höhepunkt im Dezember 1945 mit einem fünftägigen Streifzug durch die Stadt in Begleitung von Allen Ginsberg und Hal Chase. Am Ende des Ausflugs bestand Kerouac darauf, mit seinen erschöpften Begleitern zur Brooklyn Bridge zu wandern. Kerouac nahm Ginsberg auf den Rücken und trug ihn eine Meile zur U-Bahn in der Seventh Avenue, während Ginsberg Bachs Toccata und Fuge in d-moll zum Besten gab. Kurz darauf brach Kerouac zusammen.

***Croaker:** Arzt – »I wouldn't let them croakers up there treat my corn let alone my psyche« [Burroughs über Psychiater, 1949].*

*Ich wünsche dir, Jack, nicht*
*Genesung, da einem immer*
*Eine Wunde bleibt; und deren tiefste*
*Ist das Wissen um die Vergeblichkeit*
*Daß dir Freude zu wünschen eitel ist –*
*Ich wünsche dir nur das Nötigste.*
– Allen Ginsberg, »An Kerouac im Krankenhaus«

Er kam ins Hospital der Veterans Administration in Queens, wo man eine Thrombophlebitis diagnostizierte. Nach seiner Entlassung zog er in die Wohnung seiner Eltern in Ozone Park, Queens – sie waren erst kürzlich von Lowell nach New York gezogen. Damit war sein Aufenthalt in Joan Vollmers Kommune beendet. Die Anziehungskraft seiner Familie war immer stark gewesen, und außerdem teilte Jack nun mit seinem Vater die Erfahrung der Bettlägrigkeit: Leo Kerouac war an Magenkrebs erkrankt und lag im Sterben. Jack kümmerte sich um ihn, während Gabrielle die Familie mit ihrer Arbeit in einer Schuhfabrik über Wasser hielt. Jack blieb stets noch auf, nachdem seine Eltern schlafen gegangen waren, und nahm Benzedrin, um sich zum Schreiben zu inspirieren. Als Leos Tod näherrückte, fühlte Jack sich ihm näher, war aber auch verwundbarer gegenüber seinen Vorurteilen und seinem Rat. »Nimm dich vor den Niggern und Juden in acht«, warnte er seinen Sohn und nahm ihm ein Versprechen ab, das Kerouac den Rest seines Lebens leiten sollte: »Was immer du tust, kümmere dich um deine Mutter.«[156]

*Artist shmartist, ya can't be supported all ya life.*
*Künstler! Quatsch – kannst dich nicht dein ganzes Leben lang durchfüttern lassen.*
– Leo Kerouac an seinen Sohn Jack

In Leos Augen war Jack ein Versager – ein Sohn, der sich nicht selbst versorgen konnte, dessen Freunde dekadent waren, dessen literarische Berufung ihm lächerlich schien. Nachdem er seinen Vater in Lowell, Massachusetts, beerdigt hatte, neben Gerard, spannte Jack ein neues Blatt Papier in die Schreibmaschine und rief sich die Vergangenheit vor Augen, um sie zu verarbeiten. Er machte sich an die Familiengeschichte, die vier Jahre später sein erster veröffentlichter Roman werden sollte: *The Town and the City*.

Während seines Jahres in Joan Vollmers Wohnung hatte Allen Ginsberg eine Reihe von Jobs – Tellerwäscher in Bickford's Cafeteria, Verkäufer in Frances Steloffs Gotham Book Mart, außerdem heuerte er beim U. S. Maritime Service an. Daneben verschlang er alles, was er zum Lesen in die Finger kriegte, und schrieb eines seiner ersten langen Gedichte, »The Last Voyage«. Seine Tagebucheinträge jener Zeit waren voller Charakterskizzen und Traumberichte, aufgeschnappter Gesprächsfetzen und Grübeleien über das intensive Verlangen eines jungfräulichen Homosexuellen. »Ich habe mein Leben damit verbracht, auf Leute zuzustürmen«, schrieb er,

***Working the hole:*** *In der U-Bahn Betrunkene berauben: »Now he peddled from time to time and ›worked the hole‹ (rolling drunks on subways and in cars) when he couldn't make connections to peddle« [Burroughs].*

»und fand nichts als Fakten und Dramen; ich brauche die Fakten nicht zu wissen, und ein guter Schauspieler bin ich auch nicht.«[157] Andere erinnern sich an Ginsberg in jener Zeit als höchst leidenschaftlichen, intellektuellen kleinen Bruder. Wie er in seinem Tagebuch schrieb, änderte sich die Art, wie er sich gab, mit jedem seiner Freunde: »Ich bin lieb zu Trilling; scharf & unergründlich Bill gegenüber, putzig & entnervend & oberflächlich & tiefschürfend & überrational gegenüber Joan; bedeutungslos für Jack . . . Aber in Wirklichkeit rase ich innerlich.«[158]

Kerouac wurde das bevorzugte Objekt für Ginsbergs Sehnen nach Liebe und Zärtlichkeit. Nach einem ihrer langen Abendspaziergänge landeten die beiden am Hafen, wo sie einander, von zwei geparkten Lastern geschützt, masturbierten. Kerouac jedoch blieb die Homosexualität unangenehm, und Ginsberg wurde eines der Angriffsziele seiner Ambivalenz. Kerouacs Attacken spiegelten die vorherrschende Verdammung der Homosexualität wider, die auch Louis Ginsbergs Sicht der Homosexualität als »eine Gefahr für die Gesellschaft«[159] einschloß. Selbst Burroughs, der sich zu seiner Homosexualität bekannte, war eine heterosexuelle häusliche Partnerschaft eingegangen. Ginsberg hatte nichts am Hut mit der gezierten Art der Homosexuellen, die er im Astor traf, Männern mit einer Schwäche für Edith Piaf. (Jemanden »astorisch« zu nennen, hieß, man sah ihm seine Homosexualität auf den ersten Blick an.) Ginsberg bezeichnete das später einmal als »manieristisches Schwuchteltum, das auf Geld, Chic, Privilegien und einem exklusiven, monopolistisch-extremen Stil basiert«.[160] Mit seiner Distanz sowohl zur heterosexuellen Welt als auch zum fashionablen Homosexuellenmilieu fand Ginsbergs Ringen um sexuelle Identität einen Ausdruck in seinem Verhalten in der Kommune in der 115. Straße. Allens sexuelle Phantasien kreisten um seine Mitbewohner Kerouac und Hal Chase. Chase nannte ihn einen »soziologischen Homosexuellen«[161], der der Ansicht sei, der einzige Weg zu künstlerischem Erfolg führe über die Homosexualität; aus Ginsbergs intellektuellen Diskussionen hörte er dessen Versuch heraus, den »versteckten Homosexuellen« in seinen Mitbewohnern aufzuspüren. Da es ihm am Modell für eine positive homosexuelle Entfaltung fehlte, sank Allens Selbst-

***The cow ate the cabbage:***
*Volkstümelnde Wendung für Oralsex: »Well, about five nights ago he caught me when I was drunk and horny, and one thing led to another and I ended up showing him how the cow ate the cabbage . . .« [Burroughs]*

*Als ich der billigste Dieb von New York war und Phil [White] und ich einem halbwüchsigen Seemann den Schlüssel zu seinem Schließfach geklaut hatten und ich mit einem Sack schmutziger Wäsche nach Hause kam, da schnüffelte ich an den Taschentüchern, um zu sehen, ob der Kleine reingewichst hatte, und spürte dabei die Geilheit wie ein Sommergewitter durch meinen Herointran. Ah, ma folle jeunesse!*
– William Burroughs

wertgefühl nicht selten auf Null. In sein Tagebuch schrieb er: »Ich bin wirklich das Letzte vom Letzten, *wirklich*, keiner ist so nutzlos und unliebenswert wie ich; davon komme ich einfach nicht los.«[162]

## Die Auflösung

Bis zum Sommer 1946 hatten sich die ersten Mitbewohner bereits wieder abgesetzt, und für die, die übrigblieben, wurde das Leben ziemlich verrückt. In Küche und Bad lag Drogenzubehör – gebrauchte Kanülen, Pipetten und Teelöffel – herum. Ein Sammelsurium heißer Ware – Kleider, Schußwaffen, Gepäck, alles, was Herbert Huncke und seine Freunde so zusammenstahlen – war überall in der Wohnung verstaut. Nachdem Huncke von einem Spitzel verpfiffen wurde, trat er eine weitere dreimonatige Haftstrafe auf Riker's Island an, und über der Wohnung schwebte unheilvoll der Arm des Gesetzes.

Ständig auf der Jagd nach Morphiumrezepten begann Burroughs auf Blankorezepten, die man bei Dr. Greco gestohlen hatte, dessen Unterschrift zu fälschen. Seine orthographische Nachlässigkeit bei der Schreibweise von »Dilaudid« erregte in der Apotheke Verdacht, und im April 1946 wurde Burroughs verhaftet. Man nahm seine Fingerabdrücke, knipste ihn fürs Verbrecheralbum, dann begann für Burroughs in den »Tombs« der schmerzhafte Entzug. Heulend sagte er sich: »Vierzig Jahre! Mann, ich kann keine vierzig Jahre absitzen!«[163] Joan Vollmer bezahlte seine Kaution und linderte seine Schmerzen mit Nembutal. Voller Sorge wartete Burroughs auf seine Verhandlung, mühte sich daneben immer verzweifelter ab, genug Stoff zur Finanzierung seiner eigenen drei Schüsse pro Tag zu verkaufen. Eine nervenaufreibende Woche lang arbeitete er mit Phil White, indem er die Aufmerksamkeit auf sich lenkte, während sein Partner in der U-Bahn Betrunkene »rollte«; außerdem verkaufte er das reinste Morphium auf dem Markt (mit einem Morphiumanteil von 16 Prozent). »Was für ein Haufen«, schrieb er später. »Schnorrer, Schwuchteln, Hochstapler, Spitzel, Penner – keiner will arbeiten, zum Klauen zu dumm, immer knapp bei Kasse, ständig das Gejammer um ein bißchen Kredit.«[164] Als der wortgewandte Süchtige zwei

***Chippy:*** *Nur gelegentlich Heroin spritzen oder jedenfalls nicht oft genug, um süchtig zu werden: »I have a little chippy habit« [Huncke].*

Monate später dem Richter gegenüberstand, überantwortete ihn dieser wohlwollend der Obhut seiner Eltern in St. Louis, Teil einer viermonatigen Haftstrafe, die er zur Bewährung aussetzte.

Unterdessen nahm Joan Vollmer mehr Benzedrin-Inhalationen zu sich als jeder andere ihrer Mitbewohner. Sie bekam Ausschläge am ganzen Körper, und ihr Botticelli-Teint bleichte auf erschreckende Weise aus. Zwanghaft fegte sie stundenlang mit einem Kleiderbesen durch die Wohnung. Sie hörte die Stimmen des älteren Paares in der Wohnung unter der ihren, und sie unterhielt ihre Mitbewohner, indem sie deren Gespräche mit einer so offensichtlichen Präzision wiedergab, daß das Ganze durchaus glaubwürdig war. Die Lächerlichkeit der wilden, aber letztlich nicht bösartigen Wortgefechte des Paares nahm zuweilen finstere Züge an – so nannten sie Joan zum Beispiel eine Hure und ihre Freunde drogensüchtiges Gesindel. Und als Joan schließlich hörte, daß der Mann seine Frau mit einem Messer durchs Zimmer jagte, geriet sie in Panik. Ginsberg und Kerouac rannten nach unten, aber es war niemand in der Wohnung. »Sie war wie vor den Kopf geschlagen«, erinnerte sich Ginsberg. »Sie sagte, ›Na, dann muß ich wohl Stimmen hören.‹«[165]

*Letztes Wochenende habe ich Joan getroffen. Sie scheint den Verstand zu verlieren. Schade, findest du nicht?*
– John Kingsland zu Allen Ginsberg

Als aus dem Frühling Sommer wurde, spitzte sich die Lage zu, da Joans Mitbewohner sich einer nach dem anderen verabschiedeten und sie mit der Miete sitzen ließen. Hal Chase war der erste, der ging; all die heiße Ware und der Drogenkonsum waren ihm einfach zuviel. Huncke mußte ins Gefängnis, Burroughs ging nach St. Louis, Kerouac nach Ozone Park, um sich um seinen sterbenden Vater zu kümmern; Ginsberg ging nach Hause zu seinem Vater in Paterson. Wieder einmal zerbrach der »Zirkel der Freigeister«.

Es blieben nur noch ein Autodieb aus Pittsburgh, ein hübscher, aber dummer blonder Safeknacker namens Whitey, Joan, ihre dreijährige Tochter Julie und eine Reihe verzweifelter Typen, die ständig wechselten. Da ihr Burroughs fehlte, begann Joan eine »Blitzaffäre« mit Whitey. Als Huncke aus dem Gefängnis kam, versuchte er sie unter seine Fittiche zu nehmen und bot ihr an, die Miete durch Gepäckdiebstahl aufzubringen. Aber im Herbst dann kündigte man ihr; Whitey saß bereits im Gefängnis. Joan wurde hager, ihr Lachen bitter, und sie brachte ihre Tage auf dem Bett sitzend mit Stricken zu.

***Lush:*** *Jede Art von hochprozentigem Getränk: »Despite the temptations of Mexico I am still on the lush wagon« [Burroughs]. Andere Ausdrücke für Alkohol sind* ***Juice, White Lightnin'*** *(Mais-Whiskey),* ***Regal*** *(eine Biersorte aus New Orleans): »I Regal up every chance I get« [Burroughs].*

Kerouac besuchte sie einmal und fand sie »total durchgedreht auf Benzedrin«. Sie zog sich aus und fragte: »Wer bist du, Fremder?«[166] Nicht lange danach, im November, las man sie auf dem Times Square auf und brachte sie nach Bellevue. Ihr erster Aufenthalt dort, vier Jahre zuvor, war nur ein Winkelzug gewesen, diesmal war es bitterer Ernst. Aber womöglich war es auch ein Versuch, Burroughs wieder in ihr Leben zu locken.[167]

Burroughs kam denn auch, ganz loyal, Anfang Dezember in seinem Kombi zurück, um Joan nach einem zehntägigen Aufenthalt in Bellevue zu »befreien«. Sie mieteten sich in einer Pension am Times Square ein, wo sie ein Kind zeugten (William Burroughs III kam am 21. Juli 1947 zu Welt). Burroughs schlug ihr einen Plan für die Familie vor: eine Ranch mit 36 Hektar Grund vierzig Meilen nördlich von Houston zu kaufen und dort anzubauen, was am meisten einbrachte: Marihuana.

Anfang 1947 schrieb Joan Vollmer ihrer alten Mitbewohnerin, Edie Parker Kerouac: »Halt mich auf dem laufenden. Schreib mir unter Mrs. W. S. Burroughs, New Waverly, Texas.«[168]

# Ikonen der Beats

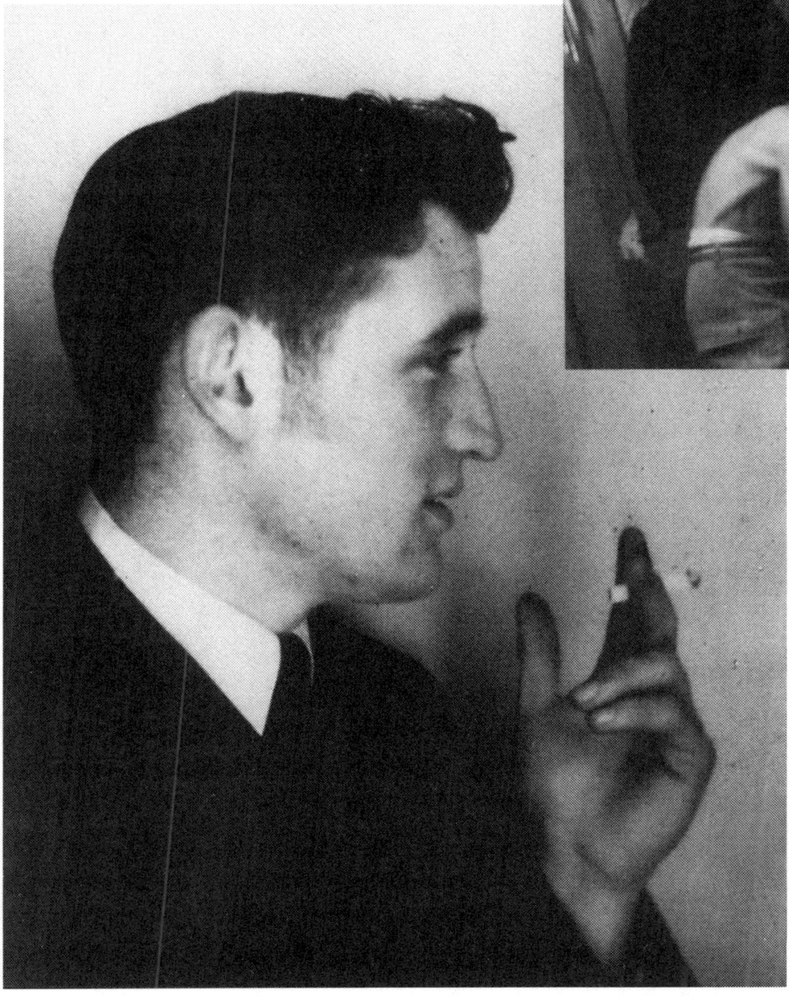

*Vorhergehende Seite: Neal Cassady in einem Photomat an der Greyhound-Haltestelle, New York, 4. März 1947 (links)*

*Herbert Huncke in seinem Zimmer im Hotel Elite in New York, Herbst 1953, Foto: Allen Ginsberg (rechts)*

# Ikonen der Beats

## Ikonen der Beats

William Burroughs, Allen Ginsberg und Jack Kerouac, den wichtigen Autoren der Beat Generation, waren drei Männer zugeordnet, die selbst nur Fragmentarisches veröffentlicht haben. Als Musen und Vergilische Führer jedoch spielten Herbert Huncke, Carl Solomon und Neal Cassady wesentliche Rollen in der Saga der Beats. An konventionellen Maßstäben gemessen, verkörperte jeder der drei eine Facette der finsteren Kehrseite amerikanischen Lebens: Den ersten beschreibt man am besten als heroinsüchtigen Dieb, den zweiten als schizophrenes Genie und den letzten als Autodieb mit einer unersättlichen Gier nach Sex. Ginsberg, Burroughs und Kerouac sahen in diesen drei Gestalten jedoch ganz andere Qualitäten: eine erfrischende Authentizität, Menschlichkeit, gesunden Menschenverstand, ja gar etwas Engelhaftes. Ginsberg zum Beispiel schrieb in einem Gedicht über seinen Freundeskreis: »Heiliger Peter heiliger Allen heiliger Solomon heiliger Lucien heiliger Kerouac heiliger Huncke heiliger Burroughs heiliger Cassady.«[1]

Die Tradition, den Geringsten zum Höchsten zu machen, haben die Beats freilich nicht erfunden – sie hatten darin Vorbilder in so bahnbrechenden modernen Autoren wie Baudelaire, Dostojewski, Céline und Genet. Die Vorstellung vom Antihelden als Ikone – von der seliggesprochenen Unterwelt – hatte zum Teil bereits ihren Code. Kerouac zum Beispiel war der Ansicht, der große Amerikaner der Zukunft wäre »der trampende Neger-Heilige«.[2] Gegen Ende der vierziger Jahre hatten die drei sogar ein Vokabular geprägt. So prägten Kerouac und Ginsberg beispielsweise das Wort »ignu«, (aus »ignoramus« und »gnosis«), das eine heilige Gestalt aus Dostojewskis *Der Idiot* bezeichnete. Für William Burroughs klang höchstes Lob aus dem Begriff »Johnson«, den er von einer Diebesfamilie hatte,

*»He's mad«, I said, »and yes, he's my brother.«*
*»Er ist wahnsinnig«, sagte ich, »und ja, er ist mein Bruder.«*
– Jack Kerouac, On the Road

*Die hip-kriminell-poetische Boheme in ihrer Konformität ist eine Bruderschaft der sinnlosen Qual.*
– Carl Solomon

die Burroughs aus dem Memoiren Jack Blacks, *You Can't Win,* kannte. Jack Kerouac, der die Entrechteten idealisierte, schrieb: »Für mich sind die Verrückten die einzigen, diejenigen, die verrückt nach dem Leben sind, verrückt nach dem Wort, verrückt nach der Erlösung.«[3]

Die Literatur der Beats machte Huncke, Solomon und Cassady zu literarischen Ikonen – Ginsberg bekannte einmal, er sehe in ihnen Metaphern, und Kerouac nannte Cassady »den Archetyp des amerikanischen Menschen«.[4] Aber lange bevor Literatur und Geschichte aus ihnen kulturelle Ikonen machten, lebten diese drei Männer das »kaputte Leben richtiger Beats«.

## Herbert Huncke

*Sag mal, dieser Huncke: ein Mann voll mysteriösem Wissen und verzweifelter Aggression.*
– Jack Kerouac über Herbert Huncke

1946, als Herbert Huncke das Wort »beat« bei seinen Freunden einführte, konnte er sich unmöglich vorgestellt haben, zu welchem wichtigen historischen Begriff es sich entwickeln würde. Es war einfach eines von vielen Wörtern, die er auf seinen pikaresken Reisen aufgeschnappt hatte. »Reden ist mein Werkzeug«, erinnerte er sich ein halbes Jahrhundert später. »Ich denke, das brachte mich auf die Straße.«[5]

Huncke war körperlich wenig einnehmend – eine vogelhafte Gestalt, die etwas von einem Hundekind hatte; ein zu groß geratener Kopf, dominiert von einem Paar mitfühlender, feuchter haselnußbrauner Augen, und eine fahle Haut, die ständig Ruß in den Poren zu haben schien. Huncke fand seine Nische in einer Welt, die von Zuhältern, Prostituierten, Dieben, Dealern und Spezialisierten, die Betrunkene ausraubten, beherrscht wurde. Der Polizei war er als das »Ekel« bekannt, für die befreundeten Gauner und Süchtigen war er der »Bürgermeister«.

Als Sohn arbeitsamer Mittelschichteltern erinnerte er sich an seinen nie zufriedenen Vater als »elenden Mistkerl«[6] und an seine Mutter als schöne Hysterikerin, die ihm die adoleszenten Freuden mißgönnte, die sie selbst versäumt hatte. Keiner von beiden konnte die emotionelle Zuwendung aufbringen, die ihr einziger Sohn brauchte. Viele Jahre später schrieb Burroughs in einer Einführung zu Hunckes Biographie: »Man wirft den Protagonisten ins Wasser, auf daß er schwimme oder ertrinke. So lernt er etwas über das Wasser.«[7]

»Ich lief sogar mal mit zwölf von zu Hause weg«, sagte Huncke. »Ich habe die ganze Terminologie und so benutzt.«[8] Er fuhr auf Chicagos Hoch- und Straßenbahn bis zur südlichen Endstation und stellte sich, zehn Cent in der Tasche, eine Karte in der Hand, an die Straße. Hundert Meilen hinter Chicago führte ihn ein Fremder in den oralen Sex ein, drückte ihm einen Zehn-Dollar-Schein in die Hand und fuhr davon. Huncke wurde zum Strichjungen, ohne überhaupt zu wissen, was das war. Seine Kleidung wurde verknittert, sein Haar schmierig, und der Zwölfjährige am Straßenrand wurde zu einer zunehmend verdächtigen Gestalt. An einem warmen Sommernachmittag stand er an einem Zwiebelfeld in der Nähe von Geneva, New York, und der Geruch der scharfen Zwiebeln prägte sich seinem Geruchsgedächtnis derart nachhaltig ein, daß er ihm zeit seines Lebens blieb. »Ich dachte mir, das ist der Geruch echter Freiheit«, sagte Huncke. »Ich hätte mir nie träumen lassen, daß er derart durchdringend war, derart physisch.« In diesem Augenblick griff ihn ein Polizist auf, steckte ihn in eine Zelle des dortigen Gefängnisses, bot ihm zwei Zigaretten und rief seinen Vater in Chicago an. »Es gab dort nichts, wovor ich mich hätte fürchten müssen, es war eine nette Zelle, ganz in weiß«, sagte Huncke. »Ich fing zu heulen an, so wütend war ich. Es war das erste Mal, daß ich saß.«[9]

*Ach – nur ein Huncke hat so ein Pech.*

– Herbert Huncke

Es sollte nicht das letzte Mal sein. Huncke verbrachte viele Monate seines Lebens im Gefängnis, und zuerst dachte er sogar, das wäre allemal besser als zu Hause, wo ihn sein Vater immer als »verweichlichtes Mädchen«[10] abtat. Huncke erinnerte sich, wie er als junger Kerl das Gefängnis betrat: »Ich dachte, dort könnte ich unbefangener sein, schließlich hätte ich lauter Jungs um mich, alle unter demselben Druck. Wenigstens wäre ich hier unter Freunden. Mein Gott! Wie man sich doch täuschen kann! Herrgott! Steh mir bei!«[11]

Mit sechzehn lernte Huncke einen Freakshow-»Hermaphroditen« namens Elsie John kennen. Huncke arbeitete als Anreißer für ihre Jahrmarktnummer, außerdem lieferte er Pot für sie aus (sieben Joints bester Qualität für einen Vierteldollar). Ein wahrer Koloß, rasierte, puderte und cremte Elsie die eine Hälfte ihres Körpers ein, legte Mascara und grüne Lidschatten auf und trug das hennagefärbte Haar zu einem Pony geschnitten wie Veronica Lake; auf der an-

*Huncke ist immer der alte, aber gib ihm irgendwann mal Gelegenheit, ein paar Geschichten zu erzählen – er ist der größte Geschichtenerzähler, den ich kenne, meiner Ansicht nach ein echtes Genie.*

– Jack Kerouac

deren, muskelbepackten Hälfte kämmte Elsie das Haar nach hinten und trug eine auffallende Kotelette zur Schau. Egal ob sie nun als Nebenattraktion beim Zirkus auftrat oder in ihrer billigen Schauspielerpension herumlag, Elsie John trug ein Leopardenfell, einen Flitterrock und einen hochhackigen Schuh; außerdem hatte sie drei Spielzeugpekinesen. Und dann war sie noch heroinsüchtig; Huncke war immer fasziniert von dem Glanz in ihren Augen, wenn sie sich spritzte. Sie ließ nicht zu, daß Huncke Heroin dealte (28 Dollar die Unze), aber sie gab ihm die kleinen Mengen ab, die schließlich zu seiner ersten Abhängigkeit führten. Huncke sah Elsie John zuletzt im Gefängnis in der South State Street, umgeben von Strolchen, die sich vor ihr entblößten, während Elsie schrie: »Ich bin ein Hermaphrodit, und ich habe die Papiere dazu.« (Jahre später wurde Elsie John das Thema von Hunckes erster brauchbarer Kurzgeschichte.)

*Wir gingen zu [Herbert] Huncke wegen des Lebens, das er geführt hatte – er war ein Quell der Information, ja mehr noch, ein Modell dafür, wie man überlebt.*
– John Clellon Holmes

Während der nächsten sechs Jahre (1934 bis 1940) stromerte Huncke durchs Land. Er war Botenjunge, Stricher, Page, Automarder und freundete sich mit Gestalten aus gesellschaftlichen Randgruppen an, die ihn mit kleinen Jobs und Drogen versorgten. Er reiste per Autostop oder auf den Dächern von Güterzügen, seine weltliche Habe - ein Paar Socken, Taschentuch, Zahnbürste, Rasierer - feinsäuberlich in einer kleinen Zigarrenkiste verstaut. Er nahm Amphetamine und Heroin und rauchte Marihuana, wann immer er es sich leisten konnte, kam jedoch um eine Abhängigkeit immer herum; dazu war sein Drogenkonsum zu sporadisch und abwechslungsreich. 1940 wurde der New Yorker Times Square zu seinem Hauptquartier. »Ich war immer schnell, wenn es darum ging, neue Szenen auszumachen, und so kam ich in die 42. Straße«, erinnerte er sich. »Für die war ich wie geschaffen.«[12]

*Gegenüberliegende Seite: Times Square, vom Norden aus gesehen. Hier führte –Herbert Huncke William Burroughs, Jack Kerouac und Allen Ginsberg in die »Beat«-Welt der »Angle Bar« und der Pokerino-Paläste ein.*

Der Times Square hatte einen besonderen Platz in der Psyche Amerikas, ein fruchtbarer Boden nicht nur für Huncke, sondern auch für seine neuen Freunde Burroughs, Kerouac und Ginsberg. »Das neue gesellschaftliche Zentrum hatte sich am Times Square etabliert - ein riesiger Raum, vom Neon grell ausgeleuchtet und voller Spielautomaten, Tag und Nacht geöffnet«, schrieb Ginsberg. »Hier schauten all die apokalyptischen Hipster New Yorks früher oder später vorbei, fasziniert von diesem zeitlosen Raum.«[13] Einige wenige

HOTEL ASTOR
CHEVROLET
IMPORTED WHISKY
PARK SHERATON HOTEL
LOEW'S STATE
TELEVISION APPLIANCES
TWO TROUSER
BOND
CRITERION
NO PARKING
NO U TURN

Bastionen des Anstands – wie etwa die *New York Times* und das McGraw-Hill-Gebäude – blickten auf das Leben auf der Straße herab, aber typischer waren die Einzimmer-Pensionen, das Laff Movie, das Horn & Hardart und die Pokerino-Paläste. Die Tag und Nacht über den Platz wogende Population aus Prostituierten, Seeleuten, Zeitungsjungen, Drogendealern und Händlern mit heißer Ware hatte ihr Hauptquartier in Bickford's Cafeteria. Diese Straßenkreuzung wurde Kerouac und Ginsberg zum Symbol für den Untergang des amerikanischen Reichs. »Es herrschte eine hyperbolische Schaurigkeit, alles spielte sich im Unterwasserlicht der Pokerino-Freakshows am Times Square ab«, erinnerte sich Ginsberg. »Im Zentrum des Imperiums, der Platz der Zeit selbst.«[14] Vor diesem Hintergrund stellte sich Kerouac Huncke vor, in einem übergroßen schwarzen Regenmantel, mit Zigarettenspitze, und Ginsberg erinnerte sich an die neonbeleuchteten »Nachtwachen«[15] über Kaffee im Bickford's, wo man sich mit den »intelligenten Melvilleschen Nachtschwärmern«[16] unterhielt.

Etwas rauher ging es in der »Angle Bar«, einem weiteren Treff am Times Square, zu, wo Huncke sich im Frühjahr 1946 mit William Burroughs zu treffen begann. Huncke und sein Freund, Phil White wurden bald Burroughs Führer in die Drogenwelt. Burroughs begleitete Huncke und White in die »Angle Bar« und das »Bucket of Blood«, wo er die Symptome auswendig lernte, die es brauchte, Morphium verschrieben zu bekommen; außerdem lernte er hier, Betrunkenen die Taschen auszuräumen und Rezeptblöcke zu stehlen. Trotz dieses Nachhilfeunterrichts hatte Huncke insgeheim Vorbehalte gegenüber Burroughs: »Ich hatte vor, ihn bei Gelegenheit abzuziehen.«[17]

***Blow:** Ursprünglich ein Begriff aus dem Jazz, ein Tätigkeitswort, das den spontanen musikalischen Ausdruck beschreibt: »Dig, now, out of the corner of your eye and as we listen to Wyonie [Blues Harris] blow about his baby's pudding« [Cassady]. Erst von Jack Kerouac, dann auch von Allen Ginsberg aufgegriffen, um das Niederschreiben spontaner Prosa zu bezeichnen: »How right you are, that was the first time I sat down to blow it came out in your method, sounding like you, an imitation practically« [Ginsberg an Kerouac über die Arbeit an »Howl«].*

## Carl Solomon

Carl Solomon erinnerte sich nostalgisch an seine Kindheit in einem roten Haus in der Bronx, wo die Großfamilie Marx und Freud las, für die Yankees schwärmte und Binokel spielte. Carls bester Spielkamerad war sein Vater. Sie gingen zusammen angeln und fochten mit Holzschwertern Duelle aus. Moe Solomon sah seinen Sohn als künftigen »Offizier und Gentleman«, also lehrte er ihn die mittelalterliche Versdichtung schätzen, ritterlich zu sein, patriotische Weisen zu summen, sich die Zähne zu putzen und vor jeder amerikanischen Flagge zu salutieren, an der er vorbeikam. Als Carl elf war, starb Moe und hinterließ einen verzweifelten Sohn. Jahrzehnte später bemerkte Carl: »Falls ich den Eindruck machte, ›fertig‹ zu sein, dann war der Grund für dieses ›Beat-sein‹ nicht grundlose Verzweiflung, sondern dieser Tod.«[18]

Solomon flüchtete sich in Bücher und in seinen erstaunlichen Intellekt. Die Presse nannte ihn ein siebenjähriges Wunderkind, das den Schlagdurchschnitt sämtlicher Batter sowohl in der National als auch in der American League auswendig konnte; die Volksschule für besonders Begabte absolvierte er im Eiltempo, wobei er insgesamt vier Klassen übersprang. Mit fünfzehn, der erste Bartwuchs begann zu sprießen, schrieb er sich auf dem New Yorker City College ein. Er exerzierte in der Khakiuniform der Reserve und lernte mit einem M-1 umzugehen, wurde gleichzeitig Sekretär für eine kommunistische Organisation namens American Youth for Democracy. Er speiste mit den World Federalists und mit Gitarre spielenden Sozialisten und verlor das Interesse an guten Noten. Mit siebzehn, also noch bevor die meisten Leute aufs College gehen, lies Solomon es bereits sausen: Er heuerte beim U. S. Maritime Service an und sah so manchen Hafen in Europa und Afrika. Er begann sich mit dem Existentialismus zu befassen, mit Rimbaud, Symbolismus, Surrealismus, las die *Partisan Review*, André Gide, den *Horizon* und hörte Jazz.

Eines heißen Juliabends im Jahre 1947 spazierte er, auf der Suche nach Existentialisten, durch die Pariser Rue Jacob, als Solomon vor einer Galerie auf eine Menschenansammlung stieß. Eine schwarzhaarige Gestalt im Turban begann zu schreien, und Carl sah einen Finger, der geradewegs auf ihn wies. Die anstößigen Worte stammten von Antonin Artaud, der alsbald Solomons literarisches Vorbild wurde. Artaud denunzierte die Psychiatrie als Mittel gesellschaftlicher Kontrolle, das Wahnsinnige nur deshalb stigmatisierte, weil sie geistig überlegen und in ihrer Hellsichtigkeit beunruhigend waren. Solomon erinnerte sich später: »Artaud sagte: ›Wenn man mir auch nur noch ein einziges Mal sagt, ich sei verrückt, dann begehe ich ein

**Carl Solomons Bücherregal**

Antonin Artaud *(vor allem The Man Suicided by Society – Van Gogh le suicidé de la société)*
Jean Genet
Louis-Ferdinand Céline
André Gide: *Die Verliese des Vatikan*
*Partisan Review*
*Horizon*
*Le Dictature Lettrice*

***Bum Kick:*** *Das Gegenteil der Befriedigung eines Verlangens: »For a real bum kick you should hear a decaying, corseted tenor singing ›The Hanging of Danny Deever‹, followed by ›Trees‹ as an unsolicited encore« [Burroughs].*

Verbrechen.‹ Ich war zwanzig, und dieser Satz haute mich einfach um. Alles andere ergab sich wie von selbst.«[19]

Seine Anfänge in »abweichendem Verhalten« bestanden in dadaistischen »Verbrechen«, »ein herzlich starres Operationsschema«, so sagte er später, »das ich aus dem Endstadium des Surrealismus bezog.«[20] So besuchte er zum Beispiel einen Vortrag über Stéphane Mallarmé und bewarf den Lesenden mit Kartoffelsalat. »Oft, sehr oft schien ich drauf und dran, den Verstand zu verlieren«,[21] erinnerte Solomon sich. Wiederholt dachte er an Selbstmord als existentialistischen Akt. »ICH HABE VERSTANDEN, DASS WAHNSINN KEINERLEI VERPFLICHTUNGEN BIRGT«, schrieb er später an Ginsberg. »MAN BRAUCHT NIEMANDEN UMZUBRINGEN, UM IHM ZU BEWEISEN, DASS MAN VERRÜCKT IST. ER WEISS ES AUCH SO.«[22]

Sein wichtigstes »Verbrechen« inszenierte er in der Cafeteria des Brooklyn Colleges: Er stahl ein Erdnußbuttersandwich und stellte sich dann einem Polizisten. Dieser übergab ihn einem Psychiater. Im März 1949, an seinem einundzwanzigsten Geburtstag, erschien Solomon auf der Granittreppe des Psychiatrischen Instituts der Columbia University – mit rasiertem Kopf. Er verlangte eine Lobotomie. Dieser symbolische geistige Selbstmord war Solomons Hommage an Artaud, nur daß die Psychiater nicht daran dachten, die ihnen in Solomons Drama zugedachte Rolle zu spielen. Statt dessen diagnostizierte man eine klinische Depression und wies ihn in die Klinik ein. Er wohnte im fünften Stock, und es dauerte nicht lange, da begann er eine Insulinschock-Behandlung.

*Wir sind alle armselige Kreaturen. Sinnlosigkeit ist der Geist unserer Ära. Gide und Cocteau haben uns zu dem gemacht, was wir sind.*
– Carl Solomon

## Neal Cassady

*A western kinsman of the sun, Dean [Moriarty]. Ein abendländischer Verwandter der Sonne, Dean [Moriarty].*
– Jack Kerouac über Neal Cassady

Neal Cassady wurde am 18. Februar 1926 geboren, und zwar unterwegs. Auf der Fahrt von Des Moines, Iowa, nach Kalifornien waren seine frisch vermählten Eltern mit ihrem toplastigen Wohnmobil bis Salt Lake City gekommen, wo Maude Cassady in einem Krankenhaus der Wohlfahrt ihr neuntes Kind zur Welt brachte. Nachdem die Cassadys in Hollywood angekommen waren, eröffnete Neal Senior ein Friseurgeschäft an der Ecke Hollywood und Vine; die Zukunft schien vielversprechend. Der Wohlstand der Cassadys versumpfte freilich im Alkoholismus, und die Ehe folgte bald nach. Als Neal Junior sechs war, gingen er und sein Vater nach Denver, wo sie im Metropolitan, einer längst für unbewohnbar erklärten Pennerabsteige, für einen Dollar die Woche in einem Verschlag wohnten, den sie sich mit einem Beinamputierten namens Shorty teilten. Die meisten der hundert Bewohner waren heruntergekommene Säufer, die sich das Geld für ihren billigen Fusel auf der Straße zusammenschnorrten; zum Essen ging man in die Citizens' Mission. Morgen für Morgen erwachte der junge Neal auf einer lakenlosen Matratze, ging ins Gemeinschaftsbad und lief dabei bereits Männern im Säuferdelirium über den Weg. Er zog sich an und machte sich auf zur Mission, wo er auf einer der Bänke aus rostfreiem Stahl ein Frühstück aus Haferbrei, Brot und Kaffee zu sich nahm. In der Halle des Metropolitan sah er den Poker- und Binokelpartien zu, und jeden Samstag ging er zu Zaza, einem Friseurgeschäft, wo sein Vater, in einer Duftwolke von Pomade und Talk, am dritten Stuhl tätig war.

Neal entwickelte sich prächtig in der Atmosphäre des Pennerhotels. »Eine Zeitlang hatte ich eine einzigartige Stellung: Unter den Hunderten von isolierten Kreaturen, die sich in den Straßen von *lower downtown* Denver herumtrieben, war keiner so jung wie ich ... Ich war der einzige, der das gleiche Leben wie sie lebte und dabei trotzdem das Abbild von so etwas wie Kindheit darstellte.«[23]

*I became the unnatural son of a few score of beaten men. Ich wurde der illegitime Sohn eines Schocks kaputter Männer.*

– Neal Cassady

Neal erinnerte sich an diese Zeit als den idyllischen Abschnitt seiner Jugend. Dieser endete, als er mit seiner Mutter, seiner kleinen Schwester und seinem zwölfjährigen Stiefbruder Jimmy in die Snowden Apartments umzog. Auch wenn »die Burg meiner Kindheit«[24] einem kleinen Jungen auf den ersten Blick eine zuträglichere Umgebung bot – Jimmy war ein Sadist. Hatte er früher schon Katzen in Toiletten ertränkt, so sperrte er Neal jetzt im Schrankbett der Familie ein. In der finsteren Höhle zwischen Bett und Wand gefangen, schrie Neal nicht um Hilfe aus Angst davor, sein Bruder könnte ihn noch aggressiver quälen, und womöglich erstickte er ja, wenn er schrie. Seine Mutter bot ihm keinen Schutz. Neal paßte sich an und verarbeitete seine Todesangst zu einer visionären Erfahrung. Eingesperrt im Schrankbett, hatte er das Gefühl, die Zeit vergehe dreimal

***Nannybeater:*** *Jemand, der Homosexuelle verprügelt; drückt keinerlei Reue aus: »I was a nannybeater and fresh as a daisy too ...« [Kerouac].*

so schnell, »eine Art Wummern wie das eines Ventilators, dessen Eiern mit jeder Umdrehung anzog«.[25] Diese »Geistesstörung« ähnelte der Erfahrung, die sich später mit Marihuana und LSD hervorrufen ließ.

Sexuell initiiert wurde Cassady im Alter von neun Jahren. Er begleitete seinen Vater zu einem Saufkumpan, dessen ältester Sohn seine Brüder - und Neal - zum Verkehr mit allem verleitete, was sich an Schwestern nur festhalten ließ. Damit waren sämtliche Grenzen sexuellen Anstands dahin. Neal »teilte sich heimlich« Frauen mit seinem Vater, er schlief mit Großmüttern und noch nicht einmal pubertierenden Mädchen in verlassenen Häusern, Scheunen und Pissoirs.

*Ich sehe keinerlei Größe in mir ... Ich bin ein unbedarfter, kindlich-seichter Schwachkopf von einem Halbwüchsigen, dem nicht so ganz wohl ist in seiner Haut.*
– Neal Cassady

Autos, Diebstahl und Sex dominierten Cassadys Jugend, in einer Folge von »autoerotischen Abenteuern«[26], wie er es nannte. Zwischen vierzehn und einundzwanzig stahl er um die 500 Wagen. Zehnmal verhaftet, sechsmal verurteilt, verbrachte er fünfzehn Monate in Besserungsanstalten. Da er nicht die geringste Reue verspürte, brauchte er nach seiner Entlassung nur einen blitzenden Mercury oder Oldsmobile zu sehen, und schon hatte er wieder den »erfüllenden Seelenkitzel«[27], zu dem ihm eine Spritztour durch die Straßen von Denver in einem heißen Wagen verhalf.

Kerouac bemerkte später einmal, daß für Neal »Sex das einzig Heilige und Wichtige im Leben war«.[28] Er masturbierte sechsmal am Tag und hatte obendrein noch Verkehr. Cassady war physisch attraktiv und athletisch: schmale Hüften, harter Bauch, er machte fünfzig Klimmzüge am Stück und warf einen Football über siebzig Yards. Kerouac verglich Neals Gesicht mit dem des jungen Gene Autry, mit seinen grünen Augen, dem massiven Kiefer, dem entschlossenen Kinn unter einem unwiderstehlichen Lächeln. Anständige Kleidung konnte er sich nicht leisten, aber »seine schmutzige Arbeitskleidung saß so elegant, als könne man sich einen besseren Sitz auch beim Maßschneider nicht kaufen, sondern lediglich beim ›Natürlichen Schneider Natürlicher Freuden‹ verdienen«.[29]

*Ich halte Neal schon eine ganze Zeitlang für einen Psychopathen. Für mich ist er nichts weiter als eine Reihe von Vorfällen.*
– John Clellon Holmes an Allen Ginsberg

Neals Verführungskünste, die sich an Männer wie an Frauen richteten, ergaben sich ganz von selbst aus seinen vollendeten Fertigkeiten als Schwindler. Sein schmeichelndes, manisches Geplapper

hatte einen leichten Westküstenakzent und hörte sich an, als spiele man eine Langspielplatte im Tempo einer Single ab. Wie ein Freund sich erinnerte, gehörte zu seinem Modus operandi »ein einschmeichelndes Grinsen, in das er Kiefer und Nase einbezog (die ganze Architektur seines Gesichts, die man, einmal gesehen, nie wieder vergaß)«.[30] Andere Zeugen äußerten sich zur Größe seines Penis, der angeblich zwanzig Zentimeter maß und dick war. Jede Frau war sein Schatz, an der sich etwas Anbetungswürdiges finden ließ, und sei es auch nur für den Augenblick. Und von jedem Mann ließ sich potentiell etwas lernen.

Kurzum, Cassady war der vollkommene natürliche Soziopath: völlig frei von Schuld, von Hedonismus angetrieben. Wäre er freilich

*Neal Cassady, Denver »Ich bin ein großer Angeber, aber es ist ein guter Blick auf den Parkplatz, und die Autos im Hintergrung machen sich gut.«*

*Aber du mußt auch aufhören, dir wie der Schüler vorzukommen, wie der Novize – wie einer, dem die Justins & Allens etwas beibringen. Das ist deine persönliche Art von Ödipus-Komplex, die Rolle von demjenigen zu übernehmen, dem geholfen wird, zu »flirten«.*

– Jack Kerouac an Neal Cassady

*LuAnne Henderson, Neal Cassadys fünfzehnjährige Braut (aus Fetzen rekonstruiert)*

*He came to the door stark naked and it might have been the President knocking for all he cared. He received the world in the raw.*
*Er kam splitternackt an die Tür, und es hätte der Präsident klopfen können, ihm war das egal. Er empfing die Welt im Adamskostüm.*

– Jack Kerouac über Neal Cassady

nur ein Soziopath und sonst nichts gewesen – es wäre ihm womöglich genauso ergangen wie den Bewohnern des Metropolitan. Während einer seiner Zwischenspiele in der Besserungsanstalt, im Herbst 1942, träumte er von sich als »Loser« mittleren Alters mit schütterem Haar und aufgedunsenem Gesicht, der eine Matratze zu verhökern versucht, um sich von dem Geld billigen Fusel zu kaufen. Als er am Morgen aufwachte, begann er ein geradezu zwanghaftes Selbstbildungsprogramm. Er nutzte die einsamen Stunden in der Besserungsanstalt, um die »großen Bücher« zu absorbieren und las zwischen seinen diversen Tagesjobs in der Stadtbibliothek von Denver Schopenhauer und Proust. Wissen wurde für ihn eine höhere Form von Verführung. Er sprach über Philosophie und Literatur im selben typisch rasenden Tempo wie über alles andere auch.

Eines Tages erspähte er an einem Tisch in Walgreen's Drugstore ein fünfzehnjähriges Mädchen mit blonden Locken und erklärte: »Dieses Mädchen heirate ich.«[31] Einige Wochen später heiratete er LuAnne Henderson tatsächlich. Im Dezember 1946 machten sich die Frischvermählten mit gestohlenen 300 Dollar und einem gestohlenen Wagen, in einem Schneesturm, bei dem man die Hand nicht vor Augen sah, auf den Weg nach New York. Mit nur fünfunddreißig Dollar, einem Ranzen voll Kleidung und einer Auswahl von Shakespeare und Proust kamen sie auf dem Times Square an.

## Begegnungen: Cassady und Kerouac

Als Neal Cassady in New York ankam, existierte die Kommune in Joan Vollmers Wohnung bereits seit einigen Monaten nicht mehr, und Ginsberg und Kerouac sehnten sich nach neuen Reizen. Von ihrem Freund Hal Chase hatten sie Geschichten über einen »unglaublich verrückten donquichottischen Typ«[32] gehört, und wie Kerouac sich erinnerte, »hatte mein Leben, das darin bestand, am Campus herumzuhängen, seinen Kreis geschlossen und war sinnlos geworden«.[33]

Als er Cassady zum erstenmal traf, war Kerouac enttäuscht. Neals überdrehtes Geplapper und sein intellektuelles Namedropping wirkten in einer Wohnung voller ehemaliger Columbia-Studenten an der Upper West Side wie eine Karikatur. Bei der zweiten Begegnung zwischen Kerouac und Cassady freilich funkte es. Als Kerouac an die Tür einer Wohnung ohne Warmwasser in Spanish Harlem klopfte, machte Neal ihm nackt auf, frisch vom Sex mit LuAnne. Kerouac und Cassady begannen sich zu unterhalten und hörten erst in der Morgendämmerung wieder auf.

Für Cassady war Kerouac der große Schriftsteller, der er selbst werden wollte. Er flehte Kerouac an, ihm das Schreiben beizubringen. Kerouac durchschaute die Bitte rasch als Schmus, sah sich aber trotzdem von Cassadys verzweifeltem Drang zum Lernen verführt. Auch Kerouac hatte einsame Stunden mit den Großen der Literatur zugebracht, und beide waren sie Sportler - auf der Aschenbahn wie auf dem Footballplatz. Aber die Verbindung, die in jener Nacht geschmiedet wurde, transzendierte das autodidaktische oder sportliche Interesse, das die beiden verband. Cassady wurde »eine neue Art amerikanischer Heiliger«[34], jedenfalls Kerouacs Ansicht nach. »Er erinnerte mich an einen längst verlorenen Bruder; der Anblick des Leids auf seinem knochigen Gesicht mit den langen Koteletten und der angespannten Muskeln an seinem schwitzenden Hals versetzte mich in meine Kindheit zurück.«[35]

*Was soll dieses heilige Gefühl für den heiligen Neal, vielleicht ist er ja mein Bruder; du hast als erster gesagt, wir sind Blutsbrüder, weißt du noch?*
– Jack Kerouac an Neal Cassady

## Begegnungen: Cassady und Ginsberg

Am 10. Januar 1947, als Allen Ginsberg zu Besuch bei Vicki Russell war, kamen Kerouac und Cassady vorbei, um ein bißchen Marihuana zu kaufen. (Cassady hatte noch nie welches geraucht.) Bereits high, blickte Ginsberg Cassady an und war gebannt. Die Begegnung jenes Abends schildernd, schrieb Kerouac: »Zwei stechende Augen blickten in zwei stechende Augen - der heilige Schwindler mit dem blitzenden Geist und der kummervolle poetische Schwindler mit dem finsteren Geist.«[36] Die nächsten paar Wochen über bekam Kerouac weder den einen noch den anderen oft zu sehen.

*Vielleicht bist du eher Versuchung als Engel. Und doch hast du einen Stern in deiner Stirn ...*
– Allen Ginsberg zu Neal Cassady

Während dieser Zeit unterhielten sich Cassady und Ginsberg endlos. Cassadys flinkes Geplapper mit seinen manischen Sprüngen und endlosen Variationen faszinierte Ginsberg zutiefst. Cassady nannte seinen Stil »sechzehn Gedanken im Griff«, womit er sagen

*Weißt du nicht mehr: Du hast dafür gesorgt, daß ich aufhörte, vor Scham zu zittern, hast mich an dich gezogen? Weißt du nicht, was ich damals gefühlt habe, daß du mir wie ein Heiliger vorkamst . . .?*

– Allen Ginsberg zu Neal Cassady

wollte, daß sechzehn Assoziationen gleichzeitig zugange waren. Ginsberg schätzte, er hatte mit seinem rationalen Denkmustern nur »vier Gedanken im Griff« und verherrlichte Cassadys panoramaweite Auffassungsgabe: »Neal hat die Erkenntnis, ich habe Bewußtsein. Bewußtsein ist seicht; Erkenntnis ist allumfassend.«[37]

Mitte Januar beschlossen Ginsberg und Cassady nach einer nächtlichen Party in 104. Straße West, dort zu übernachten. Verletzlich und erregt wie Ginsberg war, wandte er Cassady den Rücken zu und drängte sich an den Rand der Pritsche. Cassady legte den Arm um seinen Freund und zog ihn zärtlich an sich. Diese brüderliche, an Whitman erinnernde Geste mitten in der Nacht kennzeichnete den Beginn von Ginsbergs sexueller Erziehung.

Bis dahin waren seine homosexuellen Erfahrungen entweder peinlich gewesen (mit Kerouac) oder emotionell leer. Im Gegensatz dazu waren seine ersten Erfahrungen mit Cassady leidenschaftlich, opernhaft und zärtlich. Cassady betrachtete Sex, wie Ginsberg sich erinnerte, als »eine Art vergnügliches Yoga . . . einen elementaren seelischen Austausch«.[38] (Entweder romantisierte Ginsberg seinen neuen Liebhaber, oder Cassadys Sex mit Ginsberg war weniger sadistisch als seine Beziehungen zu Frauen – oder beides.) Nach nur wenigen Wochen begann Allen Cassadys Verlangen zu akzeptieren und leitete damit eine Wendung ein, die ihn die Homosexualität schließlich offen, wie kaum ein anderer Dichter, feiern ließ. Cassady war ein angenehmer Lehrer mit der idealen Erfahrung, und Ginsberg lernte schnell. In seinem Tagebuch hinterließ er explizite Aufzeichnungen über seine sexuelle Erziehung: »Ich werde versuchen, bei den Positionen mit Cassady zu verweilen, die mir besonders gefielen. Versuchen, es mir noch einmal besorgen zu lassen. Es Brust an Brust versuchen. Noch mal die 69 versuchen und beide zugleich zu kommen. Versuchen, auf seiner Brust zu sitzen und mir von ihm einen blasen zu lassen. Versuchen, es ihm in den Mund zu besorgen, ihm Zungenküsse zu geben etc. Mir von ihm die Geschlechtsteile lecken zu lassen . . . Ich möchte wirklich hippen Sex. Was ist das?«[39]

*Neal ist ihm Stütze und Gott.*

– Jack Kerouac über Allen Ginsberg

Ginsbergs und Cassadys Flitterwochen dauerten indes nicht lange. Obwohl jeder Qualitäten hatte, die die des anderen zu ergänzen schienen, dominierten ihre außergewöhnlichen Unterschiede – hinsichtlich Status und Verlangen – bald die Beziehung.

Ginsberg hielt in seinen Tagebüchern außerdem die Zweifel fest, die auf ihre physischen Übungen folgten: »Ich habe immer mehr das Gefühl, je näher wir einem Verständnis voneinander kommen, desto weniger ziehe ich ihn sexuell an, unabhängig von den Schwankungen unserer Brüderlichkeit.«[40] Als Ginsberg schließlich am 4. März nach Denver zurückging, war Ginsberg zu dem Schluß gekommen: »Neal & ich sind ein ungleiches Paar.«[41]

Sowohl Kerouac als auch Ginsberg begleiteten Cassady zum Bus, der abends um halb sieben fuhr. In einer Atmosphäre wehmütiger Zuneigung gingen die drei in einen Photomaten und ließen sich ablichten; Neal zerschnitt den Streifen und gab jedem ein Foto. Dann stieg er in den Bus, der ihn nach Westen, nach Colorado, bringen sollte; er trug einen holzkohlegrauen Nadelstreifenanzug, den ersten, den er je gehabt hatte. Als Ginsberg auf sein Zimmer zurückkam, schrieb er: »Keine Träne, etwas Melancholie, aber vor allem Friede & Wohlwollen.«[42] Zwei lange Romanzen – die eine sexueller, die andere literarischer Art – waren in Bewegung gesetzt. Beide waren Treibstoff für die Geschichte der Beats.

## Zwischenspiel in Denver: Neal & Carolyn & Allen & Jack

Da er sich nach Cassadys Abreise verlassen fühlte, analysierte Ginsberg ihre Beziehung schonungslos in Briefen und machte Pläne, selbst nach Denver zu reisen. Der Empfänger dieser Briefe freilich, von Ginsberg Feuer erschreckt, antwortete mit brutaler Offenheit: »Ich weiß *wirklich nicht*, ob es mich befriedigen kann, dich zu lieben, ich meine körperlich, verstehst du, ich mochte Schwänze & Männer nie so recht & habe mich, vor dir, ganz bewußt zur Homosexualität gezwungen … Ich möchte nicht unbewußt unaufrichtig sein, indem ich, um dir zu gefallen, mein Nicht-Schwulsein überspiele.«[43]

Die augenscheinliche Offenheit von Cassadys Briefen ging indes nicht so weit, seine neue Freundin Carolyn Robinson zu erwähnen, die er einige Wochen nach seiner Ankunft in Denver ken-

***Pick up:** Alkohol trinken, Marihuana, Opium rauchen, Nembutal oder andere Drogen nehmen: »He laid claims to apocalyptic visions and heuristic discoveries when he picked up …« [Anatole Broyard]. Beschränkt sich jedoch nicht auf Drogen oder Alkohol, sondern kann auch die geistige Erbauung bezeichnen: »To pick up means to get a lift out of things right now« [Huncke]. Außerdem steht es für den Kauf einer Droge: »If you asked me to cop grass I could pick up for you« [Huncke].*

nengelernt hatte. In Nadelstreifenanzug und weißem T-Shirt hatte Neal sie einer abschätzenden Prüfung unterzogen und war dabei auf der Stelle beeindruckt von Qualitäten, die LuAnne nicht gehabt hatte. Drei Jahre älter als Neal, war Carolyn in Nashville aufgewachsen, in Bennington aufs College gegangen und studierte jetzt auf einen Magister in Theaterwissenschaften an der Universität Denver. Sie trug ihr blondes Haar zu Zöpfen geflochten, und ihr hübsches Gesicht und die dezente Kleidung verrieten über die gute Erziehung hinaus noch Geschmack. Neal machte ihr mit feuriger Höflichkeit und diskretem Händchenhalten den Hof und ließ dabei durchblicken, er habe mit zwei Freunden vom College – Allen und Jack – an der Columbia University studiert. Geradezu sinnbildlich für die Dreieckskonstellationen der Beats, kopierte Cassady bei seinem Werben um sie mit Kugelschreiber einige von Allens Liebesgedichten an ihn. Erst wenige Tage vor Allens Ankunft gestand ihm Cassady schließlich ihre Existenz ein: »Sie ist nur ein bißchen zu spießig für mein Temporament [*sic*]; aber gerade das ist die Herausforderung.«[44]

Carolyn sollte die einzige weibliche Gestalt werden, die in der Geschichte der Beats von Dauer war. Von Anfang an war die Perspektive ihrer Romanze mit Neal ganz klar und zuweilen in geradezu komischer Weise beschränkt. So machte sie sich zum Beispiel Sorgen, daß es Neal an physischer Leidenschaft fehle, und außerdem hatte sie keine Ahnung, daß Neal während seines Werbens um sie nebenher noch mit LuAnne schlief und per Brief seine Romanze mit Allen pflegte.

Als Ginsberg im Juli 1947 in Denver eintraf, stellte Neal ihn Carolyn als alten Freund vor. Da Allen kein Geld hatte, zog er mit Carolyn und Neal in deren Zimmer im Colburn Hotel. Ihr war es peinlich, mit Neal in einem Doppelbett zu schlafen, wo Allen kaum einen Meter weiter auf der Couch lag, aber – patentes Mädel, das sie nun einmal war – sie ertrug, um Neals »College-Kumpel« willen, das enge Quartier. Neal schlief erst nach Allens Ankunft zum erstenmal mit ihr. Sie gab seinen drängenden Stößen nach, fragte sich aber dabei: »Wer ist dieses Tier mit seiner rasenden Lust?«[45] Sie wollte schreien oder weinen, wollte aber Allen nicht aufwecken. Der freilich hörte derweil von der Couch her jeden Kuß, jedes Seufzen mit,

***Boogie:** Tanzen; hedonistisch leben: »If you can't boogie, I know I'll show you how« [Kerouac]. Das Wort stammt aus dem Slang der Schwarzen und bedeutete auch Syphilis im zweiten Stadium – oder musikalisch zu harmonieren.*

»als ich so dalag, eifersüchtig tiefbetrübt & vor Tränen zitternd allein zwischen diesen Lauten der Liebe.«[46]

Carolyn verstand weder die Spannung, die sie innerhalb dieses Dreiecks spürte, noch die merkwürdige Intensität, die sich im Zimmer breitmachte, wann immer Allen seine Gedichte vorlas, während sie Akte von Neal zeichnete. Und warum hetzte Neal - Abend für Abend - derart herum? Um seine drei Geliebten zufriedenzustellen, zwang Cassady sich ein mörderisches Pensum auf. Nach seinem Tagesjob, bei dem er Einkäufer in einem Minibus umherkarrte, verbrachte er den frühen Abend mit Carolyn und stahl sich dann heimlich davon, um LuAnne zu sehen. Sie war sich mit ihm einig, daß sie sich scheiden lassen sollten - aber bis es so weit war, wollte sie Sex. Er stürzte zurück ins Colburn Hotel, um bis sechs Uhr morgens mit Carolyn zu schlafen. Dann ging er zu Allen, der in Nachtarbeit im dritten Stock der May Company staubsaugte und mittlerweile eine feuchte Kellerwohnung in der Grant Street bewohnte. »Erinnere Neal daran, ein paar von seinen Frauen den Laufpaß zu geben«, schrieb Ginsberg in sein Tagebuch.[47]

Jack Kerouac, der auf Neals drängende - mit »Dein Bruder« unterzeichnete - Briefe nach Denver kam, platzte mitten hinein in diesen manischen Reigen. Er hatte zwar genügend Zeit, die Umgebung seines neuen Helden/Kameraden zu erforschen, sah Neal selbst jedoch herzlich selten und fühlte sich durch die intime Sprache und Intensität der Beziehung zwischen Ginsberg und Cassady ausgeschlossen. Eines Abends begleiteten Jack und Neal Carolyn - die Neal stolz als die Frau, die er heiraten würde, vorgestellt hatte - in eine Kneipe im Zentrum der Stadt. Neal versorgte die Musikbox mit Münzen, während Jack mit Cassadys künftiger Braut tanzte. In Jacks Armen spürte Carolyn die schüchtern brütende, romantische Ader, nach der sie sich sehnte, und als er ihr bedauernd zuflüsterte: »Zu schade, aber es ist nicht zu ändern - Neal hat dich zuerst gesehen«[48], war ihr unwohl zumute und warm zugleich. Als die Musikbox »Too Close For Comfort« spielte, hatte Carolyn keine Ahnung, daß Jack sich in die Freundinnen seiner Spezis verliebte oder daß sie seiner Ansicht nach, wie er Neal schrieb, »kaum dein Typ« war - »sie ist zu blaß und hinterhältig«.[49]

**Cotton:** *Der Wattebausch, durch den das aufgelöste Heroin wie durch einen Filter in die Spritze gezogen wird. Da er Rückstände enthält, wird er von Süchtigen für den Notfall aufgehoben: »I was out all out of junk at this point and had double-boiled my last cottons« [Burroughs].*

Am Boden zerstört durch Neals manische Art und den versperrten Weg zu seinem »geheimen Herzen«, sah Allen sich von Wut- und unmotivierten Heulanfällen gepackt. Er begann Halluzinationen zu haben, in denen er sich Telefonanrufe von Cassady vorstellte. Er schrieb Neal einen langen Brief, der abwechselnd zornig und mitleidig war. »Ich bin der einzige, der dich im Augenblick an die Kandare nehmen, dich mit Willensstärke und Intelligenz und Einsicht und Vermessenheit aus dem sterilen Reigen selbstzerstörerischer Liebe und Arbeit und Aktivitäten und Emotionen, der ganzen Sackgasse deiner Existenz, befreien kann.«[50] In sein Tagebuch schrieb er: »Mein *Fehler*, mein *Versagen,* liegt nicht in der Leidenschaft, die ich verspüre, sondern in meinem Mangel an Kontrolle über sie.«[51]

Ginsbergs Gedichte aus jenem Sommer, »Denver Doldrums«, reflektierten seine tiefe Depression. An einem seiner letzten Tage in der Stadt blickte er aus dem Fenster von Carolyns Hotelzimmer und skizzierte dabei mit Worten die Aussicht, die ein barbrüstiger Maurer mit blondem Haar und schmutzigem rotem Hut beherrschte, der eben sein mitgebrachtes Mittagessen verzehrte. Vier Jahre später wurden diese Zeilen, unter dem Einfluß von William Carlos Williams neu arrangiert, zu seinem ersten Gedicht in jenem natürlichen, objektiven Stil, der auf seine reifen Gedichte verwies.

Eines Morgens Mitte August landeten die Beziehungsbälle, mit denen Neal jonglierte, auf dem Boden, als Carolyn ihr Hotelzimmer betrat und Neal zwischen LuAnne und Allen in ihrem Bett vorfand. Sie konnte und wollte es einfach nicht glauben, was sie da sah, vor allem nicht den Anblick der beiden nackten Männer, und sie schwor sich, Neal nie wieder zu sehen. Gleichzeitig wußte sie jedoch, wie sie später schrieb, »ganz genau, daß unsere Beziehung vorherbestimmt war«.[52]

Bald nach dieser komischen *In-flagranti*-Szene machten Ginsberg und Cassady sich per Autostop auf nach New Waverly, Texas, dem neuen Zuhause von William und Joan Burroughs. (Obwohl es nie zu einer offiziellen Zeremonie gekommen war, betrachtete Joan sich als Burroughs' Lebensgefährtin und nannte sich entsprechend Joan Burroughs.) Als die beiden die heißen staubigen Ebenen von Oklahoma erreichten, herrschte kaum noch Verkehr. Allein mit Neal, analysierte Allen zwanghaft ihre Beziehung, verlangte, daß sie eine Verbindung eingingen, und die Diskussion endete schließlich in einer Ersatzzeremonie. Ginsberg beschrieb den Augenblick später so:

> Bei Einbruch der Dunkelheit knieten wir zusammen auf einer Straße in Oklahoma nieder, mitten auf einer Kreuzung zweier unasphaltierter Straßen auf einer endlosen Ebene. Ich hatte mir weder einen solchen Ort noch so ein Gelöbnis auf ewig vorgestellt: Treue, Gemeinschaft, engelhafte Einsicht, Ansichten von Amerika – alles, was ich mir nur vorstellen konnte. Er akzeptierte alles, eine verlorene Seele, weiter nichts, ja ein Waise auf der Suche nach einem Vaterseraphen, und ich auf der Suche nach einem seraphischem Sohn.[53]

## Texanisches Zwischenspiel

*Für mich war es ein kleines Paradies. Eine verdammte Idylle.*

– Herbert Huncke

Um zu William und Joan Burroughs' Farm zu gelangen, verließ der Besucher den Highway in dem gerade mal fünf Häuserzeilen umfassenden New Waverly, Texas, und fuhr auf einer von Schlaglöchern übersäten Asphaltpiste zwölf Meilen durch Bayou-Land, vorbei an Gürteltieren, Persimonenbäumen und alten Negern auf wettergegerbten Veranden. Am Ende eines unasphaltierten Forstweges stand das Haus der Burroughs. Zuerst jedoch sah man die verfallene Scheune, die viel größer war als das Haus, dann das Wellblechdach, das tief über die eingeschossige Hütte hing. Sie war klein, bot aber jedem sein Zimmer – William, Joan, der vierjährigen Julie und Herbert Huncke. Die Vorderseite säumte eine wacklige, mit Kerosinlampen behängte Holzveranda, die auf der einen Seite von einem großen Brombeerstrauch, auf der anderen von einem wilden Rosenbusch gesäumt war. Sie wohnten inmitten von Föhren und moosbewachsenen Eichen; ein Bayou zweihundert Yards weiter, den man auf einem gewundenen Pfad erreichte, diente als Bad. Es gab weder fließendes Wasser noch eine Heizung, noch Strom. Auf dieser Farm von knapp vierzig Hektar hoffte Burroughs sein Glück zu machen. Anfangs plante er ein Versandgeschäft für Zitrusfrüchte. »Hier brauchst du das Geld bloß von den Bäumen zu pflücken«, schrieb Burroughs an Ginsberg. »Und zwar in Form von Pampelmusen.«[54] Kaum war die Familie im Januar 1947 eingezogen, da kam er allerdings zu dem

Schluß, daß zum Geldverdienen Marihuana die perfekte »Anbaufrucht« sei, da es dafür immer Nachfrage gab.

Das Leben auf der Burroughs-Farm war ebenso karg wie gemütlich. William stand morgens auf, machte sich in seinem Zimmer ans Lesen und tauchte gegen halb elf auf, um nach der Post und den Zeitungen zu sehen. Gelegentlich warf er einen Blick über den Brillenrand und sagte zu Joan: »Ich sehe hier grade, daß sich Peaches Browning wieder mal hat scheiden lassen.«[55] Seine Kleidung änderte sich kaum: Khakihose, Khakihemd, den Filzhut mit dem Schweißband auf dem Kopf nach hinten geschoben, schwarze Weste mit Schlüsselkette und Arbeitsstiefel. Abgesehen von Zeitungen, Unterhaltungen und der Hausarbeit bestand die Hauptbeschäftigung ihrer Tage in der Jagd auf Skorpione und im Schießen. Burroughs schoß mit seiner Kleinkaliber-Scheibenpistole auf Flaschen, Opossums und Baumstrünke und rief gelegentlich ein »He, die Rotröcke kommen!« in die gottverlassene Gegend. Um fünf begann die Cocktailstunde, gefolgt von gegrillten Steaks. Nach dem Essen schoß Burroughs wieder, dann hörte man auf einem blechern klingenden Victrola Musik. Die Auswahl war beeindruckend – von Sergei Prokofjews *Alexander-Newski-Kantate* bis hin zum Blues von Billie Holiday, von Wiener Walzern bis zu einer seiner Lieblingsplatten, *52nd Street Jazz,* mit Charlie Parker, Coleman Hawkins und Lester Young. Nachbarn jenseits des Kiefernwaldes spekulierten über die Identität des Grüppchens aus dem Osten, das da Musik hörte und in der Gegend herumschoß, und eines Tages erzählte der Apotheker vom Ort Burroughs und Huncke, die Einheimischen hielten sie für Gangster, die mit Maschinenpistolen herumschossen. (»Was Burroughs zum Brüllen fand«, erinnerte sich Huncke. »Noch nie hat man eine so stolzgeschwellte Brust gesehen.«[56])

*Schießen ist mein hauptsächlicher Zeitvertreib.*
– William Burroughs

Als der Sommer über die Farm kam, wurde Joan, die mit dem Kind schwanger ging, das sie und Burroughs in dem Hotel am Times Square gezeugt hatten, zusehends umfangreicher. In der Hitze des Tages legte sie sich ins Wasser eines nahegelegenen Teichs. »Sie war so was von schön dort«, erinnerte sich Huncke, »so wie das Wasser ihren Bauch umspielte, Joan als Erdenmutter«.[57] Nach einigen amphetaminhaltigen Inhalatoren machte sie sich ans Saubermachen der

**Cranked:** *High, aufgeregt. Laut Herbert Huncke war crank eine frühe Version von crack.*

kleinen Hütte, versorgte Julie, bereitete die Mahlzeiten zu und polierte die Kerosinlampen.

Bill und Joan schliefen getrennt und hatten körperlich nur wenig Kontakt. (Sie klopfte eines Nachts an seine Tür und sagte: »Ich will nur ein Weilchen in deinen Armen liegen.«[58]) William Burroughs III. wurde am 21. Juli 1947 geboren, und das auf die für Burroughs typische planlose Art. »Ich glaube, es ist Zeit«, sagte Joan, worauf sie und Bill sich im Jeep auf den Weg ins nächste – siebenundzwanzig Meilen entfernte – Krankenhaus machten. Joan stillte ihr Kind nicht, da sie wußte, ihre Milch wäre nur mit Amphetaminen versetzt von den beiden Inhalatoren, die sie die ganze Schwangerschaft hindurch Tag für Tag konsumiert hatte. Billy wurde als Süchtiger geboren und verbrachte die ersten Tage auf der Welt auf Entzug. (Ginsberg feierte das Ereignis inzwischen, indem er Billy eine lange »Birthday Ode« schrieb; Lionel Trilling ließ er wissen, daß Billy »fast wie ein weiterer Bruder für mich«[59] sein werde.) Joans Paranoia verschlimmerte sich. Nachts, im Schein der Kerosinlampe, inspizierte sie mit einem Handspiegel ihre Haut auf der Suche nach wurmartigen weißen Fäden, in denen sie Symptome »postnuklearer Vergiftung« sah.

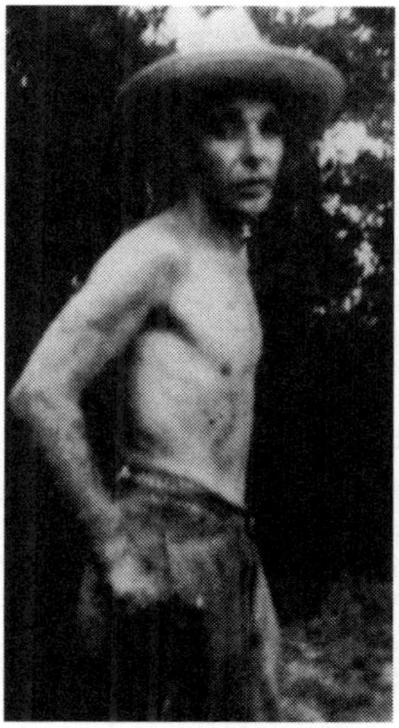

*Herbert Huncke bei der Arbeit, New Waverly, Texas, Sommer 1948*

Das letzte Mitglied dieser Ersatzfamilie war Herbert Huncke, der erst kürzlich aus dem Gefängnis in der Bronx gekommen war. Burroughs hatte Huncke gebeten, ihm ein Marmeladenglas voll Marihuanasamen zu bringen, aus denen, wie er hoffte, seine »Dope-Dynastie« sprießen würde. Der Plan ging nicht auf. Huncke war derart voll Heroin gewesen, als er in den Bus nach Texas gestiegen war, daß er das Glas vergaß. Er hatte die Reise über mit Entzugserscheinungen zu kämpfen, und Burroughs erwartete ihn netterweise am Busbahnhof in Houston mit einem Schuß Pantopon, einem Opiumderivat.

Huncke wurde zum Faktotum der Farm, weil Burroughs, wie er sich erinnerte, »typischerweise damit beschäftigt war, durch die Gegend zu schlappen und auf Landjunker zu machen«.[60] Huncke schleppte Tag für Tag Wasser und Feuerholz und maulte brummend über Hitze, Sandflöhe und die gottverdammten Wiener Walzer. Er wurde schließlich der Verbindungsmann der Farm mit Houstons

*Ich dachte natürlich, der Typ macht nur Spaß.*
– Herbert Huncke über Burroughs' Bitte um einen Wiener Walzer

*Es war ein Haus voller verzweifelter Hektiker.*
– Herbert Huncke

Drogenszene. Er kaufte Joans Benzedrin-Inhalatoren in Großhandelsmengen, Schmerzmittel für Bill, Nembutal für sich und Marihuanasamen für die Farm. Er zog ein Fliegengitter um die Veranda, um beim Einschlafen den Mond vor sich zu haben und den Gürteltieren lauschen zu können.

Als Feldfrucht erforderte Marihuana wenig Arbeit; es war eines der wenigen Dinge, die in dem trockenen Boden gediehen. Als die Einheimischen die ungewöhnlichen Pflanzen bewunderten, erklärte Joan ihnen, es handele sich um »eine neue Art Tierfutter«.[61] Um ihre Einkünfte zu erklären, bauten sie als Fassade Tomaten, Erbsen und Baumwolle an. Burroughs machte wissenschaftliche Experimente mit Unkrautvernichtungsmitteln.

Zwei Besuche unterbrachen die pastorale Routine auf Burroughs' Farm. Kurz nach der Geburt von William III. kamen seine Großeltern vorbei, und das unter dem Eindruck, ihr Sohn hätte sowohl den Drogen als auch dem Einfluß von Gestalten wie Herbert Huncke entsagt. Etwa zwanzig Minuten nach ihrem Morgenschuß standen Huncke und Burroughs Mortimer und Laura gegenüber, die in ihrem Kombi gestrandet waren, weil der zu groß für den Feldweg war. Burroughs Senior und Gattin waren wie für einen Besuch im Country Club gekleidet, während Huncke in Jeans und T-Shirt war; Burroughs stellte ihn als Nachbarn vor. Huncke begrüßte die beiden so »nachbarlich« es eben ging und machte sich dann aus dem Staub. Der elterliche Besuch war kurz und herzlich, und als Burroughs Senior und Gattin einige Tage später wieder abreisten, waren sie immer noch der Überzeugung, ihr Sohn sei auf dem richtigen Weg. Für die Hütte schickte Laura meterweise Kretonne, der schließlich die Fenster zierte, und zwei große Schränke, die die Zimmer noch kleiner machten.

Neal Cassady und Allen Ginsberg trafen am 19. August in New Waverly ein. Der sexuell frustrierte Ginsberg erhoffte sich Wunder von der texanischen Idylle: »Als wir dort ankamen, erwartete ich mir einen Urlaub voll gottgegebener Sexualität«, schrieb Ginsberg am Tag nach der Ankunft, »aber wo war die königliche Couch?«[62] Huncke half Ginsberg eine zu bauen, indem man zwei Pritschen zusammenband. Cassady sah beim Bau »des symbolischen

***Henry and Charly:** Heroin und Kokain: »When you shoot Henry and Charly you can smell it going in« [Burroughs].*

Bettes«, wie er es nannte, zu und bemerkte hin und wieder: »Das gefällt mir gar nicht, brrp, brrp.«[63] Kaum hatten er und Ginsberg sich hingelegt, brach die Geschichte zusammen. Es schien wie ein Omen für ihre Beziehung. Cassady fühlte sich von Ginsbergs »masochistisch bittstellerischer Lust«[64] derart bedroht, daß er sich sogar Ginsbergs Berührung verbat. »Und, Mann«, erzählte er Kerouac, »ich bin schließlich nie so gewesen, weißt du, Mann, und er öffnet sich total, und ich war total . . .«[65]

*Aber so ein unbeschwerter Ardenner Wald scheint mir in Texas keiner in Sicht . . .*
– Allen Ginsberg

Den letzten Tag dieser Berg- und Talfahrt von einer Romanze verbrachten sie in Houston. Ginsberg hatte vor, als Küchenhelfer auf einem Schiff nach Dakar anzuheuern. Er war abgebrannt, und so lieh Burroughs ihm Geld, und Huncke hatte eine ganze Suite im Brazos Hotel zum Preis von einem Zimmer aufgetan. Nachdem sie, high auf Marihuana, in einigen Jazzclubs gewesen waren, setzte Cassady Huncke auf der Straße ab und Ginsberg im Hotel. Dann schluckte er einige Nembutal und fuhr im Jeep davon. Er gabelte ein minderjähriges Mädchen auf, das man eben aus einer psychiatrischen Anstalt entlassen hatte, und nahm es mit ins Hotel. Sie wartete, während er ärgerlich Ginsbergs sexuelle Bedürfnisse zu befriedigen versuchte. Huncke sah Cassadys Stöße und zog den Schluß, sie waren eher als Demütigung gedacht, denn zur Befriedigung seiner Lust. Einige Minuten später kippte Cassady um. So gingen alle leer aus.

Als er sich am 7. September auf der S. S. *John Blais* einschiffte, bemerkte Ginsberg: »Die sakramentalen Flitterwochen sind vorbei.«[66]

Zu Hause auf der Farm spannte Burroughs Cassady ein, privat war er bestenfalls geduldet. Huncke fühlte sich abgestoßen von seiner parasitischen Art, und Joan erwehrte sich seiner Annäherungsversuche mit »blasierter Sprödigkeit« und einem »scharfen Lachen«.[67] (Wie Neal später zu Kerouac sagte: »Mann, also die Beziehung zwischen June [Joan] und mir, also die totale Mauer, verstehste, was das angeht, obwohl ich eigentlich gar nicht so sein will, logisch, aber ich meine, ich bin schließlich nicht aaah – «[68]) Aber Burroughs brauchte Cassady, um die schon fast gereifte Marihuana-Ernte nach New York zu schaffen, da er selbst Angst davor hatte, nachts zu fah-

***Rap:*** *Eine im Prinzip einseitige Art der Kommunikation; in den dreißiger Jahren geprägt, weit verbreitet in den sechziger Jahren: »It may be kind of an idea, you have a little conversation piece that goes with it, and that's your rap« [Huncke].*

ren, und Huncke am Steuer nicht traute. Am 30. September machte man sich, mit Cassady am Steuer, Burroughs auf dem Beifahrersitz und Huncke zwischen Seesäcke frisch geernteten Marihuanas geklemmt, auf den Weg. Drei Tage fuhren sie durch, dann waren sie in New York. Neal blieb noch ein paar Tage wegen eines geplanten Treffs mit Kerouac, aber sie verfehlten einander knapp. Joan, Julie und der kleine Billy sollten sich mit ihnen an der Grand Central Station treffen, aber Joan erschien der Polizei merkwürdig (man dachte, sie habe vor, ihre Kinder auszusetzen), und so schickte man sie zu ihrem dritten Aufenthalt nach Bellevue. Als Burroughs die Krankenhausverwaltung informierte, er sei Joans Gatte, der Vater der Kinder und ein Mitglied des Harvard Club, ließ man sie gehen.

Das Marihuana an den Mann zu bringen, erwies sich als schwieriger. Ein Hotelpage nahm einen Zug von einer Warenprobe und japste: »He, Mann, das ist ja grauenhaft, das ist ja grüner Tee. Großer Gott, so ein mieser Shit, das Zeug ist ja noch nicht mal getrocknet.«[69] Burroughs, der Wissenschaftler, hatte diesen entscheidenden Schritt versäumt, und so machte er sich rasch daran, das Marihuana portionsweise in den Herd zu stecken, bis sein Produkt grünlich-braun war. Huncke und Burroughs erneuerten die Bekanntschaft mit Vicki Russell, die eben von einem Job bei einer »Madame« in Philadelphia zurückgekommen war, und mit Bill Garver, der nach wie vor Überzieher stahl. Keiner der beiden war eine große Hilfe, und zudem versorgte Garver Burroughs mit genügend Heroin, das ihn wieder süchtig machte. Die schiere Größe seiner Marihuanafuhre bot ein weiteres Problem – Burroughs verglich die ganze Aktion damit, einen Ballen Luzerne durch die Gegend zu ziehen. Sie verkauften schließlich den größten Teil der Ernte für 100 Dollar auf einen Schlag, stellten einen Koffer voll davon in ein Schließfach der Grand Central Station und machten sich dann auf den Weg zurück nach New Waverly. Der Traum vom Marihuana-Gutshof hatte sich als komisches Fiasko erwiesen.

Während seiner Erwachsenenjahre sah sich Burroughs immer wieder gezwungen weiterzuziehen, weil er mit dem Gesetz in Konflikt kam. In Texas bestand sein Verstoß darin, Joan in ihrem am Straßenrand geparkten Jeep zu lieben. Der Sheriff von Beeville, Vail

***Elitch:** Codewort für das Rauchen von Marihuana, sowohl Haupt- als Tätigkeitswort; von Jack Kerouac und Neal Cassady im Sommer 1950 erfunden: »Elitch is bad for muscles unless you keep going like you do all day« [Kerouac]. Außerdem: Elitch's Gardens, ein Marihuanafeld.*

Eenis, eine Type wie aus Burroughs eigener Phantasie, meinte zum Richter des Orts: »Der Bursche hier hat öffentliches Ärgernis erregt, als er sich privat abzuregen versuchte.«[70] Burroughs verlor für ein halbes Jahr den Führerschein und blieb im Gefängnis von Beeville, bis seine Eltern die 173 Dollar für seine Strafe kabelten. Burroughs kam zu dem Schluß, es sei an der Zeit, weiterzuziehen. »Ich verabscheue Einschränkungen jeder Art«, schrieb er Ginsberg später, »und habe vor, mich irgendwo niederzulassen, wo ich bei der Polizei noch ein unbeschriebenes Blatt bin.«[71] Burroughs' Prinzip erzwang seine Umzüge von Texas nach New Orleans, nach Mexico City, Kolumbien und Tanger. Sein Biograph Ted Morgan taufte ihn denn auch treffend »the Wandering Wasp«.[72]

# Beat-Leben, Beat-Literatur

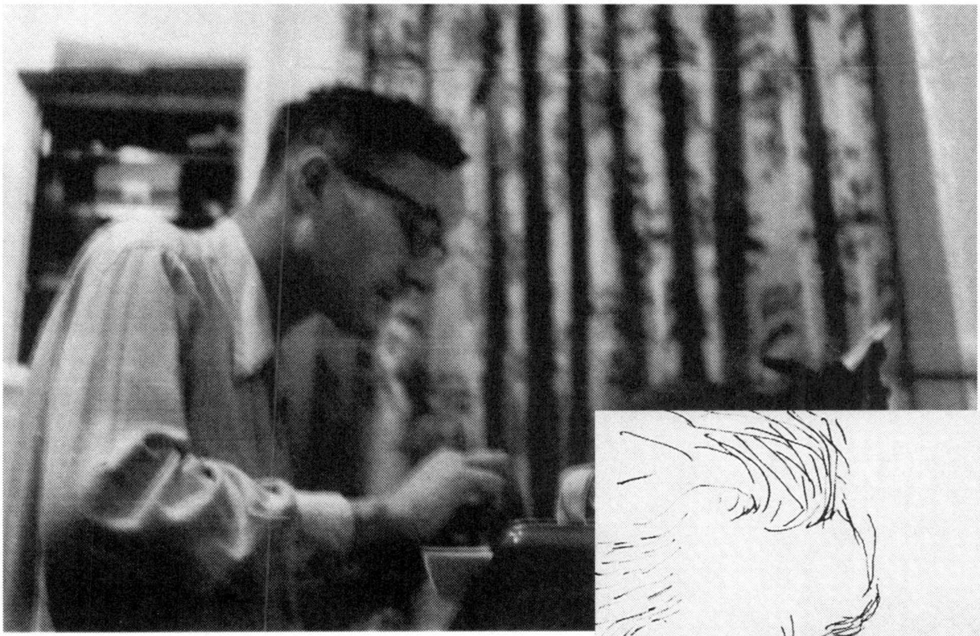

*Umseitig: William Burroughs an der Schreibmaschine bei der Arbeit an den* Yage Letters *in Allen Ginsbergs Wohnung, 206 East Seventh Street, Herbst 1953; Foto von Allen Ginsberg (links)*

*Jack Kerouac in San Francisco, Tinte auf Papier von Robert LaVigne, 1956 (rechts)*

# Beat-Leben, Beat-Literatur

## Auf der Suche nach einer Stimme: Jack Kerouac schreibt *The Town and the City*

»Solange ich keine Möglichkeit finde, das Innenleben einer künstlerischen Methode freizusetzen, ist nichts an mir klar«, schrieb Jack Kerouac im Herbst 1945 Allen Ginsberg. Zur Neuen Vision merkte er an: »Tatsache ist, ich hatte die Vision . . . ich glaube, jeder hat sie . . . was uns fehlt, ist die Methode.«[1] Er verbrachte die nächsten sechs Jahre auf der Suche nach dieser Methode. Auch Ginsberg und Burroughs entwickelten während dieser Zeit ihre »Schreibstimme«, aber keiner war mit so verzweifelt befangenem Nachdruck hinter ihr her wie Kerouac.

*Ich werde meine Romane heiraten und kleine Kurzgeschichten als Kinder haben.*
– Jack Kerouac

Jack Kerouac sah alle seine Romane als zusammengehöriges autobiographisches Epos, einen »fortlaufenden Proust«, das er »die Legende von Duluoz« nannte. Der Keim zu diesem Epos war bereits am 1. Mai 1945, in den Notizen zu einem Roman zu sehen, der seinen Umzug von Lowell ins ausschweifende Leben der Großstadt New York schildern sollte. Aber getippt wurden die ersten Worte davon erst knapp ein Jahr später, da Leo Kerouac während dieser Zeit an Magenkrebs starb. Das weite Panorama des Romans und sein Titel, *The Town and the City*, erinnern an Jacks Helden, Thomas Wolfe. Kerouacs Ehrgeiz verlangte Unmögliches: den Beweis anzutreten, daß er nicht der Versager war, für den sein Vater ihn hielt; ganz Amerika zu erfassen; die Neue Vision in Form einer autobiographischen Erzählung zum Ausdruck zu bringen; »all den aufgesetzten Müll von ›Existentialismus‹, ›Hipstertum‹ und bürgerlicher Dekadenz«[2] hinauszuwerfen und durch unmittelbar beobachtete Erfahrung zu ersetzen. Er wollte gleich beim ersten Mal den großen amerikanischen Roman schreiben.

*Über meinem Stift schwebt der Tod...*
– Jack Kerouac

*Mein Thema ist Amerika, da muß ich einfach alles darüber wissen.*
– Jack Kerouac

Als Kerouac von der Beerdigung seines Vaters in Gabrielles Wohnung in Ozone Park zurückkam, stellte er seine Schreibmaschi-

**Zur Inspiration an Jack Kerouacs Wand gepinnt:**
*Kunst ist die höchste Aufgabe und die eigentliche metaphysische Aktivität dieses Lebens.*
– Nietzsche

ne auf den Küchentisch und stürzte sich auf die Arbeit. »Ich verbinde Heim und Mutter und Farmen und *the Town and the City* etc. mit einer Art kindlicher Unsterblichkeit (dem ›Genie‹ etc, das erlöst wird).«[3] Rückkehrend zur Religiosität seiner Periode der »Selbstzweck-Mäßigkeit« schrieb er in seinem Tagebuch Kirchenlieder und sagte ein Gebet, bevor er bußfertig zu schreiben begann. »Wenn dieses Buch fertig ist, das Summe, Substanz und Mist all dessen wird, was ich in diesem gottverdammten Leben durchgemacht habe«, schrieb er, »dann bin ich erlöst.«[4]

Die Arbeit an *The Town and the City* wurde zum größten Kraftakt in Kerouacs Leben. Er zog dazu konkrete Erinnerungen aus seiner Kindheit in Lowell heran und verschmolz sie mit den Geschichten seiner Kindheitsfreunde (vor allem der von Alex Sampas, dessen Schwester er später kurz vor seinem Lebensende heiraten sollte). Im September 1948 beendete er eine erste Fassung von 380.000 Wörtern. Das 1.183 Seiten umfassende getippte Manuskript in einer ramponierten Arzttasche, machte Kerouac die Runde bei seinen Freunden.

Er verteilte die weitläufige Erzählung der Familie Martin auf fünf Bücher und das Bewußtsein von Jack Kerouac auf die fünf Martin-Brüder. Die Familie Kerouac erscheint wie durch einen nostalgischen Schleier, und einige der virtuosesten Passagen schildern Jacks Zeit als Football-Star. Der lange Bildungsroman gewinnt beträchtlich an Tempo, als der Protagonist von der Kleinstadt in die Großstadt umsiedelt und sich der finsterere Bericht über seine dortigen Freundschaften zu entfalten beginnt. Lucien Carr, Allen Ginsberg, William Burroughs und Herbert Huncke erscheinen als Hauptfiguren, und David Kammerers Tod wird zum Selbstmord.

In diesem Stadium seiner schriftstellerischen Laufbahn verspürte Kerouac keinerlei Verpflichtung, Ereignisse exakt wiederzugeben, und sein späterer Ausspruch – »erster Gedanke, bester Gedanke« – hatte noch kein Gewicht; der Roman unterlief einige Überarbeitungen. Nach der späteren Ernüchterung in bezug auf sein Erstlingswerk bemerkte Kerouac, es sei unter dem Einfluß der beschränkten Literaturauffassung an der Columbia University entstanden. Der Roman las sich wie das Werk eines Autors, der etwas

*Letzte Woche Jacks Roman gelesen und halte ihn für ganz, ganz groß. Ach, so was von echt wie wir waren.*
*– Allen Ginsberg*

Neues zu schaffen, gleichzeitig seine Lehrer zu beeindrucken und an seine literarischen Vorbilder anzuknüpfen versuchte. Das komplexe Verweben von Motiven, die Wiederholung von Schlüsselsymbolen und die vor Adjektiven strotzende Prosa bemühten sich ernsthaft um einen lyrischen Ton. Viele der Probleme, die die Kritik seinem Erstlingswerk zuschrieb, trafen durchaus den Kern: Es ist adoleszent, zu weitläufig und diffus. Kerouacs Biograph Gerald Nicosia nannte *The Town and the City* ein Gesellenstück; es fand sich jedoch darin bereits auch Kerouacs charakteristisches Vokabular – »glee«, »lost«, »rain«, »dream«, »vision«, »sad«. Unter der Üppigkeit überladener Sätze sah man bereits Kerouacs außergewöhnliches Ohr für Rhythmus und Klang.

*Mir ist danach, einen ungeheuren Roman über alles zu schreiben. Denk doch nur – all die Leute, die ich erwähnt habe, und wir, und Bill, Joan, Huncke, Allen und Lucien & Celine, und Vicki und Normie, und all die Örtlichkeiten & Dinge von New York. Wo könnte ich anfangen?*
– Jack Kerouac

*Nur ein kleiner Junge, der gern Romancier sein möchte.*
– Alan Ansens abschätzige Beschreibung von Jack Kerouac

## Allen Ginsbergs Vision

Im Sommer 1948 zog Allen Ginsberg zur Untermiete in eine Wohnung im Haus Nummer 321 in der 121. Straße Ost. Er arbeitete zwei Stunden am Tag als Registrator und gammelte den Rest des Tages herum. Ohne Telefon und Freunde, umgeben von den Eierkisten, die ihm als Bücherregale dienten, und mit einem Blick auf East Harlem, spürte Allen seine Isolation.

Jack Kerouac kam nur selten vorbei; er hatte sich in Ozone Park verkrochen, um *The Town and the City* fertigzustellen. Er gab Ginsberg jedoch Teile des Manuskripts, und dieser war der Ansicht, das Drunter und Drüber der vergangenen vier Jahre sei nun, wo es in eine dauerhafte literarische Form gebracht war, durchaus gerechtfertigt. »Außerdem spürte ich mein eigenes Versagen als Künstler, ein großes und, wenn schon nicht reifes, so doch wenigstens ganzes und innerlich perfektes Werk abzuschließen.«[5]

Am 1. April hatte Neil Cassady Carolyn Robinson geheiratet, die damals bereits vier Monate schwanger war. »Na dann okay, Paps, alles, was du machst, ist toll«, antwortete Ginsberg verärgert. »Der Gedanke an dich mit Kind und festem Objekt für deine Zuneigung – Scheiße.«[6] Cassady schlug vor, die Korrespondenz ein für allemal einzustellen: »Du und ich, wir sind weiter voneinander entfernt denn je. Ich erinnere mich nur mit Mühe an dich.«[7] Allens Hoffnungen, geliebt zu werden, waren damit zunichte gemacht. »Ich dachte, ich fände in meinem Dasein nie so etwas wie eine psychospirituelle Erfüllung mit Sex, Schwanz und Schatz!«[8]

*Ich war so krank, daß ich mir plötzlich Sorgen um die Zukunft der menschlichen Seele machte, vor allem um meine eigene.*
– Allen Ginsberg

Ginsberg unternahm lange grübelnde Spaziergänge durch die drückende Sommerhitze Harlems, bei denen sich seine Gedanken auf seine konturlose Zukunft und sein totales Alleinsein richteten. Oder wie er es später ausdrückte: »Ich habe es aufgegeben, ich habe die Maschinerie abgestellt, ich habe zu denken aufgehört, ich lebe nicht mehr.«[9] Es war das erste Mal, daß er keinen Freundeskreis, keinen Vertrauten hatte, »keine Neue Vision und keine Höchste Realität, kein gar nichts außer der Welt vor mir und keine Ahnung, was ich mit *der* anfangen sollte.«[10]

Völlig ohne Halt, vergrub er sich in Bücher. Viele davon – etwa die heilige Teresa von Avila, der heilige Johannes vom Kreuz und William Blake – handelten von mystischen Visionen. Eines Tages im Juli, bei der Lektüre von Blakes »Ah Sunflower«, schweifte Ginsbergs Blick über das in der Dämmerung liegende Stadtbild. Er hatte eben masturbiert, als er eine Reihe von Visionen von so überwältigender Lebendigkeit hatte, daß sie die nächsten fünfzehn Jahre seines Lebens dominierten.

Er hörte aus seiner einsamen Wohnung »eine Stimme wie ein Fels ... wie die Stimme des Alten«[11] das Gedicht vortragen. Ginsberg wußte sofort, daß es Blake war, der da sprach, blickte auf das Gedicht und spürte, daß er eins mit der Sonnenblume geworden war. Im selben Augenblick begann sich der Ausblick von seinem Fenster zu verändern: Seine Augen wanderten von den Simsen und Fratzen, die Harlems Wohnblöcke krönten, hinauf in den dämmernden Himmel. In dessen blauer Endlosigkeit sah Ginsberg Gott. »Mir wurde schlagartig klar, *das* ist *es*! ... Das ist der Augenblick, wegen dem ich auf der Welt war.«[12]

***Bop prosody:*** *Ein von Kerouac 1951 geprägter Begriff, der den spontanen Schreibakt bezeichnet, bei dem in der Art des Jazz improvisiert wird: »Der Einsatz einer Mixtur aus Spontaneität, ›Bop-Prosodie‹, surrealen Bildern, Sprüngen, Rhythmen, coolen Tempi, langen, schnellen Vokalen, langen, langen Sätzen und der wichtigsten Zutat – Seele« [Corso über die literarische Ästhetik der Beats].*

Blakes Stimme kam einige Augenblick später wieder und deklamierte »The Sick Rose«. Diesmal fiel Ginsbergs Vision ein klein wenig anders aus. Er wurde zu besagter kranker Rose, der Wurm des Todes hauste in ihm selbst. Er spürte den unvermeidlichen Untergang des Universums und eine starke Angst, aber die Vision blieb von ehrfurchtgebietender Schönheit.

Er hörte Blakes Stimme an jenem Tag noch ein drittes Mal, und diesmal rezitierte sie »The Little Girl Lost«. Ginsberg konzentrierte sich wie unter Hypnose auf einen wiederkehrenden Refrain.

> Do father, mother, weep?
> Where can Lyca sleep?
>
> How can Lyca sleep
> If her mother weep?
>
> If her heart does ache
> Then let Lyca wake;
> If my mother sleep,
> Lyca shall not weep.

Ginsberg wurde klar, daß er Lyca war; durch das Erwachen könnte sich der Schleier, der die Ewigkeit bewölkte, heben, um den Blick auf den Himmel freizugeben.

*Ich möchte ein Heiliger sein, ein richtiger Heiliger, und das, solange ich jung bin, denn es gibt soviel zu tun.*
– Allen Ginsberg an Mark Van Doren

Blakes Besuche endeten nicht an jenem Tag. Einige Tage später verspürte Ginsberg Anfälle von Euphorie, und er versuchte mehrmals, die Vision zu beschwören. Eines Tages begann er, in seiner altmodischen Küche, neben der Kombination aus Spüle und Badewanne, sich zu schütteln und umherzuwirbeln, und dabei sprang er auf und ab. »Tanz! Tanz! Tanz! Tanz! Geist! Geist! Geist! Tanz!« sang Ginsberg. Eine unheimliche paranoide Angst erfüllte ihn, und »mit einemmal kam ich mir vor wie Faust, als er den Teufel rief.«[13] Abrupt brach er seinen Tanz ab und machte dergleichen nie mehr.

Die dunkle Seite der Vision kehrte einige Tage darauf zurück, und zwar in der Buchhandlung der Columbia, während Ginsberg Blake las. »Die Erscheinung einer bösen, kranken, unbewußt wilden Stadt stieg vor mir auf, und zwar in sichtbarer Form, und überall um die toten Gebäude in der unfruchtbaren Luft schlurften die Seelenkörper derer, die das Wunderland erbaut hatten, schlichen und schlichen und schwankten wie unter dem Eindruck eines uralten Alptraumes.«[14] Die Kunden der Buchhandlung wurden zu einem gemeinen Heer gequälter Seelen, das Schmerz und Bewußtsein hinter grotesk verzerrten Masken der Ablehnung und des Selbstbetrugs ver-

***Sticks, Steeazicks:*** *Marihuana-Zigaretten, aus dem Slang der Schwarzen der dreißiger und vierziger Jahre. Steeazicks ergibt sich durch das Einfügen einer zusätzlichen Silbe, wie es in der Sprache des fahrenden Schaustellergewerbes üblich war: »A coupte of steeazicks from Panama as big as your thumb« [Kerouac].*

barg. »Die wesentliche Einsicht, die ich damals hatte, war die, daß jeder Bescheid wußte. Jeder wußte absolut alles.«[15]

So knapp wie das alles auf Abfuhr und Krise folgte, löste Ginsbergs Ego sich, mangels Ansprechpartner, in einer Abfolge von paranoiden und euphorischen Anfällen auf. Seine Vision hatte alle Merkmale eines psychotischen Zusammenbruchs. Er gelobte sich: »Stell die Stimme niemals in Abrede – nein, *vergiß* sie niemals, verlaufe dich nicht auf der geistigen Wanderschaft in anderen Geisterwelten, anderen amerikanischen, anderen Berufswelten oder Werbewelten oder Erdenwelten.«[16]

*Wherever I go I see myself in a mirror – it used to be my own selfblood, now it is god's. Wo immer ich hingehe, ich sehe mich im Spiegel – früher war es mein ureigenes Blut, jetzt ist es Gottes.*
– Allen Ginsberg

Als Allen die Vision seinen Freunden erzählte, reagierten diese mit Skepsis und Furcht. Louis Ginsberg interpretierte sie als Zeichen, daß sein Sohn Naomi Ginsbergs Schizophrenie geerbt hatte und machte Cassady für diesen Zusammenbruch verantwortlich. In einem zwei Worte langen Brief gab er seinem Sohn den Rat: »Exorziere Neal!«[17] Burroughs war skeptisch, Kerouac versuchte Verständnis aufzubringen, aber Joan Burroughs war die einzige, die ihn intuitiv verstand. »Ich sage schon seit drei Jahren, daß einer, der nicht wenigstens einmal spinnt, schlicht nichts taugt«, schrieb sie ihm später. »Wenn ich spinnen sage, ich bin sicher, du weißt, was ich meine. Es hat keinen Sinn, von Visionen oder Über-Realität oder in derlei laienhaften Begriffen zu sprechen. Entweder du weißt jetzt, was ich weiß (und frag mich jetzt bloß nicht, was das ist), oder ich täusche mich in dir und liege völlig daneben – in diesem Fall bist du bloß ein Dutzendneurotiker, und ich bin plemplem.«[18]

Ginsberg machte es sich zur Aufgabe, die Masken zu zerstören, die gequälte Seelen voneinander unterscheiden; es galt, der Möglichkeit vorzubeugen, »daß die kranke Rose zur Wahrheit wird und die Atombombe.«[19]

**Script:** *Rezept für eine Droge: »As a habit takes hold, other interests lose importance to the user. Life telescopes down to junk, one fix and looking forward to the next, ›stashes‹ and ›scripts‹, ›spikes‹ and ›droppers‹« [Burroughs].*

Während er sein Alltagsleben fortführte, in Seminare ging, eine schwarze Krawatte trug und seinen Einser-Durchschnitt hielt, versuchte Ginsberg seine Erfahrung lyrisch wieder aufleben zu lassen. Nach Monaten des Schreibens wußte er, er hatte versagt. Sein lyrisches Repertoire verließ sich auf eine ganz private Symbolik, archaische Haltungen und dekorative Schnörkel, »überladene verschämte Verschen, ein bißchen Marvell, ein bißchen Wyatt.«[20] Ginsberg hatte den Weg zu einem erweiterten Bewußtsein durch die Verwirrung der Sinne gefunden – ihm fehlte jedoch noch die Stimme, das zu beschreiben.

## Die Ehe der Cassadys

Carolyn Robinson und Neal Cassady heirateten am 1. April 1948. Die Braut trug ein hellgrünes Wollkleid und eine weite marineblaue Jacke, damit man nicht sah, daß sie im vierten Monat war. Ihr Ring, versilbert und straßbesetzt, kam von Woolworth.[21] Richter Clayton Golden vollzog die Trauung für zehn Dollar, dann stießen die Frischvermählten mit Bier in einem schmuddeligen Schnellimbiß an, wo die Braut die Rechnung übernahm. Wehmütig blickte Carolyn während der nächsten Jahre auf diesen Nachmittag zurück, »als mein ›Hochzeitstag‹ zunehmend zu einer grotesken Parodie meiner Mädchenträume geriet«.[22]

*Die anfänglichen Unterschiede zwischen euch müssen zweifelsohne ausgebügelt werden, will sagen, ihre Art von Gemütsruhe und deine Rastlosigkeit und Blutsbruder-Verrücktheit.*
– Jack Kerouac zu Neal Cassady anläßlich Cassadys Heirat

Mochte der Anfang auch unter einem ungünstigen Stern gestanden haben – die Ehe der Cassadys wurde zur einzigen dauerhaften Ehe der Beats. Sie blieben die nächsten vierzehn Jahre zusammen, zogen drei Kinder groß und kauften sich ein Haus in der Vorstadt mit Terrasse und Pool. Von all denen, die man mit den Beats assoziiert, gaben Neal und Carolyn Cassady sich die größte Mühe, die Anforderungen der »richtigen« Arbeitswelt zu erfüllen. Freilich sagen derlei Indizien für eine beständige Ehe mit allem bürgerlichen Drum und Dran nichts über Neals Fluchten im Lauf der Jahre und über seine Verzweiflung aus. Sein Auftritt als Hausbesitzer in der Vorstadt war überschattet von seiner sexuellen Manie, von Depressionen und Süchten, die sich von Drogen hin zur Religion verlagerten.

*Mach dir keine Sorgen über deinen Jungen Neal. Er hat gefunden, was er will, und zieht aus ihr eine größere Befriedigung, als er sie je gekannt hat.*
– Neal Cassady über Carolyn Cassady

Die Ehe der Cassadys bietet eine Erzählung, deren Handlung in Kurzfassung immer auf dasselbe hinauslief: Neal arbeitete eine Weile, blieb zu Hause, dann ging er entweder mit einem Mädchen in ein Hotel oder fuhr mit den Jungs in einem Wagen davon. Bei der Frau mochte es sich um LuAnne oder eine Fremde handeln, bei dem Wagen um einen Ford oder Hudson. Carolyn war immer wieder überrascht und nahm ihn, mit einem ihrer abgenutzten Rationalisierungsversuche, stets wieder auf.

*Ich sage nur, ich esse alle zwölf Stunden, schlafe alle 20 Stunden, masturbiere alle acht Stunden und sitze ansonsten im Zug und starre gedankenlos vor mich hin ...*
– Neal Cassady

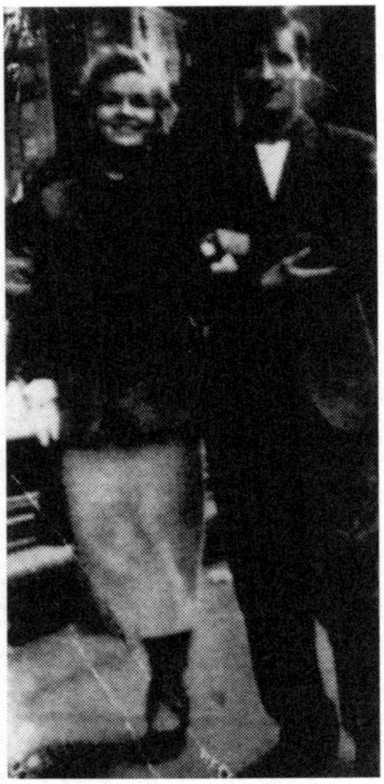

*Neal und Carolyn Cassady kurz nach ihrer Heirat, San Francisco, 1. April 1948*

Neal beschrieb die Ehe an sich als »eine Kombination aus bewußter Blindheit, einem verdrehten Bedürfnis, dem Mädel helfen zu wollen, und einem schlichtem Zum-Teufel-was-soll's«.[23] Seine schrillen Abenteuer versorgten die Ehe mit einem hektischen Plot, aber Carolyn hatte die Hosen an – durch schiere Entschlossenheit. Und entschlossen war sie nun wirklich. Unter der blonden mütterlichen Fassade drängte sie vorwärts, mit einer ebenso eisernen wie masochistischen und mutigen Kraft. Sie hatte das Gefühl, das einfach tun zu müssen, schließlich brauchten die Kinder sie.

Zusätzlich zu seiner ersten Frau, LuAnne, die immer wieder auf der Bildfläche erschien, hatte Neal nebenher noch eine dritte Frau, Diana Hansen, die er ebenfalls heiratete. Hansen war Model, aus guter Familie, in Cassady verschossen und schwanger von ihm. Zwei Stunden nach der Trauung am 10. Juli 1950 nahm er, mit seiner »Bremserkarte«, einen Zug zurück zu Carolyn. Neal hatte außerdem noch zahllose sexuelle Zwischenspiele und leidenschaftliche Affären. Neal mochte sie verlassen, so oft er nur wollte, Carolyn sammelte die Scherben schon wieder auf. Aber, wie Kerouac bemerkte: »Er ging immer wieder zu der Frau zurück, die ihn am meisten wollte.«[24]

## Kerouac macht sich auf den Weg

Im Herbst 1948, nach der Fertigstellung von *The Town and the City*, war Jack Kerouac niedergeschlagen, zornig und allein. »Ich bin verloren«, schrieb er an Ginsberg. »Mir bleibt nur eines, und zwar aufgeben – ich gebe auf.«[25] Statt dessen machte er sich an die Arbeit an einem neuen Buch. Er beschrieb es als »pikaresken Roman über amerikanische Szenen, ›On the Road‹, in dem es um nichts anderes geht als ums Trampen und um den Kummer, die Mühsal, die Abenteuer, den Schweiß und die Plagen [*sic*], die damit verbunden sind.«[26]

Neal Cassadys Briefe, die ihn auf leidenschaftliche Weise darin bestärkten, daß sie »Blutsbrüder« waren, inspirierten ihn.[27] Die beiden schwelgten in Phantasien, eine Ranch zu kaufen, wo sie zusammen mit ihren Frauen leben könnten (»Deine Mutter [die gute Seele] & Carolyn [die gute Seele] sind sich völlig gleich«, bemerkte Neal.[28]) Sie stellten sich eine Kommune vor, in der auch für William Burroughs und Herbert Huncke Platz war. Kerouac fand in Neal ein Modell für die Energie und den Ehrgeiz, die ihm selbst so oft abgingen, und Neal schlug vor, sie beide sollten »wie einer handeln«.[29] Es spielte dabei keine Rolle, daß Neal bereits eine Frau und zwei Kinder hatte; die Männerfreundschaft zählte mehr.

Am 15. Dezember 1948 ging Jack ans Telefon und hörte, per Ferngespräch, eine »verrückte Stimme aus dem Westen aufgeregt übers Telefon, ›Ja, ja, hier Neal, paß auf . . . ich habe da einen 49er Hudson.‹«[30] Cassady wollte sich auf den Weg in den Osten machen, seinen Spezi abholen und mit ihm in den Westen fahren. Diese spontane Geste fegte für einen Augenblick Jacks Ängste um die eigene Zukunft hinweg; er begab sich in die impulsive Hand von Neal.

In einem niegelnagelneuen, schlammbespritzten braunen Hudson stand Cassady schließlich vor dem Haus von Kerouacs Schwester in Rocky Mount, North Carolina. Er war unrasiert und trug den fleckigen weißen Overall eines Tankwarts. Seine gemischte Begleitung bestand aus seiner Exfrau LuAnne (die das schmutzblonde Haar bis auf die Hüften trug) und einem Freund namens Al Hinkle, der die Reise als Flitterwochen mit seiner neuen Frau Helen angetreten hatte. (Man hatte sie jedoch mir nichts, dir nichts in Arizona stehenlassen. »Sie wollte plötzlich in Motels übernachten und wegen Essen und ähnlichen unsinnigen Geschichten anhalten«,[31] erinnerte sich LuAnne.) Voraussetzung für so eine Reise in einem ungeheizten Wagen quer über den Kontinent waren ein halsbrecherisches Tempo, geschnorrtes Geld, geklautes Benzin und das Essen von Trampern, die man mitnahm – sich den ganzen Weg durch Amerika »zu verschulden«[32], wie LuAnne sich ausdrückte. (Die frisch verheiratete Helen Hinkle schlug sich indes zu Burroughs neuem Heim in Algiers, Louisiana, durch, wo sie darauf wartete, daß ihr Gatte sie auf dem Rückweg mitnahm.) Die Reisenden feierten Weihnachten bei den Kerouacs, aber Cassady zog es weiter. Er transportierte Gabrielles Mobiliar von Ozone Park nach North Carolina und spulte dabei innerhalb von drei Tagen weitere 2.000 Meilen ab.

Die Neujahrsnacht verbrachte das Grüppchen in New York, wo man mit den alten Freunden feierte, die sich in Ginsbergs Woh-

*What's your road, man? – holyboy road, madman road, rainbow road, guppy road, any road. It's an anywhere road for anybody anyhow. Was für eine Straße ist die deine, Mann? – die des Heiligen, des Wahnsinnigen, des Regenbogens, des Guppy, irgendeine. Ist sowieso eine einzige Straße für jeden überallhin.*

– Neal Cassady als Dean Moriarty in *On the Road*

*Ich habe fast triftigen Grund, vielleicht beinahe zu glauben, daß er den Wagen gestohlen hat, aber ich weiß es nicht.*

– Jack Kerouac über Neal Cassady

*Ich ging ohne Grund mit ihm mit.*

– Jack Kerouac über Neal Cassady

*Lucien in New York erstaunlich strahlend, wie künftiger Ruhm, wenn wiedergeboren – ein goldener Super-Liberace-Billy-Graham-Naturburschen-Prophet.*

– Jack Kerouac, nach Lucien Carrs Entlassung aus dem Gefängnis

*Neal Cassady am Steuer*

nung drängten. Der frisch rehabilitierte Lucien Carr war aus der Besserungsanstalt in Elmira freigekommen, und Jack stellte ihm Neal als eben jene mythische Gestalt vor, die Carr einige Jahre zuvor gewesen war. Beim Anblick von Kerouac und Cassady fühlte LuAnne sich an elfjährige Kinder erinnert, »die zum ersten Mal auf alte Kumpel machen, so mit Armen um die Schultern und so«.[33] Im trunken-dionysisch-bekifften romantischen Reigen jener ersten Tage des Jahres 1949 wurde das Leben zu einer endlosen Party für LuAnne, Neal, Ginsberg, einem Freund namens Alan Ansen, Kerouac und dessen neuer Freundin, Pauline. Es schien wie eine kurze Rückkehr zu herrlichen alten Zeiten, und während einer dieser Partys verbreitete sich Kerouac über seine Vorstellung von »beat«: falls die gegenwärtige Generation »fertig« (»beat«) sei, so würde sie bald »selig« (»beatific«) sein – Kerouac so optimistisch wie sonst nie.

Während der ersten Januarwochen verwarf man einen Plan nach dem anderen: Das enge Grüppchen aus Jack, Hinkle, LuAnne und Neal wollte nach New Orleans; man beschloß, bei Allen in New York zu bleiben; man wollte auf einem Schiff anheuern. Dieses Chaos – und der Adrenalinstoß der Ungewißheit – reflektierte treffend Kerouacs geistigen Zustand an diesem entscheidenden Punkt in seinem Leben.

*The only thing to do was go.*
*Es gab nur eines, und das war zu fahren.*
– Jack Kerouac, *On the Road*

Über den nächsten Schritt entschied ein Anruf von William Burroughs. Die vergessene Helen Hinkel war seit dem 3. Januar in seinem ausgesprochen merkwürdigen Haushalt gestrandet, und Burroughs konnte es kaum erwarten, daß Hinkle »es satt hat, in New York herumzuhängen«,[34] und seine Frau abholen kam.

Das Quartett – Neal, LuAnne, Jack und Al – verließ New York am 19. Januar 1949, inspiriert von Neals Ausspruch: »Wir sollten uns klarmachen, was es für uns bedeuten würde, zu VERSTEHEN, daß wir uns nicht WIRKLICH um IRGENDWAS sorgen.«[35] Diese Reise nach San Francisco sollte zum Kernstück von *On the Road* werden. Neal rollte mitten in der Nacht im Leerlauf vor eine Tankstelle, füllte den Tank des Wagens und stellte die Benzinuhr zurück; sie spülten Teller als Gegenleistung für eine Mahlzeit; sie stahlen Benzin, Zigaretten und Essen; sie verkauften den Ersatzreifen, um Geld zum Tanken zu haben. Den Wagen auf achtzig Meilen hochjagend, das Radio voll aufgedreht, auf das Armaturenbrett eintrommelnd, bis es verbeult war, gondelten sie durch den Süden. Unterwegs erzählten sie einander ihre intime Lebensgeschichte. Als sie sich New Orleans näherten, bekamen sie die »Chicken Jazz 'n' Gumbo«-Show rein. »Macht euch keine Sorgen, um *nichts!*«[36] wies der Discjockey sie an.

*We were all delighted, we all realized we were leaving confusion and nonsense behind and performing our one and noble function of the time, move.*
*Wir waren alle begeistert, uns allen war klar, wir ließen Verwirrung und Unsinn hinter uns und schickten uns in unseren einzigen, edlen Zweck, der Bewegung.*
– Jack Kerouac, *On the Road*

## Zwischenspiel in Louisiana: Die Burroughs

Bevor sie das Burroughs-Haus in Algiers, Louisiana, erreichten, warf sich Jack in Schale – schwarze Baumwollhose und weißes Hemd. Ihm war nicht so ganz wohl in seiner Haut, Burroughs zu treffen. Helen Hinkle erinnerte sich an die gespannte Atmosphäre, als das Quartett hereinkam und Jacks nervöse Reaktion: Er fing an, Crêpes Suzette zu machen. Die Hinkles zogen sich in ein anderes Zimmer zurück, um zu streiten (Burroughs bemühte Robert Burns, um die Atmosphäre zu schildern: »Sie zog die Brauen zusammen wie ein aufziehender Sturm, / Und pflegte, auf daß er nicht erkaltete, ihren Zorn«[37]). LuAnne kam herein und fragte sie, ob sie wohl noch zum Bumsen kämen. Sie sagte, sie würde gern zusehen.

Die Gruppe blieb eine Woche – lang genug, um ein Gespür für Burroughs' Haushalt zu bekommen. Burroughs verbrachte den größten Teil seiner Zeit in einem Schaukelstuhl, spielte mit seinen sieben Katzen und schoß mit einem Luftgewehr nach Joans leeren Benzedrin-Inhalatoren. In gewissen Abständen zog er sich mit einer schwarzen Krawatte und seinem Besteck auf die Toilette zurück, um sich eine Spritze zu setzen. Burroughs zeigte ihnen sein Waffenarsenal, das er in einer Schublade aufbewahrte, und führte ihnen die Kunst des Messerwerfens vor, während Joan in dem baufälligen Haus herumkramte, Eidechsen von dem einzigen, abgestorbenen Baum im Garten stocherte und sich um die Kinder zu kümmern versuchte, die sie liebte, was ihr jedoch nicht gelang (Julie biß sich selbst; Billy, der den Spitznamen »kleines Biest«[38] hatte, lief nackt durch den öden Garten). Die ehelichen Beziehungen der Burroughs' schienen Kerouac zwar unergründlich, aber sehr eng. Sie unterhielten sich bis spät in die Nacht und kommunizierten mit »einem privaten Code subtiler Schwingungen«.[39] Jack schloß daraus schlicht und ergreifend: »Liebe ist alles.«[40]

*Sie liebte den Mann wahnsinnig, aber in einer Art Raserei.*
– Jack Kerouac über Joan Vollmer und William Burroughs

Mit seinen beiden Gurus, Cassady und Burroughs, konfrontiert, war Kerouac hin und hergerissen. Mit seinem »Huu!«, seinem »Ja, ja, ja!« hatte die Reise über den Kontinent mit Neal die Aura einer religiösen Pilgerfahrt – die Fahrt durch die amerikanische Landschaft wurde zum magischen Traum. Burroughs sah sowohl die Reise als auch Cassady selbst mit Skepsis. Warum folgte Jack diesen Gaunern auf einen so sinnlosen Trip? »Offensichtlich ist der ›Sinn‹ dieser Reise sorgfältig gewählt, um die grundlegende Tatsache ihrer Sinnlosigkeit zu symbolisieren«, schrieb Burroughs an Ginsberg. »Neal ist natürlich die Seele dieser Fahrt in die reine, abstrakte, sinnlose Bewegung. Er ist der Motor, zwanghaft, engagiert, bereit, Familie, Freunde, ja selbst seinen Wagen der Notwendigkeit zu opfern, von A nach B zu kommen.«[41]

*[Bull] seems to me to be headed for his ideal fate, which is compulsive psychosis dashed with a jigger of psychopathic irresponsibility and violence.*
*[Bull] scheint mir auf sein ideales Schicksal zuzusteuern: eine zwanghafte Psychose mit einem Schuß psychopathischer Verantwortungslosigkeit und Gewalt.*
– Dean Moriarty (Neal Cassady) über Bull Lee (William Burroughs)

Jack hatte keine rationale Antwort für Burroughs – Rationalität hatte damit nichts zu tun. Und so setzte er die Reise mit Neal und LuAnne fort. Die Hinkles blieben in New Orleans. Als er die Burroughs in der Ferne verschwinden sah, bemerkte Jack: »Aber wir lehnen uns vor für das nächste verrückte Abenteuer unter dem Firmament.«[42]

## Vorwärts

Die Radlager des Hudson waren ausgeschlagen, das Armaturenbrett von Neals manischem Getrommel verbeult, und ein halber Kontinent breitete sich vor ihnen aus, während die drei Tag und Nacht fuhren. Sie malten sich aus, in den Jazzschuppen des Bayou-Landes den Blues stöhnende Neger zu sehen; sie sahen es sogar brennen. Auf dem Weg über die endlosen Ebenen von West Texas zogen sie sich bei siebzig Meilen die Stunde aus und rasten nackt in die Dämmerung, LuAnne auf dem Vordersitz zwischen ihren beiden Beaus. (Lastwagenfahrer, die aus ihren Führerhäusern hinuntersahen, gerieten kurz ins Schlingern.) Die weiße Mittellinie auf dem schwarzen Asphalt wischte unter ihn durch, als sie im Südwesten die Wüste durchquerten. Dann ging es nach Norden, Richtung San Francisco, Neal am Steuer, während Jack sich die rasch vorbeiziehende Landschaft durchs Fenster ansah. LuAnne liebte beide. Die Einzelheiten der Reise – Kuhkäffer, Cops mit nöligen Dialekten, Ladenbesitzer, Okies, Schnellimbisse und Eisenbahnhotels, Berge, Kartoffelfelder und der blaue Pazifik – alles verschmolz zu einem Kaleidoskop, zu einer Passage über das Leben in Amerika à la Thomas Wolfe, literarisch und ganz und gar real zugleich.

Schließlich fuhr das verliebte Trio in San Francisco ein, abgebrannt und erschöpft. »Kein Land mehr!« schrie Neal. »Es geht nicht mehr weiter, kein Land mehr da!«[43] An der Kreuzung O'Farrell und Grant Street, wo Neal Jack und LuAnne absetzte, endete die Pilgerfahrt so abrupt, wie sie begonnen hatte. Neal kehrte zu seinem Familienleben mit Carolyn zurück, und Jack und LuAnne standen abgebrannt und ohne Ziel da. »Neal läßt einen im Regen stehen, wann immer es ihm gerade paßt«, sagte LuAnne.[44]

*»Oh, smell the people!« yelled Dean with his face out the window, sniffing. »Ah! God! Life!«*
*»Oh, riech die Leute!« rief Dean schnüffelnd, das Gesicht aus dem Fenster. »Ah! Gott! Leben!«*
– Jack Kerouac, *On the Road*

*I mean, man, whither goest thou? Whither goest thou, America, in thy shiny car in the night?*
*Ich meine, Mann, wohin des Wegs? Wohin des Wegs, Amerika, in deinem glänzenden Wagen mitten in der Nacht?*
– Jack Kerouac, *On the Road*

*Drive your Chevrolet, through the USA, America's the greatest land of all!*
*Fahren Sie Ihren Chevrolet durch die USA, Amerika ist das tollste Land der Welt!*
– Dinah Shore, Chevrolet-Werbung

## Ginsberg: Ab ins Irrenhaus

Als Neal Cassady, Jack Kerouac und LuAnne Henderson im Januar 1949 in dem kastanienbraunen Hudson davonfuhren, kam Ginsberg sich in der Arbeitswelt der Bürger wie gestrandet vor. Als Laufbursche bei Associated Press verdiente er dreißig Dollar die Woche, und er vermißte seine Freunde.

Kaum einen Monat später tauchte, in der Person von Herbert Huncke, ein Bindeglied zu seiner verlorenen Clique auf. Huncke war seit zehn Tagen wieder auf freiem Fuß, nachdem er wegen Marihuanabesitz auf Riker's Island gesessen hatte, und eines verschneiten Morgens stand er um acht Uhr vor Allens Tür. Da er von nichts als Kaffee, Donuts und Benzedrin lebte, delirierte er und trug sich mit Selbstmordabsichten, die Füße in den rissigen Schuhen voller blutiger Blasen. Huncke sorgte sich jedoch vor allem um seine psychische Gesundheit: »Sicher, ich bin alt, ich bin schlecht, und ich bin häßlich und müde«, sagte er Ginsberg, »aber das ist es nicht. Nur geht das jetzt schon seit zehn Jahren so, und ich bin so gut wie am Ende.«[45]

*Aller Wahrscheinlichkeit nach wäre Selbstmord das Richtige, und doch scheue ich vor dem letzten Schritt zurück.*
– Herbert Huncke

Zuerst wies Ginsberg ihn ab – seine letzte Begegnung mit Huncke ein Jahr zuvor hatte bei einem seiner Freunde zum Diebstahl von Büchern, Silberbesteck und Schallplatten im Wert von zweihundert Dollar geführt. Aber bald lenkte er ein. Mit abgewandtem Blick wusch er Hunckes Füße. Er gab ihm ein Dach über dem Kopf und zu essen, und er versuchte, wenigstens einen Funken Lebensmut in ihm zu erwecken. Zwei Wochen lang lag Huncke auf Ginsbergs Couch, bei zugezogenen Jalousien, und schlief, wachte auf, blinzelte und biß sich minutenlang auf die Lippen. Er bekam davon einen Ausschlag unter dem Mund. »Er schien ihm nichts zu machen«, schrieb Ginsberg, »außer daß er die Zerstörung der dunklen Schönheit seines Gesichts vollendete.«[46]

**Wig:** *Der Verstand (wie in »flip one's wig«) oder ein Exzentriker: »I also look forward to usual Frisco wigs like seeing Leonard Hall the Buddhist and Cris McLaine and the crazy twisted poets ...« [Kerouac]. Als Tätigkeitswort bedeutet es verückt werden: »What's with you? You wig already and remove our dry goods inna public hall?« [Burroughs zu Ginsberg, als dieser sich auf einer Lesung auszog].*

Aus der Entfernung hatte Allen Huncke einmal für einen glamourösen Kleinkriminellen gehalten; aus der Nähe, so schrieb Ginsberg, »sehe ich, daß er leidet, mehr noch als ich, vielleicht mehr als jeder andere, den ich kenne; er leidet, als sei hier ein Heiliger alter Art im Entstehen; und dann verfügt er über eine ›kosmische‹ oder übersinnliche Wahrnehmungsgabe von außergewöhnlicher

Tiefe und Offenheit«.[47] Kerouac, Burroughs und Carr warnten ihn vor Hunckes Schmarotzertum, aber Ginsberg hatte sich in ein psychologisches Patt manövriert. Er sah seinen Gast im selben schuldbeladenen Licht wie Naomi – Heiliger und Opfer zugleich. »Er war mein Experiment, meine Liebe, mein Lehrer, mein Hund«, schrieb Ginsberg, »und hätte ich ihn verstoßen, ich hätte meine Würde verstoßen und das bißchen Sinn für Gerechtigkeit und Geschmack.«[48] Er nahm es auf sich, Huncke wiederzubeleben, und kaum wieder belebt, zeigte Huncke großes Interesse an seiner Wohnung. Er arrangierte Allens Möbel, wischte Staub, steckte Räucherstäbchen an und hinterließ Zettel, auf denen stand »Paß auf deine Asche auf«.[49] Er begann Ginsbergs Kleidung zu tragen, schlief in seinem Bett, füllte Ginsbergs Schubladen mit seinen eigenen Kinkerlitzchen und verbannte Allens Sachen in eine Schreibtischschublade im Wohnzimmer.

*Je mehr Huncke jemandem verpflichtet ist, je mehr ihm einer geholfen hat, desto sicherer kann man sein, daß er seinen Wohltäter bestiehlt oder sonst irgendwie ausnutzt.*
– William Burroughs über Herbert Huncke

Innerhalb eines Monats nach seiner Ankunft hatte Huncke seine Kumpane vom Times Square in der Wohnung eingeschleust. Vicki Russell, die große Rothaarige, die Allen schon von Joan Vollmers Wohnung her kannte, hatte eben einen Heroinentzug hinter sich. Ihr Freund Little Jack Melody hatte ihr da hindurch geholfen, ein elfenhafter Safeknacker, sechsundzwanzig Jahre alt, ein Amerikaner sizilianischer Abstammung von »rehhafter Sanftmut«,[50] wie Ginsberg sich ausgedrückt hat. Die Wohnung füllte sich mit Diebesgut – einer geschnitzten Vitrine für die Diele, zwei Sesseln aus dunklem Holz, mit angelaufenem Silber und Vickis Parfümflaschen, mit Kleidungsstücken aller Größen und vielen kleinen Radios. Im Wohnzimmer hing Little Jack Melodys Porträt von Vicki, auf dem Kaminsims standen zwei Opiumpfeifen aus Chinatown und mitten in der Küche ein riesiger Zigarettenautomat. Ginsberg schob der Umwandlung seiner Wohnung in ein Lager für heiße Ware zwar keinen Riegel vor, hatte aber entsetzliche Angst.

Da er eine Razzia der Polizei kommen sah, wollte Ginsberg alle belastenden Tagebücher und Briefe bei seinem Bruder untergebracht sehen. Am 22. April 1949 ließ er sich von Little Jack Melody und Vicki Russell in einem gestohlenen Wagen voll heißer Ware

***Copper jitters:*** *Paranoide Angst vor der Polizei: »Sooner or later you get the ›copper jitters‹, and everybody looks like a cop« [Burroughs].*

*Alle meine Genies sind im Gefängnis – Burroughs, Huncke, Allen (der unschuldige Ginsberg), die Redneck-Hünin Vicki, vielleicht sogar Neal & LuAnne.*
– Jack Kerouac, April 1949

mitnehmen. Gegen vier Uhr morgens winkte man Little Jack rechts ran, weil er in die falsche Richtung in eine Einbahnstraße in Bayside, Queens, abgebogen war. Er fuhr um den Streifenwagen herum und setze eine heiße Verfolgungsjagd in Gang, die sechs Blocks weiter endete, als der Wagen über einen Randstein sprang, einen Telefonmasten rammte und sich dann zweimal überschlug. Ginsberg erinnerte sich, »›Herr, Gott Israels, Isaaks und Abrahams‹ aus dem *Messias* gesungen« zu haben, »als riefe ich die hebräische Vaterfigur Autorität Gottheit an, mich da rauszuholen«.[51] Als der Wagen auf dem Dach liegend zur Ruhe kam, stellte Ginsberg fest, daß seine Brille zerbrochen war und seine Papiere über gestohlene Pelze und Mäntel verstreut herumlagen. Das Lärmen der Sirenen in den Ohren, sieben Cent in der Tasche, seine Tagebücher von 1943 bis 1945 unter dem Arm, machte Ginsberg sich brillenlos aus dem Staub. »Ich war durch und durch von einem schrecklichen Gefühl der Endgültigkeit erfüllt, das ich den Zorn Gottes nennen könnte. Es schien klar, während mir alles mögliche durch den Kopf schoß, daß ich jetzt in einer Situation war, die ich schon in der Phantasie durchgespielt, von der ich geträumt, ja, in die ich mich hineingeträumt hatte.«[52] Er schnorrte sich etwas Geld für eine U-Bahn-Marke und einen Anruf zusammen und wies Huncke an, die Wohnung aufzuräumen. Als Ginsberg nach Hause kam, fegte Huncke in der Küche Zigarettenkippen und Kronkorken zusammen, während die Opiumpfeifen noch auf dem Kaminsims standen. Mit einem Blick in Ginsbergs vom Schrecken gezeichnete Miene fegte Huncke mit stoischer Ruhe weiter und sagte: »Wozu die Aufregung? Ist doch längst hoffnungslos. Ich habe das schon so oft durchgemacht.«[53]

Der Zeitungsbericht über die Festnahme nannte Ginsberg einen Schriftsteller, der um einer »realistischen« Geschichte willen unter Kriminellen recherchiert hätte. Damit er nicht ins Gefängnis mußte, rieten ihm seine Mentoren an der Columbia University, Lionel Trilling und Mark Van Doren, auf Unzurechnungsfähigkeit zu plädieren. Genau das tat er und wurde zu einer (unentgeltlichen) psychoanalytischen Therapie verdonnert, und zwar am Presbyterian Psychiatric Institute der Columbia University.

## »Das ist wirklich ein Irrenhaus«

*Ich bewundere dich dafür, freiwillig in eine richtige Klapse zu gehen. Es zeigt dein Interesse an Dingen und Menschen.*
– Jack Kerouac an Allen Ginsberg

Am Tag bevor Ginsberg sich im Psychiatrischen Institut melden sollte, feierte er in Paterson seinen dreiundzwanzigsten Geburtstag und blickte in seinem Tagebuch auf sein Leben zurück. »Ich bin 23, das Jahr des eisernen Geburtstages, das Tor zur Dunkelheit«, schrieb er. »Mir wurde plötzlich klar, daß mein Kopf von meinem Körper abgetrennt ist, es wurde mir vor einigen Tagen nachts klar.« Im selben Tagebucheintrag finden sich Elemente einer verzweifelten Hoffnung: »Es muß ein Ende haben mit meinem Zorn. Alle meine Bilder gelten dem Himmel. Ich träume von unfaßbarer Liebe und vom Glauben.«[54]

Einige Wochen später, nach einer bürokratisch bedingten Verzögerung, saß Ginsberg schließlich auf dem Korridor im sechsten Stock des Nordflügels der Psychiatrie und wartete darauf, daß man ihm ein Etagenbett zuwies, das dritte von unten.[55] Das Bhagavad-Gita im Arm, glaubte er, wie Ödipus, diese Tragödie selbst verschuldet zu haben.

*When I came out of Electric Shock*
*All I could see was the end*
*Of my nose.*
*Als ich aus dem Elektroschock kam*
*War nichts zu sehen*
*Als meine Nasenspitze.*
– Carl Solomon, »Electric Shock«

Hochgewachsen und seit kurzem beleibt, spähte der einundzwanzigjährige Carl Solomon Ginsberg durch eine dicke Brille an, den Kopf in ein Handtuch gewickelt wegen der Insulinschockbehandlung, von der er eben kam. Er hatte knapp dreißig Kilo zugenommen, seit er im März in die Klinik gekommen war und eine Lobotomie verlangt hatte. Eben vom Insulinbett geschnallt, nach einem hypoglykämischen Koma völlig verwirrt und von psychischen wie physischen Schmerzen gequält, fragte er den neuen Patienten nach seiner Identität. »Ich bin Myshkin«, murmelte Ginsberg in Anspielung auf die heilige, verwirrte Gestalt aus dem *Idiot.* »Ich bin Kirilow«, entgegnete der junge Mann in Anspielung auf den zynischen Nihilisten aus den *Dämonen.* Wie Solomon sich später erinnerte, wurde »die Kadenz des Überrealen nicht einen Augenblick in Frage gestellt . . . Keiner wagte, die Verantwortung für den Bruch der Einheit zu übernehmen, deren eine Halluzination bedarf.«[56]

Ginsberg verspürte auf der Stelle jenes Verbundensein, das er von den Begegnungen mit allen wichtigen Menschen in seinem Leben her kannte – Cassady, Carr, Burroughs, Kerouac. In einer Geste der Identifkation erzählte er Solomon von seiner Vision. »Er akzeptierte mich, als wäre ich irgendein spinnerter *ignu*«, berichtete er Kerouac, »sagte dabei aber gleichzeitig, im Ton konspirativer Freude: ›Na ja, du bist neu hier. Warte nur ein Weilchen, dann triffst du einige der anderen (reuigen) Mystiker.‹«[57]

*I am now become a BLEAK PROPHET – bleak thoughts, bleak eyes, bleak smile.*
*Aus mir ist ein FREUDLOSER PROPHET geworden – freudlose Gedanken, freudlose Augen, freudloses Lächeln.*
– Allen Ginsberg, aus dem Columbia Psychiatric Institute

Für Allen begann eine achtmonatige Periode der Selbsterforschung: Was sollte er mit seinem Leben anfangen? War er ein Dichter? War er homosexuell? Er konnte sich nicht entscheiden: Hatte er es mit einer schwierigen Übergangsphase zu tun, oder war er – wie seine Mutter – geistesgestört? »Ich habe mich in eine Lage manövriert, die ich für mich immer für die einzig wahre und angemessenste hielt«, schrieb er Kerouac. »Ich glaube wirklich, oder möchte glauben, daß ich wirklich spinne, andernfalls werde ich nie richtig im Kopf sein.«[58] Kerouac antwortete: »Ich würde sagen, daß du seit jeher den Wahnsinn deiner Mama vor der logischen, nüchternen, aber haßerfüllten geistigen Gesundheit zu rechtfertigen versuchst.«[59]

*In Irrenhäusern gibt es keine Intellektuellen.*
– Carl Solomon

Ginsbergs Tage vergingen in starrer Routine; alles hatte seine Zeit: Rasieren, Essen, Sonnenbad und Beschäftigungstherapie. Während der Nachmittage sah er den Schiffen zu, die träge unter der George Washington Bridge hindurchzogen; sie wurden ihm zum »Symbol all dessen, was real und von Dauer ist«.[60] Er schrieb Gedichte, einige davon erschienen Jahre später in *The Gates of Wrath* und *Empty Mirror*.

Für die Psychiater war Ginsberg gescheit und hochgradig neurotisch; zwei-, dreimal die Woche ging er in die Psychotherapie. Seine Therapeuten drängten ihn, sich Amerikas gesetzlichen und sexuellen Normen anzupassen. Carl Solomon bemerkte, daß die Ärzte der Wahnsinn eines Patienten nicht kümmerte, solange er sich innerhalb gesellschaftlich akzeptabler Grenzen hielt; sie griffen nur ein, wenn dieser Wahnsinn konkrete Formen annahm (als Solomon beispielsweise seinem Arzt eine Handvoll Murmeln bot, auf daß der sie schlucke und daran stürbe). Die Therapeuten weigerten sich, Ginsbergs Vision auch nur zu diskutieren, jedes Ausleben seiner Homosexualität lehnten sie ab; seine individuelle Handlungsweise bedachten sie mit dem Etikett »exzentrisch« . »Ich habe ihm zu erklären versucht, wie das mit mir war«, erinnerte sich Ginsberg, »also sagte

*Wahnsinn ist das Durcheinanderbringen verschiedener Realitätsebenen ... Wahnsinn hat nichts mit Visionen zu tun, sondern damit, Ebenen durcheinanderzubringen.*
– William Burroughs an Allen Ginsberg

*Carl Solomon in Allen Ginsbergs Wohnung, ca. 1953*

ich: ›Es ist, als wäre das Telefon lebendig.‹ Also, wäre er ein Arzt mit auch nur einem Funken Grips gewesen, wie die von früher, dann hätte er gesagt: ›Und was sagt das Telefon, Allen?‹ Statt dessen wurde er ärgerlich, stampfte mit dem Fuß und sagte: ›Ein Telefon ist nicht lebendig.‹ Er hatte also nicht die geringste Ahnung, wie es um mich stand.«[61] Die Ansicht dieser Therapeuten von Normalität stand im krassen Gegensatz zu der seines früheren Analytikers, William Burroughs, so daß Ginsberg in Burroughs schließlich einen gestörten faustischen Meister zu sehen begann. »Ach, Düsterer Bill«, schrieb er Kerouac. »Er hat Angst, ich könnte herausfinden, daß er verrückt, daß seine Analyse mit mir eine tragische Farce – keine absurde Farce, aber eine wirklich tragische – gewesen ist, daß er mich irregeführt hat.«[62]

Die Alternativen, die Ginsbergs neue Therapeuten boten, waren freilich nicht befriedigender. Sie bestanden auf Ginsbergs »Gewöhnlichkeit«, bestritten sein lyrisches Talent und verschrieben Konventionalität. »Ich bin hin und hergerissen zwischen einer Absage an die Loyalität & Liebe für die Vergangenheit (die Unterwelt, die mythischen Symbole von Tragödie, Leid und einsamer Größe) und der prosaischen Gefühlsgemeinschaft, in die ich womöglich eintrete, wenn ich meine Bindung an eben jene bürgerlichen Normen bestätige, die ich verworfen hatte«, vertraute Ginsberg seinem Tagebuch an. »Wie leicht es doch ist, diese Werte umzukehren und mich als den geduldigen und nachsichtigen Weisen in einer Nation von Irrenhäusern zu sehen.«[63]

Gegen die von den Psychiatern verschriebene Normalität bot Carl Solomon ein Gegenmittel aus Fleisch und Blut. Immer wieder zitierte er Antonin Artauds Ausspruch, nach dem ein Wahnsinniger einer ist, »der es vorgezogen hat, das zu werden, was der Gesellschaft als wahnsinnig gilt, als einer gewissen höheren Vorstellung von menschlicher Ehre verlustig zu gehen.«[64] Solomon spickte seine Rede mit versteckten Anspielungen, die sich wie surrealistische Aphorismen anhören: »Jeder Mensch lebt nach einem Regelwerk, bei dem er die einzige Ausnahme ist. Und das weiß er auch.«[65] (Als Ginsberg sich solche Aussprüche in sein kleines Notizbuch schrieb, hielt Solomon das für ein Symptom von »Autorenkrankheit«.) Solomon schmuggelte auch Magazine und Bücher in die Klinik (indem er dem Personal weismachte, Harvards literarisches Journal, *Hound and Horn*, sei ein Jagd- und Fischereimagazin) und verbarg Trotzkis *Permanente Revolution* und Ann Balakians *Literarische Ursprünge des Surrealismus* in falschen Schutzumschlägen. Er machte Ginsberg mit Jean Genet und Lous-Ferdinand Céline bekannt. Die beiden schmiedeten Pläne, die man als »Spinnereien aus der psychiatrischen Abteilung« abtat. So schrieben sie einen Brief an T. S. Eliot, der zwar nicht abgeschickt wurde, aber folgendermaßen endete: »Lassen Sie uns Ihnen zum Schluß versichern, daß wir einen guten literarischen Diktator kennen, wenn wir einen sehen: ein cleverer junger Bursche wie Sie, ein richtiger Schlawiner.«[66]

***Blasting:*** *Marihuana rauchen; auch* ***bliazasting,*** *durch Einschub einer zusätzlichen Silbe (wie das im Schaustellergewerbe üblich war): »Bliazasted a moment ago« [Kerouac].*

Ihre Unterhaltungen im Aufenthaltsraum führten nicht selten zum verbalen Schlagabtausch, da die beiden mit diametral entgegengesetzten Positionen spielten und Solomon ein begeisterter Polemiker war. Sich auf Artauds Bild vom Dichter als unvernünftiges

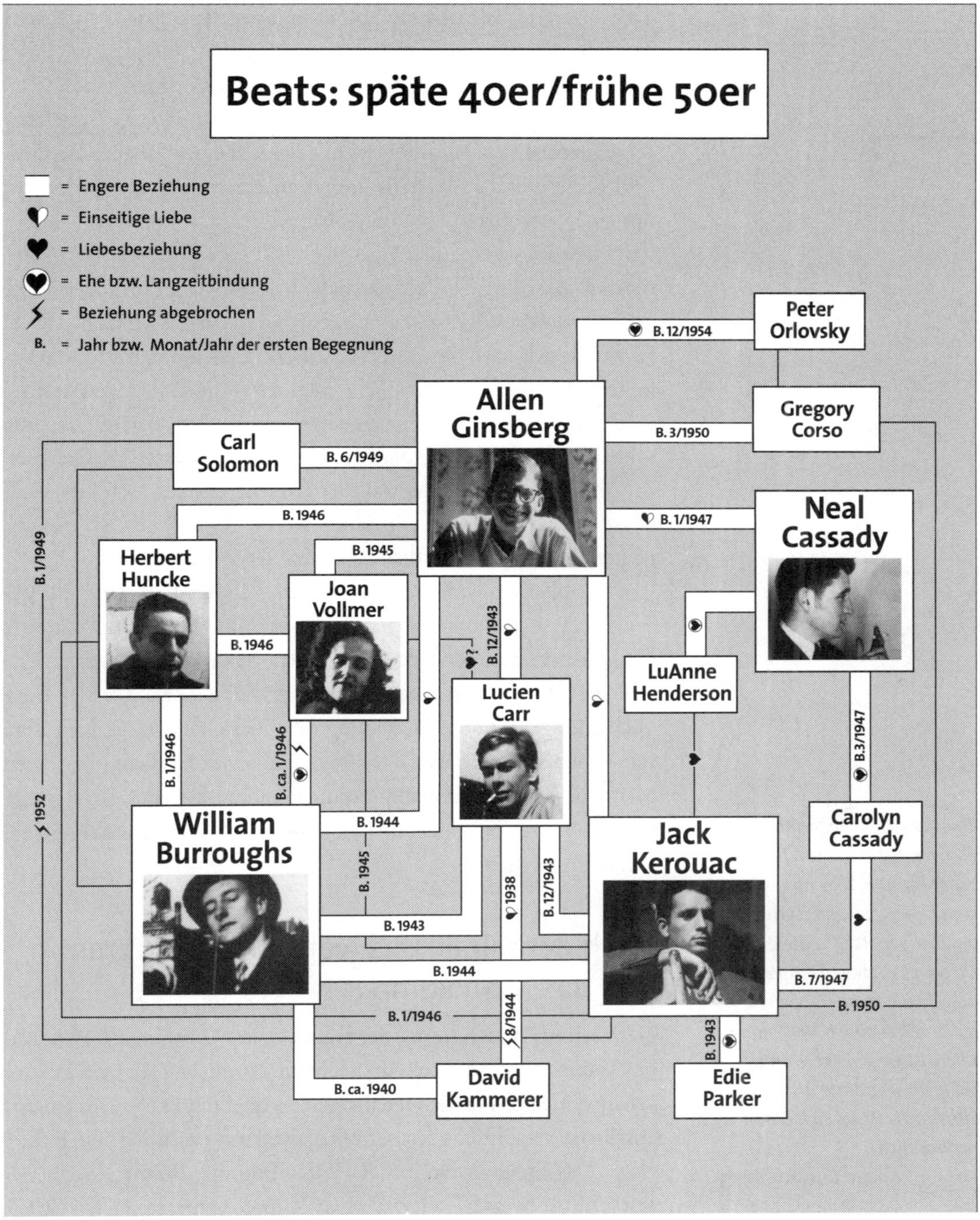

Beats: späte 40er/frühe 50er
= Engere Beziehung
= Einseitige Liebe
= Liebesbeziehung
= Ehe bzw. Langzeitbindung
= Beziehung abgebrochen
B. = Jahr bzw. Monat/Jahr der ersten Begegnung
Peter Orlovsky
B. 12/1954
Allen Ginsberg
Gregory Corso
B. 3/1950
Carl Solomon
B. 6/1949
Neal Cassady
B. 1/1947
B. 1946
B. 1945
Herbert Huncke
Joan Vollmer
B. 1946
B. 12/1943
Lucien Carr
LuAnne Henderson
B. 1/1949
B. 1/1946
B. ca. 1/1946
B. 3/1947
1952
William Burroughs
B. 1944
Jack Kerouac
Carolyn Cassady
B. 1945
1938
B. 12/1943
B. 1943
B. 1944
B. 7/1947
B. 1950
B. 1/1946
8/1944
B. 1943
B. ca. 1940
David Kammerer
Edie Parker

Tier berufend, verspottete Solomon Ginsbergs Wordsworthsche Sensibilität als Phantastereien einer »bekloppten Osterglocke«.[67] Walt Whitman nannte Solomon einen politischen, Ginsberg einen sexuellen Revolutionär. Solomon beschrieb ihre erfrischende Beziehung folgendermaßen: »Myshkin ist ein Talent, aber das ist auch Kirilow, und Kirilow wird Myshkin immer zusetzen, und so werden wir immer eine wohlgerundete Erde haben.«[68]

Als Ginsberg am 27. Februar 1950, zwei Monate nach Solomons Entlassung, das Psychiatrische Institut wieder verließ, gelobte er sich, ein neues Blatt aufzuschlagen, diesmal in der wirklichen Welt. Er würde sich nach einem Job umzusehen, als Journalist für die Arbeiter schreiben, das Alltägliche über das Visionäre stellen und sexuelle Beziehungen mit Frauen eingehen. Am Tag seiner Entlassung schrieb er Kerouac eine Nachricht, in der sein fester Vorsatz Ausdruck fand: »Ein Wendepunkt ist erreicht, insofern ich keine homosexuellen Affären mehr haben werde. Mein Wille ist jetzt frei genug, um dir das schriftlich zu geben, als endgültige Erklärung.«[69]

Außerdem wollte Ginsberg Lyrik schreiben, die eine eher geordnete Vision der wirklichen Welt bot – »mit einer Satzstruktur & Gedanken bestimmenden Strophen, jede Strophe eine Aussage, jede Zeile mit Bezug auf die anderen gesetzt.«[70] Einer seiner ersten Tagebucheinträge nach der Entlassung reflektierte jedoch die Kehrseite seines neuen Entschlusses: »Schreib ein langes Gedicht über einen Mann, dessen Stolz der Vergessenheit anheim gegeben ist. Impulse gegenläufig zur Normalität – meine sind der Abschaum. Schreib geheime Phantasie.«[71]

*You say you have found out you are just a human like other humans. Human, Allen, is an adjective, and its use as a noun is in itself regrettable. Du sagst, du hast festgestellt, daß du ein Mensch bist wie jeder andere auch. »Human«, Allen, ist ein Adjektiv, und seine Verwendung als Substantiv ist an sich schon bedauerlich.*

– William Burroughs an Allen Ginsberg

## Nach der Klinik: Das Normalitätsprogramm und das »San Remo«

Nach seiner Entlassung aus der Klinik kehrte Ginsberg ins Haus seines Vaters zurück und stürzte sich in die Normalität: Er fand Jobs, er vermied metaphysische Gedanken, er schlief mit Frauen. Ginsbergs ernsthafte Versöhnung mit der Alltagswelt war – zum Teil – ein Erfolg.

Das Ereignis, das am glattesten über die Bühne ging, war – erstaunlicherweise – der Verlust seiner heterosexuellen Jungfräulichkeit. Drei Monate nach seiner Entlassung lernte er Helen Parker kennen, eine Frau Mitte dreißig mit zwei Kindern, die Ginsberg mit ihrem Sinn für das Werk von William Carlos Williams beeindruckte. Zuerst spielte Ginsberg befangen den ungarischen Gecken aus den Scharaden, die er bei Joan Vollmer aufgeführt hatte, aber nach und nach fühlte er sich sicher genug, um sich selbst darzustellen. Das erste Mal mit Helen Parker erwies sich als ebenso natürlich wie erfrischend. »Also die ersten Tage nachdem ich meine Jungfräulichkeit verloren habe – fühlt sich da jeder so?« Er verurteilte seine Homosexualität als »kitschig, unnötig, morbide, so bar jeder Vollkommenheit und gegenseitiger Liebe, daß sie fast so schlimm ist wie Impotenz und Zölibat, was sie ja praktisch auch ist«.[72]

*Square: Konformist, der durchorganisierte Mensch, der solide Bürger; seit den vierziger Jahren: »A square is some guy who forces himself arbitrarily into a square autolife mold« [Corso].*

Trotz dieser Denunzierung hatte Ginsberg weiterhin seine Freude an homosexuellen Phantasien, seine sexuellen Beziehungen während der nächsten fünf Jahre jedoch waren hauptsächlich heterosexuell; mußte er sich zunächst bewußt dazu zwingen, so kam er schließlich durchaus auf den Geschmack. Die stabilste seiner heterosexuellen Beziehungen, mit einem »wirklich irre süßen Mädel«[73] namens Dusty Moreland, führte sogar zu einem Heiratsantrag. Bei der Schilderung dieser Beziehung war jedoch von Erotik nichts zu spüren: »Wir unterhalten uns viel, schlafen hin und wieder, bumsen jedoch nie.«[74] In der Hoffnung, sein homosexuelles Verlangen und den Plan, sein Leben mit einer Frau zu teilen, unter einen Hut bringen zu können, kam er im Traum auf eine neue Idee: »Die Lösung des Problems sind zwei Schwänze.«[75]

Weitere Probleme hatte Ginsberg mit seinen Jobs. »Einfach zu existieren und Obst von Bäumen zu pflücken, ist für mich Arbeit genug«, schrieb er an Lionel Trilling vor seiner Zeit in der Klinik. »Zu schade, daß man alle Bäume umgehauen hat.«[76] Man feuerte Ginsberg beim *Labor Herald*, einem Gewerkschaftsblatt der American Federation of Labor, bei einer Zierbandfabrik und einer literarischen Agentur. Am Fließband der Bänderfabrik verlor er sich in Gedanken, bei der Agentur tippte er schlampig, er war unaufmerksam und schüchtern – schließlich kam er zu dem Schluß, daß er jeden Job in seinem Leben verbocken würde. »Also ehrlich, die wirkliche Welt ist mein Untergang«, schrieb er an Cassady.[77] Besser erging es ihm als

*Was ist übrigens aus Als Normalitätsprogramm geworden? ... Also ich war wirklich froh, als er diesen Kopfsprung von wegen »Komm, wir suchen uns einen Platz in der normalen Gesellschaft« abbrach.*
– William Burroughs über Allen Ginsberg

*In such places as Greenwich Village, a ménage-à-trois was completed – the bohemian and the juvenile delinquent came face-to-face with the Negro, and the hipster was a fact in American life.*
*An Orten wie Greenwich Village kam es zu einer ménage-à-trois: Bohemien und jugendlicher Straftäter stießen auf den Neger, und Amerika hatte den Hipster.*
– Norman Mailer

Marktforscher bei einer Werbefirma, wo er sich den Kopf mit der Frage zerbrach: »Wie verkauft man Ipana-Zahnpasta?«

Einen Ausgleich zu den Anforderungen der wirklichen Welt fand Ginsberg in der Wärme seiner Freunde. Zu diesem engen Kreis gehörten einige alte Freunde von der Columbia (Lucien Carr, Kerouac), einige Dichter, mit denen er sich jüngst angefreundet hatte (Philip Lamantia, Richard Howard, John Hollander und dessen künftige Frau Ann Loser), Bill Cannastra, der in Harvard Jura studiert hatte, und Carl Solomon. Außerdem verkehrte Allen in einem größeren Bekanntenkreis, der praktisch aus den Stammgästen des »San Remo« bestand. Dieser mittlerweile legendäre Treff in Greenwich Village wurde zum gesellschaftlichen Bezugspunkt, der den Hoffnungen seiner Therapeuten oder den Forderungen seiner Arbeitgeber diametral entgegenstand. So wie früher Joan Vollmers Wohnung für Ginsbergs intime Gesellschaft gesorgt hatte, bot ihm jetzt das »San Remo« einen größeren Zirkel aus Bohemiens, Künstlern, Homosexuellen, Schriftstellern und Hipstern.

## Das »San Remo«

*Trotzen die traurigen Typen aus dem Remo einem teuflischen System, und wenn sie sich lieben, triumphieren sie dann darüber?*
– Judith Malina über das »San Remo«

1925 als Arbeiterbar gegründet, war das »San Remo« – mit seinen vernarbten Holznischen, dem schwarzweiß gefliesten Boden und der Blechkassettendecke noch immer intakt – nach dem Zweiten Weltkrieg zum Hipstertreff geworden. Die Bar lag an der Nordwestecke der Kreuzung Bleecker und MacDougal Street, gleich südlich vom Washington Square. Letzterer war seit den zehner Jahren des 20. Jahrhunderts das Zentrum der amerikanischen Boheme; die Mieten waren erschwinglich, die Italiener des Viertels tolerant, es gab billiges Essen, und die ehemaligen Stallungen eigneten sich ideal für Ateliers. Der Stil der Boheme änderte sich mit den Dekaden ebenso wie ihre typischen Treffs. In den dreißiger Jahren waren es Cafeterias wie »Stewart's« und die »Life Cafeteria«, in den Vierzigern war es »George's Bar«, und nach dem Zweiten Weltkrieg bis in die Mitte der fünfziger Jahre eben das »San Remo«. Chandler Brossard, einer der Stammgäste dort, beschrieb seine Bedeutung für Bohemiens und Hipster folgendermaßen: »Das ›San Remo‹ in der MacDougal Street ist ein göttlicher und exklusiver Schlupfwinkel. Es ist der Büstenhalter von Gargantuas Mutter. Es ist das Ruderboot, in dem George Washington die Flucht aus dem Land gelang. Es ist unsere Chinesische Mauer.«[78]

Für viele Bewohner des Village war das »San Remo« eine Erweiterung ihrer komfortlosen Behausungen. Hier konnte man isoliert in der Menge sitzen, den »stärksten Espresso außerhalb Siziliens«[79] schlürfen, sich an einem Bier zu fünfzehn Cent festhalten oder einen hochprozentigen Schnaps kippen. Am beliebtesten waren die Martinis, die die Mitglieder der »Kleinen Mafia«, wie man sie nannte, kredenzten, denn sie boten den meisten Alkohol für den Dollar. Über der Bar hing eine Fotografie von Maxwell Bodenheim, dem Dichter-Bohemien und Penner par excellence.

Für die jüngste Generation der Boheme war das »San Remo« New Yorks beste Pariser Bar, Sucht und nächtlicher Treffpunkt, der bis in die frühen Morgenstunden geöffnet hatte, in einem. Die Mitglieder von Judith Malinas und Julian Becks Living Theatre kamen nach den Proben hierher, Paul Goodmans Therapiegruppe unterhielt sich hier nach den Sitzungen weiter, und Homosexuelle besuchten die Bar, vor allem am Donnerstagabend, um jemanden aufzugabeln. (Zwischen den »Süchtigen und den Schwuchteln«[80] spürte man eine deutliche Antipathie.) Besucher begegneten dort Malern (Jackson Pollock, Larry Rivers), Dichtern (Frank O'Hara, John Ashbury) und Romanciers (James Agee), Seeleuten und Gaunern. Bei Diskussionen um Reich, Existentialismus, Jazz und Marihuana herrschte eine *atmosphère maudite*, die einige dazu brachte, die Bar »San Remorse« (Remorse = Reue, oder französisch: sans remords = »ohne Reue«) zu nennen. »Der Mittelpunkt meines Universums?« fragte Judith Malina sich.[81]

Allen Ginsberg nannte die Stammgäste der Bar *subterraneans* (»Unterirdische«, einen Begriff, den Kerouac später als Titel für seinen Roman über die Szene im »San Remo« nahm) - aber am häufigsten war der Begriff »hipster« zu hören. Dieser gesellschaftliche Typus, im gedruckten Kontext zum erstenmal nach dem Zweiten Weltkrieg definiert, umfaßte eine Gemengelage aus Existentialismus, Drogen und Jazz. Er bot Amerikas Beat Generation das am schärfsten gezeichnete Modell für den nonkonformistischen Bohemien.

**Stammgäste des »San Remo« (Anfang der fünfziger Jahre)**

James Agee
Julian Beck
Maxwell Bodenheim
Chandler Brossard
Anatole Broyard
John Cage
Gregory Corso
Merce Cunningham
Miles Davis
Dorothy Day
Paul Goodman
Joe Gould
John Clellon Holmes
Chester Kallman
Jack Kerouac
Judith Malina
Harold Norse
Frank O'Hara
Jackson Pollock
Larry Rivers
Gore Vidal

**Symptome des Hipsters**
Steht auf Jazz, speziell Bebop, speziell Charlie Parker
Barett
Ziegenbärtchen
Formelle Kleidung: »gepolsterte Schultern, Hose eng an der Hüfte, eng um die Stulpen, Hut mit Sieben-Zentimeter-Krempe, Rollkragen, dunkle Brille«
Raucht Marihuana
Trinkt starken Espresso
Arbeitet nicht
Sitzt im »San Remo« herum
Kennt sich im Existentialismus aus
Trinkt viel
Jeans
Schwarzer Rolli
Schwarzer Pulli
Steht auf Lord Buckley

Anatole Broyard bezeichnete den Hipster als »den illegitimen Sohn der Lost Generation«[82], und Norman Mailer nannte ihn »den weißen Neger«. Er (diese Spezies war in der Regel männlich) verwarf das Leben der Mittelschicht und zog das persönliche Es dem gesellschaftlich geprägten Über-Ich vor. Er hatte nichts von der Unschuld und dem Idealismus der romantischen Rebellen der Boheme der zehner Jahre; er war, in Norman Mailers Worten, eher »ein psychischer Gesetzloser« denn ein gegenkultureller Utopist. Er blickte gen Harlem, um sich inspirieren zu lassen.

Das Hipstertum hatte wenig mit Marxismus zu tun, hielt es aber mit einem revolutionären Lebensstil. Mailer bemerkte: »Der Hipster ist der erste Hauch einer zweiten Revolution in diesem Land.«[83] Während des Zweiten Weltkriegs halbwüchsig, trat er unter dem Eindruck des Holocaust und der ersten Atombombe ins Erwachsenenalter ein. Statt des literarischen Kanons las er eine Mischung aus Texten, die ein Beobachter folgendermaßen beschrieb: »Rexroth und Rimbaud, Henry Miller und *Mad Comics*, Sartre und Science Fiction, Jazzmagazine und Wichsvorlagen.«[84] Er befleißigte sich einer »coolen« Haltung existentieller Neutralität; ein Autor beschrieb die Hipsters als »die Kriegsdienstverweigerer der Kommerzkultur«.[85] Marihuana war gefragt, Jazz allgegenwärtig und die Haltung strikt »cool«. Ein erhobener Finger stand für ein Winken, die flüchtige Begegnung zweier Handflächen für einen Händedruck. Der Hipster bewegte sich langsam und katzenhaft. Seine bevorzugte Farbe war schwarz (Pulli, Rolli, Trikot), die Augen versteckte er hinter einer schwarzen Brille, und getanzt wurde auf keinen Fall auf den Beat. Die Hipsters waren Amerikas Version des Untergrunds oder, wie Norman Mailer es formulierte, »die rebellische Zelle im Körper unserer Gesellschaft«.[86]

## Auftritt Gregory Corso

*Wild mad eastside funny Gregory.*
*East-Side-Gregory – wild, irre, spaßig.*
– Jack Kerouac über Gregory Corso

Gegenüber vom »San Remo« wurde 1930 Gregory Corso geboren. Seine achtzehnjährige Mutter, Michelina, ging sechs Monate nach seiner Geburt zurück nach Italien, und sein Vater, Fortunato, gab ihn in Pflege. Die Agentur, die sich um Pflegeeltern kümmerte, war der Ansicht, es sei ungesund für die Kinder, allzu starke Bindungen einzugehen. Als Gregory im Alter von zehn Jahren zu seinem Vater zurückkam, hatte er bei drei verschiedenen »Eltern« gelebt. Sein zweijähriges Gastspiel bei Vater und Stiefmutter erwies sich als schmerzhaft, weil beide sich lautstark über sein häufiges Bettnässen mokierten. Mit zwölf landete er, nachdem er das Radio eines Nachbarn gestohlen hatte, für vier Monate in einem Erziehungsheim. Hier verprügelte man ihn so oft, daß er verzweifelt die Hände durchs Fenster stieß, worauf man ihn zur Beobachtung in die Kinderabteilung des Bellevue Hospital überwies. Von dort kam er in ein Heim der Christian Brothers und landete schließlich, einige Monate später, auf der Straße. Er schlief in der U-Bahn und auf Hausdächern, klaute Schulmädchen das Pausenbrot und stahl Kleinigkeiten, um zu überleben. Seine Schulbildung endete mit der sechsten Klasse.

Mit sechzehn planten Corso und zwei Komplizen einen Raub, der raffinierter und profitabler war als die Kleindiebstähle von früher; sie setzten Walkie-Talkies ein, um eine Filiale der Household Finance auszurauben. Mit seinem Anteil von 7.000 Dollar ging Corso nach Florida. Seine Partner hauten auf den Putz, wurden gefaßt und verpfiffen ihn. Unabhängig davon fand die Polizei in Florida es merkwürdig, daß ein Halbwüchsiger in einem Zoot Suit dort allein Urlaub machte, und nahm ihn fest. Man schickte ihn ins Clinton State Prison nach Dannemora. Er war einer der jüngsten Häftlinge dort, und das in einer Umgebung, die bedrohlicher war als alle, die er bis dahin kennengelernt hatte; er beherzigte schließlich den Rat dort einsitzender Mafiosi und markierte den Clown, um das Ganze zu überstehen.

Wie Neal Cassady bildete Corso sich während seiner dreijährigen Haftstrafe selbst. Er begann mit einem Wörterbuch aus dem Jahr 1905 zu lernen, und las dann, unter der Anleitung eines älteren Mitgefangenen, *Die Brüder Karamasow*, *Die Elenden* und Bücher über klassische griechische Geschichte. Sein Favorit war Shelley, der Lyrik als Stimulation »nicht wahrgenommener Gedankenverbindungen« zur Reform der moralischen Anlagen der Menschheit verstand.[87] Corso begann Gedichte zu schreiben, als ethischer Akt, der den Abwärtskurs der Gesellschaft aufhalten und für einen Zustand sorgen sollte, »in dem er kein Unrecht mehr sehen und somit Liebe und Symphathie für alles empfinden kann«.[88]

***Blow one's top:*** *Verrückt werden, entweder durch einen psychotischen Zusammenbruch oder durch exzessiven Marihuanakonsum: »The weed available in the U. S. is evidently not strong enough to blow your top on and weed psychosis is rare in the States« [Burroughs].*

*If you believe you're a poet,*
*then you're saved.*
*Wenn du dich für einen*
*Dichter hältst, bist du gerettet.*
– Gregory Corso

Als er 1950 aus dem Gefängnis kam, zog Corso nach New York und nahm sich eine möblierte Bodenkammer im Westabschnitt der 12. Straße. Im nahegelegenen Pony Stable, einem Treff für Lesbierinnen in Greenwich Village, sah Allen Ginsberg Corso zum erstenmal sitzen, einen Stapel seiner getippten Gedichte neben sich auf dem Tisch. Hocherfreut, ausgerechnet in dieser Umgebung einem Dichterkollegen zu begegnen, und zudem äußerst angetan von der nervösen, dunklen Erscheinung des Zweiundzwanzigjährigen, sprach Ginsberg ihn an. Er machte sich an die Lektüre von Corsos Gedichten und fand gar manches, was ihm gefiel. Vor allem eine Passage beeindruckte ihn: »Die Steinwelt kam zu mir und sagte: Fleisch gibt eine Stunde Leben dir.«[89]

Diese Begegnung über die Lyrik eröffnete den beiden Männern die Möglichkeit, intimer zu werden. Ginsberg erzählte, in der für die Beats typischen Bekenntnismanier, seine Lebensgeschichte, und Corso tat es ihm nach. Schließlich schilderte Corso sein allabendliches Ritual: Von seinem dunklen Zimmer aus sah er über

*Der Dichter Gregory Corso in Paris*

die 12. Straße in das im dritten Stock gelegene Zimmer einer jungen Frau, und während sie ein Bad nahm und dann ihren Freund liebte, masturbierte Corso dazu. Er hatte die Phantasie, sich ihr eines Tages vorzustellen. Während Corso die Geschichte erzählte, wurde Ginsberg klar, daß Corso direkt gegenüber von seiner Freundin, Dusty Moreland, wohnte, und die geradezu unwahrscheinliche Tatsache, daß Corso Ginsbergs heterosexuelle Liebesakte mit ihr beobachtet haben sollte, verlieh ihrer Beziehung auch noch einen erotischen *frisson*. Tags darauf ließ Ginsberg Corsos Phantasie in Erfüllung gehen, indem er ihm das Objekt seiner voyeuristischen Freuden vorstellte.

Alsbald stellte Ginsberg ihn auch Kerouac, John Clellon Holmes und anderen Schriftstellern vor, und Corso wurde von der Autorengemeinde rasch als einer der ihren akzeptiert. »Ich tat mich immer schwer, Freundschaften zu schließen, schon gar im Gefängnis«, sagte Corso. »Aber wenn man so aus dem Gefängnis kommt, und man ist Dichter und der andere auch, verstehen Sie, dann freundet man sich automatisch an. Ich sah das aber nicht so. Ich brauchte eine Weile, bevor ich mit diesen Leute warm wurde.«[90] Den größten Einfluß auf Corso hatten Ginsberg, da er Zuspruch und gelegentlich auch eine Schlafgelegenheit bot, und Kerouac, dessen spontaner Prosa er nacheiferte. Corso beschrieb Kerouac später als »einen jungen Christus des Beat« und schrieb nach Kerouacs Tod seinem Freund eine ergreifende Elegie: »Wie untrennbar – du und das Amerika, das du sahst, aber nie erleben solltest.«[91]

*Weil Jack, wie ich, wir sprechen das Unaussprechliche. Und wir fühlen uns frei. Wir sind Amerikaner, warum nicht?*

– Gregory Corso

In Corsos Lyrik verbanden sich eine Besessenheit von destruktiven Kräften und ein romantischer Glauben an die erlösende Kraft des Gedichts. Um der Beschwörung von Schönheit einerseits und andererseits um der Änderung des Bewußtseins willen mischte er scheinbar nicht zusammenpassende und willkürliche Bilder. Während seines Wanderlebens in den Fünfzigern war er oft von den befreundeten Beats getrennt. Mitte der fünfziger Jahre zum Beispiel brachte ihn der Dichter Bunny Lang nach Cambridge, wo er sich in Frank O'Haras Kreis bewegte. Als City Lights 1958 seine Sammlung *Gasoline* veröffentlichte, wurde Corso anerkannt, und er gab einige Lesungen mit Ginsberg und Peter Orlovsky. Seine Gedichte reflektierten seine Rolle als »unabhängiger Gauner-Held mit einer Menge

***Viper, dope fiend:*** *Wörter für den Drogensüchtigen aus den zwanziger Jahren; die Vorläufer von **junky**.*

*Wenn du die Wahl zwischen zwei Dingen hast und kannst dich nicht entscheiden, nimm beide.*

– Gregory Corso

gesundem Menschenverstand«.[92] In Ginsbergs Worten: »Ein Grund, warum ich auf Gregory stehe, – er schreibt über alles, Socken, die Army, Essen, Arnold, Looney. Und so schreibt er eben jetzt auch EIN GROSSES GEDICHT über die Bombe. Er hat den poetischen Erfahrungsbereich erweitert wie kein anderer, den ich kenne.«[93]

## Auf der Suche nach einer Stimme: Ginsbergs Begegnung mit William Carlos Williams

Einen Monat nach seiner Entlassung aus dem Psychiatrischen Institut hörte Allen Ginsberg, William Carlos Williams lese im Guggenheim. Vier Jahre zuvor hatte er für den *Passaic Valley Examiner* Williams' *Paterson (1)* rezensiert und war dabei hauptsächlich zu dem Schluß gekommen, »das Buch und ich haben wenig gemein«.[94] Williams persönlich im Guggenheim zu hören, fand er aufregend, obwohl Williams im Publikum Widerstand spürte und kurz darauf über seinen vereitelten Versuch, das Publikum zu *bewegen*, schrieb. »Aber sie sind nicht zu bewegen«, meinte er. »Es ist wie sonst auch – um etwas zu bewegen, muß man es erst ins Wanken bringen, dann auf die Knie heben, dann hoch. Aber das einzige, was sie ins Wanken bringt, ist der alte Schwung der Religiosität. Und den können sie haben.«[95] Ginsberg jedoch war beeindruckt; er hoffte, den Dichter noch am selben Abend kennenzulernen, winkte ihm aber dann nur zu. Zwei Tage später schickte er dem sechzigjährigen Dichter einen langen Brief. »Ich möchte Ihnen meine Gegenwart in Paterson kundtun«, schrieb er Williams, »und ich hoffe, Sie nehmen Beiliegendes von mir an, von einem unbekannten jungen Dichter, an Sie, einen unbekannten alten Dichter, die wir im selben schäbigen Bezirk dieser Welt leben.«[96] Er legte einen Stapel Gedichte bei, die er während seines Klinikaufenthalts geschrieben hatte, ein wenig gereimte Lyrik und ein verrücktes Lied, »zu singen von Groucho Marx zu einer Bop-Begleitung«.[97] Bombastisch verkündet Ginsberg: »Ich stelle mir für mich eine neue Art Sprache vor.«[98]

Auf der Suche nach einer neuen Sprache hätte Ginsberg in ganz Amerika keinen geeigneteren Dichter finden können, und ihre geographische Nähe war schlicht ein Glücksfall. Fleißiger als die an-

deren Angehörigen seiner Generation förderte Williams die Fortsetzung von Amerikas lyrischer Avantgarde, und seine Geschichte geht bis zur epochemachenden Armory Show im Jahre 1923 zurück. Womöglich durch jene Ausstellung moderner Kunst inspiriert, schrieb Williams der Zeitschrift *Poetry* von seinem künstlerischen Gegenstück, der modernen Lyrik: »Es ist die neue Saat, das eine kleine neue Saatkorn, das letztlich zählt: Es bedeckt schließlich und endlich die Felder mit kräftigem Wuchs.«[99]

*Mentor der Beats, William Carlos Williams in seinem Büro in Paterson, New Jersey; Foto: Eve Arnold.*

Zur Generation amerikanischer Dichter, die in den zehner Jahren des 20. Jahrhunderts die Revolution des Wortes in die Wege geleitet haben, gehören so wichtige Gestalten des modernen Kanons wie Ezra Pound, T. S. Eliot, Wallace Stevens und Marianne Moore. Aber es war William Carlos Williams, der am aktivsten daran arbeitete, die Tradition der modernen amerikanischen Lyrik weiterzuführen. In den zehner und zwanziger Jahren hatten Ezra Pound und Amy Lowell als Impresarios der Lyrik fungiert, während T. S. Eliot als geschmackbildender Herausgeber von *The Criterion* und Lektor bei Faber & Faber regierte. Aber Lowell starb, Eliot konvertierte zum Katholizismus und wurde zum »Papst vom Russell Square«, und Pound erklärte treffend: »Mit über fünfzig Jahren kann man kein Telefonbuch junger Schriftsteller mehr sein«.[100] Williams dagegen unter-

**Jüngere Dichter, die William Carlos Williams gefielen**
Robert Creeley
Charles Henri Ford
Allen Ginsberg
David Ignatow
H. H. Lewis
Charles Olson
George Oppen
Kenneth Patchen
Kenneth Rexroth
Muriel Rukeyser
Charles Tomlinson
Parker Tyler
Louis Zukofsky

stützte weiterhin junge Dichter. Er las und besprach ihre Arbeiten, schrieb Rezensionen und Einführungen für ihre Sammlungen und korrespondierte mit jeder nachfolgenden Generation. So hatte Williams beispielsweise innerhalb der zwei Monate nach Ginsbergs Brief auch die erste Korrespondenz von zwei Schlüsselfiguren der jüngsten Generation erhalten: von Charles Olson und Robert Creeley. Damit agierte Williams von den zehner bis in die fünfziger Jahre als wesentlicher Kontaktmann zwischen den Generationen, bevor er die Staffel an Allen Ginsberg übergab.

Williams freute sich so sehr über Ginsbergs Brief, daß er ihn in Buch Vier seines Epos *Paterson* abdruckte und den Brief dabei mit »A. P.« signierte. (Sollte das »Allen Paterson« heißen? fragte Ginsberg, worauf Williams antwortete, nein, es hieß »A Poet«.) Ginsberg wurde zu einem Quell neuer Vitalität für Williams, der mit siebenundsechzig das Gefühl hatte, sein kreatives Leben nähere sich langsam dem Ende. Wie er Robert Lowell schrieb: »Ich interessiere mich da neuerdings für einen jungen Dichter, Allen Ginsberg, aus Paterson – der für mich zur Personifizierung dieser Stadt wird.«[101] In Ginsbergs Gedichten jedoch fand Williams wenig, was sich neu anhörte. Obwohl der junge Dichter ein überdurchschnittliches Verständnis für den gereimten Vers zeigte, riet Williams ihm sachte, aber unverblümt: »In diesem Genre ist Perfektion alles.«[102] Bevor Ginsberg das Idiom nicht völlig beherrschte und solange seine Arbeit nicht in den Gegenständen und Einzelheiten des Alltagslebens wurzelte, konnte Williams die Richtung seiner Lyrik nicht fördern.

Auch Kerouac redete Ginsberg zu, er solle ein Mosaik aus Details schaffen, und zwar mit Hilfe der »Skizzen«-Methode, mit der er 1951 begonnen hatte und die schnörkellos aufzeichnet, was das Auge sieht, anstatt etwas »Lyrisches« schaffen zu wollen. Genau diese Art von präzisen Beobachtungen pflegte Ginsberg bereits in seinen Tagebüchern, dazwischen mischten sich intime Beichten, Traumaufzeichnungen, Selbstanalysen und erste Entwürfe zu Gedichten.

***Deep form:** Jack Kerouacs Begriff für eine Art zu schreiben, die sowohl die vertikale, metaphysische Tiefe als auch das horizontale narrative Moment auflöste*

Im Einklang mit dem Rat von Kerouac und Williams wählte Ginsberg beschreibende Passagen aus seinen Tagebüchern aus, isolierte die intensivsten Fragmente und arrangierte sie wie eines von Williams' Gedichten. Von der Seite gerahmt, die Zeilen nach Atemlänge oder Silben umbrochen, erhielten die Fragmente plötzlich eine ganz neue Kraft. Viele Jahre später, als er sich in einem Tagebuch aus dem Jahr 1947 – der Zeit in Denver – die Beschreibung einiger Maurer in Arbeitskleidung beim Vespern ansah, die mittlerweile in Gedichtform vorlag, erklärte Ginsberg, er habe unabsichtlich »einen kleinen Splitter ewigen Raums«[103] geschaffen. In den drei letzten Zeilen – »es dunkelt, als wolle es regnen / und der Wind über den Bäumen an der / Straße durchdringt sie fast schon scharf«[104] – hatte Ginsberg das Gefühl, endlich den transzendentalen Augenblick geschildert zu haben, den er in seinen Sonetten über die Vision von Blake so erfolglos auszudrücken versucht hatte. Freilich erkannte er seine Leistung erst, als er seine neu geordneten Tagebucheinträge im Januar 1952 an William Carlos Williams schickte. Ginsberg fürchtete zu jenem Zeitpunkt vielmehr, als Schriftsteller in eine Sackgasse geraten zu sein.

*Paste this in yr. hat, Ginsberg is the great poet of the jews of the 20th Century in America.*
*Schreibt euch das hinter die Ohren: Ginsberg ist der große jüdische Dichter im Amerika des 20. Jahrhunderts.*
– Jack Kerouac über Allen Ginsberg

Williams reagierte mit außergewöhnlicher Begeisterung: »Sie *müssen* ein Buch machen, ich werde dafür sorgen, daß Sie eines kriegen. Werfen Sie ja nichts weg. Das ist es.«[105] Ginsberg äußerte sich Cassady und Kerouac gegenüber begeistert: Nicht nur daß seine Gedichte veröffentlicht würden (von New Directions, wie er annahm, mit einer Widmung für Herbert Huncke) – nein, sie *alle* könnten jetzt Bücher veröffentlichen: »Wir machen eine riesige Anthologie Amerikanischer Kicks und Geistiger Träumereien. Das Museum Amerikanischen Geistes, eine prächtige Galerie Hipper Amerikanischer Gerätschaften.«[106] Die Gedichte, für die Williams sich einsetzte, sollten allerdings erst fast ein Jahrzehnt später erscheinen, unter dem Titel *Empty Mirror*, und zu diesem Zeitpunkt war Ginsberg bereits international bekannt. 1952 jedoch, zu einem Zeitpunkt, als Ginsberg bereits zu schreiben aufhören wollte, öffnete ihm Williams' enthusiastische Reaktion eine neue Tür zu einem naturalistischen Stil.

Ginsbergs neuer Stil hatte einige der Charakteristika des Imagismus, von jener Bewegung, die die moderne Revolution innerhalb der amerikanischen Lyrik Amerikas ausgelöst hatte. Ginsberg schrieb an Cassady, seine neuen Verse »ziehen das Geschwafel aus bis auf die modernen Knochen«.[107] Wie sich die Dichter der zehner Jahre mit Hilfe der imaginistischen Schreibweise von der formalen Komplexität

***Tea, T:*** *Marihuana, seit den zwanziger Jahren bis heute: »Let's sip some tea« [Huncke]. Eine der Variationen:* ***Orange Pekoe.***

**Die Drei Regeln des Imagismus, von Ezra Pound**

1. *Direkte Behandlung des »Dings«, sei sie subjektiv oder objektiv*
2. *Nicht ein einziges Wort benutzen, das nicht zur Präsentation beiträgt.*
3. *Was den Rhythmus anbelangt: Schreib in der Sequenz der musikalischen Phrase, nicht in der Sequenz des Metronoms.*

und den rhetorischen Exzessen der Romantik befreit hatten, so half Ginsbergs Tagebuchstil ihm, sich von den archaischen Formen zu lösen, die er von seinem Vater und von Lionel Trilling geerbt hatte. Obwohl das neue Werk seine rhetorische Palette säuberte – Ginsbergs ausschweifender Phantasie und seinem Verlangen kam es nicht entgegen. Diese Ehe vollzog Ginsberg erst ein Jahr darauf: »Zum ersten Mal habe ich Phantasie und Verlangen über das dominieren lassen, was man mir, in der psychiatrischen Klinik, in Anpassung an die Realität zu akzeptieren beigebracht hat.«[108] Das Gedicht, das Ginsberg einen »ersten Durchbruch«[109] nannte, war ein heroischer Versuch, seine konfliktbeladene Romanze mit Neal Cassady aufzuarbeiten. Seit dem Tag ihrer Trennung in Houston sechs Jahre zuvor hatten Ginsberg und Cassady miteinander korrespondiert – in Liebe, Haß, Trauer und Reue. Jetzt, machte er sich, in vierunddreißig Strophen, daran, seine Gefühle in eine neu gedachte Geschichte ihrer Beziehung einzubringen, »um mir eine Legende meines armen traurigen Sommers mir dir zu erfinden, aber auch um eine erkennbare Geschichte menschlich-engelhafter Ideale zu schaffen«.[110] Er nannte es »The Green Automobile«, eine Anspielung an Oscar Wildes grüne Nelke: »Neal, jetzt werden wir richtige Helden / in einem Krieg zwischen unseren Schwänzen und der Zeit: / Laß uns Engel des weltlichen Verlangens sein / und die Welt mit uns ins Bett nehmen vor unserem Tod.«[111]

## *On the Road* I: Der Zauber der Straße

*Ich werde alles in allem wohl 41 Staaten gesehen haben. Reicht das für einen amerikanischen Romancier?*

– Jack Kerouac

Nach seiner Reise quer über den Kontinent mit Neal Cassady kehrte Jack Kerouac im Frühjahr 1949 zu seiner Mutter zurück und machte sich an *On the Road*. Zuerst war er unschlüssig, wer der Held werden sollte. Er schwankte zwischen Ray Smith, basierend auf Kerouac selbst, und »Red« Moultrie, einem ehemaligen Sportler und Knastbruder, aus dem ein ungebundener Fernfahrer und Seemann geworden war; letzterer basierte auf Neal Cassady. »Red« Moultrie gewann schließlich, und *On the Road* wurde zu einer religiösen Allegorie über Moultries Suche nach sich selbst in der weiten Landschaft Amerikas. Aus Ray Smith wurde ein idealistischer Anhänger und Beobachter des umherziehenden Helden.

Kerouac schrieb etwa 5.000 Wörter am Tag, und die Erzählhandlung wurde zunehmend komplizierter. Aber sein Versuch, ein Stück amerikanischen Realismus zu schaffen, geriet ihm bald überfrachtet von schriftstellerischen Tricks und spirituellen Metaphern. Er baute Brücken zu *The Town and the Country*, entwickelte eine komplexe Symbolik um Farben und Jahreszeiten und verband Neals Suche mit der amerikanischen Geschichte. Aufgrund all seiner Versuche, »panoramisches Bewußtsein« einzufangen, nahm die Geschichte soviel Fracht auf, daß sie schließlich sank.

Bevor er den Roman beiseite legte, kämpfte Kerouac gegen einen adoleszenten Realismus, eine konventionelle Erzählweise und seine Befangenheit an. In einem Brief vom Mai 1949 legte er seine erste wichtige literarische Maxime dar: Wahrheit läßt sich nicht universell beschreiben, sondern nur »von Augenblick zu Augenblick, unverständlich, unfaßbar, aber schrecklich klar«.[112] Während der nächsten vier Jahre arbeitete er immer wieder an dem Roman; er versuchte eine Stimme zu finden, in der sich seine ontologische Vision ausdrücken ließ.

Kerouac sah sich in Abständen durch direkten oder indirekten Kontakt mit Neal Cassady belebt. Als er beispielsweise seine Mutter 1949 nach Denver brachte, trampte er in die Larimer Street, um sich in der Poolhalle aufzuhalten, in der Neal gespielt hatte, und hörte auf den Cowboyakzent der dortigen Sprache. Im Juli schrieb Cassady Kerouac einen langen Brief, in dem er ihn wissen ließ, daß sich ein Riß zwischen ihnen aufgetan hätte. Während Cassady sich ebenso wie Huncke als vom Schicksal bestimmten Verlierer identifizierte, hielt er Kerouac für gerettet. Bei allem Ringen, so bemerkte Cassady, »war dein tiefer Anker dein Interesse am Schreiben, das dich unfehlbar ins andere Lager warf«.[113] Im nächsten Brief bat Cassady Kerouac, ihn zu besuchen, und versprach ihm Bop, allerhand Verrücktes und schweinische Witze. Kerouac fand ein Auto zum Überführen und machte sich auf den Weg, Neal und Carolyn Cassady in San Francisco zu besuchen. Als er die Grenze zwischen Colorado und Utah passierte, sah er in einer Formation von Kumuli den Finger Gottes, der westwärts nach Kalifornien wies.

**Titelvorschläge für *On the Road***

*Down the Road Night*
*American Road Night*
*Look Out for Your Boy*
*Boy on the Road*
*Hit the Road*
*Lost on the Road*
*Souls on the Road*
*Love on the Road*
*In the Night on the Road*
*Home and the Road*
*Along the Wild Road*

*Americans should know the universe itself as a road, as many roads, as roads for traveling souls.*
*Amerikaner sollten das Universum selbst als Straße kennen, als viele Straßen, als Straßen für reisende Seelen.*
– Walt Whitman

**Kleine Zeitschriften der amerkanischen Avantgarde**

*Poetry* (Harriet Monroe) (seit 1912)
*The Little Review* (Margaret Anderson, Jane Heap) (1914–1929)
*Others* (Alfred Kreymborg) (1915–1919)
*The Dial* (Scofield Thayer and Marianne Moore) (1920–1929)
*Hound and Horn* (Lincoln Kirstein) (1927–1934)
*Blues* (Charles Henri Ford) (1929–1932)
*View* (Charies Henri Ford, Parker Tyler) (1940–1947)
*Neurotica* (Jay Landesman) (1948–1952)
*Origin* (Cid Corman) (1951–1982)
*Black Mountain Review* (Robert Creeley) (1954–1957)

## Veröffentlichungen I: *The Town and the City*

Kerouac, Ginsberg und Burroughs glaubten an die Revolution des Wortes – eine Tradition, die im Amerika der zehner Jahre begonnen und die Literatur des 20. Jahrhunderts verändert hatte. Aber literarische Revolutionäre hatten es noch nie leicht gehabt, veröffentlicht zu werden, und waren ganz und gar auf kleine Zeitschriften angewiesen. Letztere hatten ihre Blütezeit in den zehner und zwanziger Jahren, aber als die Beats zu schreiben begannen, war die große Zeit der kleinen Magazine vorbei. Also sahen sie sich nach Verlegern aus dem Mainstream um, auf hohem und auf niederem Niveau. Das durch und durch respektable Haus Harcourt, Brace veröffentlichte Kerouacs ersten Roman; Burroughs Debüt nahm die ganz und gar auf den Massenmarkt ausgerichtete Ace-Books-Taschenbuchreihe in ihr Programm. Nur Ginsberg war auf alternative Verleger angewiesen; er erschien zuerst in der kleinen Zeitschrift *Neurotica* (herausgegeben von Jay Landesman, 1948 bis 1952) und später bei dem kleinen Verlag City Lights.

Jack Kerouac war der erste, der das Spießrutenlaufen des Veröffentlichtwerdens durchmachte. Nachdem sie das Manuskript von *The Town and the City* gelesen hatten, machten seine Freunde ihm Mut; Ginsberg zum Beispiel nannte es ein »großes literarisches Ereignis«.[114] Die Verleger zeigten sich weniger enthusiastisch. Scribners hatte es rasch abgelehnt; Little, Brown überlegten zu lang. In seiner Eigenschaft als Kerouacs unbezahlter Presseagent bezeichnete Ginsberg den Roman jedem, den er nur kannte, gegenüber als Meisterwerk. Brom Weber, Kerouacs Lehrer an der New School, bat seinen Kollegen Alfred Kazin, den Roman Harcourt, Brace anzutragen. Am 29. März 1949 willigte der Verlag ein, ihn zu veröffentlichen, und bezahlte Kerouac einen Vorschuß von 1.000 Dollar auf seine Tantiemen.

*Komm, wir zwei beiden revolutionieren die amerikanische Literatur und trinken Champagner mit den Starlets in Hollywood.*
– Jack Kerouac an Neal Cassady

Kerouac war naiv genug, im Vorschuß eines großen Verlags ein Versprechen auf Ruhm, Reichtum und ein komfortables Leben von seinen Tantiemen zu sehen. In einem seiner Tagträume von einem normalen Leben malte er sich aus, eine Ranch in Colorado zu kaufen, wo er mit Mutter, Frau und Kindern leben würde. Derlei idyllische Pläne, die immer wieder mal auftauchten, waren für gewöhnlich harmlos, aber mit Geld in der Tasche wurden sie zur Gefahr. Ende Mai 1949 zog er nach Denver und mietete für 75 Dollar im Monat ein Fertighaus in der Vorstadt Westwood. Er ließ Mutter, Schwester und Schwager in das kleine Heim umziehen, erfreut, endlich die Rolle des Brötchenverdieners in der Familie übernehmen zu können. Es braucht jedoch nicht weiter zu überraschen, daß sich der Plan eines Familiendomizils am Fuße der Rockies als Desaster erwies. Gabrielle fühlte sich ohne Freunde und ohne ihre Arbeit in der Schuhfabrik gestrandet, und sie hatte Angst vor einem Erdrutsch.

Jack blieb in Denver, nachdem seine Mutter im Juni wieder an die Ostküste gezogen war, und sein Lektor, Robert Giroux, kam herüber, um ihm bei der Überarbeitung des Manuskripts zu helfen. Der Gedanke, die exponierte Rolle eines Autors zu spielen, machte Kerouac Angst, weil er sich darunter eine gesetzte Erscheinung mit guten Manieren vorstellte, die so ganz anders zu sein hätte als er. Hin und hergerissen zwischen großen Träumen und Angst, machte Kerouac sich Sorgen, das Foto für den Schutzumschlag – mit Anzug, Krawatte, geschlossenem Kragenknopf und angeklatschtem Haar – lasse ihn wie eine »Schwuchtel« aussehen. Außerdem träumte er davon, die Filmrechte an David O. Selznick zu verkaufen. (In seinem Tagebuch stellte er sich bereits die Klassiker vor, die er für den Film bearbeiten würde, darunter *Huckleberry Finn*, *Look Homeward, Angel* und *Die Brüder Karamasow*.) Um wie ein »Autor« auszusehen, kaufte er sich gleich drei neue Outfits, vom perlgrauen Anzug bis hin zum flotten weinfarbenen Sakko. Damit glaubte er für den Reigen der Cocktailpartys und Signierstunden gerüstet zu sein.

*The Town and the City* erschien am 2. März 1950; die Rezensionen fielen respektvoll, aber durchwachsen aus. (In seiner Heimatstadt freilich verwahrte sich die *Lowell Sun* gegen die Darstellung der Stadt und den »billigen Stil«[115] des Autors.) Innerhalb des ersten Monats nach dem Erscheinen war der Verkauf praktisch auf Null zurückgegangen, und Harcourt, Brace stellte die Werbung ein. Nachdem Kerouac schon mit regelmäßigen Tantiemen gerechnet hatte, sah er sich mit der brutalen Tatsache konfrontiert, daß er noch nicht einmal seinen Vorschuß hereinbekam. Seine Enttäuschung und seinen Zorn auf Verleger und Lektor projizierend, behauptete er, man habe das

**Jack Kerouacs Bücherregal**
Thomas Wolfe
Fjodor Dostojewski
Herman Melville
Marcel Proust
James Joyce

*Ich will uns alle beisammen sehen, bevor es zu spät ist, bevor die Saison wegen Vernachlässigung schließt (wie sie das mit der Zeit so an sich haben).*
– Jack Kerouac an Allen Ginsberg

Manuskript seines Gehalts beraubt. Nie wieder, so erklärte er, würde er beim Schreiben Kompromisse eingehen. Es sollte sieben Jahre dauern, bis Kerouac sein nächstes Buch gedruckt sah.

*Gegenüberliegende Seite: Jack Kerouac, Foto von Elliott Erwitt, ca. 1950.*

## Die Arbeit an *On the Road* Teil II: Die Schriftrolle

Am 27. Dezember 1950 öffnete Jack einen dicken getippten Umschlag von Neal. »Ein Gespenst gesehen zu haben ist nicht alles«, begann sein Brief, »Totenmasken stapeln sich, eine über der anderen, bis in den Himmel. Noch geläufiger sind die fahlen Gesichter jener, die aus dem Schatten des Tales zurückgekehrt sind. Was denen, die den Schleier nicht gelüftet haben, freilich kaum etwas sagt.«[116] So ging Neals Brief weiter, 23.000 Wörter lang, ein Mischmasch aus Geschichten um verlorene Lieben, Fehlgeburten, Zwerge, geistig instabile Frauen und homosexuelle Abenteuer. Drei Nachmittage und Abende hatte er sich, high auf Benzedrin, hingesetzt, Zeile für Zeile heruntergetippt und nicht ein Wort redigiert. Eine Geschichte inspirierte die nächste, als Cassady sich in Exkursen erging, um aber immer wieder auf die eigentliche Erzählung zurückzukommen – der Pilgerfahrt seiner Seele.

*Mein Buch hat sich überhaupt nicht verkauft. Es wurde noch nicht einmal entdeckt. Was soll ich sagen, außer daß die Welt sowieso nichts taugt und wir alle es wissen.*
– Jack Kerouac, 1950

Kerouac erklärte den Brief zur »besten Geschichte«, die ein Amerikaner je geschrieben hatte, besser noch als Wolfe und Céline, auf einer Ebene mit Joyce und Dostojewski zu ihrer besten Zeit. Er erklärte, Cassady würde zum Auslöser einer neuen amerikanischen Renaissance. Amerikas Außenseiter hätten jetzt »eine Vision, die allein ihnen gehört, beredt, ehrlich, göttlich und rein«,[117] und Neal wurde zu »einem Koloß, der aufgestiegen ist, Denver zu zerstören!«[118] Ginsberg pflichtete ihm bei, daß der Brief ein »nahezu reines Meisterwerk«[119] sei, aber Cassady nahm ihre Loblieder nicht allzu ernst: »Das ganze verrückte Trara, das ihr Jungs um meinen Großen Brief macht, freut mich echt riesig, aber wir wissen doch alle, ich bin nur ein Hauch und ein Traum.«[120]

*Ich kenne mich aus in der Literatur, und ich würde eher auf dich setzen als auf Harrington, Allen & sogar Bill & Lucien, trotz all ihrer Schlauheit. Du hast die ausgezehrte Seele eines Dosty. Glaub mir.*
– Jack Kerouac an Neal Cassady

Das Beweismaterial für den legendären »Joan-Brief« (wie er in der Beat-Hagiographie heißt) ist lückenhaft; viele Teile davon sind verloren. Die erhaltene Erzählung durchpulst eine von Ampheta-

*Ich finde, man sollte so genau wie möglich schreiben, als wäre man der erste Mensch auf Erden, der demütig und ernsthaft zu Papier bringt, was er gesehen, erfahren, geliebt und verloren hat; seine flüchtigen Gedanken, seinen Kummer, seine Wünsche.*
– Neal Cassady an Jack Kerouac

minen getriebene Willkür; sie übernimmt die Verantwortung für seine Handlungsweise, aber nicht für die Psychologie hinter ihr. Neals Brief wurde Kerouacs Fetischtext; er war der Freibrief dafür, beim Erzählen seinen eigenen kunterbunt durcheinandergewürfelten Bildern zu folgen und seinen offenen, bekenntnishaften Stil, der in ungenierten Berichten gelebter Ereignisse wurzelte, auszubauen.

Während der zwei Wochen nach dem Erhalt des »Joan-Briefes« schrieb Kerouac an Neal lange, bekenntnishafte Briefe über seine frühen Jahre und seine Schuldgefühle in bezug auf den Tod von Gerard; nichts in Kerouacs langjähriger Korrespondenz mit Cassady läßt sich mit diesem anhaltenden Ausbruch vergleichen. »In zwanzig Jahren werden du und ich die wichtigsten Autoren Amerikas sein«, schrieb Kerouac. »Deshalb sehe ich auch keinen Schaden darin, dir meine nächsten zehn Romane & möglicherweise sogar mein Lebenswerk zu widmen, dir ganz allein.«[121]

Neals Brief sorgte zudem für brüderlichen Neid bei Kerouac, der ohnehin schon aufgebracht war, weil Neal sich nie über *The Town and the City* geäußert hatte. Als Neal ihm schließlich sagte »Du bist die Sorte Autor, die nicht aufhören kann!«,[122] interpretierte Jack das als Beleidigung. In diesem Augenblick, in dem Cassady den größten Einfluß auf sein Schreiben hatte, geriet ihre Beziehung in einen Zustand dynamischer Spannung zwischen Neid und Identifikation, Bewunderung und Schmerz.

Kurz vor dem Erhalt des »Joan-Briefs« hatte Kerouac Joan Haverty geheiratet, eine Zweiundzanzigjährige, die er gerade mal einige Wochen kannte, und die Umstände, die zu dieser Ehe führten, waren grauenhaft. Joan war Bill Cannastras Freundin gewesen. Harvard-Absolvent, Stammgast im »San Remo«, ein Freund sowohl von Ginsberg als auch von Kerouac, war Cannastra ein gescheiter, destruktiver, gut aussehender, alkoholsüchtiger Homosexueller, der »normal« zu werden versuchte. Nichts in seinem Leben war indes so schrill wie sein Tod: Am 12. Oktober 1950, als die »6« in die U-Bahn-Station Bleecker Street einrollte, wollte er, betrunken wie er war, aus dem Fenster klettern, und noch bevor ein Freund ihn zurückziehen konnte, schlug sein Kopf gegen einen eisernen Pfeiler. Zum Zeitpunkt von Cannastras Tod kannte Kerouac dessen Freundin, Joan Haverty, noch nicht ein-

**Make:** *Handeln: »make the scene«; außerdem Geschlechtsverkehr haben: »I made a hot chick last night.«*

mal. Einen Monat später waren sie verheiratet, und am 16. Februar 1952 bekamen sie ein Baby namens Janet Michelle. Kerouacs Leben als Ehegatte dauerte nur einige Monate, seine Vaterschaft dagegen zog sich länger hin und erwies sich als schwieriger. Kerouac drückte sich vor den Unterhaltszahlungen, sah seine Tochter zweimal (im Alter von neun und fünfzehn Jahren) und bestritt die Vaterschaft (trotz der unverkennbaren physischen Ähnlichkeit).

Anfang 1951 brachte John Clellon Holmes Jack Kerouac das Manuskript seines eben fertiggestellten Romans *The Beat Generation* (der 1952 unter dem Titel *Go* erschien). Holmes hatte sich den Begriff von Kerouac geborgt und viele Elemente des Plots direkt aus den Leben von Ginsberg, Kerouac, Cassady und Huncke »geklaut«. Nicht daß Holmes ein Eindringling gewesen wäre – schließlich war er seit dem Sommer 1948 sowohl mit Kerouac als auch mit Ginsberg befreundet. Aber er war der Beobachter am Spielfeldrand. Beunruhigt darüber, das Leben seiner Freunde so unmittelbar geschildert zu sehen, dachte Kerouac an *On the Road*. »Weißt du, was ich mache?« sagte Kerouac zu Holmes. »Ich schreibe einfach alles nieder, so schnell ich nur kann, genau so wie es passiert ist, in einem plötzlichen Ausbruch, pfeif auf die verlogene Architektur.«[123]

*John Holmes ist zu spät gekommen, besser noch, er ist ein Eindringling in unsere echte literarische Bewegung, die aus dir, mir, Neal, Huncke (noch nicht veröffentlichbar) besteht und vielleicht mal Lucien.*
– Jack Kerouac über John Clellon Holmes, Autor von *Go*

Anfang April 1953 setzte sich Kerouac, mit einem Vorrat an Benzedrin-Inhalatoren ausgerüstet, an seinen Rollschreibtisch im Haus 424 der 20. Straße West. Erst kürzlich hatte er Auszüge eines Manuskripts gelesen, das Burroughs in Arbeit hatte – »Junk« (später sowohl als *Junkie* als auch *Junky* veröffentlicht; von hier an *Junky* genannt) –, und er erinnerte sich, daß er zunächst »eine Art besorgten Dashiell Hammett von Wm. Lee imitierte«.[124] Dann kam er auf eine Möglichkeit, nonstop durchzuschreiben. Er klebte einige Rollen Pauspapier aneinander, so daß er seine Schreibtrance nicht durch das Einspannen neuer Seiten unterbrechen mußte. Er stürzte sich in eine mittlerweile legendäre Schreiborgie, die drei Wochen andauerte. Seine Frau Joan arbeitete tagsüber als Serviererin und kam nach Hause, um ihn mit Kaffee, Erbsensuppe und Zigaretten zu versorgen; sie schlief hinter einer Stellwand, um das grelle Schreibtischlicht nicht zu sehen. Kerouac schwitzte gewaltig und arbeitete Tag für Tag ein Dutzend T-Shirts durch, die dann in der kleinen Wohnung ge-

*The charging restless mute unvoiced road keening in a seizure of tarpaulin power. Die heranschießende rastlose stumme stimmlose Straße heulte klagend unter der Reifen griffigen Macht.*
– Jack Kerouacs Lieblingssatz in *On the Road*

***Wild form:*** *Von Jack Kerouac geprägter Begriff für spontane Prosa. ». . .* wild form, *man*, wild form. *Wild form's the only form holds what I have to say« [Kerouac].*

*Ich habe die ganze Straße erzählt. Und das schnell, da die Straße schnell ist …*
– Jack Kerouac über die Arbeit an *On the Road*

waschen und zum Trocknen aufgehängt wurden. Nichts hielt ihn auf, keine Absätze, keine Punkte – und so raste er dahin, als wäre die hundertzwanzig Yards lange Rolle ein endloser Highway. Bis zum 20. April hatte er 186.000 Wörter geschrieben – der Roman, der ihm zwei Jahre lang so zu schaffen gemacht hatte, war praktisch geschafft. »Roll ihn auf dem Boden aus«, schrieb er Cassady, »und er sieht aus wie eine Straße.«[125] Einige Tage später bemerkte er John Clellon Holmes gegenüber unbescheiden, wie aufregend es sei, »einen neuen Trend in der amerikanischen Literatur«[126] einführen zu helfen.

*Jack Kerouacs Brief an den Verleger A. A. Wyn: »Ich schicke Ihnen das als meine Idee für einen ansprechenden kommerziellen und aussagekräftigen Umschlag für mein Buch.«*

## Die Arbeit an *On the Road* III: Die Entdeckung der spontanen Prosa

*I'm the bop writer.*
– Jack Kerouac

Sechs Monate nach Fertigstellung der »Rollen«-Version von *On the Road* hatte Jack Kerouac einen Durchbruch, den er später »den großen Augenblick der Entdeckung meiner Seele«[127] nannte. Es war Anfang Oktober 1951, und er hatte eben im »Birdland« den Bop-Altsaxophonisten Lee Konitz gehört, als sein Freund von der Columbia, Ed White, ihm über einem chinesischen Essen den Rat gab, es doch mal mit dem »Skizzieren« in Worten zu versuchen. In einem roten Hemd, Prousts *Auf der Suche nach der verlorenen Zeit* als Talisman neben sich, »kritzelte« Kerouac *in situ* fünfzehnminütige Ausbrüche in seine »geheimen Notizbücher«.[128] Er versuchte dabei, seinen Wahrnehmungshorizont im Augenblick der Niederschrift unzensiert zu vermitteln, und eliminierte so die Kluft zwischen Erfahrung und ihrer Schilderung auf Papier. Er beschrieb den Vorgang als »ungestörten Fluß persönlicher und geheimer Ideen-Wörter direkt aus dem Verstand; man *spielt* (wie ein Jazzmusiker) zum Thema eines Bildes«.[129] Dieses Skizzieren erwies sich als erfrischend, und bald brauchte Kerouac keine äußerlichen Stimuli mehr; wie er sich später ausdrückte: »Das Objekt befindet sich vor meinem Geist.«[130] Er hatte eine andere Methode der Verwirrung der Sinne – eines der zentralen Elemente der Neuen Vision – entdeckt: der direkte Abstieg in den Malstrom seines Bewußtseins. »Manchmal war ich derart inspiriert, ich merkte gar nicht mehr, daß ich schrieb«, meinte Kerouac im Frühjahr 1952.[131]

*It's the only way to write.*
– Jack Kerouac über die Wortskizze

Er nannte diese Übung bald »wilde Form« und definierte sie 1957 in »Essentials of Spontaneous Prose«. Er glaubte, die »wilde Form« transzendiere die beschränkte Form des traditionellen Romans. Die neue Methode bestehe darin, ichlos und ohne zu urteilen, in einer Welt von Empfindungen und Erinnerungen zu stehen, die Erfahrungskette in einer Folge von freien Assoziationen zu brechen. Kerouacs Bestreben, die unmittelbare Gegenwart festzuhalten, indem er den Prozeß ihrer Entdeckung aufzeichnete, hatte bereits Vorläufer im automatischen Schreiben von Henry James und Gertrude Stein, dem Schreiben in der Trance von William Butler Yeats sowie dem automa-

*Strip your psyche to the bare bones of spontaneous process, and you give yourself one chance in a thousand to make the Pass.*
*Zieh deine Psyche aus bis auf die Knochen des spontanen Prozesses, und du gibst dir eine Chance von eins zu tausend, daß du es schaffst.*
– William Burroughs

*Carolyn Cassadys Tuschezeichnung von Neal beim Versuch, seine Memoiren zu tippen, San Francisco, Ende 1951.*

*Blow as deep as you want to blow.*
*Schreib aus der Seele, was das Zeug hält.*
– Jack Kerouac über die verbale Skizze

tischen Schreiben der Surrealisten; zeitgenössische Gegenstücke fanden sich im Action Painting des Abstrakten Expressionismus und im Method Acting. Am wichtigsten jedoch war der Jazz.

Seit seiner Studentenzeit hatte Kerouac Jazzschuppen in Harlem frequentiert, und diese inspirierten 1951 die »Bop-Prosodie«. Kerouacs Modell war ein »Mann am Tenorsax, der Atem holt und dann auf dem Saxophon eine Phrase bläst, bis ihm die Luft ausgeht, und wenn er soweit ist, dann ist sein Satz, seine Aussage gemacht ... aus diesem Grund trenne ich meine Sätze wie durch Atempausen des Geistes.«[132] Das improvisatorische Element des Jazz reflektierte seinen Glauben an die Wahrheit »von Augenblick zu Augenblick«, seine Riffs sorgten für die lose Dialogstruktur des Romans (»18 Takte, Bridge, 8 Takte Ausklang«). Schien ihm eine Figur inspiriert genug, dann gestattete Kerouac ihr, weiterzuspielen und noch den einen oder anderen Chorus frei weiter zu »blasen«.

»Wilde Form«, »Bop-Prosodie« und »spontane Prosa« boten Kerouac nicht nur eine Technik, sondern auch seine eigene Version einer Schreibreligion. Während sein Blick über Amerikas Popkultur schweifte, über die heruntergekommenen Anzeigentafeln ihrer Theater, über Rostlauben und Imbißstuben, verwandelte Kerouac diese gegenständlichen Stimuli durch den spontanen Schreibakt, und er verschob die Grenzen des Ausdrucks, bis er Ekstase und Erlösung erreichte.

Vor dem Hintergrund seines neu gefundenen literarischen Credos erschien Kerouac die Drei-Wochen-Version von *On the Road* plötzlich als zu linear, sowohl zeitlich als auch geographisch und von der Textur her; sie war zu »horizontal«; er beschrieb sie als »transkontinentale Spontantrips in schlichter alter Prosa«.[133] Um die ikonenhafte Figur Neal Cassadys, des »archetypischen Amerikaners«,[134] abzurunden, machte Kerouac sich daran, Passagen einzufügen; sie sorgten für »vertikale« Erinnerungsschächte und Metaphysik. Es dauerte nicht lange, und diese Passagen übernahmen das Ruder; sie wurden zu einer letzten Version von *On the Road*, die schließlich 1972 als *Visions of Cody* erschien. Während des Schreibprozesses fühlte Kerouac sich Cassady so nahe, daß er sich nach seiner physischen Gegenwart sehnte. Cassady drängte ihn, in ihr Haus in San Francisco zu Besuch zu kommen,

»weil das Leben hier so einfach, gut und leicht ist, daß es einem fast schon nicht mehr wahr scheint, wie ein Witz oder ein Traum«.[135]

Als Jack zwei Tage nach Weihnachten 1951, mit einem Tonbandgerät bewaffnet, dort eintraf, empfing Neal ihn nackt. Jack richtete sich in Cassadys großem, aber nicht ausgebautem Dachboden ein; er war spärlich möbliert mit einem Bett, einem aus Orangenkisten zusammengezimmerten Schreibtischersatz und der elften Auflage der *Encyclopedia Britannica.* Fein säuberlich stellte Kerouac seine Notizbücher auf und vergrub sich ein letzes Mal in Neal Cassadys Leben.

Aus der Nähe gesehen, bot Cassady die Antithese von Kerouacs Ikone eines freien Geistes: arbeitslos, deprimiert und ohne Wagen, kümmerte er sich um seine Töchter, während Carolyn die Familie ernährte. Mit dem Tonbandgerät zeichnete Kerouac lange Gespräche mit Neal auf, im Suff oder high, die er später abschrieb. Sie dienten ihm nicht nur als Inspiration für seine Arbeit, sie bildeten auch den Mittelteil des Buches. Zu diesem Zeitpunkt schaffte Neal es auch, durch Ginsberg und Kerouac ermutigt, Teile einer Autobiographie zu Papier zu bringen, aber je mehr er sich als Schriftsteller sah, desto gehemmter schrieb er. Der totale Mangel an Befangenheit, der Treibstoff seines rasenden panoramischen Stils, war dadurch, daß er jetzt ein »Schriftsteller« war, nicht mehr da.

Im Mai 1952, als Kerouac sich aufmachte, um Burroughs in Mexico City zu besuchen, stellte er zufrieden fest, daß er Cassady endlich richtig hinbekommen hatte – auch wenn seine ikonenhafte Fiktion nur wenig Ähnlichkeit mit der gegenwärtigen Wirklichkeit bot. Die letzten Zeilen des Romans waren Kerouacs elegischer Abschied von Neal: »Adios, dir, der du die Sonne hast untergehen sehen, am Geländer, neben mir, lächelnd – adios, King.«[136]

**Die Heiligsprechung des spontanen Prozesses in den fünfziger Jahren**
Jackson Pollocks Dripping-Verfahren
Das Aufkommen des Method Acting am Actor's Studio
Charles Olsons projektive Lyrik
Helen Frankenthalers »Soakstain«-Gemälde
Das erste »Happening« am Black Mountain College
*Cinéma vérité*

## Kerouac und die Frauen

Während seines Besuchs 1952 bei den Cassadys begann Jack eine romantische Beziehung mit Carolyn Cassady, die als repräsentativ für seine periodischen Beziehungen zu Frauen gelten kann. Sie folgten immer ein und demselben Schema: Er verliebte sich in eine

***Ball:** Aufs Ganze gehen, beim Sex oder hinsichtlich des Tempos*

*Was Liebe angeht, wen habe ich je geliebt? Bin ich zu wahnsinnig, um jemanden außer mich selbst zu lieben? Aber ich bin entschlossen, mich zu ändern.*
– Jack Kerouac

Frau, die mit einem seiner Freunde verbunden war; er stellte sich vor, eine Familie zu gründen; er fuhr im Auto davon; er machte ihr einen Heiratsantrag; er ging zurück zu seiner Mutter. Dieses Schema begann bereits während seiner Zeit an der Columbia University, wo er mit Lucien Carrs Freundin, Celine Young, gegangen war, und es setzte sich bis an sein Lebensende fort, als er die Schwester eines engen Kindheitsfreundes, Sammy Sampas, heiratete.

Als Kerouac Ende 1951 die Cassadys besuchte, ärgerte es Carolyn, von der intimen Bruderschaft ausgeschlossen zu sein, sie fühlte sich andererseits aber auch von Jack angezogen. Um in sein Zimmer auf dem Boden zu gelangen, mußte Kerouac durch Neals und Carolyns Schlafzimmer, und die sexuelle Atmosphäre wurde zuweilen ziemlich intensiv aufgeladen. Als Neal wegging, um für zwei Wochen bei der Bahn zu arbeiten, grinste er seine Frau und Jack an und sagte: »Ihr wißt ja, wie's so schön heißt, ›Mein bester Kumpel und mein bestes Mädel‹ . . . Ha, ha, stellt mir nur nichts an, was ich nicht auch tun würde – okay, Kinder?«[137] Carolyn verführte Jack – anders konnte es gar nicht gehen – eines Abends bei Wein, Pizza und Kerzenschein, das Radio auf KJAZ, den örtlichen Jazzsender, eingestellt. Wehmütig erinnerte sie sich daran, mit Jack in Denver zu »Too Close For Comfort« getanzt zu haben, und Jack summte »My Funny Valentine«. Jahre später erinnerte Carolyn sich an den Vollzug ihrer Schwärmerei: »Als er die Arme um mich legte, stoben mir Funken durch den Kopf, als schärfe jemand ein Messer an einem Schleifrad, und meine Venen füllten sich mit warmem Sprudel.«[138] Jacks rücksichtsvolle Zärtlichkeit gab ihr die Romantik, die sie bei ihrem Gatten vermißte, und Kerouac erkor Carolyn dazu, »Joan Burroughs als Idealbild der Mutter, Verrückten, Biene und *ignu* abzulösen«.[139] Für kurze Zeit wurde Carolyn beider Geliebte, Neals und Jacks, und ihre beiden Beaus wetteiferten über selbstgekochten Abendessen um ihre Aufmerksamkeit. Aber bis Mai 1952, als Kerouac abreiste, um William Burroughs in Mexiko zu besuchen, waren die Beziehungen der *ménage à trois* bereits ein wenig angespannt, und sie sollten nie wieder dieselben sein. Kerouac forderte Carolyn dazu auf, mit ihm in Mexico zu leben, aber als sie schließ-

*Du und ich, wir beide sitzen im selben Boot, wir haben nichts, was wir unser Zuhause nennen könnten.*
– Gabrielle Kerouac an Jack Kerouac

lich bereit war, sich auf den Weg zu machen, ging er zu seiner Mutter zurück. (Carolyn begrub ihre Enttäuschung unter mütterlichem Mitleid und einer Rationalisierung von geradezu grimmiger Heiterkeit: »Armer Jack. Er konnte einfach nicht lang allein sein. Alles hatte sich zum besten entwickelt, und so würde auch seine Mutter glücklicher sein.«[140])

*I am not a fool! a queer! I am not! He-he! Understand?*
*Ich bin kein Trottel! kein Spinnkopf! Ich nicht! Ha-ha! Klar?*
– Jack Kerouac

Die männlichen Bindungen hinter den meisten von Kerouacs Liebschaften zeigen, daß hinter jeder seiner Frauen ein Mann stand. »Er [Neal] gab seine Freundinnen immer an Jack weiter«, bemerkte Carolyn Cassady. »Es war ein Ritual.«[141] Es wäre zu einfach zu sagen, Kerouac schlief mit ihnen als Stellvertreterinnen seiner Freunde, obwohl er sexuelle Beziehungen zu Männern hatte. (Die mit Ginsberg war aus Freundschaft und Mitleid erwachsen, aber Kerouac hatte bekanntlich auch den einen oder anderen trunkenen Flirt mit Männern, wie etwa den mit Gore Vidal.)

Kerouac beschrieb seine emotionellen Bindungen 1948 in einem Brief an Ginsberg: »Ich glaube, Frauen sind schöne Göttinnen, und ich möchte immer mit ihnen schlafen – mit Joan, Barbara, allen. Und ich glaube, Männer sind schöne Götter, einschließlich meiner selbst, und ich möchte immer meinen Arm um sie legen, wenn wir irgendwo hingehen.«[142] Etwas mit den Freundinnen seiner Freunde anzufangen, gab ihm die Möglichkeit, sich all die Umstände einer beginnenden Intimität zu schenken. Jack war am lebhaftesten, wenn er von einem menschlichen Stimulans umgeben war, wie etwa Cassady, oder einem chemischen wie Benzedrin.

Seine sexuellen Beziehungen, wie flüchtig auch immer, wurden zum Stoff für sein Werk. Mochten seine Beziehungen auch scheitern, die Einträge in seine kleinen Notizbücher setzte er fort. Er skizzierte und schrieb dann – in sehr kurzen, sehr intensiven Ausbrüchen – sechs Romane: *On the Road*, *Visions of Cody*, *Dr. Sax*, *Maggie Cassidy*, *October in the Railroad Earth* und *The Subterraneans*. In einer der Schlußzeilen von *The Subterraneans* deutet Kerouac eine Verbindung zwischen seinen gescheiterten Liebschaften und seinen Romanen an: »Und ich gehe nach Hause, da ich ihre Liebe verloren habe. Und schreibe dieses Buch.«[143]

## Burroughs in Mexiko

*Go South of the Rio Grande, young man.*
*Geh über den Rio Grande, junger Mann.*
– William Burroughs an Allen Ginsberg

Auf der Flucht vor einem in New Orleans anhängigen Verfahren wegen Drogenbesitzes, zogen William und Joan Burroughs im September 1949 nach Mexico City. Der wolkenlose Himmel fiel ihm auf, »jenes besondere Blau, das so gut zu kreisenden Geiern, Blut und Sand paßt – jenes rohe, bedrohliche, gnadenlose mexikanische Blau.«[144] Er fand schmuddelige Schwulenbars, Lotterieverkäufer, feiste braunhäutige Männer in grünem Gabardine, Huren mit Henna im Haar, lepröse Straßenverkäufer und Jungs mit Sandalen aus Leinen und Schnur, »wie exotische Tiere von blendender geschlechtsloser Schönheit«.[145] Burroughs fühlte sich wie zu Hause in einem Land, wo ein Polizist nicht mehr galt als ein Schaffner, wo jeder eine Waffe tragen konnte, wo leuchtend gelbe Morphiumrezepte billig und Spritzen über den Ladentisch zu haben waren, wo die Korruption grassierte und ein Tripper für zwei Dollar vierzig zu kurieren war.

*Gehe heute abend zum Hahnenkampf. Ich mag meine Spektakel brutal, blutig und menschenunwürdig.*
– William Burroughs, in Mexico City

Kerouac mit seinen romantischen Illusionen über Mexiko eines Besseren belehrend, bemerkte Burroughs: »Es ist ein orientalisches Land, das 2000 Jahre Krankheit und Armut und Erniedrigung und Dummheit und Sklaverei und Brutalität und psychischen wie physischen Terrorismus reflektiert. Mexiko ist finster und düster und chaotisch, es herrscht jenes spezielle Chaos des Traums. Ich persönlich mag es, aber es ist nicht nach jedermanns Geschmack.«[146]

Hier finanziell zu überleben war kein Problem; Burroughs monatlicher Scheck von 200 Dollar garantierte ein Leben auf dem Niveau der Mittelschicht. William, Joan und die beiden Kinder nahmen ihr merkwürdiges Familienleben an der Cerrada de Medillín, einer Sackgasse im Wohnviertel Colonia Roma, auf. »Ich komme mir vor, als hätte ich eine Zwangsjacke ausgezogen«, schrieb er Kerouac. »Man merkt gar nicht, wie sehr einem die Staaten auf den Geist gehen, bis man raus ist und den Unterschied spürt.«[147] Er konnte zum Beispiel im Hinterhof seine Reichschen Orgonakkumulatoren aufstellen, vor den Augen eines Polizisten eine 45er zücken oder eine kleine Selbstladepistole tragen. »Ich habe nicht nur das Recht, sondern die Pflicht, eine Waffe zu tragen und mich gegen jeden Angriff zu schützen, der meine Familie um ihr Auskommen bringen könnte«, schrieb er.[148]

Es dauerte nicht lange, und Burroughs lief einem Bekannten

über den Weg, der in New York mit ihm auf der Junky-Verkehrsinsel Ecke Broadway 103. Straße herumgelungert hatte. »Die Gruppe, die ich hier kenne, hat mit Boheme, Intellektuellen oder irgend sonst einer von Toleranz geprägten Splittergruppe nicht das geringste zu tun«, schrieb er Ginsberg. »Es sind ehemalige Barkeeper, Störungssucher des Telegrafenamts, Farmer, ja sogar Polizisten, ein paar inaktive Kriminelle und ein großes Kontingent Ehemaliger aus Army, Navy, Marineinfanterie und Handelsmarine.«[149] Burroughs nahm sich einen Anwalt (den Bruder der Schauspielerin Katy Jurado, Bernabe), der genau wußte, wer sich am billigsten schmieren ließ. In Jurados Kanzlei lernte er einen Mann kennen, der als »Old Dave« Tesorero bekannt war und auf der Straße falsche Silberkruzifixe verkaufte, und Burroughs spürte mit dem ihm eigenen Instinkt eine gewisse Vertrautheit: Vielleicht war es Daves vorzeitig vertrocknetes Gesicht oder der ausgezehrte Körper des Fünfzigjährigen. Jedenfalls drehte der Mexikaner das Revers seines Jacketts um und zeigte ihm die Kanüle, die darin stak. »Ich bin seit achtundzwanzig Jahren auf Junk«, sagte er Burroughs. »Willst du was kaufen?«[150]

*Jack Kerouacs Bleistiftzeichnung von Dr. Sax, einer vage an William Burroughs orientierten Figur.*

Die beiden knobelten einen Plan aus: Old Dave kaufte die Rationen, die der Staat Süchtigen zuteilte (monatlich fünfzehn Gramm zu zwei Dollar das Gramm), und Burroughs kaufte Old Dave die Hälfte seiner monatlichen Zuteilung für 30 Dollar ab. Auf diese Weise leistete er sich eine Sucht mit drei Gran pro Tag, einer großzügigeren Dosis als je zuvor. Während der nächsten paar Jahre in Mexiko entwickelte er immer wieder eine Sucht, ging auf Entzug und schwor: »Wie gesagt, mit Junk bin ich fertig.«[151] Wann immer er nicht auf Heroin war, suchte er allerdings seine Zuflucht bei billigem Schnaps. Dann torkelte er durch die Gegend, lief gegen Bäume, erbrach sich alle zehn Minuten und entwickelte eine Harnvergiftung, die seiner Gesundheit gefährlicher wurde als Heroin. Süchtig war er praktisch immer; er wechselte nur das Gift.

Da sich in der ganzen Stadt keine Benzedrin-Inhalatoren von Smith, Kline and French auftreiben ließen, sah Joan sich zum Entzug gezwungen. Gegen die Schmerzen der ersten drei Wochen kam sie nur mit Schilddrüsen-Tabletten und blindem Glauben an. »Joan hat den Verlust ihrer Medizin erstaunlich gut überstanden«, erzählte Burroughs Ginsberg, »und es ging ihr seit Jahren nicht mehr so gut«.[152] Bald jedoch fand sie Geschmack am Tequila und begann jeden Tag schon um acht Uhr morgens zu trinken. »Böse Geister verkaufen hier Tequila den Liter für vierzig Cent«, schrieb sie Ginsberg, »und ich neige dazu, mich kräftig abzufüllen«.[153]

*William Burroughs und »Old Dave« Tesorero, Mexico City, 1950*

## Joan und Bill

Joans und Bills sexuelle Unverträglichkeit wurde durch ihre jeweiligen Abhängigkeiten verschärft. So zeigte Burroughs auf Heroin nicht das geringste Interesse an Sex oder auch nur an einem Gespräch. Er blieb im Haus und hatte nur sporadischen Kontakt mit Joan. Zwei Tage nachdem Bill mit Old Dave eine Heroin-Connection aufgetan hatte, riß Joan ihm den Löffel aus der Hand und schleuderte das Heroin zu Boden. Burroughs ohrfeigte sie zweimal, und sie fiel aufs Bett. »Willst du denn gar nichts machen?« fragte sie. »Willst du nicht vielleicht ein paar Ruinen ansehen gehen? Du weißt doch, wie du dich langweilst, wenn du süchtig bist. Als würden alle Lichter ausgehen.«[154] Wenn Burroughs mal nicht auf Heroin war, zogen ihn hauptsächlich junge käufliche Mexikaner an. »Die Jungs hier unten sind hübsch, leicht zu haben und billig (3 Pesos = 40 Cent)«, berichtete Joan Ginsberg. »Aber meine Geduld ist grenzenlos.«[155]

Joan verbrachte ihre Tage in einem Alkoholnebel, der ihre Gefühle bezüglich der Unverfügbarkeit ihres Gatten dämpfte. Daß sie gelegentlich doch Sex hatten, änderte nichts an Burroughs' Homosexualität. »Aber ob ich nun mit einer Frau schlafe oder mit tausend, es *betont* nur die Tatsache, daß eine Frau nicht das ist, was ich will«, schrieb er an Ginsberg. »Es ist natürlich besser als nichts – so wie Tortilla besser ist als gar nichts zu essen. Aber egal wie viele Tortillas ich esse, ich möchte trotzdem ein Steak.« Wann immer seine monatlichen Mittel zur Neige zu gehen begannen, nahm er seine sexuellen Beziehungen mit Joan wieder auf. »So um den 20. des Monats herum wird es immer etwas knapp, und dann lebt er von Tortillas«, fügte Joan Burroughs' Brief an Ginsberg hinzu.[156] Ein Besuch Lucien Carrs im Sommer 1950 half Joan, sich über ihre unbefriedigende Ehe klar zu werden, da sie und Carr einander gern hatten (obwohl es womög-

*Für Bill ist das ziemlich schwierig; was mich angeht, mir ist es egal, wo ich lebe, solange ich bei ihm bin.*
– Joan Vollmer an Allen Ginsberg nach Burroughs' Verhaftung in Louisiana

lich nie zum Sex gekommen ist), und nachdem er wieder abgereist war, reichte sie in Cuernavaca die Scheidung ein. (Die Burroughs waren zwar nicht offiziell getraut, aber in Mexiko erkannte man auch »wilde Ehen« an.) Joan nahm die Scheidung jedoch wieder zurück, und ihre sexuelle Unverträglichkeit blieb ungelöst. Wie Burroughs in einem Brief an Ginsberg bemerkte: »Es gibt da natürlich, und das von Anfang an, eine Pattsituation und entgegengesetzte Interessen, die aller Wahrscheinlichkeit nach nicht zu lösen sind.«[157]

*Joan Vollmer Burroughs, eines der ganz wenigen Fotos, die aus ihrer Zeit mit Burroughs bekannt sind*

Laut Hal Chase – ihrem Mitbewohner in der 115. Straße, der ebenfalls nach Mexico City gezogen war und dort mit Bill und Joan Burroughs Kontakt hatte – war Joan frustrierter als in New York. »Der Kampf zwischen Joan und Bill schien auf Leben und Tod zu gehen«, erinnerte sich Chase. »Sie beschrieb in allen Einzelheiten, wie er drauf und dran war, mit ihr zu schlafen, um dann einen Krampf im Fuß zu bekommen.«[158] In ihre Anschuldigungen, Burroughs versage als Mann, spielten auch seine Waffen hinein. Er war damals auf dem Höhepunkt seiner »Revolverhelden«-Phase, und wenn er zu offen mit seinen Schießeisen hantierte oder im Suff Streit mit Politikern bekam, entwaffnete ihn die Polizei. Dann kam er nach Hause zurück, wo Joan ihn verhöhnte: »Haben sie dir deinen Revolver weggekommen, was?«[159]

Bei alledem bewahrten sich Joan und Bill Burroughs ein außergewöhnliches Maß an Verständnis füreinander, und Lucien Carr wurde bei seinem Besuch Zeuge der telepathischen Verbindung zwischen den beiden. Bill und Joan spielten ein Spiel, bei dem sie in entgegengesetzten Ecken ihres Wohnzimmers saßen, jeder mit einem Stift und Papier. Sie falteten das Blatt in neun Felder und zeichneten schweigend ein Bild in jedes Feld. Die Übereinstimmung ihrer Bilder hielt sich in etwa bei 50 Prozent – beide zeichneten zum Beispiel einen Skorpion, eine Flasche und einen Hund. Als er sie so spielen sah, kam Carr zu dem Schluß, daß Joan über den stärkeren Geist verfügte, daß sie der »Sender« und Burroughs der »Empfänger« war. Bei einem ihrer letzten Partien zeichnete Joan ihren Kopf umgeben von Rauchfahnen und schrieb darunter »Troglodyt« (steinzeitlicher Höhlenbewohner), einen Begriff, der in der mexikanischen Presse Mörder und andere kriminelle Scheusale bezeichnete.

*If there's one thing I don't want to be around, and I think no one else particularly wants to be around, it's a drunk with a gun.*
*Wenn es was gibt, das ich nicht um mich haben will, und das geht wohl nicht nur mir so, dann ist das ein Suffkopf mit einer Waffe.*
– William Burroughs

## »Willy Lee – the junky writing boy«[160]

*You've got to put yourself into a state where the projector is on, which is known as inspiration. Or, as Hemingway called it, juice. Man muß sich in einen Zustand versetzen, in dem der Projektor läuft, man nennt das Inspiration. Oder, wie Hemingway es genannt hat, Saft.*
– William Burroughs über den kreativen Prozeß

William Burroughs hatte bereits zweimal zu schreiben versucht, aber beide Male hatte er jemanden gebraucht, einen Mitarbeiter, der ihm die Gefühle überwinden half, die seine Wörter in ihm auslösten. »Ich hatte eine besondere Abneigung gegenüber dem Schreiben, für meine Gedanken und Gefühle auf einem Blatt Papier«, erinnerte er sich. »Gelegentlich schrieb ich ein paar Sätze und hörte dann wieder auf, überwältigt von Ekel und einer Art Schrecken.«[161] Seine erste ernsthafte Arbeit, »Twilight's Last Gleaming«, war zusammen mit seinem Freund und Kommilitonen aus Harvard, Kells Elvins, entstanden und die zweite, »And the Hippos Were Boiled in Their Tanks« mit Jack Kerouac. Seine ehemaligen »Mitarbeiter« versuchten beide Burroughs zu einem ersten Soloversuch zu ermuntern, blieben aber dabei streng im Hintergrund. Burroughs sah sich schließlich durch die Veröffentlichung von Kerouacs Roman *The Town and the City* ermutigt, und einer der ersten Hinweise darauf, daß Burroughs daran dachte, über die Heroinsucht zu schreiben, fand sich im selben Brief, in dem er Kerouac zu seinem Roman gratulierte. (»Ehrlich gesagt, er ist viel besser, als ich erwartet hatte«, lautete sein Kompliment.)[162]

*Ich denke mir beim Schreiben nichts aus, kann ich gar nicht. Bei mir heißt Schreiben einfach in Reihe zu setzen, was es bereits gibt.*
– William Burroughs

»Es schien mir keine starke Motivation vorhanden zu sein«, erinnerte Burroughs sich über seine Anfänge als Autor. »Ich hatte einfach nichts anderes zu tun. Schreiben gab mir jeden Tag etwas zu tun.«[163] Seine ersten Anspielungen auf das Projekt – Zweifel an der Möglichkeit einer Veröffentlichung, Pläne, daraus von einem »Profi« ein verkaufbares Manuskript machen zu lassen – spiegelten Burroughs' Zurückhaltung wider. Aber er gab nicht auf und begann, seine Drogenerfahrungen in der Art von Tagebucheinträgen zu erzählen. Er engagierte eine junge Frau, die das Manuskript tippte, stellte jedoch fest, daß sie jedesmal, wo er »Junk« geschrieben hatte, sie es durch »Opiate« ersetzt hatte. Die lineare Chronologie des Manuskripts und der leidenschaftslose Journalistenstil waren Echos seines Kindheitsfavoriten *You Can't Win* sowie von Dashiell Hammett und eines Stils, den er als »Faktualismus« bezeichnete. Daß Burroughs einen Gutteil von *Junky* auf Heroin schrieb, hatte zur Folge, daß er weder innere Erkenntnisse noch irgendeine Art von Gefühl dabei vermittelte. Die distanzierte Erzählstimme ähnelte dem hartgesot-

*Wann immer ein wahrer Schriftsteller originell wird, dann kann er nichts mehr falsch machen. Wie Bill.*
– Jack Kerouac über William Burroughs

tenen Ton des Detektivromans. Der Protagonist, Bill Lee, schattenhaft, neutral, ein trockener Beobachter, eine Hülse ohne Gefühl, schwebt zwischen kühlem Existentialismus und Drogentod. Das Buch ist eine genaue Chronik seiner ersten Jahre als Süchtiger in New York mit Herbert Huncke und Phil White, führt durch vier Versuche, seine Sucht loszuwerden, und endet mit seiner Emigration nach Mexiko.

Während des Entzugs wurde sich Burroughs in zunehmendem Maße des Zusammenhangs zwischen Heroin und Sex bewußt, und er beschloß, diese Beobachtungen in seine Erzählung aufnehmen; sie erschienen später separat unter dem Titel *Queer*. Die Protagonisten von *Junky* und *Queer* sind sehr unterschiedliche Versionen ein und desselben Bill Lee. Burroughs merkte dazu später an:

> Der Unterschied ist natürlich einfach: Lee auf Junk ist zugedeckt, beschützt und auch ausgesprochen beschränkt. Nicht nur daß Junk den Sexualtrieb kurzschließt, es stumpft auch die emotionellen Reaktionen bis auf den Fluchtpunkt ab ... Nimmt man die Decke weg, quillt alles, was vom Junk in Schach gehalten wurde, heraus. Der entziehende Süchtige ist den emotionellen Exzessen eines Kindes oder Halbwüchsigen unterworfen, egal wie alt er in Wirklichkeit ist.[164]

*Queer* liefert eine schmerzliche Schilderung von Burroughs' Beziehung zu Lewis Marker, einem einundzwanzigjährigen Studenten am Mexico City College. Marker war hochgewachsen, schlank, voll jungenhafter Geringschätzigkeit – und heterosexuell. Er besuchte gelegentlich Seminare mit einem Stipendium der Armee, verbrachte jedoch den größten Teil seiner Zeit in der »Bounty Bar« bei Cola mit Rum. Sein Motto war: »Reich werden, bis Mittag schlafen, dann könnt ihr mich alle mal.«[165]

»Wie ein verzweifelter, linkischer Lazarus«[166] verfolgte Burroughs während einer seiner Entziehungsversuche dieses unerreichbare Objekt seiner Liebe. Sex wurde zu einem notwendigen Ersatz für das Heroin, ein Element in der Gleichung, die er später als »Algebra der Bedürfnisse« bezeichnete. Da seine nach Heroin lechzenden Zellen sich körperlos anfühlten, hatte er das dringende Bedürfnis, den Körper eines anderen zu übernehmen, »sich mit dem Hun-

*While it was I who wrote* Junky, *I feel that I was being written in* Queer.
*Während ich es war, der Junky geschrieben hat, habe ich bei Queer das Gefühl, geschrieben worden zu sein.*
– William Burroughs

***A paper:*** *Aus den dreißiger und vierziger Jahren, das rechtwinklig gefaltete »Briefchen«, in dem Heroin gehandelt wurde. »Whenever a law needs money for a quick beer, he goes over by Lupita and waits for someone to walk out on the chance he may be holding a paper« [Burroughs]. Auch* ***deck*** *oder* ***junky fold*** *genannt, wenn mehrere Briefchen ineinander geschoben sind: »He opened his fly and extracted a rectangular packet – the junky fold ...« [Burroughs]. Diese Ausdrücke veralteten, als Heroin in Kapseln verkauft zu werden begann, später in Pergamin.*

ger eines blinden Wurms abzumühen, in den Körper eines anderen einzudringen, mit seinen Lungen zu atmen, Gespür für seine Eingeweide und Genitalien zu bekommen«.[167] Burroughs wollte nichts weniger als das totale Einswerden mit Marker. In Babysprache bemerkte Burroughs; »Wär's nicht schön, wenn wir beide zu einem riesengroßen Klumpen verschmelzen könnten.«[168] Marker gab ihm einen Korb.

»Für gewöhnlich suchte er sich jemanden aus, der nichts zurückzugeben hatte«, beschrieb Burroughs sich selbst, »so daß er – vorsichtig wie einer, der unsicheres Eis ausprobiert, obwohl in diesem Fall weniger die Gefahr bestand, daß das Eis nachgeben könnte, sondern daß es sein Gewicht tatsächlich trug – die Bürde, nicht zu lieben, nicht lieben zu können, auf den Partner verlagern konnte«.[169] Burroughs lud Marker zum Essen ein, löste seine Kamera aus der Pfandleihe aus, tat ihm den einen oder anderen Gefallen; dafür ging Marker gelegentlich mit ihm ins Bett. Marker zeigte wenig physisches Interesse an Burroughs – einmal meinte er, als sie mitten im Geschlechtsakt waren: »Scheint mir ziemlich überflüssig, das hier.«[170] Aber andererseits interessierten ihn Burroughs' mondäne Intelligenz und sein trockener Witz. Solange der Erzähler also seine komischen Nummern abspulen konnte, wie eine Hipster-Scheherazade, gäbe es auch kein Ende, aber nicht selten erzählte Burroughs die Pointe ohne Publikum. »Ich spiele jetzt vor leerem Haus«, dachte Burroughs nach einem Abend in der »Bounty Bar«. »Aber jetzt reiße ich mein Publikum hin.«[171] Er schluckte vier Benzedrin-Tabletten und einen Rum, rauchte auf der Toilette den Rest eines Joints, befahl dem Hilfskellner, eine Maus festzuhalten, die er gefangen hatte, zog seine alte Kleinkaliberpistole und schoß ihr auf einen Meter Entfernung den Kopf ab.

*Wie ein wahnsinniges Genie saß Bill im Chaos seiner Wohnung, als ich hineinkam. Er schrieb. Er sah wüst aus, aber seine Augen waren unschuldig, blau und schön.*
– Jack Kerouac über William Burroughs

Mit *Junky* überwand Burroughs die erste Hürde, seinen Ekel davor, die eigenen Wörter geschrieben zu sehen, aber seinem Schreibstil fehlte die eigenartige Brillanz seiner Unterhaltung. »Schreiben muß immer ein *Versuch* bleiben«, schrieb er an Ginsberg. »Das Ding an sich, der Prozeß auf einer subverbalen Ebene, wird sich dem Autor immer entziehen. Ein Medium, das mir entsprechen würde, gibt es noch nicht, es sei denn, ich erfinde es.«[172] Seine Geschichten gaben ihm die Möglichkeit, mit einem »Empfänger«, wie er es nannte, in Verbindung zu treten, ein Bedürfnis, das während des Entzugs deutlich zunahm. Schreiben, Sex, Kontakt, Bestätigung wurden eins: »Im Grunde ist der Geliebte immer Außenseiter gewesen, Passant, Publikum, und wird es auch immer bleiben.«[173]

## Zwei Reisen

»Ich muß raus aus der Stadt«, erklärte Burroughs im Sommer 1951.[174] Er lud den stets ambivalenten Marker ein, ihn zu begleiten, er, Burroughs, würde die Kosten übernehmen. »Ich verlange nichts weiter, als daß du nett zu Papa bist, sagen wir zweimal die Woche«, sagte er. »Das ist doch nicht übertrieben, oder?«[175] Eines Abends, nachdem Burroughs einen inspirierten Sketch über einen Sklavenhändler zum besten gegeben hatte, willigte der zurückhaltende junge Mann schließlich ein. »Hätte ich nicht die unbesonnene Ausgelassenheit erreicht, die seiner Phantasie Nahrung gibt, Marker hätte sich geweigert, mit mir nach S. A. [Südamerika] zu gehen«, schrieb Burroughs. Seine wissenschaftliche Neugier inspirierte ihn zur Suche nach einem Halluzinogen, von dem er in *Argosy* gelesen hatte. Der Wissenschaftler nannte die Pflanze *Banisteriopsis caapi*, die Indianer *ayahuasca,* die »Gringos« *yage*. Den Extrakt zu trinken erhöhte angeblich die telepathische Sensibilität. Burroughs setzte große Hoffnungen in sie; so schrieb er Ginsberg später: »Vielleicht ist es der ultimative Schuß.«[176]

So machten sich Burroughs und Marker denn auf den Weg nach Puyo, einer Stadt im Schatten des Chimborazo, eines 6.272 Meter hohen Berges in den Hochanden von Ecuador. Sie flogen nach Panama City, sprangen in eine kleine Maschine nach Quito und überstanden eine vierzehnstündige Fahrt in dem kalten, überbelegten Laderaum eines Zweieinhalbtonners nach Ambato. Schließlich erreichten sie, am Ende einer schmalen Straße am Rand einer Schlucht entlang, Puyo, ihr Ziel. Widrigkeiten wirkten belebend auf den nach Heroin hungernden Burroughs, der die Unannehmlichkeiten der Reise seelenruhig auf sich nahm. Marker dagegen hatte furchtbare Angst und war müde, seine Hoden schmerzten, und einmal mußte

***Carmen:*** *Ein mexikanisches Gefängnis*

**Das Bücherregal von William Burroughs**

Oswald Spenglers *Untergang des Abendlandes*
Wilhelm Reich
Dashiell Hammett
Thomas De Quincys *Confessions of an English Opium Eater*
Die Gesetze der Mayas
Jean Genet
Lous-Ferdinand Céline
Joseph Conrad (vor allem *Lord Jim)*
Graf Alfred Habdank Skarbek Korzybski
Philip Wylie
Robert M. Lindners *Rebel Without a Cause*
*Psychoanalytic Quarterly*
Jack Blacks *You Can't Win*
Denton Welch

***Mooch:** Das Opfer eines Räubers; jemand, der betrunken in der U-Bahn einen Platz zum Schlafen »schnorrt«, oder einfach ein Betrunkener. »If you get the right rhythm you can work it out even if the mooch is awake« [Burroughs].*

er sich übergeben (Burroughs bot ihm seinen Hut). Vor ihnen lag ein führerloser Trek durch den Dschungel zum Lager eines amerikanischen Botanikers, Dr. Fuller. Marker bettelte, sie sollten doch warten, bis es zu regnen aufhörte. »Ha ha ha!« erwiderte Burroughs. »Die haben hier ein Sprichwort, das geht in etwa so: ›Ich zahle dir meine Schulden, wenn's in Puyo zu regnen aufhört.‹«[177]

Mit einer Schweinelende, die bereits am Verderben war, als Geschenk machten sich die beiden auf den Weg auf einem Eselspfad, der aus quergelegten Balken bestand. Schluchten von zwanzig Metern Tiefe und eisige Bäche kreuzten den Pfad durch den dichten Laubwald. Nach etwa zehn Stunden verließ Marker der Mut, ganz im Gegensatz zu Burroughs, für den diese Reise eine Art Gralssuche war. Bei Einbruch der Dunkelheit trafen die beiden auf einer Lichtung, in einer Hütte mit Palmdach, ein merkwürdiges Paar an. Dr. Fuller war ein schlanker, drahtiger Amerikaner, der die Anwendungsmöglichkeiten von Kurare studierte, Mrs. Fuller war eine korpulente Frau mit rotem Haar. Fanden sie also am Ende des Weges, so sinnierte Burroughs, diesen dürren Hering mit seiner Frau.

Burroughs sah seine Hoffnungen, Bekanntschaft mit dem *Yage* zu machen, rasch zunichte gemacht. Spätestens nach seiner trunkenen Hipsterhymne auf das Kraut schöpfte Dr. Fuller Verdacht. Er bot ihnen weder Informationen, noch machte er ihnen irgendwie Mut; er gab ihnen zwei Pritschen für die Nacht und Moskitonetze gegen die Vampirfledermäuse. In jener Nacht im Dschungel hatte Burroughs einen prophetischen Traum. Er stand vor der »Bounty Bar« und hörte den kleinen Billy weinen. »Das Weinen kam näher«, erinnerte er sich, »eine Welle von Traurigkeit, und jetzt weinte auch er [Burroughs], sein ganzer Körper schüttelte sich vor Schluchzen.«[178] Er nahm sein Kind auf und drückte es an sich. Sie sahen sich von Männern in Häftlingskleidung umringt. Was machten sie dort? Warum weinte er? Er wachte tieftraurig auf, tastete vorsichtig nach Marker und wandte sich dann mit dem Gesicht zur Wand.

Die erste Episode seiner Suche nach Yage war vorbei, und seine Beziehung zu Marker war am Abklingen. Aber seine doppelte Suche – nach der perfekten Droge und nach dem idealen »Empfänger« – war damit nicht zu Ende.

Seit Monaten schon hatte Lucien Carr einen Urlaub von seinem Job bei United Press International (UPI) geplant, um mit Jack Kerouac nach Mexiko zu fahren. Im letzten Augenblick mußte Kerouac jedoch mit Phlebitis ins Krankenhaus, und Ginsberg sprang für ihn ein. In einem ramponierten Chevrolet machten sie sich Mitte August 1951 auf den Weg zu ihrem Besuch bei Bill und Joan Burroughs. Ginsberg, der eben die »Rollen«-Version von *On the Road* gelesen hatte, konnte es kaum erwarten, die Straße aus erster Hand kennenzulernen. Als die beiden ankamen, mußten sie feststellen, daß Joan nicht mehr wie ein Bild von Botticelli aussah. Ihre blauen Augen starrten leer aus dem aufgedunsenen Gesicht, und ihr Hinken war deutlicher ausgeprägt. Auf ihrer Spiegelkommode stand eine Flasche Tequila. Als Ginsberg die Bemerkung fallen ließ, daß ihr die achtjährige Julie bald Konkurrenz machen würde, antwortete Joan nüchtern: »Ach, ich bin nicht mehr im Rennen.«[179] Sie war siebenundzwanzig.

Joan und Lucien verband eine radikale Leidenschaftlichkeit und ein bodenständiger Sinn für Humor. Sie machten sich auf eine siebentägige Sauftour, während Allen zu Hause bei den Kindern blieb. Bei ihren gemeinsamen Ausflügen saß Allen auf dem Rücksitz, während Lucien den Chevrolet steuerte, neben sich eine offene Flasche Oso Negro und Joan, die ihn drängte, aufs Ganze zu gehen: »Wie schnell ist denn der Kübel?«[180] Betrunken und schleudernd nahmen sie die Haarnadelkurven mexikanischer Bergstraßen. Einmal, als er zu betrunken war, um den Wagen zu steuern, übergab Lucien an Joan, während er abtauchte, um Gas und Bremse zu bedienen. Ginsberg, auf dem Rücksitz, versuchte sich um Julies und Billys willen nichts anmerken zu lassen; die Kinder erinnerten sich an die Fahrt als das erste Ereignis in ihrem Leben, das ihnen wirklich Angst gemacht hat. Joans verzweifelte, selbstzerstörerische Eskapaden beunruhigten Allen, und über ihren dämonischen Einfluß auf Lucien war er schlichtweg entsetzt.

Irgendwie landete das Quintett schließlich unversehrt wieder in Mexico City. Lucien und Allen setzten Joan und die Kinder an einer Bushaltestelle in der Nähe des Chapultepec Park ab und fuhren weiter nach Norden, während Joan, den kleinen Billy im Arm,

***Stash:*** *In den vierziger Jahren geprägt, bedeutet als Tätigkeitswort, Drogen oder andere wichtige Dinge verstecken: »Stash it in a cool spot because it'll mean a whole lot of real gone freebies for you« [Symphony Sid]. Als Hauptwort bezeichnet es außerdem versteckte Drogen.*

ihnen wehmütig nachwinkte. In diesem Moment erwog Lucien, wie er später Ginsberg erzählte, sie zu fragen, ob sie nicht einfach mitkommen wolle – aber er konnte einem Freund nicht die Frau stehlen, die obendrein noch die Mutter zweier Kinder war. Einige Tage später, etwa zur Zeit als Burroughs von seiner Suche nach Yage zurückkehrte, traf Hal Chase Joan auf der Straße. Sie sagte ihm, sie habe eine unheilbare Blutkrankheit, und schloß: »Ich werd's nicht schaffen.«[181]

## Joan Burroughs' Tod

*Mord ist die Staatsneurose Mexikos.*
– William Burroughs

William Burroughs war zutiefst enttäuscht, daß er Ginsberg und Carr verpaßt hatte, und seine Rückkehr nach Mexiko unterstrich die Hoffnungslosigkeit seiner Affäre mit Marker. Trotzdem lastete die Vorahnung eines nahenden Unheils schwerer auf ihm, als derlei Äußerlichkeiten es gerechtfertigt hätten. Für den Donnerstag, den 6. September, einige Tage nach seiner Rückkehr, hatte Burroughs zwei völlig banale Tätigkeiten geplant. Er wollte eine Waffe verkaufen – eine billige Star, einen Selbstlader im Kaliber .380, der zu tief schoß – und ein angelaufenes Scout-Messer schärfen lassen, das er in Quito gekauft hatte. Gegen drei Uhr hörte er das Glöckchen des ambulanten Messerschleifers und ging mit seinem Messer hinaus. Er schrieb später: »Als ich die Straße hinab auf seinen Karren zuging, wurde das Gefühl von Verlust und Trauer, das schon den ganzen Tag auf mir gelastet hatte, daß ich kaum hatte atmen können, so stark, daß mir die Tränen übers Gesicht liefen. ›Was zum Teufel ist los?‹ fragte ich mich.«[182]

Burroughs ging wieder ins Haus und betrank sich mit Joan, während eine Nachbarin auf die Kinder acht gab. Um sechs machte sich Burroughs, im beigen Sportsakko und weißen Hemd, die Star in einer kleinen Reisetasche, auf den Weg in die Calle Monterrey 122, wo John Healy wohnte; dort traf er Lewis Marker und dessen erst kürzlich angekommenen Freund Eddie Woods. Der nächste Gast erwies sich als Überraschung – Joan. Sie sah vier leere Ginflaschen auf dem Boden und Woods, Healy und Lewis Marker in die Sessel geflätzt; Woods beschrieb die Szene als »ein Schlachtfeld toter Soldaten von der endlosen Party, die wir an jedem ersten des Monats hatten, wenn die Schecks eintrafen«.[183] Joan und Bill saßen einander in Polstersesseln gegenüber, etwa zwei Meter voneinander entfernt, also in etwa dieselbe Entfernung, die sie zu Hause bei ihren telepathischen Spielen einnahmen. Joan trank Gin und *limonada*, und Burroughs erzählte von seiner Reise nach Ecuador auf der Suche nach Yage. Noch am selben Abend schlug er einen neuen Plan für die Familie vor – in die Wildnis Südamerikas zu ziehen, wo er die seinen durch die Jagd ernähren könnte. Sie würden in der Wildnis verhungern, entgegnete Joan, weil Burroughs viel zu zittrig sei, um etwas zu treffen. Worauf Burroughs meinte: »Ich nehme an, es ist Zeit für unsere Wilhelm-Tell-Nummer.«[184] Sie hatten nie im Leben ein solches Spiel gespielt.

Joan balancierte ein Wasserglas auf dem Kopf. Sie kicherte, wandte den Kopf zur Seite und sagte: »Ich kann das nicht mit ansehen – du weißt, ich kann kein Blut sehen.«[185] Erst in diesem Augenblick wurde den anderen im Raum klar, daß Joan und Bill Burroughs es ernst meinten, aber es war zu spät, um noch dazwischenzugehen. »Ich zielte ganz genau aus einer Entfernung von zwei Metern auf den oberen Rand des Glases«, erinnerte Burroughs sich vier Jahre später.[186] Der Schuß aus der .380 Star hallte ohrenbetäubend in dem kleinen Raum. Joan kippte in ihrem Sessel nach vorn, und das intakte Glas rollte im Kreis über den Boden. Einen Augenblick lang konnte es keiner glauben, dann sagte Marker: »Bill, ich glaube, du hast sie getroffen.«[187] »Nein!« schrie Burroughs, als er das kleine Einschußloch oben links in Joans Stirn sah; die Kugel stak in ihrem Gehirn. Er kniete nieder und rief: »Joan, Joan, Joan!« Dann übermannte ihn der Schock.

Auf einige Leute hatte Joans Tod eine ungeheure Wirkung. Burroughs' ältester Freund, Kells Elvins, hatte in jener Nacht einen Traum, in dem Burroughs vor einem Topf stand. Als Elvins seinen Freund fragte, was er denn koche, sagte Burroughs: »Hirn«. Und als er den Deckel hob, kam etwas zum Vorschein, was wie weiße Würmer aussah.

Hal Chase hatte Joan erst wenige Tage zuvor auf der Straße gesehen. Sie sah schrecklich aus, erinnerte er sich, mit fast schon schüt-

***Put down:*** *Etwas durch Handeln vermitteln: »He was putting down a little-boy-in-a-foreign-country routine« [Burroughs]. Als Tätigkeits- oder Hauptwort auch beleidigen bzw. Beleidigung: »It was a typical Beat putdown« [Richards].*

terem Haar und offenen Stellen am Körper. »Diese Geschichte mit Wilhelm Tell war ein Schwindel«, glaubte Chase im nachhinein, »eine abgekartete Sache, um Bill frei zu machen, ihn das Verbrechen schlechthin begehen zu lassen.«[188]

Viele Jahre später, in seiner Einführung zu *Queer*, schilderte Burroughs seine eigene Interpretation seiner Erschießung Joans: Seiner Ansicht nach hatten an jenem Tag Dämonen von seinem Körper Besitz ergriffen. Er machte sich verantwortlich dafür, nicht hinreichend auf die Signale geachtet zu haben: sein Traum mit dem kleinen Billy und den Leuten in Häftlingskleidung, seine Tränen an jenem heißen Nachmittag auf der mexikanischen Straße. Er begann im Schreiben das einzige Mittel zu sehen, sich die Dämonen vom Leib zu halten:

> Ich sehe mich zu dem erschreckenden Schluß gezwungen, daß ich ohne Joans Tod nie Schriftsteller geworden wäre . . . Ich lebe mit der ständigen Bedrohung der Besessenheit und dem ständigen Bedürfnis, vor dieser Besessenheit, dieser Kontrolle, zu fliehen. So hat mich Joans Tod in Kontakt mit dem Eindringling gebracht, dem Häßlichen Geist, und mich in einen lebenslangen Kampf manövriert, in dem ich keine andere Wahl habe, als mich da herauszuschreiben.«[189]

## Nach Joans Tod: Die zweite Suche nach Yage

*Joan hat ihn groß gemacht und lebt in ihm weiter wie wahnsinning, pulsierend.*
– Jack Kerouac nach Joan Vollmers Tod

Joan wurde auf dem amerikanischen Friedhof von Mexico City begraben; die Grabstätte wurde für sieben Jahre gemietet, und falls ihr Hinterbliebener den Mietvertrag nicht verlängerte, kämen ihre sterblichen Überreste auf den Beinhaufen.

»Aber keine Sorgen, ich, Barnabe Jurado, werde dich verteidigen, und du brauchst nicht im Gefängnis zu bleiben«, versprach William Burroughs' Anwalt.[190] Experte, der er war, bestach er vier Ballistiker und paukte den Zeugen eine übereinstimmende Geschichte ein, nach der die Waffe versehentlich losgegangen sei, als Burroughs den Verschluß zurückzog. Die Zeugen schworen ihre Meineide so perfekt und die Justiz war derart korrupt, daß Burroughs nach nur dreizehn Tagen das Gefängnis Lecumbere wieder verlassen konnte. Man klagte ihn der *imprudencia criminal* an, worauf eine Höchststrafe von fünf Jahren stand, und entließ ihn gegen eine Kaution von 2.313

Dollar. Als Kells Elvins Jurado nach der Möglichkeit einer Haftstrafe fragte, explodierte der Mann: »Was! Mr. Burroughs soll wieder ins Gefängnis gehen? Glauben Sie denn, ich setze meinen guten Ruf als Anwalt aufs Spiel?«[191] Nachdem er ihn herausgepaukt hatte, benutzte Jurado Burroughs als Reklame für seinen juristischen Scharfsinn: »Da haben Sie ihn! Dreizehn Tage!«[192]

Burroughs' Entlassung gegen Kaution sah vor, daß er sich jeden Montag im Gefängnis zu melden hatte. Mexiko schien damit seine Freiheit zu beeinträchtigen, und er träumte davon, es zu verlassen.

Joan Vollmers Mutter hatte gesagt: »Ich hoffe, Bill Burroughs kommt in die Hölle und bleibt dort.«[193] Burroughs hatte das Gefühl, längst in der Hölle gelandet zu sein. Vom mexikanischen Staat offiziell als »gefährlicher Ausländer« eingestuft, rang er persönlich mit Joans Tod und mußte weitere Verluste hinnehmen. Er betrauerte

*William Burroughs beim Verhör nach Joan Vollmers Tod, Mexico City, 6. September 1951. Die Schlagzeile lautete: »Erben-Pistole tötet seine Frau; bestreitet, Wilhelm Tell gespielt zu haben«*

das Weggehen von Lewis Marker, der Mexiko verlassen hatte, und von Old Dave, seinem Dealer, der im November verschwand. »Er trat einfach ab wie ein alter Soldat«, schrieb Burroughs an Ginsberg.[194] Einige Monate nach Joans Tod hörte er, daß Phil White, dem er seine Einführung in die Welt des Heroins verdankte, sich in seinem New Yorker Gefängnis aufgehängt hatte, nachdem er einen Heroindealer verpfiffen hatte. (»Er sagte immer: ›Ich kann nicht verstehen, wie ein Zinker mit sich leben kann.‹ Ich nehme an, Phil konnte es nicht«, bemerkte Burroughs. »Trotzdem, an meiner Meinung über Phil ändert das nichts.«[195] Burroughs hatte vor, *Junky* White zu widmen.)

Bill Garver war das einzige verbleibende Bindeglied mit der alten Gang. Der Manteldieb emigrierte ebenfalls nach Mexiko, um seine letzten Jahre in einem Land zu verbringen, wo sein Taschengeld ausreichte, seinen teuren Geschmack in Sachen Drogen und Jungs zu befriedigen. Er stieg aus dem Flugzeug mit einem blutenden Arm, nachdem er versucht hatte, sich einen Schuß mit einer Sicherheitsnadel zu setzen. »Seine ersten Worte waren: ›Was heißt denn Einlauf auf Spanisch?‹ Immer noch der alte Bill.«[196]

Kurz bevor Burroughs Mexiko in der ersten Dezemberwoche 1952 verließ, schrieb er an Ginsberg: »Drei Jahre in dieser Stadt, und nicht einer, von dem ich mich verabschieden möchte, wenn ich gehe.«[197] Jack Kerouac traf gerade noch rechtzeitig in Mexico City ein, um Burroughs abreisen zu sehen, und er fühlte sich ungeheuer allein, als er diesen letzten Schnappschuß von Burroughs schrieb:

> Burroughs ist endlich fort - drei Jahre Mexiko - und hat alles verloren, seine Frau, seine Kinder, sein Erbe - Ich habe ihn in seinem schimmeligen Zimmer, wo er sich ständig M gedrückt hatte, packen sehen - Traurige schimmelige Lederkoffer - alte Holster, alte Dolche - ein Schnappschuß von Huncke - eine Derringer, die er dem sterbenden alten Garver schenkte - Medizin, Drogen - das letzte von Joans Gewürzen, Majoran, alles frisch verschimmelt, seit sie gestorben ist & nicht mehr kocht - die Schuhe des kleinen Willie - & Julies schimmelige Schultasche - alles verloren, Staub & der magere tragische Bill eilt davon in die einsame Nacht - ach, Seele - er wirft in seine Tasche schließlich noch ein Bild von Lucien & Allen - Lächelte, & ging.[198]

***Benny, bennies:*** *Benzedrin; Benzedrinpillen; im Milieu auch ein Mantel oder Überzieher.*

Während Burroughs' sechsmonatiger Suche erhielt Ginsberg laufend Nachricht von ihm – handgeschrieben mit einem Venus Nr. 2 oder auf einer gemieteten südamerikanischen Schreibmaschine getippt. Die ersten Briefe kamen im Januar 1953 aus Panama City und berichteten von Entzugserscheinungen und Hämorrhoiden. (Burroughs blutete so regelmäßig, daß er schließlich nur noch dunkelbraune Hosen trug.) Ein früher Brief, in Bogotá aufgegeben, berichtet von einem glücklichen Zusammentreffen. In einem großen abgedunkelten Raum des botanischen Seminars der Universität traf Burroughs einen Mann mit Nickelbrille und Tweedsacko und sah sich von dem gepflegten Ton angezogen, in dem dieser murmelte: »Was haben die nur mit meinen Kokapflanzen gemacht?«[199] Der Sprecher, Dr. Richard Evans Schultes, war eine bekannte Autorität auf dem Gebiet halluzinogener Pflanzen und hatte ein Jahr nach Burroughs in Harvard studiert. Einige Wochen später machten sich die beiden Männer in Kanus auf den Weg den Putumayo hinab – der eine auf einer wissenschaftlichen Expedition, der andere getrieben von seiner Suche nach einem telepathischen Bewußtsein.

*Ich muß Yage finden.*
– William Burroughs an Allen Ginsberg

*Für den richtigen Kick mußt du in den Dschungel.*
– William Burroughs an Allen Ginsberg

Schultes erklärte Burroughs Yage in wissenschaftlicher und anthropologischer Hinsicht. Es kam aus einer Dschungelpflanze aus dem Amazonasgebiet mit dem wissenschaftlichen Namen *Banisteriopsis caapi*. Die Indianer zerstießen die Rinde und kochten sie in Wasser auf, und nachdem der *brujo* einige geheime Ingredienzen hinzugefügt hatte, wurde das Ganze getrunken. Sie glaubten, die mehrere Stunden anhaltenden Visionen seien Mitteilungen körperloser Seelen aus der Geisterwelt.

*Eine Überdosis Yage ist der schiere Horror.*
– William Burroughs

Bei seiner ersten Begegnung mit Yage bekam Burroughs eine Überdosis ab. Er begann sich alle zehn Minuten zu erbrechen, bekam beinahe Krämpfe und lag vier Stunden im Delirium. Wie er später erfuhr, hatte die Überdosis desselben *brujo* erst einen Monat vorher einen Mann das Leben gekostet. Bei weiteren Reisen in diesem Sommer machte Burroughs schließlich Bekanntschaft mit den psychoaktiven Eigenschaften von Yage. »Es ist die potenteste Droge, die ich je genommen habe«, schrieb er an Ginsberg. »Will sagen, sie sorgt für die totale Verwirrung der Sinne . . . Anders kann ich es, wie gesagt, nicht nennen. Es handelt sich dabei nicht um den chemischen Auf-

*Das heißt, es sorgt für die totale Verwirrung der Sinne schlechthin . . . es ist die Droge, die tatsächlich hält, was die anderen versprechen. Es ist die absoluteste Verneinung der Respektabilität.*
– William Burroughs über Yage

trieb von C, die asexuelle schreckliche klare Stasis von Junk, den pflanzlichen Alptraum des Peyotl oder die komische Albernheit von Gras. Es ist eine wahnsinnige überwältigende Vergewaltigung der Sinne.«[200] Die Verwirrung der Sinne, die während der Jahre an der Columbia von so zentraler Bedeutung für die New Vision gewesen war, fand ihren Höhepunkt in Burroughs' Begegnung mit einem »unauffälligen kleinen Hexenmeister« im Dschungelhochland von Peru.[201]

*William Burroughs auf der Jagd nach dem Halluzinogen Yage, 1953*

Im April 1952 bat Burroughs Ginsberg, er solle seine Briefe aufbewahren, mit dem Hinweis, man könne sie gesammelt in Buchform herauszugeben. Er legte seiner Korrespondenz unsichere literarische Arbeiten bei, verbale Phrasen, die seine Berichte von der Drogenfront ausschmückten. Inspiriert durch die Bitte um einen Klappentext für *Junky*, legte er zum Beispiel eine nicht ganz ernst gemeinte biographische Notiz bei:

> Ich habe (wenn auch nicht in der genannten Reihenfolge) als Handtuchboy in einem Puff in Kalamazoo gearbeitet, als Toilettenwärter, männliche Hure und Gelegenheitsspitzel. Gegenwärtig bewohne ich ein umgebautes Pissoir zusammen mit einem Hermaphroditen und einer Reihe von Katzen. Ich schreibe lieber, als zu ficken (was für eine schamlose Lüge). Mein liebstes Hobby ist, die Katzen zu foltern – wir haben einen ansehnlichen Verbrauch. Vor allem an Siamesen. Dieses lange seidige Haar schreit geradezu nach Kerosin und einem Streichholz. Ich ziehe Kerosin dem Benzin vor. Es brennt *langsamer*. Sie wären erstaunt über die Laute, die so eine Katze von sich gibt, wenn es zur Sache geht ...[202]

Im Mai 1953 legte Burroughs »Roosevelt After Inauguration« bei, das er »einen Sketch« nannte. Bei der Lektüre dieser fünf Seiten urkomischer erzamerikanischer Misanthropie erkannte Ginsberg in der Form eine schriftliche Variante von Burroughs' Aufführungen in der 115. Straße. War damals das Publikum dieser spätabendlichen Performances eine Gruppe von Freunden gewesen, so bestand es jetzt nur noch aus Ginsberg. »Ich glaube, daß jeder Schriftsteller für ein Publikum schreibt«, vertraute Burroughs Ginsberg an. »Für sich selbst zu schreiben, so etwas gibt es nicht.«[203]

Nach Joans Tod und Markers Emigration nach Florida hatte Burroughs niemanden mehr, dem er seine verbale Produktion zeigen konnte. Durch die Korrespondenz bewegte sich die Beziehung zwischen Burroughs und Ginsberg von der zwischen Lehrer und Schüler über Autor und Agent hin zu Schreiber - Empfänger. Für Burroughs wurde diese Beziehung sehr intensiv, und so einseitig sie auch war - sie war für ihn von absoluter Notwendigkeit.

## Veröffentlichungen II: *Junky*

In den frühen fünfziger Jahren agierte Allen Ginsberg als literarischer Agent für seine besten Freunde. Sowohl William Burroughs als auch Jack Kerouac hatten Manuskripte zu verkaufen - der eine *Junky*, der andere *On the Road*. Ginsberg gab *Junky* zunächst ehemaligen Klassenkameraden, die mittlerweile in Verlagen saßen - namentlich Louis Simpson bei Bobbs-Merrill und Jason Epstein bei Doubleday. Beide Lektoren lehnten die Manuskripte kurzerhand ab, und Simpson meinte naserümpfend: »Ich glaube nicht, daß der Roman eine gewisse Form hat (schlag bei Aristoteles nach).«[204] Ginsberg wandte sich darauf an Carl Solomon, der wider Erwarten zum Bindeglied zwischen den Beats und ihren ersten Veröffentlichungen wurde.

*We should get used to calling each other sweetheart. I understand it is the standard form of address between agent and author, but this time I mean it.*
*Wir sollten uns angewöhnen, einander ›Schätzchen‹ zu nennen. Wie ich höre, ist es die übliche Anrede zwischen Agent und Autor – nur daß es mir diesmal ernst damit ist.*
– William Burroughs an Allen Ginsberg

Nach seiner Entlassung aus der Psychiatrie hatte Solomon wie Ginsberg versucht, »normal« zu werden : Er heiratete eine Frau namens Olive und besorgte sich einen Lektorenjob bei seinem Onkel, A. A. Wyn. Ace Books war die Taschenbuchabteilung von Wyns kleinem Verlag. Typische Ace-Titel waren *Too Hot for Hell*, *The Grinning Gismo* und *Bloody Hoofs*, aber Solomon hatte vor, dieses nicht eben intellektuelle Programm durch Werke von Jean Genet und Louis-Ferdiand Céline zu ergänzen. Kerouac hatte Solomon bereits kennengelernt, und den legendären Burroughs kannte er vom Hörensagen, so daß Ginsberg ihn nicht lange von ihrer Großartigkeit zu überzeugen brauchte.

Das Burroughs-Manuskript von *Junky* traf kapitelweise zusammen mit seinen Briefen an Ginsberg ein. Im April 1952 verkaufte Ginsberg das Manuskript für 1.000 Dollar an Solomon. Der Ver-

*Originalumschlag von Junky, dem Taschenbuchbestseller von William Lee, 1953*

leger distanzierte sich vom explosiven Inhalt, indem er dem Buch den Untertitel »Bekenntnisse eines unverbesserlichen Drogensüchtigen« gab, und veröffentlichte es in einem Band zusammen mit *Narcotic Agent*, einem Nachdruck der Memoiren von Maurice Helbrandt, einem ehemaligen Beamten der Bundesdrogenbehörde, aus dem Jahr 1941, die man als »Packende wahre Abenteuer eines Drogenfahnders im Krieg gegen die Rauschgiftgefahr« anpries.

*Junky* erschien 1953. Obwohl nicht ein einziges Mal rezensiert, verkaufte es – bei einem Preis von fünfunddreißig Cent pro Exemplar – im ersten Jahr erstaunlicherweise bereits 113.170 Exemplare. Als das Buch erschien, war Burroughs auf der Suche nach Yage und quittierte noch nicht einmal den Erhalt seines Exemplars – »Ich habe es bisher nicht erwähnt, weil ich nicht darüber reden wollte.«[205] Burroughs' Eintritt in die Verlagswelt ging sang- und klanglos vonstatten – und es sollte fast ein ganzes Jahrzehnt dauern, bevor sein nächster Titel erschien.

Die Beziehung zwischen Burroughs und seinem Herausgeber Solomon verdankte ihre Unbeschwertheit ebenso der geographischen Distanz wie der Tatsache, daß Solomon Burroughs' Roman gefiel. Für die Beziehung zwischen Carl Solomon und Jack Kerouac galt weder das eine noch das andere; ihre Dynamik erwies sich als katastrophal. Von Ginsbergs Glauben an Kerouacs Genie getragen, bot Solomon Kerouac 250 Dollar für eine Option auf seine nächsten drei Romane. Das Angebot, durchaus im Verhältnis zur Größe des kleinen Taschenbuchverlags, führte zu Reibereien zwischen Solomon und Kerouac, die in literarischer Hinsicht nicht verschiedener hätten denken können.

*Dammit, if these people would only pay me for my genius – hark harock horkc.*
*Verdammt, würden mich die Leute doch bloß für mein Genie bezahlen – hört hörrrt hrött.*

– Jack Kerouac

Als Kerouac sich beschwerte, der Vorschuß sei zu mickrig, antwortete Solomon darauf, der Autor führe sich auf wie »ein garstiger, dummer, nichtsnutziger Idioten-Balg eines Königshauses« und »ein Chefkellner, der zu wenig Trinkgeld bekommen hat«.[206] Für Solomon lief das Ganze auf ein »klassisches und auf absurde Weise sehr amerikanisches Problem« hinaus: »das zweite Buch des Brillanten Jungen Rotzbengels«[207]. In Ginsbergs Antwort an Solomon zeigen sich sowohl seine entscheidende Rolle in der Beat-Bewegung als auch sein unerschütterlicher Glaube an seine Freunde:

Machen wir hier dieselbe Erfahrung durch wie jede andere Generation auch? Carl hat heute Abend angerufen, um zu sagen, die letzten 9 Seiten der zweiten Version von *On the Road* seien nicht stimmig. Er war erregt und hatte Angst, schließlich hat er Jack auf meinen Rat und mein Drängen hin in den Verlag geholt – und jetzt fürchtet er, es könnte ein falscher Schritt gewesen sein, der ihn im Verlag Prestige und Macht kosten könnte. Er fürchtet, die anderen könnten sich totlachen, wenn sie sehen, was Jack eingeschickt hat. Carl hat mein Selbstwertgefühl erschüttert, mich in eine Depression gestoßen. Gibt es keine andere Möglichkeit, zu sagen, was gut und schlecht ist, außer aufgrund persönlicher Vorlieben, und dabei gegen so gut wie alle Vernunft und kommerzielle Möglichkeiten zu handeln? Ich halte Jack für den größten lebenden amerikanischen Schrifsteller unserer Generation . . . Jetzt erscheint ihnen diese zweite Version als unverständliches zusammenhangloses frei assoziierendes Kauderwelsch. Ich denke jedoch, ich werde Jack die Stange halten, obwohl ich die Seiten noch nicht gesehen habe, nur Fetzen davon in seinen Briefen. Er versteht mich – da muß er doch groß sein.«[208]

*Zwischen* unfaßbar *und* unklar *liegt das Irrenhaus. Ich bin nicht im Irrenhaus.*
– Jack Kerouac an Carl Solomon

Ob nun der Konflikt mit Kerouac Solomons Zusammenbruch beschleunigte oder ob Carls Geisteszustand seine Reaktion auf Jack beeinflußte, sei dahingestellt – jedenfalls fiel Solomon in jenem Frühjahr, kurz nach dem Scheitern seiner Ehe, auseinander. Eines Nachmittags ging er mit dem Messer auf die Bücherregale in seiner Wohnung los, warf Schuhe auf die Straße, beschmierte alles mit Farbe und landete in Bellevue. Ginsberg nannte das »Carls durchgedrehte Tage«.[209] Inmitten des ganzen Chaos schrieb Ginsberg an Burroughs: »Diese Agententätigkeit läuft aus dem Ruder, wo du auf Mobydick machst, Carl verrückt ist und Jack total spinnt. Keiner scheint mehr richtig im Kopf zu sein, um mich herum dreht alles durch . . . Wieso kann sich nicht jeder wieder beruhigen, sage ich immer, wie die netten Leute in der Klapsmühle.«[210]

Und so wurde einer, der eben noch selbst seinen Abschluß an der Klapsmühle gemacht hatte, zum Führer der Beat Generation.

*On the Road* blieb inzwischen für weitere vier Jahre liegen. Solomons letzte Worte an Kerouac: »Wir sind weder an einem Buch von dir interessiert noch an einem Häufchen des Monats.«[211]

*Und du wirst nichts weiter zuwege gebracht haben, als ein weiteres Kochbuch in die Lücke zu setzen, die ich in deinem Programm hinterlasse. Du kannst dir tausend flotte kleine Epigramme einfallen lassen, um zu beweisen, daß jedes Kochbuch besser ist als die wilden Visionen eines Neal Pomeray und die Straße. Aber nicht wenn die Würmer mit der Verdauung beginnen, Brüder und Schwestern.*
– Jack Kerouac an Carl Solomon

*Ginsberg, fotografiert von Burroughs, Burroughs, fotografiert von Ginsberg, in Ginsbergs Wohnung zur Zeit des Big Schlupp, Herbst 1953*

## Burroughs und Ginsberg: Das große »Schlupp«

Nach seiner Südamerikareise kam Burroughs Mitte August 1953 nach New York und fuhr mit dem Taxi zu Ginsbergs Wohnung im Haus 206 in der 70. Straße Ost. Er hatte zwei Koffer voll Yage dabei und war sichtlich enttäuscht, als er sah, daß Gregory Corso zu Besuch war. Burroughs bedachte ihn mit drohenden Blicken, öffnete einen der beiden Koffer, holte eine große Machete heraus und begann ostentativ auf das Yage einzuhacken. Corso verabschiedete sich.

Um Viertel vor fünf kam Allen jeden Nachmittag von seinem Job als Bürobote bei *World-Telegram* nach Hause, dann unterhielten sich die beiden und editierten bis in die frühen Morgenstunden Burroughs' Briefe aus Südamerika. »Seine neue Redseligkeit habe ich bisher noch nie kennenlernen dürfen«, schrieb Ginsberg an Cassady. »Ich bin jetzt älter, und die emotionelle Beziehung, der Willenskonflikt und die gegenseitige Wertschätzung sind sehr intensiv, beständig, anstrengend und fruchtbar. Tag für Tag schafft er brauchbare kleine literarische symbolisch-seherische Phantasien.«[212]

Burroughs glaubte einen »Geliebten« gefunden zu haben, der – ganz anders als Marker – seine Gefühle erwidern könnte. Allen hatte, ganz im Gegensatz zu Marker, Spaß am homosexuellen Kon-

takt, aber Burroughs wollte mehr als eine sexuelle Beziehung; er wollte die totale psychische Bindung zwischen den beiden Männern. Sex erwies sich als problematisch, da sich Ginsberg physisch von Burroughs kaum angezogen fühlte, auch wenn er keinerlei Problem damit hatte, beim Sex mit ihm zärtlich zu sein. Die Erfahrung war ihm vertraut – es war wie bei Allens Beziehung zu Cassady, nur umgekehrt. Beim Sex machte Burroughs eine Verwandlung durch: Seine männliche Selbstbeherrschtheit wich einer kichernd-passiven Weiblichkeit, mit der er der englischen Gouvernante glich, die er in der 115. Straße gespielt hatte. Für gewöhnlich war es Burroughs, an dem der Analverkehr vollzogen wurde, und er ejakulierte dabei nicht selten, ohne daß er mit der Hand nachzuhelfen brauchte. Außerhalb des Bettes spielte Burroughs Allen symbolische kleine Sketche vor, Nummern, in denen es um das Verschmelzen von Protoplasma ging; Burroughs bezeichnete diesen Vorgang als »Schlupp«. Ginsberg beschrieb das folgendermaßen: »Bill wollte eine Beziehung, in der alles erlaubt war, um eine totale telepathische Vereinigung der Seelen zu erzielen.«[213] Wie Allen schrieb, benutzte Bill das Wort »Schlupp« als »Teil einer köstlichen schwarz-humorigen Phantasie seitens Bill B.s, kaum das Richtige, um einen verängstigten Jungen zu umwerben (ich war körperlich sowieso unansehnlich), und eine Parodie seiner Gefühle, auf daß man sein Verlangen nicht für anstößig hielt. So hatte sein Werben eine übertrieben selbstverleugnende Zweideutigkeit.«[214]

Ginsbergs Unbehagen in bezug auf Burroughs' Drängen nahm zu, als der ältere Mann Allen bat, mit ihm zu leben. Eines Herbsttages, sie standen an der Nordwestecke der Kreuzung East Seventh Street und Avenue B, platzte Allen ungeduldig heraus: »Aber ich will deinen häßlichen alten Schwanz nicht.«[215] Nachdem er, Jahre später, wieder einmal Burroughs' Briefe gelesen hatte, schrieb Ginsberg: »Auf immer und ewig bedauere ich die Wunde, die ich seinem Herzen zugefügt habe.«[216]

*Not that Irwin wasn't worthy of him but how on earth could they consummate this great romantic love with Vaseline and K. Y.?*
*Nicht daß Irwin seiner nicht würdig gewesen wäre, aber wie um alles in der Welt konnten sie diese große romantische Liebe mit Vaseline und Gleitmittel vollziehen?*
– Jack Kerouac über Burroughs

Die beiden trennten sich. Im Dezember 1953 machte Ginsberg sich zu einer Reise nach Mexiko auf. »Es ist eine seltene und wunderbare Reise, die meine Seele nach zehn Jahren NYC nähren (und befreien) soll«, schrieb er Neal Cassady. »Wenn ich dich also wiedersehe, werde ich stundenlang zu erzählen haben, nicht nur von den intellektuellen Schönheiten NYCs, sondern auch über viele einsame Dschungel, die wir nie gesehen haben – es wird unsere Seelen bereichern.«[217] Noch im selben Monat überquerte Burroughs mit unbekanntem Ziel den Atlantik.

# Anlaufhäfen der Beats: San Francisco, Tanger

*Umseitig: Seite aus dem Sammelalbum von Burroughs mit Schnappschüssen von Tanger, Peru und Spanien*

# Anlaufhäfen der Beats: San Francisco, Tanger

## Burroughs in Tanger

William Burroughs ging auf die Vierzig zu, als er New York im Dezember 1953 verließ. Er wußte nicht, wo er hin sollte. Er machte einen Zwischenstop in Rom, um seinen Freund Alan Ansen zu besuchen, und entschloß sich dann, nach Tanger zu gehen. Er kannte die Stadt nur aus den Romanen von Paul Bowles (*The Sheltering Sky*, 1949, und *Let It Come Down*, 1952). Bei Bowles hörte sich diese Stadt genau wie die randständige, absolut hedonistische, amoralische Freistatt an, nach der sich Burroughs zeitlebens gesehnt hatte.

Quien sabe? *Not me. The older I get the less I* sabe, *the less wisdom, maturity and caution I have.*
*Quien sabe? Wer weiß? Ich jedenfalls nicht. Je älter ich werde, desto weniger* sabe *ich, desto unweiser, unreifer und unvorsichtiger werde ich.*
– William Burroughs mit 39

Von 1946 bis 1956 waren die 225 Quadratmeilen um Tanger eine von acht Staaten regierte internationale Zone, in der Schmuggelei geduldet war. Rasch wurde das Gebiet zur Zuflucht für Schmuggler, Schwarzmarkthändler, Schieber und zwielichtige, aber schicke Existenzen aus aller Welt, für die Gestrandeten und Verderbten, die hier an Land gespült worden und geblieben waren. Burroughs nannte es die »Interzone«. Ein beliebter Ausspruch lautete: »Mein Lieber, in Tanger kann *alles* passieren.«[1] Die offiziellen Mitglieder der Emigrantengesellschaft, die das gesellschaftliche Leben der Stadt dominierten, gehörten zum diplomatischen Corps und bildeten in »Dean's Bar« und der St. Andrew's Church eine Gemeinschaft von Entwurzelten. An einem anderen Ende befanden sich die anrüchigen Reichen (Barbara Hutton, David Herbert), die literarischen (Paul und Jane Bowles) und die sexuellen Abweichler. Für einige dieser freiwilligen Exilanten verkörperte Tanger Exotik: Gesichter mit blauen Schatten unter den Kapuzen der Burnusse, der Geruch von Kiff in der Medina, die rätselhaft schöne arabische Schrift, das merkwürdig fremde Bellen der Sprache und die leere weiße Sonne. Burroughs spürte die Bedrohung unter der blendenden Oberfläche von Tanger: Die Stadt war eine Falle, auf den Leben von

*Noch nie habe ich auf einem Haufen so viele Leute ohne Geld und ohne Aussicht auf Geld gesehen*
– William Burroughs über Tanger

**Besucher und Angehörige der Gesellschaft von Tanger**
Francis Bacon
Herbert und Joella Bayer
Cecil Beaton
Paul und Jane Bowles
William Burroughs
Truman Capote
Alfred Chester
Charles und Phyllis della Faille
Maurice Grosser
Brion Gysin
David Herbert
Barbara Hutton
Gavin Lambert
Tennessee Williams

Menschen ohne Zukunft gebaut. Eines Abends beugte sich in einer rund um die Uhr geöffneten Bar ein Exilant Burroughs zu und sagte: »Das Leben ist verdorben hier, Bill. Verdorben. Tanger ist das Ende der Welt. Spürst du das nicht, Bill?«[2]

Burroughs beschränkte seine Welt auf Straßen, Apotheken und vor allem auf sein Zimmer. Das mietete er für fünfzig Cent pro Tag am Ende einer dunklen Gasse hinter dem Socco Chico, das zu einem Männerbordell gehörte, dessen Chef, ein Holländer, Make-up trug und jeden Tag mit seinen fünf Pudeln spazieren ging.

Zuerst sah Burroughs in Tanger eine Provinzstadt, die er nach einmaligem Ansehen abhaken konnte. Trotz der Fülle von arabischen Knaben, die für einen Dollar pro Kopf zu haben waren, hielt Burroughs sie für »ein häßliches Volk«[3], knochig und langweilig in der Art, wie sie auf ihre Männlichkeit pochten. (»Oh Gott!« schrieb er Allen. »Eine solche Scheiße könnte ich auch in Clayton, Missouri, hören.«[4])

Das örtliche Marihuana *(kif)* schmeckte scharf und ekelhaft, kratzte im Hals, und was die Wirkung anbelangte, hätte man ebensogut Maisfäden rauchen können. Er wurde es rasch müde, über Karten und Minztee gebeugten Arabern zuzugucken, und die endlose Musik hörte sich an wie ein aus den Lottozahlen zusammengesetzter Refrain. »Und fall mir bloß nie auf diese Kacke von wegen orientalischer Unergründlichkeit rein, wie Bowles sie zu Papier bringt

*Tanger, 1954*

(der schamlose Fälscher)«, schrieb Burroughs an Ginsberg. »Sie sind nichts weiter als ein Haufen geschwätziger, klatschsüchtiger, einfältiger, fauler Spießer.«[5]

Wiederholt dachte er daran abzureisen – zurück nach Amerika oder in den südamerikanischen Dschungel. Die Lage hellte sich indes zusehends auf, nachdem er sich mit Kiki einen regelmäßigen Geliebten zugelegt hatte und das Exilantenvolk (»Junkys, Schwule, Säufer. Fast wie in Mexiko«[6]) vor Ort kennenlernte, das sich nach Mitternacht in der »Mar Chica«-Bar traf, um dort über Pläne oder sein richtungsloses Leben zu reden.

Tanger bot genau die Art von Anonymität und Laisser-faire, die Burroughs so wichtig war, und bald nannten die Straßenjungs ihn »el hombre invisible«. Die Kehrseite der Anonymität freilich war Burroughs' totale Einsamkeit. Die Nachmittage mit seinem Freund Kiki – einem attraktiven achtzehnjährigen Spanier, loyal, ungebrochen und süß – boten Pausen physischer Zärtlichkeit, und Kiki pflegte ihn auch mehrmals bei Krankheit und durch den Entzug. Wann immer Burroughs sich jedoch an seine Sketches machte, starrten Kikis Rehaugen ihn in leerer Verwirrung an.

Die Trauer über den Verlust von Ginsberg entwickelte sich im März 1954 zur Panik, als Burroughs' Briefe an Ginsberg in Mexiko zurückzukommen begannen, weil sie dort keiner abgeholt hatte. Burroughs stellte sich Ginsberg im Gefängnis vor, ohne die Möglichkeit, sich an seine Freunde zu wenden (»Für dumme Leute sieht er nun mal aus wie ein Kommunist«[7]). »Ich dachte nicht, daß ich derart abhängig von ihm war«, schrieb er an Kerouac. »Die Entzugserscheinungen sind noch schlimmer als bei meiner Sucht nach Marker . . . Sag Allen, ich bekenne mich des Vampirismus und anderer Verbrechen wider das Leben schuldig. Aber ich liebe ihn, und nichts hebt diese Liebe auf.«[8]

Wenn er nicht einfach auf seinen großen Zeh starrte und auf den nächsten Schuß Heroin wartete, vergrub sich Burroughs in seine schriftstellerische Tätigkeit und notierte sich Sätze für einen Roman. Kurz und bündig beschreibt er seine innere Dynamik in einem Brief an Kerouac: »Wann immer ich mich in der Sackgasse unerwiderter Zuneigung befinde, sind meine einzige Zuflucht die routinemäßigen

**Treffs in Tanger**
des diplomatischen Corps:
- Dean's Bar
- British Library
- St. Andrew's Church

der Exilanten:
- Parade Bar
- Thousand and One Nights

*All their lives they have drifted with an unlucky current, always taking the wrong turn. Here they are. This is it. Last stop: Socco chico of Tangier.*
*Ihr Leben lang trieben sie mit einem unseligen Strom, immer in die falsche Richtung. Und jetzt sind sie hier. Das ist das Ende. Endstation: Socco chico von Tanger.*
– William Burroughs über Tanger

*Ich habe hier so ein merkwürdiges Gefühl, völlig außerhalb der Gesellschaft zu sein.*
– William Burroughs über Tanger

*Es herrscht eine Weltuntergangsstimmung in Tanger mit seinem Überfluß an Nylonhemden, Schweizer Uhren, Scotch, Sex und Opiaten, die über den Ladentisch zu haben sind. Dieses totale Laisser-faire hat etwas Unheilvolles.*
– William Burroughs

Skizzen, die ich schreibe. (Die natürlich für den Geliebten bestimmt sind, damit daran kein Zweifel aufkommt. Aber im Notfall zwinge ich eben jemand anderes in den Dienst.)«[9]

Die Stimmen seiner Charaktere bildeten sich in seinem Kopf – wie etwa Billy Bradshinkel und Anonio, der portugiesische Schnorrer (den er insgeheim »meinen portugiesischen Huncke«[10] nannte). Burroughs flehte den unerreichbaren Ginsberg an: »Ich brauche unbedingt Empfänger für Skizzen. Wenn ich keinen Empfänger habe, wendet sich die Schreibroutine gegen mich wie ein heimatloser Fluch und reißt mich in Stücke, wird immer wahnsinniger (wächst buchstäblich wie Krebs) und unmöglich und zusammenhanglos wie ein wild gewordener Flipper, und ich schreie: ›Hör auf! Hör auf!‹«[11]

## Ginsberg in Mexiko

*Ich brauche dich so sehr, daß mir deine Abwesenheit zuweilen richtig weh tut. Ich meine nicht sexuell. Ich meine in bezug auf das Schreiben.*
– William Burroughs an Allen Ginsberg

Allen Ginsberg bereiste in jenem Winter allein den Dschungel von Yucatan und sah sich die Ruinen der Mayas an. Sein fünfmonatiges Zwischenspiel in Mexiko bot ihm eine Pause von seiner »Anpassung an die Kommerzgesellschaft«[12], aber noch nicht einmal im Dschungel konnte er damit aufhören, »den großen Müllhaufen der Zukunft zu durchstöbern (den ich genauso deutlich vor mir in der Skyline sehe, als wäre es das Empire State).«[13] Nur indem er Abstand gewann von den drängenden Fragen um seine berufliche Zukunft, konnte er diese deutlich sehen. Oder wie er in sein Tagebuch schrieb: »Ich habe die Party in NY um des Friedens willen verlassen – nachts vor einem mit Palmwedeln gedeckten Unterschlupf auf einer Bank zu sitzen, das hört sich an wie aus einer fremden Sprache.«

Wieder einmal offenbarten sich ihm die alten Götter, deren göttliches Tun er sechs Jahre zuvor in den gemeißelten Kranzgesimsen der Häuser in Harlem gesehen hatte: »In der unwirtlichen totalen Nacht von Yucatan / in das ich mit meinem Wahnsinn gekommen bin / um fremde Hieroglyphen der Ewigkeit zu studieren.«[14] Die Artefakte alter visionärer Kulturvölker – Uxmal, Chichén Itzá, Palenque – zeigten sich ihm aus der Nähe, und das ohne die Vermittlung durch Blakes Gedicht. Ginsberg erklomm die einundneunzig Stufen des Tempels von Chichén Itzá, schlief in einer Hängematte vor dem Eingang zur Hauptkammer, starrte einen geschnitzten Totenkopf und tausend Jahre alte moosbewachsene Steinphalli an und stieg hinab in die Krypta des Priester-Königs. Überall lockten Bilder aus »unseren Gegenstücken, den klassischen griechisch-römischen Ruinen der Neuen Welt.«[15]

Auf einem seiner Besuche bei den Ruinen lernte Ginsberg eine Wissenschaftlerin kennen, Karena Shields (bekannt als die »Weiße Göttin«), die ihn einlud, sie auf ihrer abgelegenen Plantage zu besuchen. Er nahm mit Freuden an und blieb die nächsten Monate dort. Da ihn die Post dort nicht erreichte, war Ginsberg von seinen Freunden abgeschlossen. Sie erschienen ihm jedoch in seinen Träumen und in den fragmentarischen Drehbüchern, die er schrieb – Burroughs in Europa, mit Schnurrbart verkleidet, auf der Flucht vor Geheimagenten; Lucien Carr als blonder Fernsehstar. Eines Abends, auf einer Pyramide aus dem elften Jahrhundert, sah er – high auf Paracodin – Naomis Gesicht, wie es vor Jahren einmal gewesen war, verlockend und voller Leben. Gegen Ende seiner Mexikoreise saß Ginsberg unter einem mächtigen Baum am Fuße des Mount Don Juan und schrieb »Siesta in Xbalba«. Länger als alles, woran er sich bis dahin versucht hatte, war das achtseitige Gedicht ein großer Schritt nach vorn, wie er Cassady schrieb: »Ich scheine wieder am Ball zu sein; die Kunst entwickelt sich, und es ist mir ernst.«[16]

*Allen Ginsberg auf der Finca Tacalpan de San Leandro, Mexiko, Frühjahr 1954*

*Das Interesse am Buddhismus zeigt dieses Titelblatt von* Beatitude

Ginsberg beendete seine einsame Reise im Juni 1954 und machte sich auf nach Norden, um die Cassadys zu besuchen – auf der Suche nach dem Freundeskreis, der ihm Kraft gab: »Ich möchte in eine große Zukunft fliehen mit Bill Jack Neal Lucien.«[17]

## Beat-Seligkeit im Buddhismus

Während Ginsberg in Mexiko war, weilte Jack Kerouac zu Besuch bei den Cassadys, wo es zu einem merkwürdigen Kampf der »Götter« kam: Buddha gegen Edgar Cayce.

Auf einem Parkplatz, wo er arbeitete, hatte Neal ein Buch über Cayce entdeckt und war augenblicklich gefesselt von dem Glauben des hellsichtigen Mediums an Karma und Reinkarnation. Die Cassadys nannten ihren Cocker Spaniel nach ihrem neuen Guru, gingen mit religiösem Eifer zu den Zusammenkünften seiner Gruppe und fanden Trost in Cayces Glauben an vergangene Leben. Ein Medium sagte Cassady, er sei in seinen früheren Leben ein Mörder und ein Opiumabhängiger gewesen; während er dieser Deutung mit Tränen in den Augen lauschte, glaubte er sich im Lauf seiner vergangen Leben entwickelt zu haben und sah Hoffnung für die Zukunft. Carolyn fand eine neue Rationalisierung für ihre turbulente Ehe. »Reinkarnation muß die Erklärung dafür sein, warum du und ich zusammen sind«, sagte sie. »So fühle ich mich gleich viel besser.«[18] Kerouac und Ginsberg jedoch hielten Neals Wechsel zwischen Leere und Manie als Symptome dafür, daß sich hier jemand an den letzten Strohhalm geistiger Gesundheit zu klammern versuchte. Psychologische Tests aus jener Zeit bestätigten ihnen ihre Ansicht; man diagnostizierte bei Cassady Wahnvorstellungen, er stand am Rande einer Psychose.

*Pah! Du, der größte amerikanische Schriftsteller, verrückt? Das war Whitman auch und Thoreau und Poe. Burroughs ist Poe. Er ist auch verrückt. Also was soll's.*

– Jack Kerouac an Neal Cassady

Kerouac, der für seinen Besuch bei den Cassadys den Bus nahm, hatte seine Reise über den Kontinent mit Meditieren und Büchern über Buddhismus verbracht. Erst wenige Monate zuvor war er konvertiert. Eines Tages (ungefähr im Januar 1954) war er auf dem Nachhauseweg von der Stadtbibliothek Richmond Hill in Ashvgosas *Life of the Buddha* auf einen Satz gestoßen, der ihn sofort gefesselt hatte: »FRIEDE JENSEITS DES SCHICKSALS«.[19] Noch am selben Abend meditierte er das erste Mal und »sah goldene Schwärme von Nichts«.[20]

Kerouacs Bekehrung kam im Gefolge einer monatelangen Depression, die seinen Besuch bei den Cassadys verzögert hatte. Er hatte nicht zum ersten Mal das Gefühl, daß es mit seiner Jugend vorbei und er auf dem Tiefpunkt angekommen sei. »Es ist alles Kacke, ich möchte sterben«, schrieb er.[21] In diesem Herbst hatte seine Freundin Alene Lee ihn wegen Gregory Corso verlassen. Kerouac quälte sich selbst, indem er ihr an ihrem Arbeitsplatz – sie war Serviererin – nachspionierte und ihr seine fiktionale Aufarbeitung ihrer Affäre zeigte: *The Subterraneans*. Es war dies der jüngste in einer Reihe unveröffentlichter Romane. Als er den Buddhismus entdeckte, war er einunddreißig, lebte bei seiner Mutter, hatte Probleme mit Unterhaltszahlungen, und niemand verlegte sein Werk.

*Ich meine, du weißt doch, wozu Neal in der Lage ist, wie wild er ist, ja schlimm, aber du WEISST das, wogegen Psychiater es nur Messen und Pfeife rauchen.*
– Jack Kerouac an Carolyn Casssady

Kerouac reagierte sofort auf die beiden fundamentalen Wahrheiten des Buddhismus: »Das Leben ist ein einziger Kummer.« Und: »Die Ursache allen Leids ist dummes Verlangen.«[22] Im Mahayana-Buddhismus fand er zwei Modellgestalten, mit denen er sich zutiefst identifizierte: den Thathagata, der immer unterwegs ist und sich ohne weltliche Bindungen durch das Leben bewegt, und den Bodhisattwa, der das persönliche Heil zugunsten einer Erlösung aller fühlenden Wesen ablehnt. Er entdeckte im Buddhismus eine Nachsicht und Milde, die dem Katholizismus abging.

*... es ist nicht so, als WÄRE es ein Traum, es IST ein Traum ... verstehst du?*
– Jack Kerouac an Allen Ginsberg, nach seinem Studium des Buddhismus, 1954

Kerouac versuchte darauf verzweifelt, sein Ich zu überwinden und sich der Disziplin des Buddhismus unterzuordnen. Nach seinem Besuch bei den Cassadys richtete er sich in Richmond Hill in einem Leben der Entsagung ein. Er zog hinter dem Haus Kartoffeln und Bohnen, schwor dem Alkohol wie dem Sex ab und beschränkte sich auf eine Mahlzeit am Tag. Er meditierte, studierte Buddhismus und dachte sogar an eine neue, vom Buddhismus beeinflußte Version von *On the Road*. Nicht durch die Bank erfolgreich in seiner Disziplin, schrieb er Ginsberg: »Ich habe mich erst kürzlich wieder im ›Remo‹ sinnlos besoffen und mich à la Subterraneans angewidert.«[23] Burroughs reagierte auf Kerouacs neues Glaubensbekenntnis mit Erinnerungen an seine eigenen Erfahrungen mit Yoga Anfang der vierziger Jahre; wie gewöhnlich war Burroughs der erste gewesen.

*So he was a very unique cat – a French Canadian Hinayana Buddhist Beat Catholic savant.*
*Er war wirklich ein einzigartiger Typ – ein französisch-kanadischer Hinayana-buddhistischer Beat-Gelehrter.*
– Allen Ginsberg über Jack Kerouac

*Aber ich bin nicht autark. Ich brauche Publikum für meine Nummern. Buddha hilft mir nicht die Bohne. Ich langweile mich und bin einsam.*
– William Burroughs an Jack Kerouac

Du solltest dich mit tibetanischem Buddhismus und Zen befassen. Und dem Tao. Laß Konfuzius aus. Er ist ein salbungsvoller alter Langweiler. Die meisten seiner Sprüche liegen auf dem Niveau von »Konfuzius sagt ...« Meine gegenwärtige Orientierung steht dem Buddhismus diametral gegenüber und ist damit vielleicht eine Weiterentwicklung. Ich sage, wir sind hier in *Menschengestalt*, um von den *menschlichen* Hieroglyphen der Liebe und des Leids zu lernen. Es gibt keine tiefe Liebe, kein tiefes Gefühl ohne das Risiko, sich dabei bis zur Invalidität zu verletzen. Es ist eine Pflicht, dieses Risiko einzugehen, zu lieben und zu fühlen, ohne Schutz und Rückhalt. Ich spreche dabei nur für mich.[24]

Kerouacs Besuch bei den Cassadys endete nach zwei Monaten mit einem erbitterten Streit um die Verteilung von etwas Marihuana. Kerouac stürmte hinaus und machte sich auf ins Cameo Hotel, wo er in einem Schaukelstuhl am Fenster seinen ersten Gedichtzyklus, »San Francisco Blues«, schrieb. Der Streit um das Marihuana hatte lediglich die Probleme zwischen ihnen auf den Punkt gebracht, beispielsweise ihre gegenseitige Eifersucht in bezug auf Carolyn, Jacks Mittellosigkeit und Neals zunehmenden Rückzug.

Einen empfänglicheren Jünger fand Kerouac in Ginsberg, und die Korrespondenz der beiden aus jener Zeit wurde von der Diskussion um den Buddhismus dominiert. Sich zu Ginsbergs Lehrer aufwerfend, schrieb Kerouac eine hundertseitige Zusammenfassung des Buddhismus mit dem Titel »Some of the Dharma« und schickte Ginsberg detaillierte Anregungen zur Meditation. Die Keime für Ginsbergs Spiritualität waren schon während seiner Studienzeit gesät worden, als er in Raymond Weavers Seminar zenbuddhistische Koans gelesen hatte. Damals hatte er in sein Tagebuch geschrieben: »Ich muß die Zeit finden, eine Saison in Tibet zu verbringen.«[25] Und erst 1953, also noch vor Kerouacs Bekehrung, hatte er sich in Bücher über chinesische Malerei und »die Erhabenheit und Kultiviertheit (in der Bedeutung von Bildung und Erfahrung, nicht Unechtigkeit) des Ostens vertieft«.[26] Er verglich Kerouacs Konversion mit seinem eigenen visionären Erlebnis von 1948: »Ich nehme an, deine Erfahrungen mit Buddha und die meinen mit Blake liegen auf einer Ebene.«[27] Unter Kerouacs Anleitung nahm Ginsbergs neue spirituelle Suche Gestalt an, obwohl er sich zunächst gegen Kerouacs Be-

**Jack Kerouacs Übersetzungen buddhistischer Begriffe**
Dharma: »truth law« (Wahrheitsgesetz)
Nirvana: »Blown-out-ness« (Ausgeblasen-Sein)
Tathata: »That-Which-Everything-Is« (Das-was-alles-ist)
Tathagata: »Attainer-to-That-Which-Everything-Is« (Erreicher-des-Was-alles-ist)
Bodhisattva-Manasattvas: »Beings of Great Wisdom« (Wesen Großer Weisheit)

tonung des Leidens als »eine bösartige Entdeckung von Jack«[28] verwehrte. Jahre später – nach weiterer Unterweisung durch Gary Snyder und Philip Whalen sowie einer Japanreise – begann Ginsberg diszipliniert und täglich zu meditieren, legte ein Gelübde ab und wurde als »buddhistischer Jude« zum internationalen Botschafter dieser Religion. Zeitlebens jedoch nannte er Kerouac seinen ersten buddhistischen Guru.

Nur wenige konnten Kerouacs Hinwendung zum Buddhismus ernst nehmen, manch einer sah darin gar vornehmlich die Marotte eines Literaten, während andere wiederum sie schlicht für eine Erfindung hielten, die seinen psychischen Bedürfnissen zustatten kam. Da er Probleme mit den Knien hatte, hielt er es nur wenige Minuten in einer bestimmten Meditationsposition aus, und seine Version des buddhistischen Weisen ähnelte verdächtig sowohl Christus als auch seinem Bruder Gerard. Kerouac fand jedoch im Buddhismus die Erklärung für sein vergangenes und künftiges Leid. Im Dezember 1954 dachte er prophetisch über die beiden Alternativen nach, die dem Weisen offenstanden: »Ist er berühmt, verfolgt man ihn bis ins Grab; ist er ein Nichts, wird ihn keiner haben wollen.«[29]

## Ginsbergs Besuch bei den Cassadys

Allen Ginsberg kam zu den Cassadys, neugierig gemacht durch Neals vielversprechende Briefe, getrieben von seiner ewigen Hoffnung auf eine Neuauflage ihrer Affäre. Neals Leben schien sich völlig verändert zu haben, seit Allen ihn das letzte Mal gesehen hatte. Vor dem Hintergrund des vorstädtischen San Jose bewohnte er mit seiner Familie ein Neun-Zimmer-Haus mit hohen Decken, einem Eßzimmer mit Erkerfenstern und einer geräumigen Veranda, die von Obstbäumen, einem gepflasterten Hof und mit Marihuanapflänzchen durchsetzten Blumenbeeten umgeben war. Carolyn hatte das Haus neu eingerichtet – die Wände waren königsblau, aus Bettlaken hatte sie Vorhänge genäht – und war vollauf mit ihren drei Kindern beschäftigt. Neal fuhr einen Caravan – den Kerouac »das schwarz-rote Boot« nannte – und hatte eine gewisse finanzielle Stabilität durch die 16.000 Dollar Versehrtenrente, die er von der Southern Pacific Railroad er-

***Shooting gallery:*** *Ort, an dem harte Drogen zu kaufen und zu konsumieren sind; von den vierziger Jahren an bis heute*

*Neal Cassady mit seinen drei Kindern Cathleen, John Allen, Jamie und seinem Wagen im kalifornischen San Jose, ca. 1954*

hielt. Allen bemerkte, daß Carolyn »nach der ruinösen und einseitigen Idee lebt, die Familie strikt nach ihren Vorstellungen zu leiten, Vorstellungen, die aus *House Beautiful* stammen und absolut das Letzte sind.«[30] Allen sah in Neals neuem Weg zum Heil eine Mischung aus jugendlichem Mumpitz, religiöser Spinnerei und einem verzweifelten Versuch, seine innere Leere durch ein vorfabriziertes System der Affektkontrolle zu ersetzen. Allens Hoffnungen auf eine erneute Freundschaft wurden von sexuellen Phantasien um einen Mann ersetzt, der sich seiner Meinung nach »in den Anfangsstadien des Wahnsinns«[31] befand. Er kam sich vor »wie das Letzte, wie ein böses Tier«, das in die Welt des Paares eindrang, und nur durch ein »Liebesgedicht auf ein Thema von Whitman« konnte er sich eine idealisierte Version des Trios schaffen: »Ich werde leise ins Schlafzimmer gehen und lege mich zwischen Bräutigam und Braut.«[32] Gelegentlich gelang es ihm, Cassady ins Bett zu bekommen, und er erfreute sich an seinem Körper, wenn schon sein Herz nicht zu haben war. Als sich Carolyn bei Jack darüber beklagte, daß Allen Neal ständig Augen mache, gab Kerouac ihr den Rat: »Sag Allen, er soll Myshkin für Neals Rogozin sein, anstatt Edouard für Neals armen Bernard.«[33] Eines Morgens, einen Monat später, überraschte Carolyn die beiden

**Pot, pod:** *Marihuana; hielt Anfang der fünfziger Jahre Einzug ins Vokabular des Hipsters: »He makes pod but not junk« [Burroughs]. Hatte je nach Ort und Zeit auch diverse andere Namen, z. B.* ***muggles, mota*** *(in mexikanischen Grenzstädten),* ***the weed.***

– die gleiche Szene wie in jenem Hotelzimmer in Denver. Sie begann angewidert zu schreien, verbat Allen, ihren Mann je wiederzusehen, borgte ihm 20 Dollar und fuhr ihn nach Berkeley. Dieses katastrophale Ende öffnete freilich die Tür zu einer neuen Stadt, die womöglich einen größeren Einfluß auf Ginsberg hatte als sonst etwas in seinem Leben: San Francisco.

*Allen und Neal sind alte Spezis, sie waren zusammen unterwegs und hatten zusammen Visionen, geh mit unseren Propheten nicht zu hart ins Gericht, Miss Virago*
– Jack Kerouac an Carolyn Cassady

## Ginsberg in San Francisco

Als Ginsberg im August 1954 in San Francisco ankam, unternahm er den letzten Versuch einer Anpassung an die bürgerliche Normalität. Er schnitt sich das Haar, rasierte sich den Bart ab, trug Tweed und arbeitete bei Towne-Oller, einer Marktforschungsfirma in San Francisco, wo er 250 Dollar im Monat bekam. Er wohnte in einer Wohnung am eleganten Nob Hill mit Sheila Williams Boucher, einer zweiundzwanzigjährigen ehemaligen Sängerin in Fernfahrerkneipen, die er als hip, hübsch und schick beschrieb.

*Tja, dann hat Carolyn jetzt wohl, was sie will. Was jedes amerikanische Weibsbild will. Einen Mann für sich allein ohne üble Freunde, die bei ihm rumhängen.*
– William Burroughs an Jack Kerouac, nach Ginsbergs Rausschmiß bei den Cassadys

Zur selben Zeit, in der Ginsberg für Sheila den Gatten und für ihren vierjährigen Sohn die Vaterfigur spielte, behelligten ihn sowohl Neal Cassady – der ebenso verzweifelt wie plötzlich eine Wiederaufnahme ihrer sexuellen Beziehungen wollte – und William Burroughs, der eine festere Liaison suchte. Burroughs' Verlangen war tiefer und ließ sich weniger leicht befriedigen als das von Cassady, und die Situation wurde schließlich kompliziert, als Jack Kerouac Burroughs aufzumuntern versuchte, indem er ihm versicherte, daß Ginsberg gern mit ihm zusammen wäre: »Ansonsten, Bill, würde er doch nicht so viel darüber schreiben, es diskutieren und immer wieder aufwärmen.«[34] Allen, der sehr wohl wußte, daß er den absoluten Forderungen von Burroughs nicht nachkommen könnte, wies seinen engen Freund nur ungern ein zweites Mal ab. Als er Kerouac gegenüber seinem Zorn über dessen Notlüge Luft machte, reagierte dieser mit einem Aufruf zur »Rückkehr zu den Bekenntnissen und der Ehrlichkeit der Beat Generation des Jahres 1947«.[35]

*Ein Bleistiftportrait von Allen Ginsberg, gezeichnet von Carolyn Cassady, 1954*

So weit freilich war Sheila Williams Boucher noch nicht. Als Allen ihr seine sexuelle Vergangenheit mit Cassady enthüllte, weigerte sie sich, mit ihm im selben Bett zu schlafen. 1955 war selbst eine Frau, die mit schwarzen Musikern verkehrte und mit Marihuana vertraut war, in der Regel noch nicht bereit, Homosexualität zu akzeptieren. Damit endete Ginsbergs letzter Versuch, ein bürgerliches Leben zu führen.

## Ginsbergs Begegnung mit Peter Orlovsky

*Ich bin Peter Orlovsky. Ich bin sehr zart, glücklich und verrückt wie eine Wildblume.*
– Peter Orlovsky

Kurz nachdem Sheila Boucher Ginsberg verlassen hatte, lernte er den Mann kennen, mit dem zusammen er mehrere Jahrzehnte lang einen gemeinsamen Haushalt führen sollte. Ginsberg verliebte sich in das Bild eines nackten blonden Jünglings, den er in klassischer Pose auf einem Ölgemälde von Robert LaVigne sah. Als Ginsberg sich nach dem Modell erkundigte, antwortete LaVigne: »Oh, das ist Peter. Er ist hier.«[36] Dann kam Peter Orlovsky herein.

Er war einundzwanzig, prächtig gewachsen, falkennasig, hübsch, groß und krankhaft schüchtern. Außerdem schien er viel zu feinfühlig, um in der Welt zurechtzukommen. Seine Familie umfaßte eine taube Mutter und fünf Geschwister, von denen drei längere Zeit in psychiatrischen Kliniken waren. Wie Kerouac hatte man auch Orlovsky wegen geistiger Instabilität aus der Army entlassen. (Als er die Kaserne säubern sollte, warf er Gewehre, Helme und alles hinaus, was er für häßlich hielt, hängte Vorhänge auf und malte Blumen auf die Spinde der Soldaten.) Er hatte eine Vision gehabt, in der sich Bäume vor ihm verneigten. Auszüge aus Orlovskys einziger autobiographischer Aussage (1960): »Wollte Farmer werden, ging zur High School deswegen & arbeitete hart, hart, das kann ich Ihnen sagen, sehr hart, Sie würden staunen. Habe mit dem Liften von Bushaltestellen meine Muskeln trainiert. Mit Mutters Hilfe habe ich mich an verbrannten Bacon gewöhnt . . . Ich putze gern Böden, wische gern Katzenkoze [sic] auf. Ich schwime [sic] gern unter Wasser. Ich möchte den Mond zum Spaß.«[37] Von Anfang an war Allens und Peters Beziehung turbulent – Peter war oft depressiv, und in seiner periodisch wiederkehrenden Forderung, allein zu sein, absolut – und dann war seine sexuelle Ausrichtung in der Hauptsache heterosexuell.

*Ein Bleistiftportrait von Peter Orlovsky, gezeichnet von Robert LaVigne, 1954*

Ginsbergs Fähigkeit, mit Peters Exzentrizität und seinem tagelangen Weinen hinter verschlossenen Türen fertigzuwerden, verdankte er zu einem Gutteil dem emotionellen Training durch seine schizophrene Mutter. Er hatte die durchlässigen Grenzen zwischen Realität und Halluzination kennengelernt und verstand es, Liebe zu geben, auch wenn sie nur zeitweise erwidert wurde, und Perioden emotioneller Abwesenheit zu verzeihen. (Kurz nachdem er Peter kennengelernt hatte, sah Allen Naomi zum letzten Mal; sie lebte noch ein weiteres Jahr, verließ das Pilgrim State Hospital jedoch nie wieder.) Allen fand in Peter einen Brennpunkt für seine Hingabe. Er bot sein literarisches Talent und seine spirituellen Einsichten im Austausch für Peters emotionale und physische Liebe. Ihr Ehegelöbnis, das sie sich um drei Uhr nachts in der Neon- und PVC-Landschaft von Foster's Coffee Shop gaben, erinnerte an ein ähnliches Versprechen sieben Jahre früher an einer Straße in Oklahoma, und ihre Absolutheit ähnelte dem von Burroughs ersehnten »Schlupp«. »In diesem Augenblick«, so erinnerte sich Ginsberg, »sahen wir einander in die Augen, und eine Art himmlisches Feuer kroch über uns, loderte auf und beleuchtete das ganze Café und tauchte es in Ewigkeit.«[38]

*Eine Armee ist eine Armee gegen die Liebe.*
– Peter Orlovsky auf die Frage des Militärpsychiaters, ob er Kommunist sei

*Peter O hört sich toll an, und ich weiß, was immer passiert, du machst es deinem traurigen Herzen schon recht.*
– Jack Kerouac an Allen Ginsberg

In etwa um diese Zeit nannte Ginsberg nach einer Bestandsaufnahme an seinem neunundzwanzigsten Geburtstag sein Leben einen »monströsen Alptraum«.[39] Er war früher schon schier verzweifelt an Einsamkeit, persönlichen Entgleisungen und beruflichen Sackgassen, aber sein gegenwärtiges Unbehagen machte ihm um so mehr zu schaffen, als er nun Liebe gefunden, einen funktionierenden heterosexuellen Haushalt kennengelernt hatte und in einer respektablen Geschäftswelt tätig gewesen war. Dennoch fühlte er sich ausgetrocknet. Als Reaktion auf Ginsbergs eigenen Vorschlag, ein IBM-Computer könne seine Arbeit wirtschaftlicher verrichten als er, hatte Towne-Oller ihn entlassen, so daß er mit dreißig Dollar Arbeitslosengeld auskommen mußte. Am schlimmsten jedoch war, daß er an einer Schreibhemmung litt, seit er sich in San Francisco niedergelassen hatte. Er war bestenfalls dazu in der Lage, seine alten Gedichte aufzupolieren, die Lawrence Ferlinghetti für seine Reihe »City Lights Pocket Poets« abgelehnt hatte. Ginsberg dachte schon daran,

*Allen Ginsbergs Wohnung, 1010 Montgomery Street, San Francisco, 1955*

seine Gedichte mit einem Mimeographen zu vervielfältigen und selbst zu verlegen. Er entschloß sich sogar zu einigen Seminaren an der University of California in Berkeley – Griechisch und Prosodie.

Einige Tage nach seinem Geburtstag träumte Allen, daß er sich mit Joan Burroughs in Mexico City unterhielt. Mit Joan als Prüfstein kam sein Talent zurück, und er schrieb sein – seiner Ansicht nach – bis dahin bestes Gedicht. »Ich glaube, es ist ein absoluter Erfolg«, pflichtete Burroughs ihm bei. »Ich hatte am Ende einen richtigen Schock, ich hatte ein Bild von ihr, wie sie so spricht und lächelt, und das so klar und präzise wie durch Telepathie. Ich *wußte*, ich sehe haargenau das, was du gesehen hast.«[40] In jenem Sommer befand sich zwischen den Gedichtfetzen in seinem Tagebuch eine Zeile, die Carl Solomon inspiriert hatte – »Ich sah den fähigsten Geist, engelköpfiger Hipster, verdammt«.[41] Wie Solomon in einem fünfseitigen Brief in regredierter, über die ganze Seite wandernder Bleistiftschrift erzählte, hatte er seinen Job bei A. A. Wyn verloren, einen weiteren als Verkäufer für Eskimo Pies hingeworfen und war ganz zufällig im Pilgrim State gelandet, demselben Krankenhaus, in dem auch Naomi lebte. »Es ist eine Fimmelburg ohne Klopapier«, berichtete er.[42]

***Chinaman:** Heroinsucht: »Chinaman half in and half out of the door« (Ich bin am Entziehen) [Burroughs]. »The family jewels is in hock to the Chinaman« (Man ist impotent aufgrund seiner Heroinsucht) [Burroughs].*

Eines Nachmittags in der ersten Augustwoche spannte Allen einige Blatt billiges Schmierpapier in seine gebrauchte Büroschreibmaschine ein und improvisierte, ohne ein Gedicht schreiben zu wollen, in Kerouacs Stil: »Da meine Lieben unpraktisch waren und meine Gedanken relativ unirdisch, hatte ich nichts zu gewinnen«, erinnerte er sich, »als die Freude, auf Papier jene Zuneigung zu genießen, die mir am intimsten und dem weiteren Umfeld von Familie, Schule, Geschäftswelt und zeitgenössischer Literatur am peinlichsten war.«[43] Das Gedicht war keine Beichte, da er nichts zu beichten hatte, aber es wirkte entschlackend.

Ginsberg schlug das offenkundige Thema schon in der ersten Zeile an: »Ich sah die besten Köpfe meiner Generation durch Wahnsinn zerstört, hungernd, mystisch, nackt . . .« Das Format, von William Carlos Williams abgeleitet, bestand aus einer langen, dreigeteilten Zeile, jede Zeile »eine geschlossene Atemeinheit«, die mit der festen Basis »Wer« begann. Da er über den Atem eines jüdischen Kantors verfügte, sind Ginsbergs Zeilen länger als die von Williams, und er nannte das Gedicht eine Chance, »meiner romantischen Inspiration zu folgen – mit hebräisch Melvilleschem Barden-Atem«.[44]

Etwas direkt in die Maschine zu tippen, war neu für Ginsberg – die meisten seiner Gedichte erfuhren endlose Überarbeitungen in seinen Notizbüchern. Aber die Kombination aus durchgehend fixer Struktur und großzügig bemessener Zeilenlänge ließ ihm enormen Raum für Improvisation. Die Form kam von Whitman und Williams, der Geist, in dem das Gedicht geschrieben wurde, kam jedoch von Kerouac. »Mir war, als hätte ich plötzlich Kerouacs Idee gehabt, daß man etwas, ist es erst einmal hingeschrieben, eigentlich nicht mehr ändern kann«, erinnerte sich Ginsberg, »weil es sich dabei um eine Äußerung des sich in der Zeit bewegenden Geistes handelt, und der Versuch, etwas zu ändern, zu revidieren, umzustrukturieren und neu zu orientieren in gewissem Sinne eine Lüge darstellt.«[45] Der Ton des Gedichts vereinte den verbalen Schwung eines Neal-Cassady-Raps, Hipstersprache und, wie Ginsberg sich ausdrückte, »lange, wie vom Saxophon geblasene Chorus-Zeilen, von denen ich wußte, Kerouac würde sie *hören*.«[46]

Ginsberg überschritt eine Grenze, als er die Zeile tippte »die sich in den Arsch ficken ließen von heiligen Motorradfahrern und dabei vor Freude schrien / die bliesen und geblasen wurden von jenen menschlichen Seraphim, den Seeleuten, Kosungen atlantischer

**Allen Ginsbergs Bücherregal**

Walt Whitman
William Blake
William Carlos Williams
Hart Crane
Fjodor Dostojewski (vor allem *Der Idiot*)
Franz Kafka (vor allem *Der Prozeß*)
André Gide (*Die Verliese des Vatikan*)
Antonin Artaud
Jean Genet
William Butler Yeats

*I want your lingual SPONTANEITY or nothing.*
*Ich will deine sprachliche SPONTANEITÄT oder gar nichts.*

– Jack Kerouac an Allen Ginsberg nach der Lesung von »Howl«

und karibischer Liebe«. Indem er das Gedicht im selben Augenblick für unveröffentlichbar erklärte, verspürte Ginsberg die Freiheit, »für das Ohr meiner eigenen Seele und einige andere goldene Ohren zu schreiben«.[47] Er wurde zum Sprachrohr für die Geschichten seiner Generation, die Visionen, Verzweiflung, Drogen und die Apokalypse umworben hatte. Ginsberg nannte den ersten Teil des dreiteiligen Gedichtes eine »Wehklage für das Lamm in Amerika mit Beispielen bemerkenswerter lammgleicher Jugendlicher«,[48] und das Gedicht schilderte einen Pantheon an Ignus (sprich: heiliger Gestalten) aus Ginsbergs Leben. So zum Beispiel Herbert Huncke auf der Suche nach Bekanntschaften auf dem Times Square, ziellos nach seiner Entlassung von Riker's Island. Oder Neal Cassady, »der heimliche Held dieser Gedichte, Stecher und Adonis von Denver«, der Autos stiehlt und Mädchen verführt. Und dann William Burroughs auf Entzug in Tanger, Bill Garver beim Manteldiebstahl, die Bewohner von Times Square, »San Remo« und des Psychiatrischen Instituts.

Noch bevor der Tag zu Ende war, hatte Ginsberg sieben Seiten improvisiert, und er machte sich an einen zweiten Abschnitt, der sich speziell an Carl Solomon wandte, der einen Ersatz für seine Mutter, Naomi, bot. Über den Anfang des Manuskripts schrieb er mit rosa Stift »Geheul für Carl Solomon« und schickte es an Jack Kerouac in Mexico City mit dem Zusatz, es sei »deinem Stil näher als alles andere«.[49] Kerouac erkannte die Kraft des Gedichts, schalt Gins-

*Allen Ginsberg bei der Arbeit an »Howl«, San Francisco, 1955; Foto: Peter Orlovsky*

berg jedoch für die nachträglichen Verbesserungen: »Der erste Schwall ist der einzige Schwall, der Rest ist der müde Wasserhahn der Zeit.«[50]

*Fuck Carl Solomon. He's a voyeur in the madbouse.*
*HE'S ALRIGHT*
*Scheiß auf Carl Solomon. Er ist ein Voyeur im Irrenhaus.*
*ER IST OKAY*
– Jack Kerouac, nach der Lektüre von »Howl«

Der Mittelteil von »Howl«, der einige Tage später entstand, war von der Paranoia eines Peyote-Trip inspiriert. Durch das Zentrum von San Francisco spazierend, blickte Ginsberg die Fassade des noblen St. Francis Hotels hinauf und sah hoch oben einen roboterhaften Totenschädel, rauchbekränzt, glühend rot, Emblem der materialistischen Übel einer kapitalistischen Metropolis. Das Klappern der Kabelbahn in der Powell Street inspirierte ihn zu dem Wort »Moloch«, dem alttestamentarischen Gott, dem Kinder geopfert wurden. Das Wort vor sich hin murmelnd, setzte er sich in eine Cafeteria am Union Square und skizzierte den zweiten Teil des Gedichts. Am Ende jener halluzinatorischen Höllennacht hatte Ginsberg einen Entwurf des langen Gedichtes fertiggestellt, das bald bekannter werden sollte als irgendein amerikanisches Gedicht seit Eliots »The Waste Land«. »Man muß inspiriert sein, um so etwas zu schreiben«, bemerkte Ginsberg später. »Man muß die richtige historische Situation haben, die richtige physikalische Kombination, die richtige geistige Verfassung, den richtigen Mut, den richtigen Sinn für Prophezeiungen und die richtige Information.«[51] Ginsbergs leidenschaftliche Lesung von »Howl«, zwei Monate später, sollte die San Francisco Renaissance auslösen.

*Das Gedicht ist zweifelsohne dein Bestes; außerdem, so scheint mir, ist es das Ende eines Entwicklungsstrangs.*
– William Burroughs an Allen Ginsberg, in bezug auf »Howl«

## Six Gallery, 13. Oktober 1955

Sowohl die Six Gallery als auch die epochemachende Dichterlesung, die dort am 13. Oktober 1955 stattfand, waren prototypische Produkte der Avantgarde. Jedes progressive künstlerische Milieu scheint eine kooperative Einrichtung wie die Six Gallery zu haben – in einem uninteressanten Stadtteil gelegen, geleitet von Künstlern und Schriftstellern mit einem Minimum an Hierarchie –, als offene Bühne und Treffpunkt zugleich. Die Six Gallery war die Reinkarnation einer alternativen Galerie, die Robert Duncan und Jess Collins 1952 als King Ubu Gallery gegründet hatten, indem sie eine Autowerkstatt in der Fillmore Street 3110 zu einem Raum für Ausstellungen und Performances umgestalteten. Sie mußte schließen und wurde 1954, nach sechs erfolglosen Künstlern benannt, als Six Gallery wiedereröffnet. Die Six Gallery bot das ideale Umfeld für eine Lesung, die dazu organisiert wurde, um, wie Ginsberg sich ausdrückte, »dem System der akademischen Lyrik, offizieller Rezensionen, der New Yorker Verlagsmaschinerie, der amerikanischen Nüchternheit und der allgemein anerkannten Normen des guten Geschmacks die Stirn zu bieten«.[52]

Initiiert hatte die Lesung Wally Hedrick, ein Maler, der mit der Galerie verbunden war und den Dichter Kenneth Rexroth einlud, um die Veranstaltung zu organisieren. Rexroth verpflichtete den dreiundzwanzigjährigen Dichter Michael McClure, der, da er gerade Vater wurde, die Aufgabe an Ginsberg weitergab, der schließlich zur treibenden Kraft hinter der Lesung wurde. Er lud seinerseits McClure ein sowie Philip Lamantia (den ihm Carl Solomon im »San Remo« vorgestellt hatte) und traf sich, auf Rexroths Anregung hin, mit Gary Snyder und Philip Whalen, die er ebenfalls einlud. Kerouac war zwar eingeladen, behauptete aber, er sei zu schüchtern; nachdem er per Autostop aus Mexiko gekommen war, warnte er Ginsberg: »Da habt ihr aber ganz schön zu tippen.«[53] Als Pater familias einer älteren Generation von Dichtern aus San Francisco lud man Kenneth Rexroth ein, durch die Lesung zu führen. Ginsberg verschickte über hundert hektographierte Karten und verklebte Ankündigungen in North-Beach-Bars wie »The Place«, dem »Co-Existence Bagel Shop« und »Gino and Carlo's«. Wie Ginsberg bemerkte, packte er die ganze Geschichte »völlig amateurhaft und dußlig« an.[54]

*Ein Dichter ist kein Hoffnarr, sage ich. Aber er, er stellt sich auf die Bühne und heult seine Gedichte vor.*
– Jack Kerouac bezüglich seiner Weigerung, in der Six Gallery zu lesen

*PREDICT EARTHQUAKES! ERDBEBENWARNUNG!*
– Jack Kerouac zu Allen Ginsberg bei ihrer Ankunft in der Bay Area

Am Abend des 13. Oktober quetschten sich Ginsberg, Kerouac und Peter Orlovsky in Lawrence Ferlinghettis ramponierten Mini, und kurz vor acht trafen sie in der bereits aus allen Nähten platzenden Galerie ein. Der intime, fünfzig Quadratmeter große Raum war weiß gestrichen und hatte einen gestampften Boden; vor dem Hintergrund eines surrealistisch anmutenden Mobiliars aus Orangenkisten und in Gips getauchtem Musselin hatte man ein provisorisches Podium aufgebaut. Für die Poeten hatte man einen Halbkreis aus Klappstühlen aufgestellt. Die über hundert Leute im Publikum luden die Luft mit einer geradezu greifbaren Erregung auf – schließlich war es das erste Mal, daß sich die Splittergruppen der

*Allen Ginsberg deutet auf das St. Francis Hotel, die Inspiration für den »Moloch«-Abschnitt in »Howl«; Foto: Harry Redl*

Dichterschaft-Intelligentsia-Boheme von San Francisco zusammengefunden hatten. Das Publikum bestand aus Anarchisten, College-Professoren, Tischlern und gesellschaftlichen Führern. Einige waren im Pelz gekommen, andere in Anzug und Krawatte, wieder andere in Pulli und Jeans. Am Rande stand Neal Cassady in seiner Bremseruniform der Southern Pacific, lächelte und verbeugte sich wie aufgezogen vor jedem Gast. Er forderte den krankhaft schüchternen Orlovsky auf, sich neben ihn zu stellen. »Schließlich kenn' ich hier keinen.«[55] Kerouac, der sich unter der großen Menge zuerst wie ein Fremder vorkam, knöpfte den Leuten zehn oder fünfundzwanzig Cent für Wein ab und kam mit einigen Fünf-Liter-Flaschen billigen kalifornischen Burgunders zurück, die in einem kommunalen Schluckfest herumgereicht werden sollten.

In einem Nadelstreifen-Cutaway aus zweiter Hand und einer Schnürsenkelkrawatte, beides eigens für das Ereignis gekauft, stand Kenneth Rexroth vor einer Kiste und gab bekannt: »Das Lesepult hier ist für einen Zwerg, der die *Iliade* als Haiku vorträgt.«[56] Die ersten drei Dichter – Philip Lamantia, Michael McClure, Philip Whalen – traten vor, um zu lesen, und um halb elf legte man eine Pause ein.

Gegen elf bahnte sich, unter dem Schwung des Rotweins, in Levis und blauem Pulli, ein »intellektueller Hipster mit Hornbrille«[57], Ginsberg, seinen Weg an das Pult. Er begann mit ruhiger, ernster Stimme, die jedoch, von der Begeisterung des Publikums getragen, intensiver wurde, bis er sich schließlich rhythmisch und mit fuchtelnden Armen wiegte; um über die langen Zeilen zu kommen, holte er vor jeder tief Luft. Er hörte sich an wie ein Kantor, wie ein Troubadour, und noch nie hatte das Publikum in der Öffentlichkeit eine derart grobe und doch extravagante Sprache gehört. »Den ersten Teil von ›Howl‹«, so erinnerte sich Ginsberg, »las ich ausgesprochen verrückt, komisch, zu Tränen gerührt. Als verspürte ich wirklich Scham und Macht, während ich las.«[58] Kerouac begann mit geschlossenen Augen rhythmisch auf eine Burgunderflasche einzutrommeln, sang während Ginsbergs Atempausen Scat und feuerte ihn an – »Mach!« »Jaa!« »Genau!« (Rexroth war sichtlich verärgert, aber wie ein Augenzeuge aus dem Publikum in bezug auf Kerouac sagte: »Er sorgte

*Eine Lesung ist eine Art Kommunion. Der Dichter artikuliert das Geahnte für den Stamm.*

– Gary Snyder

mit seinem Singsang für Rhythmus, wie bei einer Erweckungsversammlung . . . die Leute hielten den Atem an, lachten, begannen sich zu wiegen, sie waren psychisch gefangen, es war eine orgiastische Angelegenheit.«[59]) Als er nach etwa zwölf Minuten fertig war, löste sich Ginsberg, wie er sich erinnerte, »in Tränen auf, die der amerikanischen Lyrik das prophetische Bewußtsein zurückgaben, das sie seit dem Schluß von Hart Cranes *The Bridge* verloren hatte.«[60] Er blickte hinüber zu Rexroth, der sich die Tränen aus den Augen wischte. »Es warf einfach alles über den Haufen«[61], erinnerte er sich. Philip Lamantia sagte, die Atmosphäre war, »als halte man zwei unter Strom stehende Kabel zusammen«.[62] Der tosende Beifall signalisierte weit mehr als trunkene Begeisterung. Michael McClure erzählte: »Als Ginsberg mit *Howl* den Strich zog, mußten wir uns entscheiden, ob unser Zeh auch auf diesem Strich stand.«[63]

*Allen Ginsberg bei einer Lesung, San Francisco State University, 22. November 1955; Foto: Walter Lehrman*

Die Dichter gingen zu Sam Wo's, um chinesisch zu essen, und dann weiter ins The Place, um etwas zu trinken. Als man spätnachts daran zurückdachte, was da in der Six Gallery passiert war, sah man die Verwandlung eines Menschen; »Howl« war, wie McClure sich ausdrückte, »Allens Metamorphose vom stillen, brillanten, leidenschaftlichen und gelehrten Bohemien, der in seinen Flammen und Repressionen gefangen war, zum großen und vernehmbaren Barden«.[64] Lawrence Ferlinghetti setzte sich in jener Nacht hin und tippte ein Telegramm, das an die Nachricht erinnerte, die Ralph Waldo Emerson nach dem Erhalt von *Leaves of Grass* Walt Whitman zukommen ließ: »ICH BEGRÜSSE DICH AM ANFANG EINER GROSSEN KARRIERE. WANN BEKOMME ICH DAS MANUSKRIPT?«[65]

Die Metamorphose wuchs über das persönliche Vorankommen Ginsbergs hinaus und wurde zu einem großen Schritt für die Lyrikergemeinde von San Francisco. Aus der kühlen Perspektive der Rückschau beschrieb Gary Snyder jenen Abend als »einen merkwürdigen Wendepunkt in der amerikanischen Lyrik«.[66] McClure erinnerte sich: »Wir waren über den Punkt hinausgegangen, an dem eine Umkehr noch möglich gewesen wäre – und wir hatten bereits darauf gewartet, auf diesen Punkt, ab dem es kein Zurück mehr gab . . . Wir wollten eine Stimme, und wir wollten eine Vision.«[67]

*Ein moderner* nabi, *einer jener hebräischen Propheten, die aus den Bergen kamen und auf den Straßen »Weh! Weh dir! Jerusalem, Stadt der Blutschuld!« schrien.*

– Kenneth Rexroth über Allen Ginsberg

*Titelblatt der zweiten Nummer der* Evergreen Review, *die den Dichtern von San Francisco gewidmet war, 1957*

# Stadtplan der San-Francisco-Boheme in den fünfziger Jahren

**1 Black Cat Café:** *710 Montgomery Street. Diese Café-Bar öffnete Mitte der dreißiger Jahre, wenigstens ein Jahrzehnt lang der führende Treffpunkt der San-Francisco-Boheme; die Stammgäste dort waren auf einem großen Wandgemälde von Cornelius Sampson zu sehen.*

**2 The Cellar:** *576 Green Street, North Beach. Hier bezahlten die Beats nur 25 Cent fürs Gedeck; Lawrence Ferlinghetti, Kenneth Rexroth, Kenneth Patchen und andere lasen ihre Gedichte zu Jazzmusik; Lenny Bruce trat hier auf.*

**3 Foster's Cafeteria:** *235 Montgomery Street. Diese Neon-und-Resopal-Cafeteria war ein billiger Treff für Künstler und Schriftsteller; hier schworen sich Allen Ginsberg und Peter Orlovsky 1955 ewige Treue.*

**4 Co-Existence Bagel Shop:** *1938 Grant Avenue. Eine Kombination aus Delikatessengeschäft, Imbiß, Kneipe, Treff und Nachrichtenzentum unter der Leitung von Jay Hoppe. In »Bagel Shop Jazz« beschrieb Bob Kaufman seine Stammkunden als »Schattenvolk ... maulbeeräugige Mädchen in schwarzen Strümpfen, die ein Hauch von Minzbonbons umgab ... engelhafte Typen in Rollkragenpullis ... eine kaffeebraune Elite ... deren Harvard eine Treppe im Fillmore District war.« Litt unter Touristen, Drogenfahndern und Saboteuren (so wurde etwa mit Feuerwerkskörpern eine Toilettenschüssel gesprengt).*

**5 The Coffee Gallery:** *1353 Grant Avenue. Ehemals Miss Smith's Tea Room, danach der Lost and Found Saloon. Ein Zentrum für Lyrik mit Jazz und Kunst; Außerdem Veranstaltungsort von »Speak-Up«-Abenden und anderen offenen Foren. Lord Buckley trat hier auf.*

**6 Caffè Trieste:** *606 Vallejo Street. Archetypisches North-Beach-Kaffeehaus.*

**7 the hungry i:** *599 Jackson Street. In diesem Club wurde Lenny Bruce verhaftet und J. F. Goodwins Beat-Oper The Pizza Pusher aufgeführt.*

**8 Paper Doll Club:** *535 Green Street. Zentrum für Maler und Dichter, später ein Lesbierinnen-Treff.*

**9 The Iron Pot:** *639 Montgomery Street. Von den vierziger Jahren an lange eine Restaurant-Bar für Künstler und Bohemiens; hier waren Bilder zu sehen, so zum Beispiel die von Hassel Smith. Jack Kerouac nahm es in* The Subterraneans *als Kulisse, anstelle des San Remo.*

**10 Mr. Otis:** *532 Green Street. Ende der fünfziger Jahre ein wichtiger Treff für Dichter und Maler.*

**11 Vesuvio's:** *255 Columbus Street (Nähe Broadway). Klassische Boheme-Bar, die sich lange hielt, gegenüber der Gasse, in der der City Lights Bookstore liegt; hier gab es projizierte Postkarten statt Fernsehen und von Besitzer Henri Lenoir gesammelte Gemälde.*

**12 Cameo Hotel:** *389 Third Street. Jack Kerouac stieg hier 1954 ab und schrieb »San Francisco Blues«.*

**13 Hotel Wentley:** *1214 Polk Street. Allen Ginsberg lernte hier in Robert LaVignes Zimmern Peter Orlovsky kennen. Das Hotel lieferte den Namen zu John Wieners' Sammlung The Hotel Wentley Poems.*

**14 Marconi Hotel:** *554 Broadway. Allen Ginsberg übernachtete hier, als er 1954 in San Francisco eintraf.*

**15 City Lights:** *261 Columbus Avenue. Im Juni 1953 von Peter D. Martin und Lawrence Ferlinghetti gegründet; Amerikas erster reiner Taschenbuchladen. Die schwarzgelbe Markise entwarf Jordan Belson. Shigeyoshi Murao führte den Laden, während Ferlinghetti sich oben um den Verlag kümmerte (dessen Geschäftsleitung später Nancy Peters, die Frau von Philip Lamantia, übernahm). Hier nahm die Polizei Murao und Ferlinghetti fest, weil sie »Howl« verkauft hatten.*

**16 San Francisco Art Institute:** *800 Chestnut Street. Hatte eine Schlüsselstellung in der Kunstszene von San Francisco; zum Lehrkörper gehörten Clyfford Still, Mark Rothko und Elmer Bischoff.*

**17 San Francisco State Poetry Center:** *1600 Holloway Avenue (an der 19th Avenue). 1954 von Ruth Witt-Diamant gegründet.*

**18 The Place:** *1546 Grant Avenue. Treff der Boheme und Zentrum für Underground-Maler (Wally Hedrick projizierte hier erste »liquid-light shows« an die Wände; hier hingen die Gemälde von Robert LaVigne und Jay DeFeo). Leiter waren Knute Stiles und Leo Krikorian, beide Schüler des Black Mountain College. Was als Dada Night begann, entwickelte sich Ende der fünfziger Jahre zur Blabbermouth Night, einem offenen Forum.*

**19 Fugazi Hall:** *678 Green Street. Kulisse für Dichterlesungen von James Broughton, Michael Greig und Michael McClure. Hier fanden 1958 die Poets' Follies statt.*

**20 Bread and Wine Mission:** *510 Greenwich Street. Als »mittelalterliche Kirche für das Volk« annonciert, war sie ein Zentrum für Künstler, Dichter und sonntägliche »Überraschungsessen«; wurde im Film* The Subterraneans *porträtiert. Hier entstand vom Mai 1959 bis Juli 1960 das Magazin Beatitude.*

**21 Six Gallery:** *3119 Fillmore Street. Ehemalige Autowerkstatt, 1952 für 50 Dollar monatlich von Robert Duncan, Jess (Collins) und Harry Jacobus gemietet, wurde der Raum als King Ubu Gallery zu einer Alternative für Dichter und Künstler. Die Galerie wurde ausgesprochen locker geführt, die Einladungen auf einer kleinen Offset-Presse gedruckt, die Künstler paßten selbst auf die ausgestellten Arbeiten auf, bis sie 1953 zumachte. Im Oktober 1954 eröffneten sechs Leute die Six Gallery. Die Gruppenlesung am 13. Oktober 1955, deren Höhepunkt die erste Lesung von »Howl« war, markiert den Beginn der San Francisco Renaissance.*

**22 Allen Ginsberg:** *1010 Montgomery Street. Ginsberg und Peter Orlovsy wohnten hier seit dem 3. Februar 1955. Ginsberg begann hier im August 1955 seine Arbeit an »Howl«.*

**23 Lawrence Ferlinghetti:** *1–21 Mission Street. Ferlinghetti lebte hier von 1950 bis 1952.*

**24 Lawrence Ferlinghetti:** *339 Chestnut, Apartment 20. Ferlinghetti schrieb hier Coney Island of the Mind.*

**25 Gary Snyder und Philip Whalen:** *Ecke Green und Montgomery Street. Snyder und Whalen wohnten hier Anfang der fünfziger Jahre.*

**26 Kenneth Rexroth:** *702 Wisconsin Street, Potrero Hill. Ort vieler literarischer und politischer Zusammenkünfte.*

**27 Kenneth Rexroth:** *250 Scott Street. An Freitagabenden Kulisse für Rexroths literarische Soireen.*

**28 Michael McClure:** *707 Scott Street. McClure zog hier 1956 ein und gab mit James Harmon* Ark II – Moby I *heraus.*

**29 Neal und Carolyn Cassady:** *29 Russell Street, Russian Hill.*

**30 3224 Fillmore Street:** *Dieses Gebäude, in dem vier Wohnungen von Schriftstellern und Künstlern bewohnt wurden, war Kulisse vieler spontaner Jazz-Partys. Mitte bis Ende der fünfziger Jahre wohnten hier unter anderem Michael und Joanna McClure, bei denen Philip Lamantia oft zu Besuch war; die Malerin Jay DeFeo und ihr Gatte, der Maler Wally Hedrick; Joan Brown und ihr Mann Bill Brown sowie der Maler Ed Moses.*

**31 The Ghost House:** *Ecke Franklin und Sutter Street. Ehemals das Haus der Treadwells, ein gothischer Kasten mit einem großem Ballsaal, bekam es seinen Namen Anfang der fünfziger Jahre von einem Bewohner; war in kleine Ateliers für Küstler eingeteilt. Hier wohnten unter anderen Studenten der California School of Fine Arts; der Dichter Philip Lamantia; die Maler Martin Baer, Wally Hedrick, Harry Jacobus und Jess (Collins); der Dichter Robert Duncan. (Die beiden Letztgenannten bewohnten den Ballsaal.) Das Gebäude wurde im Sommer 1953 abgerissen.*

**32 Robert Duncan und Jess:** *1724 Baker Street. Das Paar zog 1953 hier ein, übernahm die Wohnung von James Broughton und wurde bald darauf Hausbesitzer. Stan Brakhage lebte in seinen späten Teens bei ihnen im Souterrain. An den Wänden hatte man Gemälde von Jess und Harry Jacobus.*

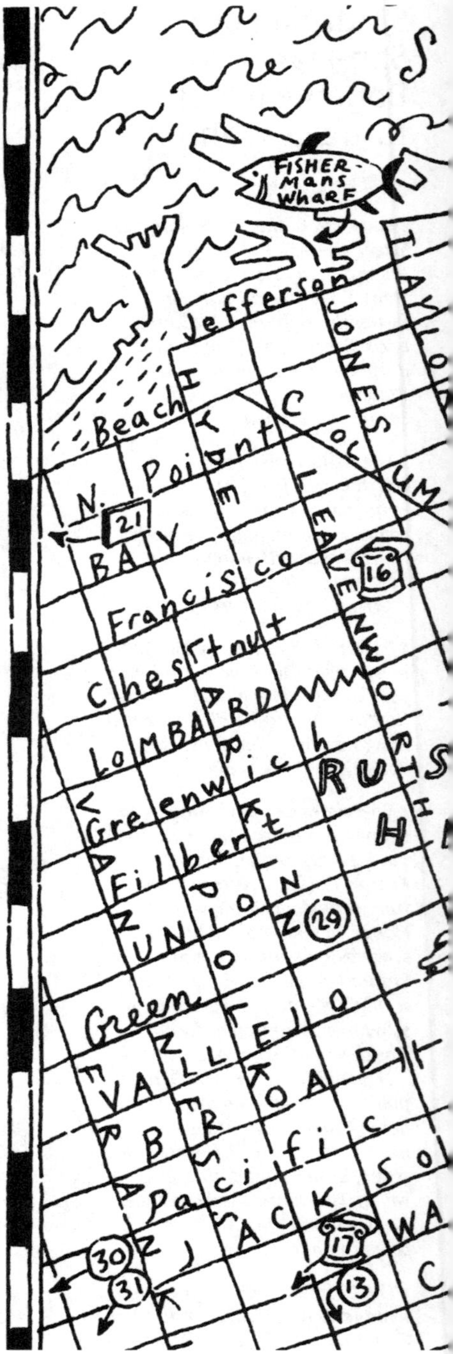

Francisco Bay
SAN FRANCISCO
·1950s·
Bohemia
EMBARCADERO
POWELL
Stockton
KEARNEY
GRANT
MONT.
SANSOME
BATTERY
Front
Davis
DRUMM
Coit Tower
TELEGRAPH HILL
NORTH BEACH
Washington Square
a poet
CLAY
CHINA TOWN
Sacramento
CALIFORNIA
Pine
BUSH
MARKET
1st
Fremont
Beale
Main
Spear
STEUART
Mission
Howard
FOLSOM
Ferry Bldg.
a working stiff

**San Francisco Renaissance (im Text nicht behandelte Dichter der Renaissance)**
Robin Blaser
James Broughton
Kirby Doyle
David Meltzer
Jack Micheline
Harold Norse
Kenneth Patchen
Jack Spicer
Lew Welch
John Wieners

## Die San Francisco Renaissance: Ein Überblick

Die meisten Historiker setzen den Beginn der San Francisco Renaissance mit der Lesung in der Six Gallery im Oktober 1955 an und ihr Ende so gegen 1960, also mit dem Ableben der Zeitschrift *Beatitude*. Derlei chronologische Lesezeichen sind nützlich, vernachlässigen jedoch nicht nur den reichen literarischen Hintergrund, der zu dieser Renaissance geführt hatte, sondern auch das reiche gegenkulturelle Umfeld der Sechziger, das aus der Renaissance erwuchs. Der Renaissance ein strenges lyrisches Reglement zuschreiben zu wollen wäre falsch, denn die Dichterschaft von San Francisco war weder doktrinär, noch exklusiv – Michael McClure feierte gar die »Vielgeistigkeit« der Poesie. Aber es lassen sich dennoch einige gemeinsame Fäden ausmachen, die einige dieser ganz entschieden unterschiedlichen dichterischen Werke durchziehen.

Die Lyriker sahen ihre Vorläufer in der ersten amerikanischen Avantgarde. Wie Robert Duncan sagte: »Wir haben unseren Ursprung in einer großen amerikanischen Schule, einer Bruderschaft der Dichter, Williams, Pound, h. d., Marianne Moore und Eliot, und wir müssen, wollen wir überhaupt schreiben, deren Sprache studieren.«[68] Der Verleger, der diese Dichtergeneration verbreitete, James Laughlin, half durch seine New Directions auch die Lyriker aus San Francisco unter die Leute zu bringen. Aber die Poeten von San Francisco orientierten sich auch an europäischen Vorläufern wie Arthur Rimbaud und Antonin Artaud und am Osten. Künstlerische Bündnisse definieren sich nicht selten durch ihre Feinde, und der Feind war eindeutig das lyrische Establishment jener Zeit, verkörpert von New Critics wie Allen Tate und Cleanth Brooks sowie von literarischen Magazinen der Ostküste wie dem *Sewanee Review*.

*Homer oder der Typ, der* Beowulf *vorgetragen hat, die waren im Showbusineß. Wir wollen die Lyrik einfach als Teil des Showbusineß sehen.*
– Kenneth Rexroth über die mündliche Tradition

Die Lyriker aus San Francisco setzten die Experimente in der »open form poetry«, wie man es nannte, der Generation vor ihnen fort. Ganz in der Tradition der Troubadoure lag ihnen an einer Wiederbelebung des gesprochenen Worts. Das wirkte sich nicht nur auf die bevorzugte Form der Präsentation aus (öffentliche Lesungen, nicht selten von Jazz oder schlichtem Schlagzeug begleitet, das gedruckte Wort trat zurück), sondern auch auf den Ton dieser Lyrik.

Einige der Poeten von San Francisco teilten das Interesse der Beats an bekenntnishafter Lyrik, bewußtseinserweiternden Drogen und sexueller Befreiung. Außerdem verband sie ihr engagierter Pazifismus und eine auf die Freiheit des Individuums pochende Anarchie. Eine weitere Gemeinsamkeit, die viele Poeten verband, war das Interesse an fernöstlichen Religionen, namentlich Buddhismus und Taoismus. Die Natur spielte eine herausragende Rolle in ihren Gedichten – einerseits als durch die Gesellschaft der Jahrhundertmitte gefährdet, andererseits als dem Menschen zuträgliche Umgebung. Daß ihnen die Lyrik Ausdruck des Wunderbaren war, ist an ihrem gemeinsamen Interesse am Okkulten zu sehen, an Tarotkarten, Alchimie und »automatischem« Schreiben.

Abgesehen von geteilten ästhetischen Belangen und gemeinsamen Themen beschreibt man die Renaissance am besten als überlappende Konstellationen von Dichtern, die San Francisco zu ihrer Heimat gemacht hatten; ihre enggeknüpften Bande waren nicht weniger wichtig als ihr Werk. Während man die Bay Area im Osten als exzentrische literarische Provinz abtat, wurde sie für viele Amerikaner zum Mekka. »In der spirituellen und politischen Einsamkeit im Amerika der fünfziger Jahre trampte man schon mal tausend Meilen, um einen Freund zu sehen«, schrieb Gary Snyder. »Alles, was lebt, braucht einen Lebensraum, eine richtige Kultur mit entsprechender Wärme und Luftfeuchtigkeit, um zu gedeihen. An der Westküste gab es in jenen Tagen nur San Francisco, und in San Francisco nur North Beach.«[69]

*San Francisco war ein Netz reich gefüllter Flüßchen, in denen sich »auf Forellen gehen« ließ.*
– Michael McClure

San Francisco war stolz auf seine Autorentradition, die bis zurück ins 19. Jahrhundert geht – Mark Twain, Bret Harte, Frank Harris, Joaquin Miller, Mary Elizabeth Parsons, Jack London, Georg Sterling. Ergänzt wurden diese Vorfahren durch in der Nähe lebende Autoren wie Robinson Jeffers und Henry Miller. Mit der literarischen Gemeinde überlappte sich ein Phänomen, das ein Mitglied dieser Gemeinde einmal als »die lange ehrwürdige San-Francisco-Tradition von bohemistisch-buddhistisch-sozialistisch-gewerkschaftlich-mystisch-anarchistischem gesellschaftlichem Engagement«[70] bezeich-

**Hot:** *Emotional geladen; das Gegenteil von cool.*

*Wenn man in San Francisco zu Hause ist, sei es durch Geburt oder Adoption, fühlt man sich insgeheim zu Raritäten hingezogen.*
– Janet Richards

net hat. Die Bay Area beherbergte eine Gemeinschaft philosophischer Anarchisten und Gewerkschaftler, deren Vorfahren aus dem frühen 20. Jahrhundert – Radikale wie die Industrial Workers of the World, Randolph Bourne und John Reed – gemeinsame Sache mit der ersten amerikanischen Avantgarde gemacht hatten. Und so wie jene erste amerikanische Avantgarde im Italienerviertel Greenwich Village eine aufgeschlossene Gemeinschaft gefunden hatte, gab es in San Francisco die italienische Gemeinde in North Beach – und Chinatown gleich nebenan. Am wichtigsten jedoch war womöglich, daß San Francisco eine literarische Provinz darstellte, die sich nicht nur vom New Yorker Establishment unterschied, sondern auch – gen Osten gewandt – am Rande Amerikas lag. »Wir sind ein Küstenvolk«, bemerkte der Dichter Jack Spicer. »Hinter uns ist nichts als das Meer.«[71]

Eine der Lieblingsbeschäftigungen von San Franciscos Literaturpapst Kenneth Rexroth bestand darin, in Reminiszenzen über die literarische Boheme der Stadt in den dreißiger Jahren zu schwelgen. Aber erst nach dem Zweiten Weltkrieg unternahmen die Dichter und Bohemiens der Bay Area gemeinsame Anstrengungen, um kleine Zeitschriften und Diskussionsgruppen ins Leben zu rufen. In der ehrwürdigen Tradition von San Francisco wurden diese Bemühungen jedoch nicht nur von der Lyrik bestimmt, sondern auch von der Politik. Als er 1954 in die Stadt kam, war Allen Ginsberg beeindruckt von den Fundamenten, für die frühere Generationen gesorgt hatten: »Sie hatten aus San Francisco einen kulturellen Schauplatz gemacht, und es war eine richtige Gemeinschaft.«[72] Anstatt die ganze Geschichte dieser fruchtbaren Tradition zu erzählen, mögen einige Schnappschüsse die kommunalen Zentren – literarischer, politischer und gesellschaftlicher Natur – herausheben, die das Fundament für die San Francisco Renaissance gelegt hatten.

***Joy bang:*** *Ein gelegentlicher »Druck«, nicht oft genug, um zur Sucht zu führen: »Nick also scored for some respectable working people in the Village who indulged in an occasional joy bang« [Burroughs].*

Die Inbegriff der Boheme-Tradition von San Francisco war das »Black Cat«, eine Café-Bar, die Mitte der dreißiger Jahre in North Beach, in der Montgomery Street 710, aufgemacht hatte. Sie bot zehn Barhocker, ein halbes Dutzend Tische, ein herzhaftes Mittagessen aus kräftiger Suppe, Salat und Fleisch zum *prix fixe* von fünfzig Cents sowie eine gastfreundliche, alkoholisierte Atmosphäre. Über der Bar hing ein Zweieinhalb-Meter-Gemälde, Öl auf Sperrholz, um das Jahr

»*The Regulars*«, *1938. Wandgemälde, 120 mal 240 Zentimeter, von Cornelius Sampson, über der Bar des Black Cat Café, San Francisco*

1938 entstanden, auf dem sechsundsiebzig Stammgäste zu sehen waren. Hier versammelte sich eine klassische Mixtur von Bohemiens: Schriftsteller, Gewerkschaftler, Maler, Schachspieler, Modelle, Leute, die von den Schecks der Eltern lebten, und Typen aus dem Viertel. Herr des Etablissements war ein ehemaliger Metzger namens Charlie Haberkern, der mit seinen Gästen trank und gern bereit war, auch mal ein Essen oder eine Lage springen zu lassen. (Als er an Zirrhose starb, stellten die Stammgäste des Black Cat zu ihrem Entsetzen fest, daß er erst siebenunddreißig gewesen war.) Nach dem Ende des Zweiten Weltkrieges wurde das »Black Cat« zu einer von San Franciscos beliebtesten Schwulenbars. Der Abend begann mit gemischtem Publikum aus Künstlern, Schriftstellern und Bohemiens, nach und nach übernahmen Homosexuelle das Lokal, und diese wiederum wurden von Lesbierinnen abgelöst, die bis zum Geschäftsschluß in den frühen Morgenstunden blieben. 1963, an Halloween, schloß die Stadt die Bar wegen einiger Verstöße gegen die Vorschriften zum Alkoholausschank.

In Waldport, Oregon, ein Dutzend Autostunden nördlich von San Francisco und ein Universum entfernt von North Beach gab es ein

Lager, das man während des Zweiten Weltkriegs zum Zivildienstcamp für Wehrdienstverweigerer umfunktioniert hatte. Es war abgelegen, und was Wein, Weib und Gesang anbelangte, bot es nicht viel, doch dafür war seine Lage direkt am Pazifik von atemberaubender Schönheit. »Aber es ist das Meer, das Meer!« rief William Everson, der dort wohnte, einmal aus. »Sie können nicht am Meer leben, ohne davon gerührt zu sein, was es ist, oder erschüttert, es zeigt sich jedesmal neu.«[73] Das Fine Arts Project, das 1944 in Waldport ins Leben gerufen wurde, Workshops für Künstler, Schriftsteller, Schauspieler und Musiker, zog kreative Pazifisten aus dem ganzen Land an, und es entwickelte sich gezwungenermaßen eine künstlerische Kameraderie. Theatergruppen gediehen und Konzerte; eine kurze Zeit hatte man den Künstler Morris Graves zu Gast; es gab Lesungen und die drei wichtigsten kleinen Zeitschriften der Kriegsdienstverweigerer (*The Compass*, *Illiterati* und William Eversons *Untide Press*). Die über mehrere Jahre hinweg erzwungene Internierung in Waldport sorgte für den Kern der späteren, größeren Gemeinschaft in San Francisco, und das Motto von Waldports *Illiterati* – »Schöpfung, Experiment und Revolution für eine freie Gesellschaft ohne Krieg« – reflektiert die Bindungen, die an der Westküste zwischen der literarischen Avantgarde und der politischen Linken üblich waren. »Im Grunde genommen hatte eine ganze Menge von dem, was später in San Francisco passierte, seine Ursprünge dort, in Waldport«, erinnerte sich Everson.[74]

*What is not* Tide *is* Untide.
*Was nicht* Flut *ist, ist* Ebbe.
– William Everson

Anfang 1946 bildete sich der Libertarian Circle, der sich in einem großen viktorianischen Haus in der Steiner Street 1057 traf. Unter den Teilnehmern – es waren zwischen einem Dutzend und fünfzig – dominierten Europäer älterer Jahrgänge, die sich in sozialistischen und pazifistischen Bewegungen engagiert hatten. Man traf sich zu Diskussionen über Emma Goldman, Anarchismus oder die United Workers of the World; man bemühte sich um ein Überdenken revolutionärer Doktrin im Gefolge der stalinistischen Diktatur. Einige Monate später brachte der Libertarian Circle eine Lyrikergruppe hervor, die sich jeden Mittwochabend zu Lesungen und Diskussionen traf. Unter den lokalen Dichtern, die hier lasen, befanden sich Kenneth Rexroth, Robert Duncan, Philip Lamantia, Jack Spicer, Muriel Rukeyser und William Everson. Aus diesen Lesungen

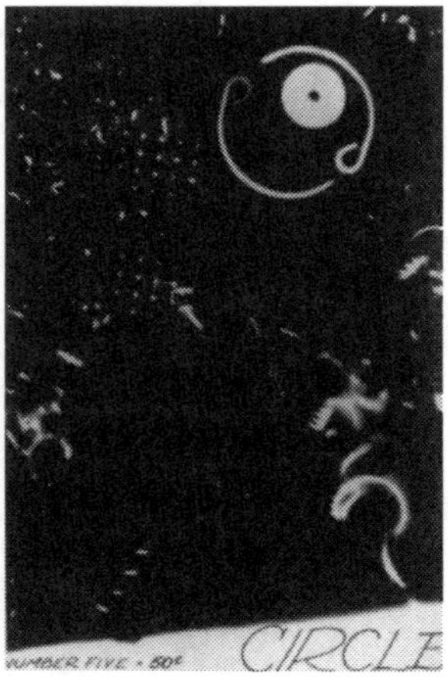

*Titelblatt von* Circle *von Bern Porter, 1945*

wiederum ging neben einem öffentlichen Seminar für Schriftsteller, das Rexroth leitete und einen Dollar pro Sitzung kostete, auch ein kleines Magazin, *The Ark* (1947), hervor, das als literarisches Organ für alle Zweige freien Denkens fungierte. Zu den zwanzig Leuten, die zu der von Philip Lamantia herausgegebenen Zeitschrift beitrugen, gehörten nicht nur Dichter aus der Bay Area, sondern auch William Carlos Williams, James Laughlin und Paul Goodman.

Auf der anderen Seite der Bucht, in der Telegraph Avenue 2643 in Berkeley, stand Throckmorton Manor, in dessen völlig in schwarz gehaltenem Eßzimmer Robert Duncan, Jack Spicer, Robin Blaser und andere Schriftsteller saßen. Ihnen diente als Modell für ihre Gruppenaktivitäten der George-Kreis, der sich Anfang des Jahrhunderts um den deutschen Dichter Stefan George gebildet hatte und in dem man sich ganz der Kunst, der Homosexualität und der Schönheit hingab. Duncan dominierte diese wöchentlichen Diskussionen über »moderne Meister« wie Sitwell, Stein, Joyce, h. d., Lawrence und Pound. Seine Monologe waren eloquent und geladen, und er trug sie mit einer Leidenschaft in den Augen vor, die niemand direkt traf, weil er schielte. »Es war elektrisierend, von jemandem so durchdringend angestarrt zu werden, ohne daß auch nur eines seiner Augen einen direkt ansah«, erinnerte sich ein Teilnehmer. »Es war fast wie ein Trancephänomen, in dem er sich völlig gehen ließ.«[75] An anderen Abenden las die Gruppe aus *Finnegan's Wake* oder hörte Kenneth Rexroth als Gastsprecher zum Thema William Carlos Williams.

Schließlich und endlich, auf geographische Nähe nicht angewiesen, gab es KPFA, einen öffentlich-rechtlichen Radiosender, der aus Berkeley sendete. Die Stimmen, die bei KPFA über den Äther gingen, verschafften der Kunstgemeinde der Bay Area den richtigen Zusammenhalt. Zu Hause in seinem Lieblingssessel von William Morris sitzend, zeichnete Kenneth Rexroth einmal die Woche eine halbstündige Buchbesprechung auf und schickte sie an den Sender. Er beschränkte sich dabei nicht auf Lyrik, sie kam im Gegenteil eher zu kurz; statt dessen bot er sachkundige Stegreifessays über alle möglichen Themen von fernöstlichen Religionen über byzantinische Orthodoxie bis hin zur zeitgenössischen Malerei. Lange bevor sie Programme für Programmkinos zusammenstellte oder Filme für den

***Subterranean:***
*Synonym für **hipster**, von Allen Ginsberg Anfang der fünfziger Jahre für die Stammgäste des San Remo geprägt und von Jack Kerouac als Titel übernommen: »They are hip without being corny, they are intellectual as hell and know all about Pound without being pretentious or talking too much about it, they are very quiet, they are very Christlike.«*

*New Yorker* rezensierte, brachte hier Pauline Kael ihre Meinungen über amerikanische und ausländische Filme zu Gehör. Alan Watts las über Taoismus, und Ralph Gleason kommentierte Jazz.

## Kenneth Rexroth

Während der vierziger und den größten Teil der fünfziger Jahre hindurch regierte Kenneth Rexroth als großer Weiser einer literarischen Welt, die gelegentlich als »erste San Francisco Renaissance« bezeichnet wurde. Janet Richards, eine langjährige Freundin, beschrieb die erstaunliche Bandbreite von Rexroths Denken: »Er war alles: Kriegsdienstverweigerer, Kenner der klassischen Literatur, versiert in allen Wissenschaften, politischer Besserwisser, extremer Radikaler, Maler, Musiker, Orientalist, Dichter, Essayist und Freund aller Künstler.«[76] Seine Rolle als treibende Kraft hinter einer in den Geburtswehen liegenden Avantgarde spielte er mit derselben Unnachgiebigkeit wie Jahre zuvor Alfred Stieglitz – eine einsame, unermüdliche Gestalt, die in der Intimität seiner Wohnung gleichgesinnte Künstler, Schriftsteller und Bohemiens versammelte. Seine Rolle verlangte zwar Geschick im Umgang mit Menschen, aber am glücklichsten war Rexroth in seiner einsamen Hütte im Wald oder in seiner Badewanne, in der er jeden Abend zwei Stunden las.

1905 geboren und in Chicago während der lyrischen Renaissance aufgewachsen, zog Kenneth Rexroth 1927 nach San Francisco. Er erkannte die Stadt als »von der Zeit verschont«, fand, hier könnten alternative Politik und Ästhetik gedeihen, und ihm schwebte vor, eine Alternative zum verdummenden literarischen Establishment der Ostküste aufzuziehen. William Everson bemerkte: »Rexroth rührte am Nerv der Zukunft und sorgte mehr als jede andere Stimme in der Bewegung dafür, daß sie auch eintrat.«[77] Rexroths Lyrik stieß weithin auf Bewunderung, und zwei seiner Sammlungen, *In What Hour* (Macmillan, 1940) und *The Phoenix and the Tortoise* (New Directions, 1944) gewannen den California Literature Silver Award. Wichtiger jedoch für San Franciscos literarische Gemeinde war Rexroth als unternehmungslustiger Organisator, kompromißloser Radikaler und beflügelnder Autodidakt.

*Kenneth Rexroth in einem Anzug, den ihm in den zwanziger Jahren Al Capone in Chicago geschenkt hatte; San Francisco 1957; Foto: Jonathan Williams.*

Mit dem Gesicht einer kampflustigen Dogge und mit traurigen blauen Augen geschlagen, stand Rexroth kerzengerade und sprach mit einer Stimme, die sich »wie aus einem billigen Gangsterfilm«[78] anhörte. Er schnitt sich das Haar selbst, fuhr einen Willys Knight aus zweiter Hand, den er selbst instandhielt, und kleidete sich in Arbeiterkluft oder neuester Mode. »Es war sein Verstand, der als erstes auffiel«[79], bemerkte ein Freund – und wenn er zuweilen wie ein Egomane schien, der seine Meinung ex cathedra zum besten gab, so war er auch geradezu unheimlich korrekt. William Everson merkte an: »Er bringt seine Erklärungen mit solchem Schwung, ja Aplomb, daß man verwundernd dasaß, völlig verzaubert, aber von dem ganzen Feuerwerk auch ziemlich verwirrt.«[80] Dieses Feuerwerk basierte auf einem enzyklopädischen Wissen – Rexroth sprach mehrere Sprachen, kannte die Klassiker und die Avantgarde, den Osten und den Westen, ob in politischer oder in lyrischer Hinsicht. Seine persönli-

*Ich habe nie verstanden, warum ich zur Avantgarde gehöre. Ich schreibe wie die großen Griechen, Römer, Chinesen und so weiter.*
– Kenneth Rexroth

*Kenneth war wie Godwin für das England des frühen 19. Jahrhunderts – Anarchist, Lehrer, politische Figur, Literat. Er war brillant und hat vielen von uns auf die Beine geholfen, und das mit einer Haltung, mit der sich wachsen ließ.*
– Michael McClure über Kenneth Rexroth

chen Beziehungen waren oft gespannt, er riß die Unterhaltung an sich und hörte selten zu, und seine Stimmungswechsel reichten von wortkarger Verschlossenheit bis zu manischen Anfällen. Ein Freund bemerkte, seine Gefühle seien ihm selbst nicht klar, solange er Ideen im Kopf habe. Aber er war loyal und verläßlich, er unterstützte neue Gedanken und kannte kein Konkurrenzdenken. »Daß Kenneth einem weh tat, war der Preis, den man dafür bezahlte, ihn kennen zu dürfen«, schrieb Jason Richards, »aber die Art, wie er einen veränderte, das war dann der Profit.«[81]

In den Jahrzehnten bevor Rexroth von San Francisco nach Santa Barbara zog (1968), formte er mehrere Generationen von Schriftstellern. Robert Duncan, ein Angehöriger der älteren San-Francisco-Generation, brachte die magnetische Anziehungskraft von Rexroth auf den Punkt: »Er verfügt über ein wirklich erstaunliches Wissen. Erst letzte Woche haben wir erfahren, daß er die Encyclopedia Britannica jedes Jahr von vorne bis hinten durchliest. Und das ist gekoppelt mit einem hohen Stil in der Tradition Johnsons, mit der Fähigkeit, immer wieder aufs neue zu entzücken, mit einer erstaunlichen Gabe für die Posse und mit einem beißenden, aber liebenswürdigen Witz. Und zu guter Letzt ist er ein begeisterter Anhänger seiner eigenen Anhänger.«[82]

*Wir wurden alle mit Papa Rexroths Lektüreliste großgezogen.*
– Robert Duncan

## Robert Duncan

»In San Francisco war Rexroth der *pater familias* unserer Gruppe«, erinnerte sich der Dichter William Everson, »aber auf der anderen Seite, in Berkeley, bezog sie ihre Energie von Duncan.«[83] Robert Duncan war vierzehn Jahre jünger als Rexroth und pflegte einen völlig anderen Stil – theatralisch, dekadent-kraftlos, in den Worten von Anaïs Nin, ein »*enfant terrible*, pervers und wissend«.[84] Aber er war, wie Rexroth, ganz der Unabhängigkeit ergeben und verfügte über eine akademische Bildung von großer Bandbreite, und Rexroth selbst merkte an, daß die frühe San-Francisco-Generation »Duncan mehr verdankt als jedem anderen«.[85]

Einer der wenigen Dichter der Renaissance, die tatsächlich in der Bay Area geboren sind, wurde Robert Duncan in jungen Jahren

***Boy in the boat:*** *Klitoris.*

von zwei Theosophen adoptiert, die ihn sich wegen seiner vielversprechenden astrologischen Konstellation aussuchten. Duncan wuchs in einem Haushalt auf, in dem man den Mythos und esoterische Geschichten schätzte und magische Zusammenhänge zwischen Alltagsdingen und Kosmos sah. Er war ein Musterschüler, entdeckte seine Berufung zum Poeten als Halbwüchsiger und begann mit neunzehn Gedichte in *Occident*, Berkeleys literarischer Campuszeitschrift, zu veröffentlichen. Seine Interessen reichten von mittelalterlicher Geschichte und der Romantik bis hin zum Schamanismus und zu Gertrude Stein. In den dreißiger Jahren führte ihn ein Wanderleben von Berkeley über Woodstock nach New York und wieder nach San Francisco zurück - eine randständige Existenz, wie er selbst sagte, »auf dem Fleischmarkt«.[86] 1940 gründete er in Woodstock eine kleine Zeitschrift namens *Experimental Review*, die er auch selbst herausgab, und die Erklärung ihres Sinns und Zwecks reflektiert nicht nur Duncans Unorthodoxheit, sondern auch jene »Vielgeistigkeit« der San-Francisco-Gemeinde: »Die *Experimental Review* erforscht das Wesen von Werten, Objekten, Träumen, Spannungen innerhalb der sozialen und ökonomischen Ordnung wie auch die komplexeren Bewußtseinszustände - das Wesen des Primitiven, des Heiligen oder des Mystikers.«[87] 1944 schrieb Duncan für Dwight MacDonalds *Politics* einen ebenso tapferen wie folgenreichen Artikel, »The Homosexual in Society«, und bestand entgegen des Rates seines Herausgebers darauf, ihn als Homosexueller zu unterschreiben (»das Ganze hat schließlich keinen Sinn, wenn es nicht unterschrieben ist«[88]). Dieses Pionierwerk, in dem er die vorgefertigte und marginale Welt homosexuellen Tuntentums kritisiert, brachte ihm die Feindschaft sowohl von Homosexuellen wie Parker Tyler von *View* (der ihn für einen Verräter hielt) als auch von heterosexuellen Herausgebern wie John Crowe Ransom (der ein bereits akzeptiertes Gedicht, »African Elegy«, nun ablehnte, da es ihm »eine offenkundige Reklame für die Homosexualität« zu enthalten schien, »und damit für eine Veröffentlichung nicht in Frage kommt«[89]).

1950 ging Duncan eine dauerhafte Beziehung mit Jess Collins (dem als Jess bekannten Maler) ein; wie Duncan sich ausdrückte, hing er damit nicht länger am »Fleischhaken«, sondern war ein »Haus-

**Robert Duncans Bücherregal**

Gertrude Stein
h. d.
Edith Sitwell
Ezra Pound
Henry James
Marcel Proust
Dorothy Richardson
Herman Melville
Die Kabbala

*Wenn ich an Robert denke, sehe ich ein Kaminfeuer und bronzene Art-Deco-Frauen mit langem Haar, Oz-Bücher und Katzen, den Nebel von San Francisco und Jackson Pollock.*

– Michael McClure über Robert Duncan

*Jess, sein »Imaginary Portrait of Robert Duncan« und Duncan selbst, San Francisco, 1956; Foto: Harry Redl*

haltsvorstand« geworden. Die Liebesbeziehung bot die häusliche Basis, von der aus sich seine vielgestaltige literarische Phantasie entwickeln ließ. Außerdem arbeiteten die beiden zusammen an der Erforschung der Beziehungen zwischen Wort und Bild.

Etwa um die Zeit der epochemachenden Lesung in der Six Gallery hielten sich Duncan und Jess in Mallorca auf – nach einem kurzfristigen Engagement als Lehrer am Black Mountain College, wo Duncan sich mit Charles Olson und Robert Creeley angefreundet hatte. Als er 1956 nach San Francisco zurückkam, wurde Duncan stellvertretender Direktor des San Francisco Poetry Center; von dieser Position aus förderte er die gegenseitige Befruchtung der Dichter vom Black Mountain und aus San Francisco. Duncan distanzierte sich von den Posen der San-Francisco-Beat-Ära – er mied Drogen,

Gossensprache und öffentliche Extravaganz. Michael McClure bezeichnete ihn einmal als »Zeittaucher«, dessen persönliche Aura geladen sei: »Wenn man Duncan besuchen ging, konnte man sich des Gefühls nicht erwehren, zu Yeats oder Joyce oder Nerval oder Villon zu gehen – kurz vor dem Eintreten hatte man das Gefühl, Duncan habe sich womöglich eben noch mit dem Troubadour Peire Vidal oder mit Emily Dickinson unterhalten.«[90] Noch lange nachdem die Renaissance wieder verblaßt war, hielt Duncan an seinem Glauben an den Dialog zwischen Dichtern fest. Als Kenneth Rexroth nach Santa Barbara zog, fragte Duncan eine Gruppe, wer Rexroths Nachfolger als großer alter Mann der Lyrikerszene von San Francisco werden sollte; die Antwort war: Duncan selbst. Janet Richards schrieb in den späten siebziger Jahren: »Mittlerweile am Ergrauen, ist er für die Lyrik von San Francisco ein wunderbares Wesen geworden, halb Ariel, halb Prospero!«[91]

*In einem Boheme-Haushalt hat man einen unmittelbaren Zugang zu den Künsten, man findet diverse Aspekte von Musik, Lyrik, Malerei, und alles darum herum gehört dazu.*
– Robert Duncan

## William Everson/Brother Antoninus

*I'm pre-beat.*
– William Everson/
Brother Antoninus

Erste Begegnung mit William Everson Mitte der vierziger Jahre: auf Urlaub von Waldport, mit einem überdimensionalen Hut, Stiefeln und der grünen Uniform der Forstverwaltung. Kenneth Rexroth beschrieb Everson als einen »Autochthonen« und fügte rasch hinzu: »Und ein Autochthone wird man natürlich nicht, man ist einer.«[92] 1912 als Sohn eines norwegischen Kapellmeisters und Druckers und eines Bauernmädchens aus Minnesota geboren, war Everson in einer Kleinstadt im kalifornischen Fresno County aufgewachsen. Er besuchte kurz das Fresno State College, experimentierte mit der Schriftstellerei, wurde Agnostiker und arbeitete in den örtlichen Konservenfabriken und im Civilian Conservation Corps, einem Arbeitsbeschaffungsprogramm der dreißiger und vierziger Jahre.

William Everson fand seine beiden Berufungen – die Lyrik und Gott – im Alter von dreiundzwanzig Jahren bei der Lektüre von Robinson Jeffers, dem Dichter von Big Sur. »Es war intellektuelles Erwachen und religiöse Bekehrung in einem«, erinnerte sich Everson. »Jeffers zeigte mir Gott. In Jeffers fand ich meine Stimme.«[93] In den Fünfzigern war Everson bereits ein Mann, der etwas geschaffen hatte:

**Das Bücherregal von William Everson/Brother Antoninus**

Robinson Jeffers
D. H. Lawrence
Walt Whitman
Algernon Swinburne
Hart Crane
Ralph Waldo Emerson
Gerard Manley Hopkins

*Brother Antoninus an seiner Presse; Foto: Harry Redl*

Er hatte ein Dutzend Gedichtbände geschrieben und ein Guggenheim-Stipendium bekommen (1949). Er hatte Waldports *Untide Press* gedruckt und herausgegeben und 1947 die Equinox Press gegründet. Am Weihnachtsabend 1948 wurde er Zeuge einer religiösen Bekehrung, die ihn dazu inspirierte, Katholik zu werden und zwei Jahre später als Laienbruder in ein Dominikanerkloster einzutreten. Mit seinem neuen Namen, Bruder Antoninus, »schien er das Kloster als Zitadelle zu sehen, in die man sich von der Verderbtheit draußen zurückzieht«,[94] wie ein Mitbruder bemerkte. Bruder Antoninus erlegte sich ein so strenges Programm auf, daß der Abt ihm befahl, es zu lockern. Mit dem Schreiben hatte er aufgehört. »Es war das kristallisierte klösterliche Ego, das die Lyrik in mir austrocknete«, erinnere Everson sich.[95] Im Sommer 1956 jedoch spürte er einen »psychischen Bruch«. Beunruhigt durch das zunehmende Eindringen der Außenwelt ins Klosterleben und entsetzt, als im Aufenthaltsraum der Priester ein Fernsehapparat auftauchte, rang Bruder Antoninus mit Depressionen und der ursprünglichen und sexuellen Bilderwelt seiner Träume. Er hatte geglaubt, den Teufel losgeworden zu sein.

*Für den Spießer bin ich ein Beat, und spießig dem Beat, und das ist meine Berufung.*
– William Everson/ Brother Antoninus

Etwa um die gleiche Zeit lud Robert Duncan ihn ein, an der Universität von San Francisco aus seinem lyrischen Werk zu lesen. Im weißen Ordensgewand und mit schwarzem Skapulier entwickelte Bruder Antoninus einen besessenen, charismatischen Stil, der ihn davon überzeugte, »daß dies meine Berufung innerhalb der Kirche war. Die Leuten lesen meine Gedichte nicht, aber ich kann sie fesseln, wenn ich sie ihnen vortrage.«[96]

*Time* nannte ihn den »Beat-Mönch«, aber seine Entwicklung als Poet schuldete den Beats ebensowenig, wie er sich ihre Zurückweisung der »Spießerwelt« zu eigen machte. »Ich identifiziere mich mit der Beat Generation ihrer mystischen Belange wegen, ihrer Betonung auf die orale im Gegensatz zur akademischen Tradition«, sagte Bruder Antoninus.[97] Die Vorstellung eines katholischen Dichters als Befürworter der Beats brachte den Erzbischof von San Francisco auf, der dem Dichter Lesungen in der Bay Area und Presseinterviews verbot. Erst nach dem Tod des Erzbischofs nahm Bruder Antoninus seine Lesungen wieder auf.

*Ich war aber doch stolz darauf, mit ihnen in einen Topf geworfen zu werden. Ich wußte, es war eine Rebellion, die die amerikanische Literatur gebraucht hat.*
– William Everson/ BrotherAntoninus über die Beat Generation

Noch lange nach der Renaissance, bis zu seinem Tod 1994, schrieb Everson an jenen Gedichten, die zusammengenommen auf über 800 Seiten das Werk ergeben, das er »The Crooked Lines of God« genannt hat. Bei dieser treffenden Zusammenfassung seines Lebens und Werks handelt es sich um eine Anspielung auf das portugiesische Sprichwort: »Gott schreibt gerade auf krummen Zeilen.«[98]

*Ich bleibe der einsame Dichter-Stammler, als der ich begann.*
– William Everson/ Brother Antoninus

## Lawrence Ferlinghetti

Obwohl er sich selbst nie als Beat sah, weder vor, während oder nach der San Francisco Renaissance, ist Lawrence Ferlinghetti untrennbar mit den Beats verbunden. Sein Leben überlappte sich mit dem ihren in Stil und Geographie, und er teilte sich mit ihnen das Schema der kaputten Kindheit, die Verbindungen mit Greenwich Village, das Trampen in Mexiko, den freidenkerischen Pazifismus und das tiefgehende, unersättliche Interesse an der modernen Literatur. Ferlin-

*I lawrence ferlinghetti*
*wrought from the dark in my*
*mother long ago*
*born in a small back bed-*
*room –*
*..................*
*Someone squeezed my heart*
*to make it go*
*I cried and sprang up*
*Open eye open heart where*
*do I wander*
*I cried and ran off*
*into the heart of the world*
– Lawrence Ferlinghetti

*ich lawrence ferlinghetti*
*vor langer zeit aus dem dunkel*
*in meiner mutter geformt*
*geboren in einem kleinen*
*schlafzimmer nach hinten*
*hinaus –*
*..............*
*jemand drückte mein Herz*
*damit es schlug*
*ich schrie und sprang auf*
*offenes auge offenes herz*
*wohin*
*soll ich gehen*
*ich schrie und lief davon*
*ins Herz der Welt*
– Lawrence Ferlinghetti

**Lawrence Ferlinghettis Bücherregal**
Gertrude Stein
James Joyce
T. S. Eliot
Ezra Pound
Charles Baudelaire
Thomas Wolfe

ghettis Vater starb fünf Monate vor seiner Geburt (seine Familie kürzte den Namen zu Ferling, nahm den alten jedoch 1954 wieder an), und seine Mutter kam in die staatliche psychiatrische Klinik in Poughkeepsie, New York. Im Alter von einem Jahr begann für Lawrence eine Kindheit wie aus einem Roman von Dickens – er wurde hin- und hergeschoben zwischen einer Tante, dem Waisenhaus und reichen Wohltätern, zwischen Frankreich und Bronxville, zwischen den Parkway Road Pirates, einer Jugendbande, und Mount Hermon, einer Farmschule in Massachusetts, aus der später eine Privatschule für College-Aspiranten wurde. Zur selben Zeit, in der Kerouac, Ginsberg und Burroughs in Joan Vollmers Wohnung zusammenkamen, schrieb Ferlinghetti sich in Mark Van Dorens und Lionel Trillings Seminare an der Columbia ein und studierte auf einen Magister in Literatur (den er 1947 machte), ohne daß ihr Weg sich auch nur einmal gekreuzt hätte. Er ging darauf drei Jahre nach Paris, um von 1947 bis 1950 an der Sorbonne zu studieren. Er schrieb eine Dissertation über die Stadt als Symbol in der modernen Lyrik und machte seinen Abschluß mit Auszeichnung.

1950 ging er zurück nach Amerika, heiratete Selden Kirby-Smith und ließ sich in San Francisco nieder, das ihm damals wie heute die ideale Metropole schien, um Wurzeln zu schlagen. Den akademischen Beruf, für den er ausgebildet war, verwerfend, suchte er sich eine Reihe von Jobs zusammen, die ihm zu schreiben und zu malen erlaubten. Er unterrichtete Französisch an der Abendschule und Shakespeare an der Universität von San Francisco, er rezensierte Lyrik für den *San Francisco Chronicle* und berichtete über lokale Ausstellungen für den *Art Digest*. Über Rexroths Soireen lernte er San Franciscos literarische Gemeinde kennen. Ein früher Bekannter aus jener Zeit hatte ihn als verschlossenen Einzelgänger in Erinnerung, der immer wieder in eine stille Faszination versank, sei es über einer Weinflasche, einer Wortkombination oder einen Witz. Dann, als erwache er aus einem tiefen Schlaf, »handelte er. Und damit hat er bis heute nicht aufgehört.«[99]

Eines Nachmittags im Jahre 1953 beobachtete Ferlinghetti, wie Peter D. Martin, Sohn des prominenten Anarchisten Carlo Tresca, ein Schild aufstellte, auf dem »Pocket Book Shop« zu lesen war. Mar-

*Lawrence Ferlinghetti*
*im City Lights Bookstore,*
*San Francisco, 1956;*
*Foto: Harry Redl*

*I was a wind-up toy*
*someone had dropped*
*wound-up*
*into a world already*
*running down*
*ich war ein aufziehspielzeug,*
*das man aufgezogen*
*in eine welt geworfen hatte,*
*die bereits lief*
– Lawrence Ferlinghetti

**Frühe Titel von City Lights**

*Pictures of the Gone World* von Lawrence Ferlinghetti (1955)
*Thirty Spanish Poems of Love and Exile* übersetzt von Kenneth Rexroth (1965)
*Poems of Humor & Protest* von Kenneth Patchen (1956)
*Howl and Other Poems* von Allen Ginsberg (1956)
*Kora in Hell* von William Carlos Williams (1957)
*Gasoline* von Gregory Corso (1958)
*Selected Poems* von Robert Duncan (1959)
*Beat Zen, Square Zen, and Zen* von Alan Watts (1959)
*Abomunist Manifesto* von Bob Kaufman (1959)
*Book of Dreams* von Jack Kerouac (1960)

tin erzählte Ferlinghetti von seinem Wunsch, die unmittelbar bevorstehende Taschenbuchrevolution zu fördern, und es dauerte nicht lange, da steuerte Ferlinghetti 500 Dollar bei und wurde Teilhaber an Martins Geschäft. Im Juni 1953 eröffneten die beiden in der Columbus Avenue 261 Amerikas ersten Taschenbuchladen. Charlie Chaplin zu Ehren nannten sie ihn City Lights.

Das merkwürdige zweigeschossige Haus auf dem dreieckigen Grundstück am Ende einer Gasse war ein eher bescheidener Ort, um eine Taschenbuchrevolution in die Wege zu leiten. Von einer gelb und schwarz gestreiften Markise empfangen, trat man in den Hauptverkaufsraum, der nicht mehr als vier mal fünf Meter maß, das Reich von Kassierer Shigeyoshi Murao. Eine steile Treppe führte hinab in einen Keller, der viermal so groß wie das Erdgeschoß war. Neben einem Labyrinth von Regalen gab es dort einige runde Tische, einen Kirchenstuhl und einige Stühle zum Lesen. 1953 lag in Taschenbuchform so gut wie ausschließlich »Schundliteratur« vor, deren Vertrieb über Drugstores und Bahnhöfe lief; »Qualitäts«-Taschenbücher gab es nur vom britischen Penguin-Verlag und von Anchor-Doubleday. City Lights hatte das gesamte Penguin-Programm und eine Auswahl von Drugstore-Titeln, dazu Magazine und Bücher von Kleinstverlegern wie Bern Porters, Leslie Woolf Hedleys und Jonathan Williams' Jargon Society sowie anarchistische Literatur. »Ich erinnere mich noch an den Italiener mit der Melone von der Müllabfuhr«, erzählte Ferlinghetti. »Jede Woche, wenn der Müllwagen vorbeikam, sprang er ab, kaufte sich die italienischen Anarchistenblätter *L'Adunata* und *L'Humanità Nova* und sprang wieder auf.«[100] City Lights wurde rasch zum Treff für Leser, Studenten und Bohemiens. An Wochentagen hatte man bis Mitternacht offen, an Wochenenden gar bis zwei Uhr früh, und man hält das heute noch so.

Nachdem er Peter Martin 1955 ausbezahlt hatte, entschloß sich Ferlinghetti, mit City Lights als Basis eine Buchreihe herauszugeben, die sich ganz der literarischen Avantgarde widmen sollte. Er hatte in Paris gesehen, daß diese Kombination von Buchhandlung und Verlag durchaus Erfolg haben konnte, und er erinnerte sich da vor allem an eine Reihe mit dem Titel »Poètes d'Aujourd'hui«, die ihres kleinen quadratischen Formats wegen als *livre de poche* bekannt wurde.

Am 10. August 1955 brachte Ferlinghetti sein erstes »Pocket Book« heraus, das von ihm selbst verfaßte *Pictures of the Gone World*. Damit stellte er auch das inzwischen klassische, fast quadratische Format (acht auf zwölfeinhalb Zentimeter) von City Lights vor, das es zu fünfundsiebzig Cent bis einen Dollar das Exemplar gab, schwarzweiß mit Rückenheftung. Ferlinghetti zog rasch mit zwei weiteren Pocket Books von Dichtern aus San Francisco nach: Kenneth Rexroth und Kenneth Patchen. Im Sommer 1955 zeigte Allen Ginsberg Ferlinghetti den Packen Gedichte aus seinem überarbeiteten Tagebuch, die William Carlos Williams so gefallen hatten. Ferlinghetti war damals knapp bei Kasse, aber Ginsberg erwähnte dabei ganz nebenbei auch sein neuestes Werk, »Howl«. Keiner von ihnen konnte ahnen, daß dieses Gedicht City Lights neben internationalem Renommee auch einen Prozeß einbringen sollte.

## Michael McClure

Als Kind hatte Michael McClure immer Naturkundler werden wollen; er studierte später Anthropologie und machte sich im Alter von einundzwanzig Jahren auf nach San Francisco, um die Kunstphilosophie der Nachkriegszeit zu studieren. Seine diversen Berufsinteressen und die verschiedenen Gruppen, in denen er verkehrte – Schriftsteller, Musiker, Maler und später die Hell's Angels – verkörperten die »Vielgeistigkeit« der San Francisco Renaissance. Mehr als irgendeine andere Einzelgestalt bildete McClure eine Brücke zwischen den Welten von Kunst, Theater und Lyrik, die die Jahre der San Francisco Renaissance so lebendig machten.

McClure kam am 20. Oktober 1932, Rimbauds Geburtstag, in Marysville, Kansas, mitten im Prärieland zur Welt. Einer Reihe von Scheidungen und Wiederheiraten wegen schob man ihn zwischen Marysville, Seattle und Wichita hin und her. Zwei bleibende Lieben, zur Natur und zur Lyrik, erblickten in diesen frühen Jahren das Licht der Welt. Als Halbwüchsiger entdeckte er einige alte Nummern von *Transition*, worauf er die Modernisten zu lesen begann – nicht nur die Klassiker (Eliot, Joyce und Pound), sondern auch die jüngere Generation mit Antonin Artaud, Kenneth Patchen und Kurt Schwit-

*Revolerheld Michael McClure im High-School-Alter, angeblich auf der Jagd nach Trilobiten; Marysville, Kansas, ca. 1950*

**Michael McCLures Bücherregal**
William Blake
William Carlos Williams
Kenneth Patchen
e. e. cummings
William Butler Yeats
Ezra Pound
Antonin Artaud
Charles Olson
Theodore Roethke
Arthur Waley
Kenneth Rexroth
Hans Arp
Percy Shelley
Federico García Lorca
Comics: *Smokey Stover* und *The Nutt Brothers: Ches and Wal*
Kurt Schwitters
William Wordsworth

ters. In seinen frühen Teens begann McClure freie Verse zu schreiben, und nach seiner Beschäftigung mit dem Modernismus interessierte er sich mehr und mehr für die Vervollkommnung traditioneller lyrischer Formen wie Villanelle, Sonett und Sestine. Als sein Freund an der High School, Bruce Conner, ihn mit der Malerei des abstrakten Expressionismus vertraut machte, begann McClure zu malen in der Hoffnung, daß der gestische Stil dieser Schule seine Lyrik inspirieren könnte. Was ihn unter anderem nach San Francisco zog, war der weithin bekannte Lehrkörper der California School of Fine Arts (das spätere San Francisco Art Institute). So zog McClure 1954 nach San Francisco, und nachdem er feststellen mußte, daß mit Clyfford Still

*Michael McClure in San Francisco, 1956; Foto: Harry Redl*

und Mark Rothko zwei der Lehrkräfte, auf die er gehofft hatte, nicht mehr dort unterrichteten, entdeckte er eine ganz andere Generation von Künstlern. »Ich hatte plötzlich das Gefühl, daß ich, was die bildende Kunst anbelangt, durchaus Glück hatte, in San Francisco zu sein statt in Paris«, erinnerte sich McClure. »Das war 1954.« Er schrieb sich in Robert Duncans Lyrik-Workshop am San Francisco State College ein und fand in diesem Seminar »ein göttliches Milieu«.[101]

Die Dynamik zwischen dem abenteuerlustigen McClure mit seinem verstörten Blick und dem gelehrten Duncan kam vielleicht unerwartet – der Student, der »Petrarkische Sonette im Stil Miltons« schrieb, und der ältere Professor, der zum freien Experiment aufrief.[102] McClure lernte San Franciscos literarische Gemeinde über Duncan und an Kenneth Rexroths Abenden kennen, wo er den Dichter Philip Lamantia traf, von dessen Mystizismus und Surrealismus er sich so angezogen fühlte, daß Lamantia nicht selten über Nacht bei McClure blieb. Nach einer Lesung von W. H. Auden lernte McClure Allen Ginsberg kennen, und noch bevor der Abend zu Ende war, hatten sie einander ihre Visionen anvertraut, die sie beide von William Blake gehabt hatten – zu Ginsberg war er in einer Wohnung in Harlem gekommen, mit einer Stimme wie aus Granit, McClure war er in seiner Jugend im Traum erschienen, in dem »Blake so real schien wie ein Automobil«.[103] McClure war stark beeindruckt von der Unterschiedlichkeit ihrer Visionen. »Allen hat einen Blake, der ein Blake der Prophezeiung ist, ein Blake, der sich gegen den finsteren Satan ausspricht«, bemerkte McClure. »Mein Blake ist ein Blake des Körpers und der Vision.«[104]

Nach diesem Treffen forderte Michael McClure Ginsberg auf, die Lesung in der Six Gallery zu organisieren. (McClure, der gerade Vater wurde, hatte dazu keine Zeit.) Er bereitete jedoch eines seiner eigenen Gedichte für die Lesung vor, für den ersten Vortrag eines Werks, das McClures Interesse an Tradition, Experiment und Biologie miteinander verband. Er hatte »For the Death of 100 Whales« 1954 als Ballade mit einem Metrum von 4-3-4-3 und der Reimform A-B-C-B geschrieben und dann »nahm ich es auseinander und machte daraus ein kubistisches Gedicht«.[105] Als er es in der Six Gallery vortrug, reflektierte es die Anfänge seines anhaltenden Interesses, Lyrik aus Umwelt und Biologie zu formen.

***Turn on:*** *Drogen nehmen; jemanden mit etwas Gutem bekannt machen: »He turned me on to Zen.«*

## Gary Snyder

Zu Beginn der fünfziger Jahre zogen drei Studenten des Reed College – Gary Snyder, Philip Whalen und Lew Welch – in den ehemaligen Kohlenkeller einer Pension in der Southeast Lambert Street 1414, einem Zentrum von Portlands Boheme. Wie die Studenten in den Etagen darüber spielte das Trio Gitarre und nahm Peyote. Alle drei schrieben, wenn auch mit unterschiedlicher Ernsthaftigkeit, Gedichte in Notizbücher – zumeist karge, vom Imagismus geprägte Zeilen über die Schönheit der Natur. Snyder veröffentlichte seine Gedichte im literarischen Magazin des Reed College, Whalen hoffte in die Fußstapfen von William Carlos Williams zu treten und dichtender Arzt zu werden, während Lew Welch sich in seine Arbeit über Gertrude Stein vergrub. Das Triumvirat gründete die »Adelaide-Crapsey-Oswald-Spengler-Poetaster-Gesellschaft zur gegenseitigen Bewunderung« und spielten ein Spiel, bei dem sie um fünf willkürlich gewählte Wörter herum Gedichte improvisierten. Inspiriert wurde die Gesellschaft von William Carlos Williams' Besuch am Reed College während der ersten Novemberwoche des Jahres 1950. Wenn er seine Gedichte laut vorlas, so schrieb Lew Welch seiner Mutter, war das wie eine gute Jam Session. »Diese Gedichte mögen sich für Sie nicht nach Lyrik anhören«, hatte Williams gesagt, »sei's drum. Nur definieren Sie mir das verdammte Ding nicht, lassen Sie sie einfach auf sie zukommen – und AUSSERDEM«, hatte er gesagt, »SIND SIE IN IHRER EIGENEN SPRACHE VERFASST.«[106] Die drei Mitglieder der Crapsey Society hörten auf Williams' Rat und hatten eine wichtige Position innerhalb der San Francisco Renaissance. Anerkannter Kopf des Trios, sowohl in der Southeast Lambert Street als auch später in San Francisco, war Gary Snyder.

In seiner beflissenen Verkörperung der amerikanischen »Grenzgängermentalität« und seiner eifrigen naturkundlichen Art bot Snyder eine Alternative zur Gesetzlosigkeit der amerikanischen Stadt. Aufgewachsen während der Wirtschaftskrise unter Holzfällern, Indianern und Bauern auf einer Farm bei Seattle, lernte Snyder das Leben der Tiere ebenso kennen wie den Wert des Bodens und las Bücher von Ernest Thompson Seton (eben jenes Autors, der Burroughs zu seiner »Autobiography of a Wolf« inspiriert hatte). Er

**Gary Snyders Bücherregal**
Ezra Pound
T. S. Eliot
Arthur Waley
Jean-Jacques Rousseau
William Blake
Walt Whitman
Henry David Thoreau
D. H. Lawrence
Robinson Jeffers
Kenneth Rexroth
Jaime de Angulo (besonders *Indian Tales)*
Black Elk
Franz Boas
John R. Swanton
D. T. Suzuki

*Gary Snyder in seinem rustikalen Zufluchtsort nördlich von San Francisco, 1956; Foto: Harry Redl*

machte sich seine Mokassins und Pfeile selbst, meisterte den Bogen, campierte im Freien und kochte mitten im Wald. Seine Eigenständigkeit als »Waldläufer« und sein frühes Interesse am Lied- und Geschichtengut analphabetischer Gesellschaften – das alles fand seinen Weg in seine Lyrik (die billigsten von Snyders Kritikern nennen seine Arbeit die »Bären-Scat-auf-der-Fährte-Schule der Poesie«).[107] Einer seiner Leitsätze während der Jahre am Reed College verwies bereits auf die Zukunft von Snyders Lyrik: »Ich möchte Wildnis aus dem Imperium schaffen.«[108]

Als er im Alter von neun Jahren erstmals mit asiatischer Kunst in Kontakt kam, entdeckte Snyder in den Bergen auf einem chinesischen Gemälde eine spirituelle Dimension, die jene der zerklüfteten Berge um ihn herum weit überstieg; er war wie gebannt. Derselbe

Zauber stellte sich wieder ein, als er Ezra Pounds und Arthur Waleys Übersetzungen chinesischer Lyrik las: »Ich dachte, hier ist eine Hochkultur, die es geschafft hat, im Einklang mit der Natur zu bleiben ... und daß sie natürlich eine organische, prozeßorientierte Weltsicht hat.«[109] Als Snyder im Herbst 1952 in die Bay Area zog, studierte er orientalische Sprachen und lebte ein asketisches Leben, das ganz der Zen-Meditation gewidmet war. Als Ginsberg und Kerouac ihn im Herbst 1955 kennenlernten, wohnte Snyder in einem vier mal vier Meter großen Gartenhaus. Er hatte keine Stühle und saß mit gekreuzten Beinen auf einem Paisleykissen, das auf einer Strohmatte lag, umgeben von Orangenkisten voller Bücher über Zen und einem Rucksack, in dem er sein metallenes Kochgeschirr ineinandergestapelt hatte. Er drehte meisterhaft Zigaretten aus Bull Durham und machte auf seinem kleinen japanischen Holzkohlengrill ein legendäres *sukiyaki* aus Pferdefleisch mit süßsaurer Soße. Seine leicht schrägen grünen Augen, die Robert Creeley als »weise alt-junge Augen«[110] bezeichnete, hatten etwas Orientalisches, und mit seinem schmalen Kinnbärtchen und den japanischen *pata*-Socken wirkte Snyder auf Kerouac wie ein »glücklicher kleiner Weiser«.[111]

Für Kerouac war Snyder nicht nur ein interessanter und ebenso beschlagener wie merkwürdiger junger Mann – er wurde ihm zur Ikone, zum »großen Helden der Westküste«.[112] Als spirituelle und in seiner Unschuld glückliche Gestalt paßte Snyder in genau die Nische, die früher Gerard und in jüngerer Zeit Neal Cassady vorbehalten gewesen war (der sich als Jünger von Edgar Cayce zu einem »Billy Sunday im Anzug« gewandelt hatte). Snyder praktizierte das selbstgenügsame Leben tatsächlich, das Kerouac immer nur romantisierte. Er trat in Kerouacs Leben, kurz nachdem dieser sich entschlossen hatte, dem *dharma* zu folgen, und Kerouac erhob Snyder rasch zum »Dharma-Penner schlechthin«.[113]

Zwei Wochen nach der Lesung in der Six Gallery machten sich Kerouac und Snyder auf zu einer Besteigung des viertausend Meter hohen Matterhorn Mountain im Yosemite-Park – einige magische Tage, die zum Kernstück von *The Dharma Bums*, Kerouacs Roman um Gary Snyder, wurden. Ein Erlebnis wie unmittelbar aus den Seiten von *Boy's Life*, Studentenfutter und in Schnee gefrorener hausge-

***Grass:*** *Marihuana, ein Ausdruck aus den fünfziger Jahren. »Grass« hatte vorher bereits eine andere Bedeutung in der britischen Gaunersprache, wo es für »verpfeifen«/ »singen« stand. Als ein Bekannter von Burroughs Angaben bei der Polizei machte, gab Burroughs ihm den Spitznamen »Grassy Gert«.*

machter Schokoladenpudding eingeschlossen, lieferte dieser Ausflug Kerouac eine der bewegendsten Vignetten seines Traums von einer reinen Jungenfreundschaft. Während der Wanderung dichteten sie Haikus füreinander, und als sie sich dem Gipfel näherten, schoß Snyder den Rest des Berges nur mit einem Suspensorium bekleidet hinauf, erreichte den Gipfel und »stimmte triumphierend Buddha zu Ehren seinen Berge zerschmetternden Freudengesang des Bergbezwingers an«.[114] Vor der kühlen Majestät eines mitternächtlichen Oktoberhimmels im Yosemite-Park gelobte Kerouac sich, von seinem Waldläufer-Kameraden im Schlafsack neben ihm inspiriert: »Ich werde nur mit einem Rucksack herumtrampen und es auf die reine Art machen.«[115] Dieser Ausflug verhalf Kerouac zu einer seiner letzten Perioden transzendenten Glücks. Snyder hatte Kerouac bereits warnend darauf hingewiesen, er halte ihn für zu aufgebracht über die Welt, und später fand er, Jack habe stets »eine greifbare Aura von Ruhm und Tod« um sich gehabt.[116]

## Philip Lamantia

*Rebellieren! das ist das unmittelbare Ziel der Dichter! Wir können nicht warten und lassen uns nicht zurückhalten ... das »poetische Wunderbare« und das Unbewußte sind die wahren Inspirationen von Rebellen und Dichtern.*
– Philip Lamantia

»Das ›lyrisch Wunderbare‹ und das Unbewußte sind die wahren Inspirationen von Rebellen und Dichtern!« schrieb Philip Lamantia im Alter von sechzehn Jahren.[117] Obwohl er sich wie andere Beat-Autoren anhörte, ließ er auf seinem Weg ihren Populismus à la Whitman zugunsten der Volksmärchen seiner sizilianischen Großmutter stehen. Er war kaum in der High School, da änderte sich nach Ausstellungen von Salvador Dalí und Joan Miró seine Sichtweise. Seinem Interesse folgend, sah er sich Artikel, Illustrationen und Anzeigen in der surrealistisch orientierten Zeitschrift *View* an (1940 bis 1947, herausgegeben von Charles Henri Ford) – damit war es um ihn geschehen. Er war sechzehn, als *View* einige seiner Gedichte abdruckte, die André Breton, den Papst des Surrealismus, dazu veranlaßten, Lamantia eine Stimme zu nennen, »wie sie nur einmal alle hundert Jahre erklingt«.[118] Lamantia reagierte darauf, indem er in einen Zug nach New York stieg und das folgende Jahr als Redakteur bei *View* tätig war. Als der Krieg in Europa zu Ende ging, kehrten viele Surrealisten unter den Emigranten nach Hause zurück, und Lamantia er-

*Philip Lamantia, San Francisco, 1956; Foto: Harry Redl*

innerte sich daran als »eine Zeit schier unerträglichen Schmerzes, und ich hatte das Gefühl, isoliert zu sein und in einem Vakuum zu leben«.[119]

Nach seiner Rückkehr nach San Francisco fand Lamantia Seelenverwandte bei Kenneth Rexroths Zusammenkünften und in den freien Mitarbeitern der Zeitschrift *Circle*. Bis 1949 jedoch hatte er ein Wanderleben begonnen, das ihn, von Abstechern ins heimatliche San Francisco interpunktiert, nach Mexiko, Marokko und Frankreich führte. (Während seiner Zeit in New York besuchte er das »San Remo«, wo er Carl Solomon, Jack Kerouac und Allen Ginsberg kennenlernte.) Auf seinen Reisen nahm Lamantia an Peyote-Zeremonien der Washo-Indianer – einer Art von Verwirrung der Sinne – teil und fühlte sich völlig verändert durch »eine außergewöhnliche

***Twisted:*** *Bedeutete in den fünfziger Jahren von der Polizei festgenommen werden.*

Verbundenheit mit anderen; mit allem«.[120] Er rang mit Depression, Manie und schierem körperlichem Ausbrennen. Seine Gedichte reflektieren seine Entfremdung vom Zeitalter der atomaren Apokalypse sowie seinen Glauben an die verwandelnde Kraft der Magie und des Eros. Nach seiner Rückkehr nach San Francisco im Herbst 1955 trat er in der epochemachenden Lesung in der Six Gallery auf. »Lamantia war der Schönste und Leuchtendste von uns allen«, bemerkte Michael McClure. »Und er verstrahlte inspirierte ›stimmliche Wut‹ und Phantasie.«[121]

Gegen Ende der fünfziger Jahre hatte Lamantia sich entschlossen, mit dem Schreiben aufzuhören, um das nächste Jahrzehnt in Europa zu verbringen, wo er studieren und Gedichte zur Veröffentlichung einer Auswahl seiner Werke bei Penguin und City Lights auswählen wollte. Er nahm das Schreiben später jedoch wieder auf, und schreibt noch heute in seiner Wohnung in North Beach.

**Surrealisten und Exilantenten im New York der vierziger Jahre**
André Breton
Max Ernst
Charles Henri Ford
Peggy Guggenheim
David Hare
Fernand Léger
Piet Mondrian
Yves Tanguy
Pavel Tchelitchew

*Ich habe immer davon geträumt, daß die Sirenen am Ende triumphieren ...*
– Philip Lamantia

## Philip Whalen

Der Falstaff der San Francisco Renaissance war Philip Whalen. Älter, größer und in weiteren Kreisen beliebt als seine Dichterkollegen, schaffte er es, zotigen Humor und lockeren Stil mit den strengen Prinzipien des Zen-Buddhismus und mit Schreibdisziplin zu vereinen. Am 29. Oktober 1923 in einer Kleinstadt am Columbia River geboren, schrieb er sein erstes Gedicht in der High School – »irgendwas über Vögel, die Sterne und Trallalla« in freier Manier.[122] Mit William Carlos Williams als Vorbild machte er sich Hoffnungen, als Arzt zu leben, der nebenbei schrieb – aber diesen Plan gab er auf, als sich seine Familie sein Medizinstudium nicht leisten konnte. In den Jahren nach der High School arbeitete Whalen als Bürobote, Hilfsarbeiter und im Air Corps der Army. Die Army gab ihm die Möglichkeit, im Cockpit einer B-17 Gertrude Stein zu lesen und daneben seine Notizbücher zu füllen; ein Army-Stipendium schließlich ermöglichte es ihm, auf das Reed College zu gehen, wo er Gary Snyder und Lew Welch kennenlernte.

Wie seine Zimmergenossen auch sah Whalen sich von Portlands kleiner Boheme inspiriert und durch die Lesung von William

**Philip Whalens Bücherregal**
William Carlos Williams
Gertrude Stein
Thomas Wolfe
D. T. Suzuki

Carlos Williams im Jahr 1950 ermutigt. Whalen hatte keine klaren Vorstellungen, was seine berufliche Zukunft nach dem College anging. »Ich wollte einfach drauflosmachen«, erinnerte er sich.[123] Die nächsten Jahre über arbeitete er nur, wenn es unbedingt nötig war; er lebte von Freunden und verbrachte seine Sommer auf einer Feuerwache im Mount Baker National Forest. Dort erhielt er denn auch im September 1955 einen Brief von Gary Snyder, der ihn zum Lesen in der Six Gallery einlud.

Diese epochemachende Lesung im Oktober führte Whalen in eine weit größere Gemeinde von Dichtern ein, was ihn dazu ermutigte, in seiner Lyrik experimentierfreudiger zu werden. Er selbst bestätigte die Wirkung, die zum Beispiel ein Blick auf das Manuskript

*Porträt von Philip Whalen mit dem Titel Buddha Red-Ears, signiert mit »Jean Louis Kerouac«, ca. 1956*

von »Howl« auf sein frühes Gedicht »Sourdough Mountain Lookout« gehabt hatte, weil ihm dabei klar wurde, daß »ein Gedicht seine eigene Form und Größe sein kann«.[124] Nach einiger Zeit bei der San Francisco Renaissance hatte sich nicht nur sein Interesse am Zen-Buddhismus vertieft, er hatte auch die Grenzen der vom Imagismus inspirierten Lyrik, die er bis dahin geschrieben hatte, über Bord geworfen. Besser als irgendein anderer vielleicht hat Whalen in einem einzigen Satz die Wirkung der berauschenden literarischen Atmosphäre von San Francisco erfaßt:

> Die Ansichten anderer über Schönheit oder konventionelle Vorstellungen über Schönheit, in welcher Kunstrichtung auch immer, wurden mir aus dem Kopf geblasen von neuer Musik und neuem Jazz und neuer Lyrik, wie Allen sie schrieb und Gregory und Jack, und dann waren da noch diese phantastischen Briefe, die Allen in langgezogenen Intervallen von Burroughs aus Nordafrika bekam und die Allen laut vorlas, und ich sah sie an, und sie drehten meinen Kopf schlagartig in eine andere Richtung.[125]

## Robert Creeley

Robert Creeley verbrachte nur drei Monate in San Francisco – er kam im März 1956 an und reiste im Juni nach Mexiko weiter. Wie kurz auch immer sein Aufenthalt – Creeleys Wirken in der Renaissance war ebenso wichtig wie vielfältig: So tippte er etwa die Matrizen für die erste, inoffizielle Veröffentlichung von »Howl« (vor City Lights), die nur für Freunde bestimmt war. Er organisierte, zusammen mit Allen Ginsberg, den ersten großen Auftrieb der Dichter und Beats aus San Francisco, die neben den Poeten vom Black Mountain in der siebten und letzten Ausgabe der *Black Mountain Review* erschienen. Er geriet in mehrere Schlägereien, verbrachte einige Zeit im Gefängnis und trug zum Scheitern von Kenneth und Marthe Rexroths Ehe bei. Das war eine ganze Menge für eine so kurze Zeit und für einen Menschen von so augenscheinlich lakonischem Temperament.

Ersetzt man Harvard durch Columbia und Charles Olson durch William Carlos Williams, so weist Creeleys Werdegang Parallelen zu dem von Ginsberg auf. 1926 in Arlington, Massachusetts geboren, hatte Creeley wie Ginsberg eine verwirrende Kindheit hin-

*Robert Creeley am Ruder, Mallorca, 1951; Foto: Jonathan Williams*

ter sich, war während seiner Studienzeit kurz suspendiert worden, hatte an College-Zeitschriften mitgearbeitet und schon als Teenager sein erstes Marihuana geraucht. Creeley ging während seines letzten Jahres vom College ab, um am indisch-burmesischen Kriegsschauplatz einen Lastwagen für den American Field Service zu fahren. Als er 1946 zurückkam, heiratete er und hatte drei Kinder. Er versuchte in der Boheme von Provincetown, Massachusetts, zu leben; in Littleton, New Hampshire, versuchte er sich an der Tauben- und Hühnerzucht. Während dieser Zeit fühlte er sich kaum als Schriftsteller – »es war lediglich eine Möglichkeit, eine Phantasie, die ich unbedingt verfolgen wollte« – und rückblickend hatte er das Gefühl, als Taubenzüchter mehr über Lyrik gelernt zu haben als in all seinen Jahren in Harvard – er lernte »auf Dinge zu achten«.[126]

**Swinging:** *Ungehemmt: »If you don't swing that thing it don't mean a thing.«*

Während seiner Collegezeit suchte Creeley eine brauchbare Vergangenheit in der Lyrik der Avantgarde. Mit achtzehn entdeckte er William Carlos Williams, und bekam – fast wirkt es prophetisch – zu seinem zwanzigsten Geburtstag *Make It New* von Ezra Pound geschenkt. Er erinnerte sich an das Buch als »Offenbarung«, da Pound »über das Schreiben vom Standpunkt dessen aus sprach, womit Schreiben sich befaßte, und nicht von der Position dessen, was es ›sollte‹.«[127] In die Gemeinschaft moderner Lyriker trat er 1950 ein, als er ein kleines Magazin zu starten versuchte. Der Vorschlag entlockte dem in bezug auf kleine Zeitschriften erfahrenen Ezra Pound seinen klassischen Rat, wie man ein solches Magzin herausgeben sollte:

> Er riet mir, das Magazin als Kern zu betrachten, um den herum etwas geschieht - »nicht als Schachtel mit etwas/irgendetwas drin«. Seiner Ansicht nach bestand Lyrik aus einer Konstante und einer Variante, und das, so sagte er mir, sollte ich auf den Kontext eines Magazins übertragen. Er empfahl mir, mich mit wenigstens vier anderen zusammenzutun, auf die ich mich in bezug auf Material bedingungslos verlassen könnte, und deren Arbeiten zum wesentlichen Standbein der Zeitschrift zu machen. Aber dann, so sagte er, sehen Sie zu, daß der Rest, in etwa die Hälfte, so divers und ungezügelt wie möglich ist.[128]

*Creeley ist ein Genie des Sensoriums, wie Kerouac eines war, und er ist ein Meister des Ohres wie Miles Davis.*
– Michael McClure über Robert Creeley

Die Zeitschrift kam nie zustande, und Pound versicherte »The Creel«, er könne seine »Höhenflüge als Herausgeber« durchaus abwarten.[129] Creeley ging mit dem eingereichten Material zu Cid Corman, der im Rundfunk die wöchentliche Sendung »This Is Poetry« hatte; der benutzte einiges von Creeleys Material, um *Origin* zu starten, eine Zeitschrift, die mehrere Jahre lang eines der ganz wenigen Foren für Lyrik außerhalb des Establishments war. Aus seinen Versuchen, eine Zeitschrift zu starten, ergab sich auch eine Korrespondenz mit William Carlos Williams, Denise Levertov und, vor allem, Charles Olson, dem alles überragenden Rektor des Black Mountain College.

Als Creeley Olsons Lyrik anfangs als ungeordnete »Suche nach einer Sprache« kritisierte, antwortete Olson:

> ich sach dir eins, creeley,
> du spinnst: ein mann
> hat gottverdammtnochmal seine eigne Sprach zu finden,
> syntax wie melodei,
> aber auch jedes gedicht in der mache hat seine eigne sprach,
> die bloß variante der ersteren ist[130]

**Robert Creeleys Bücherregal**

William Carlos Williams
Ezra Pound
Hart Crane
André Gide (vor allem die Tagebücher)
Henry Miller
D. H. Lawrence
Wallace Stevens
Paul Valéry
Charles Olson (nach 1950)

**Die Fakultät des Black Mountain College**
Josef and Anni Albers
Eric Bentley
John Cage
Robert Creeley
Merce Cunningham
Franz Kline
Charles Olson

**Studenten des Black Mountain College**
Fielding Dawson
Joel Oppenheimer
Robert Rauschenberg
Cy Twombly
Jonathan Williams

*Sie war unsere Bibel.*
– Michael Rumaker über die *Black Mountain Review*

Die Freundschaft, die 1950 begann, dauerte an bis zu Olsons Tod zwanzig Jahre später; Olson erwies sich als anregender Mentor. Er gab Creeley die Möglichkeit, am Black Mountain College zu unterrichten und die *Black Mountain Review* herauszugeben. 1933 gegründet, war das Black Mountain College in North Carolina Amerikas überragende Schule für die Avantgarde; zu ihrem Lehrkörper gehörten viele Exilanten aus dem nationalsozialistischen Deutschland, und es studierten dort in den fünfziger Jahren unter anderem Robert Rauschenberg und Cy Twombly. Mitte der fünfziger Jahre steckte das College in einer Krise – es schrieben sich gerade mal fünfzehn neue Studenten pro Jahrgang ein, die Fakultät hatte seit einem Jahr kein Gehalt mehr bekommen, und man lebte davon, sein eigenes Gemüse zu ziehen und in den örtlichen Supermarkt klauen zu gehen. Paradoxerweise war der Einfluß des College gerade während dieser Zeit nachhaltiger als zu jedem anderen Zeitpunkt seiner Geschichte. Zu den Dichtern, die während seiner letzten Jahre mit dem College verbunden waren, gehörten nicht nur Olson und Creeley, sondern auch Robert Duncan, John Wieners, Jonathan Williams und Joel Oppenheimer. Die Black-Mountain-Gemeinde sah den Künstler wie den Dichter als Heiligen und den Rest der Welt als hoffnungslos verderbt.

Im März 1954 traf Creeley in der pastoralen Kulisse des an einem See gelegenen Black Mountain College ein, nachdem er die ganze Nacht in einem Pickup, Baujahr 1940, durchgefahren war. Creeley hatte nie in seinem Leben unterrichtet, hielt aber noch am selben Abend sein erstes Seminar. Die Wirkung, die seine Lehrtätigkeit auf ihn hatte, schien katastrophal: Creeley trank unmäßig und war verzweifelt ob der Ziellosigkeit seines Lebens. Er fühlte sich mit seiner Umgebung verbunden, beschrieb sie »als eine Art fast schon nützlicher Mangel an allem, was den Leuten dort zu einem aktiveren Kontext verhalf«.[131] Die Studenten mußten ihn zuweilen aus der Kneipe am Ort holen und mit Gewalt in die Klasse schleppen. Aber Creeley bemerkte nach einer langen Lehrerlaufbahn: »Nie habe ich einen nützlicheren Kontext dafür gefunden, Lehrer zu sein, als dort.«[132]

Nicht weniger wichtig als seine Lehrtätigkeit war Creeleys Zeit als Herausgeber der *Black Mountain Review*. Charles Olson hoffte, die

Zeitschrift würde dem Ruf der Schule wieder auf die Beine helfen, aber das Budget sah kaum die 500 Dollar vor, die man für jede der 64seitigen Ausgaben benötigte. Die Auflage ging nie über 500 hinaus, und die Dichter waren der breiteren Öffentlichkeit nicht bekannt. Doch trotzdem entwickelte sich die Zeitschrift Mitte der fünfziger Jahre zum einflußreichsten Lyrikmagazin, das sogar das Entstehen einer historisch bestimmbaren Gruppe, der Black Mountains Poets, förderte. Creeley nahm nicht nur Lyrik und Kritik auf, sondern auch Gemälde und Fotografien von Leuten wie Franz Kline, Philip Guston, Harry Callahan und Aaron Siskind. Das Black Mountain College schloß im September 1956 seine Pforten, aber da war Creeley bereits seit Monaten fort. »Ich wollte neue Bedingungen, und so ging ich nach Westen«, schrieb Creeley, »wo ich nie gewesen war, um zu sehen, ob das wohl eine Antwort war«.[133]

*Expelled and imploding ...*
*Verbannt und am Implodieren ...*
– Charles Olson über das Schließen des Black Mountain College

San Franciscos Dichtergemeinde nahm Creeley bereits wenige Stunden nach seiner Ankunft auf; McClure und Whalen sorgten

*Leben am Black Mountain College: Dan Rice im Faß und Robert Creeley auf der Toilette, 1954; Foto: Jonathan Williams*

**Black Mountain Review #7**
William Burroughs
Robert Creeley
Allen Ginsberg
Jack Kerouac
Denise Levertov
Michael McClure
Charles Olson
Joel Oppenheimer
Gary Snyder
Philip Whalen
Jonathan Williams

für Presse, und er freundete sich mit Kerouac und Ginsberg an. Leer und wurzellos, wie er sich bei seiner Ankunft in San Francisco gefühlt hatte, gab ihm die dortige poetische Konstellation ein erhebendes Gefühl für Möglichkeiten und Freiheit. Später erinnerte er sich: »Für einen Schriftsteller gab es zu jener Zeit praktisch keine zweite Stadt wie San Francisco.«[134] Kerouac half ihm aus den Zwängen des »Plot«, Snyder bot ein mystisches Hoffnungspotential, Ginsberg gestattete ihm, in seine Lyrik mehr Gefühl einfließen zu lassen. Bevor er im Sommer 1956 abreiste, war Creeleys Werk, von den engen Grenzen seiner lakonischen Reinheit befreit, etwas lockerer geworden.

Das greifbarste Resultat seines Besuches war die epochemachende letzte Ausgabe der *Black Mountain Review*. Im Herbst 1957 veröffentlicht, umfaßte sie 240 Seiten und vereinte Beats, die San-Francisco-Dichter und die Black-Mountain-Gruppe. Wie Creeley schrieb, markierte die Ausgabe »eindeutig eine Verlagerung und Öffnung des früheren Kerns, und das war als Schlußpunkt so gut wie jeder andere auch«.[135]

## Bob Kaufman

»Bob Kaufmans Leben ist mit Rauch auf Spiegeln geschrieben«, bemerkte Jack Kerouac.[136] Der Dichter erschien wie eine Ikone der randständigen Existenz – ein stummer, schlampiger Wanderer in den Straßen von San Franciscos North Beach, zog er eine Spur von Zigarettenpapier und Gedichten nach sich und roch nach Wodka und Orangensaft. Er war aber auch ein geschätzter Dichter – vor allem in Europa: In Frankreich nannte man ihn den »schwarzen amerikanischen Rimbaud« und in Deutschland »Riesengroß«.

**Bob Kaufmans Bücherregal**
T. S. Eliot
Hart Crane
Federico García Lorca
Nikolai Lenin
Karl Marx
Walt Whitman

Von Anfang an präsentiert sich Bob Kaufman als eine merkwürdige Kombination: Er war der Sohn eines deutschen orthodoxen Juden und einer afroamerikanischen Katholikin aus Martinique. Er hatte zwölf Geschwister, die er im Alter von dreizehn Jahren verließ, um zur Handelsmarine zu gehen. Während der nächsten zwanzig Jahre überlebte er vier Schiffsunglücke und umreiste neunmal die Welt. Ein Erster Offizier wurde sein Mentor an Bord, er ermunterte den Seemann dazu, sich mit den großen Büchern fortzubilden,

*Bob Kaufman mit neunundzwanzig, nach neun Reisen rund um die Welt; San Francisco, 1954; Foto: Chester Kessler*

und so versenkte Kaufman sich in Hart Crane, Walt Whitman, García Lorca und T. S. Eliot. 1954 machte er Schluß mit den Weltreisen und ließ sich in San Francisco nieder, wo er denn auch die letzten zweiunddreißig Jahre seines Lebens blieb.

Kaufman tauchte in einem günstigen Augenblick in San Francisco auf der Szene auf, nämlich kurz vor der lyrischen Explosion in der Six Gallery. City Lights verlegte ihn als erstes – mit einer Flugschrift, dem *Abomunist Manifesto* von 1959; New Directions gab 1965 mit *Solitude Crowded with Loneliness* seinen ersten Gedichtband heraus. Kaufmans zentrale Stellung in der San Francisco Renaissance stand in keinem Verhältnis zu seinem literarischen Ausstoß. Er spielte die Rolle des Schamanen, auf den man in Avantgardegruppen immer wieder stößt – die Gestalt, die am allerwenigsten hat und deren Entfremdung am unwiderruflichsten ist. Sein Engagement für Anarchie und Ausdrucksfreiheit war total, weshalb er auch wiederholt in Konflikt mit der Polizei geriet. Zum berühmtesten dieser Zusammenstöße kam es im August 1959, als die Polizei eines seiner Gedichte vom Schaufenster des Co-Existence Bagel Shop riß; es schilderte den Tag, an dem Hitler »nach San Francisco zog, ein gewöhnlicher / Polizist wurde, und sich ganz der Ausrottung der Beatniks widmete«.[137]

***Bring down:*** *Deprimieren; seit den vierziger Jahren: »Don't bring me down.« Als Hauptwort bedeutet es etwas, das einem auf die Nerven geht. »If you come right to the point, they [tea heads] say you are a ›bring down‹« [Burroughs].*

Bob Kaufmans Bedeutung nahm in den Jahren nach dem 1956 einsetzenden Exodus der Dichter aus San Francisco beträchtlich zu. Nachdem Ginsberg, Corso, Kerouac, Snyder und Whalen gegangen waren, wurde Kaufman zur führenden Kraft der Bewegung. Er half im Frühjahr 1959 bei der Gründung von *Beatitude* mit. Die Zeitschrift, die sich zu Unrecht unveröffentlichten Dichtern widmete, hielt sich jedoch nur ein Jahr. Kaufman selbst wurde freilich zunehmend zur Ikone, sowohl in North Beach als auch in Europa. 1963, im Gefolge der Ermordung von John F. Kennedy und einer weiteren Schlacht mit der Polizei, legte Kaufman ein Schweigegelöbnis ab, an das er sich zehn Jahre lang hielt. Während dieser Zeit nannte man ihn zuweilen den stummen »Hüter des Kerns«.[138]

Als er mit sechzig an einem Emphysem starb, hinterließ Kaufman drei schmale Bändchen und drei lyrische Flugschriften. Seiner Herkunft zu Ehren gab man ihm eine Jazzbeerdigung im Stil von New Orleans; die Haltepunkte entlang der Route – die Kaffeehäuser und Bars, wo Kaufman gelesen hatte – erinnerten an die San Francisco Renaissance auf ihrem Zenit. Der Legende nach tauchte, als man zur Begleitung von Charlie Parkers »Just You, Just Me« Kaufmans Asche in die Bucht von San Francisco streute, am völlig klaren Himmel ein siebenfarbiger Regenbogen auf.

## Die Renaissance in vollem Gange

*Frisco ist wahnsinnig, absolut wahnsinnig und fast die perfekte Stadt am Ende des amerikanischen Kontinents und seiner Kultur.*
– Jack Kerouac

Die San Francisco Renaissance blühte am intimsten im Jahr unmittelbar nach der Lesung in der Six Gallery – im Jahr darauf wurde sie bereits zum öffentlichen Phänomen. So wie man ihren Beginn mit der ersten Lesung von »Howl« in Verbindung brachte, verband man ihre Berühmtheit mit der Veröffentlichung des Gedichtes und der anschließenden Zensur durch die Polizei. Selbst Robert Duncan – der einmal eine Lesung Ginsbergs mit den Händen über dem Kopf verlassen und ihn aus dem Haus verbannt hatte, das er mit Jess bewohnte – erkannte an, wie sehr das Gedicht die Verkörperung einer Ära war: »Als ›Howl‹ geschrieben wurde, erkannte alles mit einem Mal zu Recht, daß dies das Zeitalter von ›Howl‹ war – so wie Eliot von 1920 bis hin zum Ende der Dreißiger das Zeitalter von ›The Waste Land‹ gewesen war.«[139]

*Lawrence Ferlinghetti, Bruce Lippincott und Kenneth Rexroth im Cellar, ca. 1957; Foto: Ed Nyberg*

So wie »Howl« zum literarischen Brennpunkt wurde, entwickelte North Beach sich zum geographischen Zentrum der Renaissance und mußte sich bald mit Bussen voller gaffender Touristen abfinden, die die Grant Avenue verstopften. Die Boheme von San Francisco hatte es bereits seit einigen Jahrzehnten gegeben, aber zum erstenmal behandelte man die Bohemiens der Stadt wie Tiere im Zoo. Der unstete Beatnik konnte die Grant Avenue vom Co-Existence Bagel Shop über das Cassandra (die Zen-Suppe zu zwanzig Cent) zum City Lights Bookstore hinaufwandern und schließlich in »The Place« gehen, dem archetypischen Treff für Künstler, Schriftsteller und Boheme. Michael McClure nannte es »das Deux Magots von Frisco«.[140] Es war nicht nur Nachbarschaftstreff der Leute aus dem Viertel, sondern auch Bühne für Musik, Lesungen und zwanglose Kunstausstellungen. An den Wänden hingen Jay DeFeos postexistentialistische Gouachen oder Robert LaVignes Blumenbilder, ein »imaginärer Garten des Bewußtseins«,[141] neben Allen Ginsbergs Lyrik. In der »Blabbermouth Night«, der »Nacht

*Alles, was du mir über Frisco erzählst, klingt nach U. S. Inferno.*

– William Burroughs an Allen Ginsberg

*Wir alle versuchten, genau den richtigen Stil zu finden.*
– Michael McClure über die San Francisco Renaissance

**Künstler in der Bay Area, fünfziger Jahre**
Wallace Berman
Elmer Bischoff
Joan Brown
Jess [Collins]
Bruce Conner
Jay DeFeo
Richard Diebenkorn
George Herms
Robert LaVigne
Manuel Neri
David Park
Mark Rothko
Clyfford Still

**Filmemacher**
Jordan Belson
Stan Brakhage
James Broughton
Larry Jordan
Ron Rice
Harry Smith

der Plaudertaschen«, bot »The Place« ein Forum für Amateurdichter – jeder Gast konnte aufstehen und ein Gedicht vortragen. Die Stammgäste von »The Place« waren jedoch nicht nur Dichter, sondern auch Künstler und Filmemacher, da die Gemeinde klein und arm genug war, um alle einzuschließen, eine Enklave marginaler Gestalten, fernab der Spießerwelt. Und so umfaßte die San Francisco Renaissance, wie die meisten Bewegungen, die sich als »Renaissance« bezeichnen lassen, eben auch nicht nur Dichter, sondern Maler, Filmemacher, Darsteller und örtliche Typen. Die meisten von ihnen gingen – als Portiers, Barkeeper, Korrekturleser, Typistinnen, Modelle oder Seeleute – einer geregelten Arbeit nach, die ihre Kunst von den Belangen des Kommerz und von beruflichen Zwängen befreite. Viele entwickelten hinsichtlich ihrer Kleidung einen ganz eigenen Stil, zu dem verwaschene schwarze Hosen mit ausgefransten Säumen gehörten, T-Shirts, weite Pullis, Bauernblusen und langes Haar. (Außerhalb von North Beach begegnete der Langhaarige zuweilen dem Schimpfnamen »Schwuchtel«, ob er nun homosexuell war oder nicht.)

Im Kern der Renaissance wirkte Allen Ginsberg. Zu diesem Zeitpunkt in seinem Leben hatte er neben seinen alten Freunden (Kerouac, Cassady, Corso) auch eine ganz neue Bruderschaft aus Dichtern um sich; er erfreute sich eines häuslichen Lebens in einer rosenumrankten Hütte in Berkeley, eines Liebhabers, literarischer Anerkennung und der Möglichkeit, sich ganz dem Schreiben zu widmen. Diese glückliche Fügung, die ihm so lange verwehrt gewesen war, führte zu einer Periode außergewöhnlicher Produktivität; innerhalb von sechs Monaten schrieb Ginsberg einige der Gedichte, für die er bekannt ist: »Footnote to Howl«, »America«, »Sunflower Sutra«, »A Supermarket in California«. Im Gegensatz zur intensiven Mühe, die er in die Revision seiner frühen Arbeiten steckte, schien das Neue Werk ganz spontan aus seinem Verstand auf die Seite zu fließen. »Sunflower Sutra« zum Beispiel nahm innerhalb von zwanzig Minuten Gestalt an, während Kerouac und Ginsberg an einem von Unrat übersäten Kanal saßen; Ginsberg gab fast aus dem Stegreif zum Besten, was Kerouac »eine großartige traurige Sutra-Rede über eine verschmutzte Sonnenblume«[142] genannt hat.

Über Ginsbergs Entwicklung als Dichter hinaus fand sein Halbwüchsigentraum, einmal Gewerkschaftsführer zu werden, seinen Ausdruck in seiner neuen Rolle als Kopf der Phalanx der Westküstenlyriker. »Vielleicht bin ich ein zu großer Gschaftlhuber, ich weiß nicht«, sagte Ginsberg. »Meine Sicht entsprach der alten Kommunistengeschichte von der ›Stärke durch Einigkeit‹, daß wir die ganze westlich-kapitalistische Kultur bekämpfen müßten, und die Dichter sollten alle zusammenfinden . . . in einer Art Dichterrepublik.«[143] Zwei Qualitäten durchzogen Ginsbergs Bemühungen als Förderer einer avantgardistischen Poesie. Zunächst einmal war er radikal in seinem Bemühen, niemanden auszuschließen und mit allen gemeinsame Sache zu machen: mit der Black-Mountain-Gruppe, beiden Dichtergenerationen in San Francisco und der New Yorker Schule, für die Frank O'Hara oder John Ashberry standen. Zweitens benutzte er sein eigenes Leben als exhibitionistische und apokalyptische Plattform für eine Revolutionierung des Wortes, der Sexualpolitik, des bewußtseinserweiternden Potentials von Drogen und der Übel des Kapitalismus. Ginsberg förderte jüngere Dichter durch verschiedenste Veröffentlichungsmöglichkeiten. Einige von ihnen standen für die Tradition des hippen kleinen Avantgarde-Magazins (er war Mitherausgeber der letzten Ausgabe der *Black Mountain Review*, die auch die Beats zum Thema hatte, und ermutigte zu einer San-Francisco-Nummer der *Evergreen Review*). Einige standen für das literarische Establishment (so gab Ginsberg der *New York Times* Interviews und setzte sich bei den Redakteuren der *Partisan Review* und der *Hudson Review* für das Werk bestimmter Dichter ein). Andere standen für Massenmedien und Populärkultur (wie etwa *Mademoiselle*). Er pries die Arbeiten seiner Freunde gegenüber so verschiedenen Persönlichkeiten wie W. H. Auden und John Huston, Edith Sitwell und Louis-Ferdinand Céline, er las bei der BBC im Rundfunk und gab Benefizlesungen zur Unterstützung von Mentoren wie William Burroughs und William Carlos Williams. Herb Gold nannte Ginsberg einmal abschätzig »den größten Publizisten für eine literarische Mode, seit Ezra Pound mit dem Imagismus groß rauskam«,[144] und einige Dichter verübelten Ginsberg die angemaßte Führungsrolle. Aber wie schon im Falle von Pound und der Imagi-

*Ich glaube langsam, er ist ein großer Heiliger, ein großer Heiliger unter einer Schicht Dämonie.*

– Jack Kerouac über Allen Ginsberg

*Filmemacher Larry Jordan und die Dichter Michael McClure und Philip Lamantia, ca. 1957.*
*Poster von Robert LaVigne, Pose von Jordan, auf den Auslöser drückte Brude Conner*

sten wären sie alle ohne seine Promotion bei weitem weniger bekannt geworden und San Franciscos lyrische Renaissance wäre womöglich eine lokale Erscheinung geblieben. Immerhin standen die Türen, die Ginsberg, dem Dichter, verschlossen gewesen waren, nun der berühmt-berüchtigten Medienpersönlichkeit weit offen.

## Das Abklingen der Renaissance

Die Lesung in der Six Gallery war nicht nur Katalysator der Renaissance – sie destabilisierte auch die Schriftstellergemeinde von San Francisco. Einer der Grundpfeiler ihres geselligen Zusammenhalts war nicht zuletzt die ewige Randexistenz in den Kulissen des literarischen Establishments. Jetzt, wo sich die Scheinwerfer auf San Francisco richteten, fanden die Dichter es schwieriger, sich dem Wettbewerb um das Licht zu entziehen. Es bildeten sich Cliquen. Einige murrten über Lawrence Ferlinghetti, wenn er ihre Gedichte nicht bei City Lights verlegte. Als Ginsberg und Snyder an einigen Colleges im Norwesten lasen, rief Kerouac aus: »Ginsby Boy, verbreitet sich über Oregon wie Roßkacke und heult sein verdammtes Poem.«[145] Janet Richards erinnerte sich an den unvermeidlichen Wettbewerb darum, »wer jetzt wirklich *in* ist? Hört jetzt alles auf, Michael McClure runterzumachen und verlegt sich auf Gary Snyder? Oder sollte man sich auf Lawrence Ferlinghetti stürzen? Auf Jack Spicer? Die Black-Mountain-Dichter? Kenneth Rexroth? Keiner hat je Ginsberg runtergemacht, keiner hat je Jack Kerouac runtergemacht. Noch nicht einmal die eifrigsten Ignoranten legten Wert darauf, ein Genie runterzumachen.«[146]

*Das Omelett zerfiel, wie sollte das bei solchen Eiern anders sein.*
– Wilfrid Sheed über die San Francisco Renaissance

Einige der Vorläufer – namentlich Bruder Antoninus, Jack Spicer und Robert Duncan – machten ihren Befürchtungen hinsichtlich der Identifikation der jungen Dichter mit dem Etikett »Renaissance« Luft, das man früher einmal auf sie angewandt hatte. Daß für die ältere Generation andere Anstandsnormen charakterisch waren, zeigt sich in folgenden abweichenden Erinnerungen an einen Besuch von Robert Duncan bei Allen Ginsberg. Jack Kerouacs handschriftliche »Essentials of Spontaneous Prose« klebten an der Wand, und Ginsberg freute sich darüber, wie gründlich Duncan diese las. Duncan erinnerte sich daran, daß er *irgend* etwas ansehen wollte, um nur

*Leider führte der Erfolg, wie er das so an sich hat, zur schlimmsten Art von emotionellem Selbstmord. Jene, für die diese Art von Erfolg eine Versuchung war, sind abgerichtete Äffchen geworden, die Heloten-Clowns des Feindes.*
– Kenneth Rexroth

*1955 klebte man uns, einem wie dem anderen, die Etiketten San Francisco oder Beat-Dichter auf, was völlig unsinnig war, und vielen war das auch gar nicht recht, aber es verschaffte der Szene neue Aufmerksamkeit.*

– William Everson/ Brother Antoninus

Ginsberg nicht ansehen zu müssen, der in Unterwäsche war. »Während Allen das ganze selig als engelhaften Traum erlebt«, sagte Duncan, »stehe ich da, wie eine altjungferliche Tante.«[147]

Andere in San Francisco beheimatete Dichter äußerten das Gefühl, »Kriegsgewinnler« hätten die Bewegung vereinnahmt, als eine neue Version der literarischen Ostküstenmafia. Zu den Ostküstlern, die in San Francisco gelebt hatten, gehörten Allen Ginsberg, Jack Kerouac, Gregory Corso, Robert Creeley und John Wieners. Ginsberg erinnerte sich an die Ressentiments gegenüber ihrer Vormachtstellung – während er selbst dachte, »wir kamen damals eher als Verstärkung denn als Konkurrenz«.[148] Diese Konflikte konnten jedoch auch erfrischend sein, und Michael McClure hatte sie als »einmalige Streitereien« in Erinnerung, »in denen im Grunde nur jeder seine Individualität herauszustellen versucht, damit man weiß, wer man ist, und das auch in Zukunft nicht vergißt. Auch wenn es dabei blaue Flecken gibt – man bleibt befreundet.«[149]

Nach dem Ableben des Black Mountain College im September 1956 kamen dessen Waisen in die Stadt. Viele von ihnen erhielten eine Rolle in Robert Duncans damaligem Work-in-progress *Medea*, aber das Unterfangen verlief kurz nach ihrer Ankunft in San Francisco im Sand. Sie blieben und hingen in der Bar zweier ehemaliger Black-Mountain-Studenten, Knute Stiles und Leo Krikorian, herum. Sowohl Ginsberg als auch Corso spürten den Konflikt mit den Neuen. Ginsberg begrüßte ihre Offenheit, sah sie aber als »selbstmörderisch«, »sexbesessen« und als Leute, »die sich wie Ezra Pound an Autorität hochzogen«. Corso war da wie immer brutaler – er nannte sie »geistige Gangster . . . hippe Spießer«.[150]

Corso und Kerouac galten als Ausbund schlechter Manieren. Manchmal ging es darum, daß sie im Suff laut und grob wurden, manchmal aber auch um einen anderen Stil, der zur Mode wurde. »Kerouac war einfach von Haus aus ein Flegel«, bemerkte Janet Richards, »und die jungen Leute imitierten seinen Stil, der bei ihm völlig natürlich und damit durchaus auf heroische Art romantisch und verführerisch war, und sie entwürdigten ihn.«[151] Es entwickelte sich etwas, was die ältere Generation als »Beat-Abfuhr« bezeichnete, eine Mischung aus Flegelhaftigkeit und Coolness.

*Sie kamen erst spät zu uns, aus den Slums von Greenwich Village, und sie zogen früh wieder ab, in die Salons von Millionärinnen.*

– Kenneth Rexroth

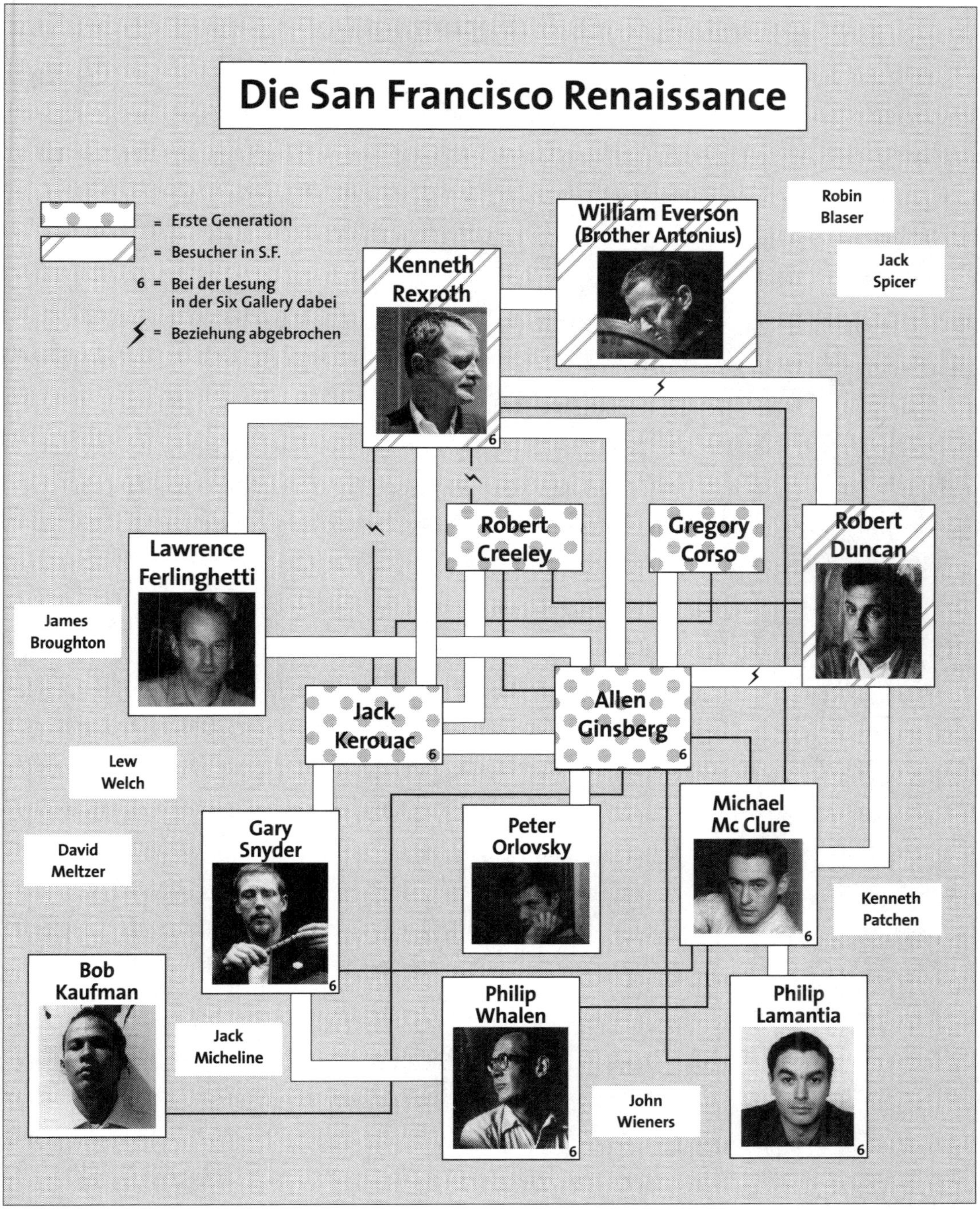

Die San Francisco Renaissance
= Erste Generation
= Besucher in S.F.
6 = Bei der Lesung in der Six Gallery dabei
= Beziehung abgebrochen
William Everson (Brother Antonius)
Robin Blaser
Jack Spicer
Kenneth Rexroth
6
Robert Creeley
Gregory Corso
Robert Duncan
Lawrence Ferlinghetti
James Broughton
Jack Kerouac
6
Allen Ginsberg
6
Lew Welch
David Meltzer
Gary Snyder
6
Peter Orlovsky
Michael Mc Clure
6
Kenneth Patchen
Bob Kaufman
Jack Micheline
Philip Whalen
6
John Wieners
Philip Lamantia
6

Am destruktivsten wirkte sich die Vormachtstellung der Renaissance auf einer ganz persönlichen Ebene aus, vor allem in der Schmähung und Peinigung von Kenneth Rexroth. Er war ein Befürworter der Beats und Zeremonienmeister bei der Lesung in der Six Gallery gewesen – aber es dauerte nicht lange, bis in seiner Hilfsbereitschaft die ersten Risse sichtbar wurden. Rexroth lud Allen Ginsberg, Philip Whalen, Jack Kerouac und Gary Snyder eines Abends zum Essen ein. Als sie eintrafen, viel zu spät und völlig betrunken, verlangte Kerouac sofort Wein und nannte Rexroth einen »boche«.[152] Ginsberg erklärte, er sei ein besserer Dichter als Rexroth, und außerdem habe er die Jugend auf seiner Seite. Noch bevor Marthe Rexroth das Essen auftrug, warf Rexroth seine Gäste hinaus.

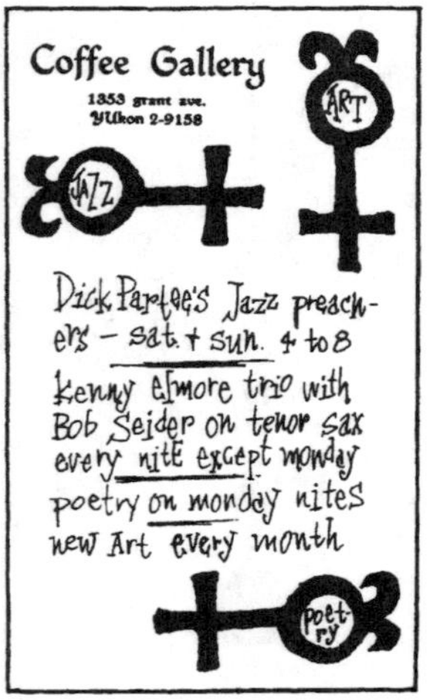


Treffpunkte am North Beach

Rexroths Ernüchterung in bezug auf die Beats nahm schlagartig zu, als im März 1956 Robert Creeley in San Francisco eintraf. Creeley und Marthe Rexroth verliebten sich rasch. Die Orgien, die sich in Kenneth Rexroths Phantasie in Berkeley abspielten – zwischen seiner Frau, Creeley, Kerouac und Ginsberg – waren zwar reine Fiktion, aber die romantischen Gefühle zwischen Creeley und Marthe Rexroth waren ebenso real wie Rexroths Schmerz. Rexroth dachte an Selbstmord, und bald richtete er seine ins Manische gehende Paranoia gegen die Beats. Eines Tages schrie er in einem Telefonat mit Ginsberg: »Ich komme mir vor, als wäre ich in einen Süßwarenladen gegangen und von einem Haufen jugendlicher Krimineller zusammengeschlagen worden.«[153]

Ginsberg bekam zwar eine Menge ab (Rexroth erklärte, Ginsberg hätte sich leer geschrieben), und Rexroth beschrieb die Beat Generation später als bloße Halluzination des Luce-Imperiums. Rexroths Zorns richtete sich jedoch auf Kerouac, den er als Kuppler in der Affäre zwischen Marthe Rexroth und Creeley ansah. Vor seiner Bekanntschaft mit Kerouac stand dieser für Rexroth aufgrund seines »Jazz of the Beat Generation« auf einer Ebene mit Céline und Genet. Nach der Affäre zwischen Creeley und Marthe fiel seine Wertschätzung Kerouacs immer tiefer, bis seine Rezensionen zu Litaneien der ewig gleichen höhnischen Tiefschläge wurde, die mit Literaturkritik nichts mehr zu tun hatten. (In einer Rezension von Kerouacs Gedichten zum Beispiel nannte er Kerouacs Version von Buddha einen

»Weihrauch-Brenner aus dem Ramschladen, der mit finsterem Blick in der Ecke einer Beatnik-Bude verglüht, was schlimme kleine Mädchen ganz irre toll finden«.[154])

*Was Rexroth und die anderen armseligen Neidhammel angeht, zum Teufel mit ihnen!*
– Jack Kerouac

Die lebendigste Vignette jener Ära ist die lange Abschiedsparty für Gary Snyder Ende April 1956. Snyder, der auf der nächsten Station seiner Zen-Reise nach Japan wollte, teilte sich mit Kerouac eine kleine mit Sackleinen ausgeschlagene Hütte am Ende einer Pferdeweide am Fuße eines Hügels in Conte Madera, im Marin County. An einem Samstagnachmittag fuhren etwa vierzig Gäste aus der Stadt hinauf, unter ihnen Kenneth Rexroth, Alan Watts, Allen Ginsberg, Peter Orlovsky, Robert Creeley, Philip Lamantia und Philip Whalen.

Einige blieben im großen Haus und hörten Platten von Cal Tjader auf der HiFi-Anlage, wie Kerouac einige Tage später berichtete, »und im anderen Zimmer tanzen wildgewordene Frauen, während Creeley aus Acton in Massachusetts und ich aus Lowell trommeln«.[155] Einige saßen auf langen Baumstämmen um ein Lagerfeuer, reichten unter dem Eukalpyptusbaum Marihuanapfeifen und Krüge mit kalifornischem Burgunder herum, während Rexroth etwas zum Besten gab. Andere hörten sich eine Aufnahme mit Henry Miller an, und Ginsberg erinnerte sich, »daß er jedem sympathisch wurde, als dieses große literarische Genie mit einem Brooklyner Akzent sprach«.[156] Creeley erinnerte sich, daß »Allen und Peter ganz reizend nackt unter den dicht gedrängten bekleideten Körpern tanzten, Blumen auf dem Abschlußball!«[157] Die Party ging am nächsten

*Jack Kerouac und Philip Whalen auf Gary Snyders Abschiedsparty in Locke McCorckles Haus in Corte Madera, April 1956; Foto: Walter Lehrman*

*Titelblatt von Beatitude, September/Oktober 1959*

Tag weiter, als Snyder auf eine Bratpfanne einschlagend den »Gocchami«-Gesang anstimmte, um alle wissen zu lassen, daß es Pfannkuchen gab. Als die langsam verblassende Party in den dritten Tag ging, war klar, daß keiner sich verabschieden wollte, weder von Gary Snyder noch von der glücklichen Ära der San Francisco Renaissance. Kerouac wurden seine Freunde bereits zu Phantomen – mit einem Blick auf ihre schlafenden Gestalten überlegte er: »Wer waren all diese seltsamen Geister, die mit mir in dieses alberne kleine Abenteuer auf der Erde verwurzelt waren?«[158]

Kerouac und Snyder machten sich auf eine letzte gemeinsame Wanderung, und Kerouac zeigte ihm seine Übersetzungen einiger buddhistischer Gebete, die er »The Diamondcutter of Ideal Wisdom« (»Der Diamantenschneider der idealen Weisheit«) nannte; er hatte sie in ein Notizbuch geschrieben, das klein genug war, um in eine Rucksacktasche zu passen. Snyder reiste am 5. Mai 1956 nach Japan ab, wo er den größten Teil der nächsten zwölf Jahre mit Zen-Studien verbrachte und Lyrik schrieb. Am Pier gab Kerouac ihm ein Abschiedsgeschenk, einen winzigen Zettel, auf den er sorgfältig in Druckschrift geschrieben hatte »AUF DASS DU DEN DIAMANTENSCHNEIDER DER GNADE BENUTZEST«[159]. Es war das letzte Mal, daß Kerouac Snyder sah.

Die Zeitschrift *Beatitude*, von Ginsberg, Bob Kaufman, John Kelly und William Margolis organisiert, war die letzte Publikation, die man mit der San Francisco Renaissance in Verbindung bringt, und vielen Historikern gilt ihr Ende im Juni 1960 auch als das letzte Kapitel der Renaissance. Das Ableben der engen kleinen Gemeinde war deutlich zu spüren. Aus den Treffs in North Beach waren Plattenläden geworden oder Geschäfte für Sandalen und Schmuck. Wie Ralph J. Gleason sich erinnerte: »Die große Diaspora begann wie große Eisbrocken, die von einem Eisberg ins warme Wasser rutschten, erst immer ein paar auf einmal, dann der große Sturz.«[160] Die Gemeinde zerstreute sich: nach Big Sur, ins nahegelegene Bolinas in Nordkalifornien, nach Venice Beach und New York. Ginsberg und Corso gingen beide ins Ausland, Kerouac kehrte zu seiner Mutter zurück, Gary Snyder studierte Zen-Buddhismus in Japan; Philip Whalen zog nach Oregon. Michael McClure blieb in der Bay Area zurück, und da er wie ein Filmstar aus-

***Liz/Lizzie:*** *Eine Lesbierin: »I was beat that way one time in Marrakesh. Citizen passed a transvestite Jew Lizzie on me as an Abyssinian prince« [Burroughs].*

*Das letzte Zusammentreffen der Beat Generation im City Lights Bookstore, 1965; Foto: Larry Keenan. Erste Reihe, von links nach rechts: Robert LaVigne, Shig Murao, Larry Fagin, Leland Meyezove (liegend), Lew Welch, Peter Orlovsky. Zweite Reihe, von links nach rechts: David Meltzer, Michael McClure, Allen Ginsberg, Daniel Langton (ein Freund von Ginsberg), Richard Brautigan, Gary Goodrow, Nemi Frost. Letzte Reihe: Stelly Levy, Lawrence Ferlinghetti.*

sah, wurde er bald zu einer Berühmtheit, die man mit Bob Dylan und den Hell's Angels assoziierte; er schrieb ein Stück, *The Beard* (1965), das zu mehreren Zensurskandalen führte, und lebte heute noch in den East Bay Hills, wo er schreibt, lehrt und in Performances seine Gedichte vorträgt. Bob Kaufman wurde eine Ikone der Renaissance, wegen seiner absolut randständigen Heiligenexistenz und seines Kampfes um die Redefreiheit ebenso wie wegen seiner Lyrik.

## Tanger auf Junk

*I am getting so far out one day I won't come back at all. Irgendwann drehe ich derart ab, daß ich nicht mehr wiederkomme.*
– William Burroughs

Als William Burroughs, damals noch immer in Tanger, im Mai 1954 endlich einen Brief von Allen Ginsberg aus Mexiko erhielt, war er bereits abhängig von Eukodol, einer synthetischen Form von Ko-

*Gegenüberliegende Seite: Selbstportrait William Burroughs, ca. 1959*

dein. Dieser Rausch setzte mit einer Euphorie ein, die eher an Kokain erinnerte als an Heroin und alles, was Burroughs bis dahin von Heroin gekannt hatte, in den Schatten stellte. Tag für Tag ging er in die Apotheke, um sich eine neue Schachtel mit Ampullen zu holen, bis ihm die Apotheker keinen Kredit mehr einräumten. Die Vene, in die er sich jeden Tag spritzte, blieb offen, »wie ein roter, schwärender Mund, geschwollen und obszön«.[161] Die Abstände, in denen er sich seine Spritzen setzte, senkten sich von vier auf zwei Stunden, und schließlich kosteten ihn die Drogen nicht nur seinen monatlichen Scheck, sondern auch seine Schreibmaschine. Wann immer er sich in die Medina wagte, hatte Burroughs paranoide Halluzinationen. Spät eines Abends, nachdem er sich sechs Ampullen gespritzt hatte, berichtete er: »Der ehemalige Kapitän fand mich im Flur, splitternackt auf der Klobrille (die ich aus der Verankerung gerissen hatte), ich spielte mit einem Eimer Wasser, sang ›Deep in the Heart of Texas‹ und beklagte mich dabei, in einer ganz deutlichen Aussprache, über die hohen Lebenshaltungskosten – ›Es geht alles für Rasierklingen drauf‹.«[162] Berichte von Drogensüchtigen folgen stets der klassischen Form des Abstiegs bis auf die Talsohle, auf der es nur noch die Absage oder den Tod gibt, und Burroughs Geschichte unterschied sich von diesem Schema nur in Details – vor allem hinsichtlich der Zeitspanne, die er über die Talsohle kroch, und seiner standhaften Weigerung, den Wert seiner Drogenerfahrung zu leugnen.

Das Schreiben wurde Burroughs zur zweiten Sucht. Allein auf seinem Zimmer, entlud er seine Gedanken Seite für Seite auf großformatiges gelbes Papier; dann lachte er, sich auf dem Boden wälzend, über seine Produktion. Er konnte sich einfach keine literarische Form für seine Schreibübungen vorstellen, und die Versuche, sie zu einem Roman zu organisieren, erwiesen sich als schmerzhaft. »Was versuche ich durch Schreiben zu erreichen?« fragte er sich. »Dieser Roman handelt von Übergängen, Larvenformen, einer keimenden telepathischen Fähigkeit, von Versuchen, neue Formen in den Griff zu bekommen und zu ersticken ... Ich spüre, irgendwo auf der Welt ist eine schreckliche neue Kraft auf freiem Fuß, eine schleichende Krankheit, die sich ausbreitet, alles befällt.«[163] Ein Stück, das er in den

*M: Morphium; M.S.: Morphinsulfat, die in den Vereinigten Staaten vorwiegend verwendete Form.*

William Seward
Self Portrait

*Tanger ist der warnende Puls der Welt, ein Traum, der sich aus der Vergangenheit in die Zukunft erstreckt, eine Grenze zwischen Traum und Realität – die »Realität« von beidem in Frage gestellt.*
– William Burroughs

fünfziger Jahren schrieb, reflektiert die Verzweiflung hinter seiner frenetischen Aktivität:

> Zur Zeit scheint mir das Schreiben eine absolute Notwendigkeit zu sein, und gleichzeitig habe ich das Gefühl, daß mein Talent verloren ist und ich nichts zustande bekomme, ein Gefühl wie das Wissen des Körpers um die Krankheit, die der Verstand zu meiden und leugnen versucht.
> Dieses Entsetzen begleitet mich jetzt immerzu. Ich hatte das gleiche Gefühl am Tag als Joan starb, und einmal, als ich als Kind auf den Flur hinaussah und mich, ohne erkennbaren Grund, eine solche Angst und Verzweiflung überkamen, daß ich in Tränen ausbrach.
> Ich habe damals einen Blick in die Zukunft geworfen. Ich erkenne das Gefühl, und was ich sah, ist noch immer nicht eingetreten. Ich kann nur warten, daß es passiert. Ist es ein gräßlicher Vorfall, wie Joans Tod, oder einfach der Abstieg, das Versagen und am Ende die Einsamkeit, eine Sackgasse, in der ich mich an keinen mehr wenden kann? Bin ich nur ein verrückter alter Langweiler, der irgendwo in einer Bar seine Routine durchzieht? Ich weiß nicht, aber ich fühle mich gefangen und verloren.[164]

Die Leute in Tanger, die vielleicht Gefallen an Burroughs schwarzem Humor hätten finden können – namentlich Paul Bowles – mieden die gespenstische graue Erscheinung, und die Exilanten und Straßentypen, mit denen er sich abgab, verstanden nicht, was er schrieb. Ginsberg bot den einzigen Ausweg aus dieser Falle; er war für Burroughs psychologische Stütze und einzige Verbindung zur Außenwelt. »Ich habe immer einen Brief an dich auf dem Herd liegen, in den ich die verschiedensten Gedanken schreibe, eine Art ständiges Tagebuch«, schrieb Burroughs an Ginsberg. »Vielleicht besteht der eigentliche Roman aus meinen Briefen an dich.«[165] Seine Korrespondenz war für Burroughs eine Art Feuerprobe, in der er seine »Routinen« analysierte, die ihm wie vom Unterbewußtsein diktiert vorkamen. Einige leiteten sich aus der Vergangenheit ab – der verstorbene Phil White beispielsweise erfuhr eine Wiedergeburt als »Sailor«. Er unterschied eine »Routine« von anderen literarischen Kunstgriffen durch das stets gegenwärtige Gefahrenpotential und

***Chinese cure:*** *Eine Entzugsmethode, bei der man eine von Mal zu Mal kleinere Menge Heroin in Wampole's Tonic auflöst, bis man sich schließlich reines Wampole's Tonic spritzt.*

*Paul Bowles, Autor, Komponist, Musikwissenschaftler, Freund von William Burroughs, Tanger 1961; Foto: Allen Ginsberg*

das Miteinbeziehen des Autors. »Eines ist sicher, sie ist nicht *völlig symbolisch*«, schrieb er, »das heißt, es ist jederzeit möglich, daß sie in ›wirkliche‹ Handlung überschwappt (wie das Abschneiden eines Fingerglieds und so weiter).«[166]

*Kurz gesagt, Tangers Intellektuelle haben mich aus ihren Reihen verbannt.*
– William Burroughs über seine gesellschaftliche Ächtung

## Die Heilung

Eines Tages, als er die leeren Eukodol-Schachteln anstarrte, die in seinem Zimmer verstreut lagen, erinnerte sich William Burroughs, »wurde mir plötzlich klar, daß ich nichts *tat*. Ich starb.«[167] 1955 hatte Burroughs bereits mehrere Versuche gemacht, sich von seiner Sucht zu befreien. Er hatte seinen Freund Kiki angewiesen, sein Zimmer abzuschließen und seine Kleidung zu verstecken; er war in Spanien und Tanger in Krankenhäusern gewesen; er hatte es mit langem, durch Medikamente herbeigeführtem Schlaf versucht, mit rascher und mit langsamer Reduktion des Morphins, mit Antihistaminkuren und Amorphin. Die Abhängigkeit stellte sich immer wieder ein. Er hatte von einer Apomorphinbehandlung gehört, die Dr. John Yerbury Dent in England entwickelt hatte – die einzige Behandlung, die den Stoffwechsel der Zellen regulierte. Um die Schulden zu begleichen, die sich angesammelt hatten und um nach London zu kommen, bat Burroughs seine Eltern um 500 Dollar; ihr Zögern, ihm das Geld zu geben, war verständlich.

Im März 1956 ging Burroughs in Dr. Dents Klinik, die jeweils nur zwei Patienten auf einmal aufnahm. Innerhalb von sieben Tagen

*There is nothing stronger than dream, because dreams are forms of THE LAW.*
*Es gibt nichts stärkeres als den Traum, da Träume eine Form DES GESETZES sind.*
– William Burroughs an Allen Ginsberg

*Ein Schuß Eukodol ist wie ein heißes Bad, das nicht ganz heiß genug ist, falls du kapierst.*
– William Burroughs

*Mir geht im Augenblick alles aus. Die Venen, das Geld.*
– William Burroughs

reduzierte er von 30 Gran Morphin auf 0, wobei er alle vier Stunden Apomorphinspritzen bekam. Der Entzug war so schmerzhaft und symptomatisch wie früher, und während der ersten vier Tage schlief Burroughs nicht. Aber der Arzt kümmerte sich während der quälenden Nachtstunden, von zwei bis fünf Uhr morgens, regelmäßig um ihn. Burroughs beschrieb ihn als »echten Doktor, der sich für Yage, die Architektur der Mayas und überhaupt jedes nur erdenkliche Thema interessierte«.[168] Und der sich keinerlei Illusionen um die »Willenskraft« machte. Nachdem die Behandlung abgeschlossen war, gelobte Burroughs, wie schon so viele Male zuvor: »Diesmal werde ich es schaffen, und wenn es mich umbringt.«[169] Und diesmal schaffte er es.

*Get off that Junk wagon, boys, it's going down a three mile grade for the junk heap. Runter von der »Junk«-Karre, Jungs, die rauscht über drei Meilen Gefälle direkt auf den Schrottplatz zu.*
– William Burroughs

Er kehrte nach Tanger zurück und begann ein neues Leben in der Villa Muniria – die auch unter dem Namen Villa Delirium bekannt war, der »Archetyp des Ladens, in dem alles geht«.[170] Er mietete sich ein Zimmer, das auf den von einer Mauer gesäumten Garten hinausführte; es enthielt ein Einzelbett, eine Schreibmaschine für 46 Dollar, einen kleinen Spiritusofen und, in der Ecke, einen Orgonakkumulator. Die eine Wand überzog eine zusammengeklebte Collage aus Fotografien von seiner Yage-Expedition, eine andere, von Narben übersäte Wand diente ihm für Zielübungen.

Burroughs hielt sich an einen strengen Tagesablauf. Nach einem schlichten Frühstück aus Tee und Brot machte er Situps und ruderte dann stehend, im Stil venezianischer Gondoliere, im kabbeligen Wasser der Bucht von Tanger. Gegen Mittag kam er zurück nach Hause. Er aß einen Klumpen hausgemachtes *majoun*, spülte es mit Tee hinunter, legte sich eine Reihe von Marihuanajoints zurecht, setzte sich an die Schreibmaschine und, wie er sich später erinnerte: »Zum ersten Mal in meinem Leben ging ich das Schreiben als Vollzeitjob an.«[171]

**Rezept für Majoun**
*Man mische fein gehacktes Marihuana mit Zimt, Honig, Kümmelsamen und geriebener Muskatnuß. Langsam aufkochen, bis es die Konsistenz von Toffee hat.*
– Volksgut

Oft bereitete er sich mit einer Sitzung in seinem Orgonakkumulator vor, während der er Marihuana rauchte, und begann dann im Eiltempo zu tippen, sechs Stunden lang high, wobei er immer wieder zu kichern begann. Wenn er eine Seite fertig hatte, warf er sie auf den Boden: »Ich bin in eine Periode der Veränderung

*William Burroughs in Tanger, ca. 1957*

eingetreten, drastischer als das Halbwüchsigenalter oder die frühe Kindheit«, schrieb er an Ginsberg. »Ich lebe im Zustand steter Routine.«[172] Er bewegte sich weiter weg vom lakonischen »faktualistischen« Stil von *Junky* in Richtung einer Form, die Sequenz, Ort und Logik über Bord warf. Das Leben in Tanger kam seinem Geisteszustand entgegen: »Es gibt keine Grenze zwischen der ›wirklichen Welt‹ und der ›Welt von Mythos und Symbol‹«, schrieb er. »Objekte, Gefühle, alles trifft einen mit der Wucht einer Halluzination.«[173]

**Vorgeschlagene Titel für Arbeiten von Burroughs**
*Grand Tour (Hell Is Where Your Ass Is)*
*Meet Me in Sargasso*
*Interzone*
*Word Hoard*
*On the Road to Sargasso*

Burroughs' wachsende Seitensammlung machte eine ganze Reihe von Titeländerungen durch, bis Kerouac schließlich »Naked Lunch« vorschlug. Wie Burroughs erklärte: »Der Titel bedeutet genau das, was die Worte sagen: NAKED Lunch – ein gefrorener Augenblick, in dem jeder sieht, was sich auf dem Ende einer jeder Gabel befindet.«[174] Die einzelnen Absätze entwickelten sich spontan, wie Sporen, ungeordnet, ohne Kern, Richtung oder Erzählung. Paul Bowles erinnerte sich daran, in Burroughs' Zimmer gekommen zu sein, in dem »Hunderte von großen gelben Blättern auf dem Boden verstreut lagen, mit Fußabdrücken darauf, Rattenkot, Brocken alter Sandwiches, Sardinen. Völlig verdreckt.«[175] Als Bowles ihn fragte, warum das Manuskript so verstreut herumliege, murmelte Burroughs, einen Schokoriegel im Mund: »Ach, irgendwann hebt es schon einer auf.«[176]

*An addict has little regard for his image.*
*Einen Süchtigen kümmert sein Image wenig.*
– William Burroughs

Die in Tanger angesiedelten Romane von Paul Bowles hatten Burroughs in die Stadt gelockt, aber er hatte vom ersten Tag seiner Ankunft an das Gefühl, daß Bowles ihn schnitt. Bowles erinnerte sich an ihre ersten Begegnungen folgendermaßen: »Sein Auftreten war so zurückhaltend, daß einem seine Anwesenheit im Raum geradezu zaghaft erschien.«[177] Einige Monate nach der erfolgreichen Heilung von seiner Sucht beleidigte Burroughs, als er zum Tee bei Bowles war, eine reiche Amerikanerin derart, daß sie das Zimmer verließ. Bowles fand das komisch. »Ich habe ihn seither zweimal gesehen«, berichtete Burroughs, »und er gefällt mir, wie mir in diesem Tempo noch keiner gefallen hat. Da unser Denken ähnlich ist, fließt die Telepathie wie Wasser. Ich meine, es ist etwas ungeheuer Vertrautes an ihm, wie eine Offenbarung.«[178]

## Alle vereint: Kerouac, Ginsberg, Burroughs und Orlovsky in Tanger

*Die sicherste Form von Sicherheit sind Freunde, die einem bedingungslos helfen. Du weißt, solange ich etwas habe, bekommst du davon was ab ... Das ist etwas, was man wirklich nicht kaufen kann.*

– William Burroughs an Allen Ginsberg

An diesem Punkt seiner schriftstellerischen Tätigkeit sehnte sich Burroughs nach Kontakt mit den Freunden. »Meine Methode mußte ich allein ausarbeiten«, schrieb er an Ginsberg. »Jetzt brauche ich dringendst Rat, Redaktion und Zusammenarbeit.«[179] In eben dem Augenblick, in dem Burroughs seine alten Freunde am dringendsten benötigte, trafen diese auch schon in Tanger ein. Jack Kerouac schiffte sich als erster ein; im Februar 1957 buchte er eine Überfahrt auf einem jugoslawischen Frachter, die er mit zweihundert, von Ginsberg gepumpten Dollars bezahlte. Kerouac überraschte der gesunde Eindruck, den Burroughs machte – sonnengebräunt, stramm, lässig gekleidet in Chinos und Fischermütze, schritt Burroughs durch die Medina und murmelte dabei: »Diese fettarschigen Hipster, die taugen auch zu gar nichts!«[180] Was Kerouac auf die Nerven ging, war Burroughs' völlig ungekämmtes Haar, sein gepreßtes Lachen und die verrückten Monologe, die wie Anfälle über ihn kamen – es war, als hätten die »Routinen«, die sie ein Jahrzehnt zuvor in Joan Vollmers Wohnung aufgeführt hatten und die jetzt von den grotesken Charakteren in Burroughs' Skript durchgespielt wurden, ein Eigenleben angenommen. »Ich scheiße meine Vergangenheit als gebildeter Mittelwestler hier ein für allemal aus«, sagte ihm Burroughs. »Wenn ich das Buch hier fertig habe, mein Bester, bin ich rein wie ein Engel.«[181] Mit Hilfe seiner legendären Fertigkeiten im Maschineschreiben brachte Kerouac eine vorläufige Ordnung in das chaotische Manuskript. Burroughs belohnte ihn dafür mit einem kleinen Spiritusofen, damit er in den kalten Nächten in Tanger nicht fror. Aber Kerouacs Tippen tagsüber zog nachts Dämonen an: Er träumte von einem endlosen Strang von Würsten, der wie Eingeweide aus seinem Mund kam.

In den zwei Wochen bevor Allen Ginsberg und Peter Orlovsky eintrafen, packte Kerouac das Heimweh. Erschreckt von dem Mangel an Sauberkeit in Tanger, verärgert über das Essen, krank von einer Überdosis Opium, richteten seine Gedanken sich auf Frühstücks-Wheaties, nach Kiefern duftendem Wind und einem Küchenfenster. Im Gefühl einer »totalen Wende« schrieb er: »Meide die Welt,

*»Jack Kerouac mit Burroughs' Katze im Garten vor Bills Zimmer im Erdgeschoß der Villa Muniria, Tanger, 1957.« Legende und Foto (Ausschnitt) von Allen Ginsberg*

*Peter Orlovsky, Jack Kerouac und William Burroughs in einer Pause von der Arbeit am Manuskript von* Naked Lunch *am Strand von Tanger, März 1957*

sie ist nur eine Menge Staub und Langeweile und letztlich ganz ohne Bedeutung.«[182] Nach einem schlimmen Durchfall reiste Kerouac am 5. April, früher als geplant, wieder ab und schwor sich: »Jack, das ist das Ende deiner Weltreisen – Geh nach Hause – Richte dich in Amerika ein.«[183]

Da Ginsberg Angst davor hatte, Burroughs' intensiven Gefühlen allein gegenübertreten zu müssen, lud er seinen Liebhaber Peter Orlovsky ein, ihn nach Tanger zu begleiten. Burroughs versicherte Allen, er sei zu Eifersucht nicht mehr fähig und würde ihn auch sexuell nicht mehr bedrängen. Ginsberg und Orlovsky hatten abgemacht, »wir beide werden schon fertig mit ihm und tun einfach, was er will, um ihn zufriedenzustellen«.[184] Peters Art verärgerte Burroughs, und es kam zu Spannungen. Aber die emotionellen Ausbrüche waren weniger wichtig als die Kameradschaft und die gemeinsame Hingabe, die nötig war, um Ordnung in Burroughs' riesigen Manuskriptstapel zu bringen.

Ginsberg und Orlovsky richteten sich, eine Etage über Burroughs, in Kerouacs Zimmer in der Villa Muniria ein. (Kerouac, paranoid wie eh und je, beschuldigte Ginsberg, er wolle ihn hinausdrängen, damit er das Zimmer belegen könne.) Ginsberg fügte sich während dieser Reise in seinen Sender-als-Empfänger-Modus und feuerte Burroughs in seinen Monologen noch an; am Ende des Tages kochte er großzügige Mengen Fisch oder Spaghetti mit Muschelsoße. Den Hauptteil jeden Tages widmete man sich Burroughs' Manuskript. Alan Ansen, der aus Venedig zu Besuch weilte, half die Arbeit zu ordnen, zusammen mit Ginsberg, sechs Stunden pro Tag, wobei sie einander an der Schreibmaschine ablösten wie ein Wrestling-Team. Ansen ging die Seiten in der manisch gewissenhaften Art des Gelehrten und ehemaligen Sekretärs von W. H. Auden an. Er ging Hunderte von Burroughs' Briefen durch, die Ginsberg mitgebracht hatte, und kombinierte Erzählfragmente und »Routinen« mit den Seiten auf dem Boden sowie den Notizbüchern, die Burroughs bei einsamen Abendessen vollgeschrieben hatte. Er versah den Inhalt mit einem Index und ordnete ihn chronologisch. Ansen und Ginsberg kümmerten sich um Interpunktion und Absätze, sie integrierten »Nummern«, die verstreut in Notizen und Briefen auftauchten, und nachdem die beiden zwei Monate lang Tag für Tag sechs Stunden gearbeitet hatten, nahm der mit Sandwichflecken übersäte Haufen auf dem Boden allmählich, so unwahrscheinlich es auch sein mochte, die Form von zweihundert sauber getippten Manuskriptseiten an. »Es ist ein hübsches Stück Literatur – Bills geballte Energie & Prosa, kombiniert mit unserer Organisation & Säuberung & Struktur, damit sich eine lesbare, entzifferbare Folge ergibt.«[185] Burroughs erklärte, er sei mit dem Schreiben fertig.

*Al, ich bin ein verdammter Heiliger, vom Heiligen Geist gebumst, der mir das unbefleckte Wort in die Röhre geschoben hat ... Ich bin die dritte Auferstehung, und ich weiß nicht, ob ich's noch mal schaffe ... also mach dich auf die Offenbarung gefaßt.*
– William Burroughs an Allen Ginsberg

# Vom Beat zum Beatnik

*Umseitig: Auf einer Straße in San Francisco, ca. 1957; Foto: Jerry Stoll (links)*

*Beatniks in ihrer natürlichen Umgebung (rechts)*

# VOM BEAT ZUM BEATNIK

## Der »Howl«-Prozeß

Während Allen Ginsberg und Jack Kerouac in Tanger waren, wartete auf Lawrence Ferlinghetti als Verleger von »Howl« ein Prozeß wegen Verbreitung obszöner Schriften, und *On the Road* wurde für die Veröffentlichung im Herbst vorbereitet.

*Howl and Other Poems* wurde im August 1956 veröffentlicht, als vierter Titel der Reihe City Lights Pocket Poets. Ganz erpicht darauf, die Revolution des Wortes zu verbreiten, schickte Allen über hundert Rezensionsexemplare an so verschiedene Leute wie W. H. Auden, T. S. Eliot, Marlon Brando, Ezra Pound, Charlie Chaplin und - natürlich - Carl Solomon. »Howl« erhielt einige positive Besprechungen von Freunden und einige höhnische Abfuhren von Kritikern aus dem lyrischen Establishment, seinen anfangs berühmt-berüchtigten Platz in der amerikanischen Kultur jedoch verdankte es größtenteils Captain William Hanrahan von der Jugendbehörde von San Francisco. Er ordnete am 21. Mai 1957 - wegen Verbreitung obszöner Schriften - die Verhaftung des Verlegers Lawrence Ferlinghetti an sowie die von Shigeyoshi Murao, des Geschäftsführers der Buchhandlung, der »Howl« einem Paar Polizisten in Zivil verkauft hatte. Wie William Carlos Williams bemerkt hatte, war »Howl« nun mal wirklich ein »fesselndes Gedicht«.[1]

Befürworter der Zensur sahen in »Howl« eine Gelegenheit, strengere Richtlinien für die Verbreitung »obszöner Schriften« durchzusetzen, während die American Civil Liberties Union in der Angelegenheit einen Präzedenzfall für die im ersten Verfassungszusatz garantierte Redefreiheit sah und für Ferlinghettis Verteidigung eine Reihe erstklassiger Anwälte zusammentrommelte. Als der Fall im Sommer 1957 zur Verhandlung kam, im Saal von Richter Clayton

*Wie schicklich von Dr. Williams, einem Kinderarzt, die Welt mit »Howl« bekanntzumachen!*
– Donald Justice

*The Cops Don't Allow No Renaissance Here.*
*Hiesige Polizei läßt Renaissance nicht zu.*
– Schlagzeile zur Zensur von »Howl«

**Carl Solomon über »Howl«**

*Übrigens, meinen aufrichtigen Dank für die in »Howl« zum Ausdruck gebrachten Gefühle, es ist eine ausgezeichnete Arbeit und genau nach meinem Geschmack.* (1957)

*Ich mißbillige »Howl« und alles, was darin vorkommt.* (1959)

*Der »Howl«-Prozeß vor dem Amtsgericht San Francisco, 1957; die Angeklagten: Lawrence Ferlinghetti und Shigeyoshi Murao*

W. Horn, der nebenbei in der Sonntagsschule Bibelunterricht gab, schickten sämtliche überregionalen Medien Reporter und Kommentatoren nach San Francisco.

Nachdem *Naked Lunch* getippt war, entschied Ginsberg sich lieber für einen Europabesuch, als zum Prozeß zurückzukehren, aber das Team literarischer Experten, das man zusammengetrommelt hatte, verteidigte die literarische Qualität seines Werkes auch so. Whitman und Dada wurden als Vorfahren bemüht, man nannte »Howl« das »The Waste Land« der jüngeren Generation, und Ginsbergs Aufnahme von »Straßensprache« und Homosexualität in ein Gedicht als unabdingbar für »das Bild, das der Autor uns vom modernen Leben als einer Hölle zu geben versucht«,[2] wie Mark Schorer in seiner Aussage betonte. Die eindeutigste Unterstützung jedoch, die sich zudem für nichts entschuldigte, kam von Kenneth Rexroth; er nannte »Howl« das »wahrscheinlich bemerkenswerteste einzelne Gedicht, das ein junger Mann seit dem zweiten Krieg veröffentlicht hat«.[3]

*Werden Sie ruhiger und nehmen Sie sich mehr Zeit.*
– Marianne Moore in bezug auf »Howl«

Richter Horn gab sein Urteil am 3. Oktober 1957 bekannt; er sprach Ferlinghetti und Murao frei. Der Prozeß war nicht nur ein Triumph für die Redefreiheit, er richtete auch einen Scheinwerfer auf die Beat Generation. Der zweite, gar noch hellere Spot ging an, als im Herbst 1957 *On the Road* bei Viking erschien.

*»Howl« ist das Glaubensbekenntnis der Generation, die 1965 und 1975 die Welt regieren wird – falls es dann noch was zu regieren gibt.*
– Kenneth Rexroth

## Die Veröffentlichung von *On the Road*

Am Nachmittag des 4. September 1957 kam Jack Kerouac in einem Greyhound-Bus aus Florida nach New York und ging um Mitternacht zu einem Zeitungsstand an der Ecke Broadway und 66. Straße West, um sich die *New York Times* zu kaufen. Die *Times* auf Seite 27 aufschlagend, las er Gilbert Millsteins Besprechung von *On the Road*. »So wie, mehr als jeder andere Roman der zwanziger Jahre, *The Sun Also Rises* heute als Testament der Lost Generation gilt«, las Kerouac, »so scheint es sicher, daß *On the Road* als Testament der Beat Generation bekannt werden wird.«[4] Am nächsten Morgen weckte ihn der Anruf eines Lektors bei Viking, der ihm eine Kiste Champagner vorbeibrachte; noch vor Mittag waren drei Flaschen leer.

*Tja, da ist Kerouac wohl in vollem Karacho von der Straße abgekommen ... Ich hoffe, er hat einen guten Satz Winterreifen drauf.*
– Zuschauer, der Jack Kerouac im »Village Vanguard« sah

So begann eine Episode in Jack Kerouacs Leben, die sowohl Traum als auch Alptraum für ihn war. Es kamen endlose Anrufe von Journalisten und Fernsehproduzenten mit der Bitte um Interviews. Bald erklomm *On the Road* die Bestsellerliste, wo es fünf Wochen blieb; der Roman brachte es bis auf den elften Platz. Rasch waren die deutschen und italienischen Rechte verkauft, der Book Find Club stellte den Roman heraus, und innerhalb von zwei Wochen nach Erscheinen druckte man eine zweite Auflage nach. Off-Broadway-Produzenten flehten Kerouac an, ein Stück zu schreiben (was er auch tat, und zwar in einer einzigen Nacht; er nannte es *The Beat Generation*), außerdem machte man ihm lukrative Angebote, für *Pageant*, *Esquire* und *Playboy* zu schreiben. Das »Village Vanguard« in downtown New York engagierte ihn für eine Lesung, bei der er von Jazzmusikern begleitet wurde. Warner Brothers bot 110.000 Dollar für die Filmrechte (Kerouacs Agent versuchte den Preis, wenn auch erfolglos, auf 150.000 Dollar hochzutreiben), und Marlon Brando drückte sein Interesse an der Rolle des Dean Moriarty aus. Kerouacs Mutter sonnte sich in der neuen Bekanntheit ihres Sohnes, sie bekam jetzt Briefe von Zweigen der Familie Kerouac, die sich seit Jahren nicht mehr gemeldet hatten; Jack selbst tat sich mit der Erfahrung des Ruhmes weit weniger leicht. Er schrieb an Neal Cassady: »Es ist alles explodiert.«[5]

Die Medien zog dabei weniger Kerouacs Person an als die Verkörperung der Beat Generation, die sie in ihm sahen. Er bot neues

Futter für den »Rebell-ohne-Grund«-Trend in der Tradition von *The Wild One* und James Dean (ein weiteres Beispiel dafür, wie der Film einen Archetyp vor der Literatur etablierte). Wäre *On the Road* kurz nach Fertigstellung des Manuskripts erschienen, der Roman wäre womöglich untergegangen. Aber sechs Jahre später hatte Amerika sich auf das kommerzielle Potential seiner Jugend eingestellt. »Howl« hatte den Weg geebnet, aber das Erscheinen von *On the Road* markierte den Beginn eines populärkulturellen Blitzkrieges. Die Großen der Medienwelt richteten ihr Augenmerk auf einen Lebensstil, der die Eisenhower-Ära und die Beschaulichkeit des amerikanischen Heims à la Ozzie und Harriet bedrohte.

Kerouacs hübsches, versonnenes Gesicht, das kräftige Kinn, die üppigen Lippen, seine blauen Augen, das dunkle Haar machten sich nicht nur in den Fotos der Boulevardpresse ausgezeichnet, sondern auch auf den Hochglanzfotos von *Mademoiselle* und *Life* und auf dem Bildschirm. Vierzig Millionen Zuschauer sahen John Wingates populäre Talkshow *Nightbeat* auf WOR-TV. Sie sahen, wie Kerouac – auf einem Drehstuhl, mit zerzaustem Haar und wildem Blick in den Augen – dem Talkmaster sagte: »Ich warte darauf, daß Gott mir sein Gesicht zeigt.«[6] Aus allen Teilen des Landes trafen Briefe sehnsüchtiger Nonkonformisten ein, die ihm versicherten, wie sehr sie ihm das alles nachfühlen konnten (»Treffe dich bald in Trugbildern aus Neon & Nacht & einsamen Flüssen«[7]). Frauen wollten mit ihm schlafen, und eine Gruppe von Nonnen bat die Franziskaner, für ihn eine Messe zu lesen. Seine Freundin Joyce Johnson machte die Erfahrung, daß Männer sich mit ihrem Freund prügeln wollten, während Frauen sie flehentlich anriefen: »Du bist jung. Ich bin neunundzwanzig, und ich muß jetzt mit ihm ins Bett!«[8]

*Nobody knows whether we were catalysts or invented something, or just the froth riding on a wave of its own. We were all three, I suppose.*
*Keiner weiß, waren wir nun Katalysatoren, haben wir was erfunden, oder waren wir nur der Schaum, der auf seiner eigenen Welle ritt. Alle drei, nehme ich an.*
– Allen Ginsberg

Am Anfang des Medienfeldzugs träumte Kerouac, die Polizei jage ihn durch Lowell, während endlose Reihen von Kindern seinen Namen skandierten. Er machte sich in New York auf eine fünfwöchige Sauftour, auf der es freilich Schenley's statt Thunderbird gab und »Mädchen, Mädchen und nochmals Mädchen«[9], die sich ihm an den Hals warfen und denen Kerouac passiv nachgab. Als die erste Saison seines Ruhms ihrem Ende entgegenging, wurde der Druck überwältigend. Da Burroughs in Tanger war, Cassady in Kaliforni-

Jack Kerouac hört sich selbst im Radio, 1959; Foto: John Cohen.

en und Ginsberg in Paris, mußte Kerouac sich dem grellen Licht der Öffentlichkeit alleine stellen. Nur knapp überstand er diesen Angriff mit Alkohol, »meiner flüssigen Rüstung, meinem Schild, das noch nicht mal Flash Gordons Superstrahlenpistole durchdringen konnte«.[10]

Kerouac lernte nicht nur den unvermeidlichen Streß kennen, dem man im Rampenlicht ausgesetzt ist, sondern auch die psychologische Unstimmigkeit. Sein gieriges Publikum – Kritiker wie Fans – identifizierte Kerouac lieber mit dem manischen Protagonisten Dean Moriarty als mit dem Beobachter Sal Paradise. Die Öffentlichkeit sah Kerouac als ekstatischen und virilen Cowboy der Neuzeit, der ebenso unaufhörlich wie gekonnt schnelle Wagen über das breite Angesicht Amerikas fuhr, als Lothario, dessen Appetit auf Sex und Drogen grenzenlos war, als bilderstürmerischen Hipster mit radikalen Werten. Kerouac wurde zu einer Ikone, die so weit von seiner Persönlichkeit entfernt war, daß sein Freund John Clellon Holmes

*Ich sehe jetzt, daß zuviel Verehrung schlimmer ist als überhaupt keine Anerkennung.*
– Jack Kerouac

*Er ist der Szenefürst, der sich an den Hof der reichen Könige geladen sah ... Er muß sich am Morgen darauf gehaßt haben – nicht wegen des Alkohols, sondern weil es ihm besser gefallen hat, als ihm lieb war.*

– Howard Smith über Jack Kerouac

*Ich habe keine Ahnung vom Fahren, nur vom Maschineschreiben.*

– Jack Kerouac

einmal sagte: »Er wußte nicht mehr, wer zum Teufel er sein sollte.«[11] Eher Beifahrer als Fahrer, war Kerouac geradezu berüchtigt für seine Unsicherheit hinter dem Steuer eines Wagens. Er sprach weder in manischen Ausbrüchen noch in medienfreundlichen knappen O-Tönen; seine Art war der schüchterne, religiöse Lobgesang. Politisch war er paranoid und konservativ; seiner Ansicht nach wußte McCarthy »über Juden und Schwuchteln Bescheid«.[12] Seine sexuellen Beziehungen mit Frauen waren unsicher, brüderlich und passiv; er machte sich Sorgen, daß sein Penis zu klein sei, und brauchte zuweilen eine Mischung aus Alkohol, Fellatio und Masturbation, um ihn aus der Impotenz zu holen. Sein Schatz war nicht die heiße, abgefahrene Mieze, sondern seine stämmige Mutter, und zu der kehrte er nach dem Medienkrieg in New York denn auch wieder zurück.

Nach der begeisterten Rezension in der *New York Times* wurden die positiven Besprechungen gemäßigter, während die negativen einander an Gehässigkeit überboten. Kerouac wurde der Prügelknabe der Beats. Der Spott seitens der Mainstream-Presse – die den Roman als Apologie eines dionysischen, kriminellen Lebensstils angriff – war vorauszusehen. Aber auch viele Intellektuelle, darunter Herbert Gold und Norman Podhoretz, die an der Columbia studiert hatten, griffen das Buch an und gaben Kerouacs Antisemitismus neue Nahrung.

Malcolm Cowley hatte ihn gedrängt, auf *On the Road* einen Roman folgen zu lassen, der sich auf dem aufblühenden Taschenbuchmarkt verkaufen ließe. Er wollte ein Buch, das die weiteren Abenteuer von Kerouacs Freunden schilderte, warnte ihn jedoch vor der getriebenen, persönlichen Prosa seiner frühen Werke. Kerouac hätte lieber eines seiner Proustschen Epen in Druck gesehen – *Maggie Cassidy* oder *Visions of Cody*, seiner Ansicht nach sein Meisterwerk der spontanen Prosa. Aber er fügte sich und schrieb einen Roman mit schnörkellosen Sätzen und zusammenhängendem Plot. Ausgerüstet mit Benzedrin und einer langen Rolle Fernschreiberpapier, setzte er sich im November 1958 hin und brachte in zehn olympiareifen Sitzungen jeweils zwischen fünfzehn- und zwanzigtausend Wörter zu Papier. Er stellte den Roman relativ problemlos fertig und nannte ihn *The Dharma Bums*. Im Zentrum stand die Figur Japhy

***Funky:** Aus dem schwarzen Slang der zwanziger Jahre, beschrieb den Gestank, wie er in einem überfüllten Jazz-Lokal herrschte, später, in den Vierzigern, unter Jazzmusikern eine Musik voll »Soul«.*

Ryder, die auf Gary Snyder basierte. Ryder hatte in Kerouacs Pantheon den Dean Moriarty von Neal Cassady ersetzt. (Die auf Kerouac basierende Figur nannte er Ray Smith, wie er sich schon in früheren Versionen von *On the Road* genannt hatte.) Japhy Ryder war eine ausgesprochen sympathische Figur, die sich dem Buddhismus verschrieb, im Einklang mit der Natur lebte und dem »Beat« den Beiklang des »beatific« (»selig«) gab. Cowleys Redaktion machte den Roman noch konventioneller, aber Kerouac leistete dagegen hartnäckig Widerstand; nach dem langen Kampf um die Veröffentlichung seines Werks wollte er es nicht zur kommerziellen Ware verkommen lassen, deren Wortlaut die Verleger diktierten. Als *The Dharma Bums* im Oktober 1958 erschien, fiel die Kritik mit Ausnahme von Ginsbergs Rezension in der *Village Voice* und einem Lob im *American Buddhist* höhnisch aus. Trotzdem verkaufte sich das Buch gut, und in den sechziger Jahren, nachdem Kerouacs andere Bücher längst vergriffen waren, wurde es zur Bibel eben jener »Rucksackrevolution«, die es prophezeite. Zur Zeit des Erscheinens jedoch war Kerouac enttäuscht. »Das ist meine letzte kommerzielle Arbeit!« erklärte er.[13] Vier Jahre sollten vergehen, bevor er wieder einen Roman schrieb.

## Beatnik

Das Zusammenfallen von *On the Road* mit dem »Howl«-Prozeß machte nicht nur Kerouac und Ginsberg zu Medienstars, es führte auch zum Erscheinen eines neuen gesellschaftlichen Typus in der amerikanischen Populärkultur. Nachdem der Kolumnist Herb Caen aus San Francisco mit seinem »Beatnik« einen cleveren Begriff dafür geprägt hatte, wurde das Phänomen zu einer amerikanischen Industrie, wie man sie bis dahin noch nicht gekannt hatte. Es war nicht das erste Mal, daß Kommerz und Mode eine künstlerische oder literarische Avantgarde unter die Leute brachte (siehe Modeindustrie und Surrealismus oder Harlemania und Harlem Renaissance). Daß sich jedoch ein Publikum aus Mainstream-Jugendlichen von einer Avantgarde in einem solchen Ausmaß soziologisch fasziniert zeigte, das war neu. Die Rezeption der Beats wirkte, als wären sie so etwas wie die ersten Rockstars der amerikanischen Literatur.

*Parodistische Anzeige in* Mad; *echte Anzeige in der* Village Voice

*Mad wirft einen Blick auf die Beat Generation, September 1960, Cover von George Woodbridge*

Das Medienbild der Beatniks als »zornige junge Männer« und jugendliche Straftäter spiegelte, inmitten der angeblich so sonnigen Eisenhower-Ära, Amerikas Bedürfnis nach Rebellion wider. Der Archetyp des Beatnik bot eine etwas erwachsenere Alternative als Rock'n'Roll, aufgemotzte Wagen und Kolumnen wie »What Young People Think«. Der Beatnik wurde das eher merkwürdige psychische Bindeglied zwischen existentieller Gesetzlosigkeit, klassischer Boheme und Jugendkultur, da er einfach alles zu verwerfen schien, von Pat Boone über Fertigmahlzeiten und Disneyland bis hin zum durch Organisationen entmündigten Menschen. Die Vereinnahmung der Beat Generation durch die Medien erwies sich als so effektiv, daß Gregory Corso am Ende des Jahrzehnts zu Art Buchwald sagte: »Wo man hinsieht – nur noch Beatnik-Gesichter.«[14]

*Der Beatnik ist der Fackelträger von so gut wie verlorenen Werten wie Freiheit, Ausdruck der eigenen Persönlichkeit und Gleichheit.*
– Norman Mailer

Als vermarkteter Abklatsch wurde der Beatnik den »Originalen« unheimlich. In dem für *Time* typischen Jargon wurde Ginsberg »der Discountmarkt-Whitman der Beat Generation«, und Kerouac zum »Latrinen-Laureatus der Pennerboheme.«[15] Kein Wunder, daß Kerouac an Ginsberg schrieb: »Diese Ruhm-Kiste ist eher zum Auswachsen als zum Ausflippen, oder?«[16] Das Luce-Verlagsimperium reduzierte ihre Identitäten auf griffige Formeln, die, mehr als die San Francisco Renaissance und die Beat Generation zusammengenommen, dazu beitrugen, den Beatnik zu schaffen. Ginsberg verglich das Phänomen mit der Geburt Frankensteins.

*Die Beat Generation mag mal aus Menschen bestanden haben – heute sind es komische Butzemänner, die sich die Luce-Presse ausgedacht hat.*
– Kenneth Rexroth

*Ich bin ein derartiger Mythos im Village, jedesmal wenn ich in eine Bar gehe, stürzen die Leute auf mich zu, um mit einem idealisierten Bild von mir zu reden … Als einfacher Allen existiere und rede ich kaum noch mehr.*
– Allen Ginsberg

Nach dem, was die Medien – zur einfachen Nachahmung zu Hause – vorexerzierten, hatte der männliche Beatnik (»the cat«) ein Kinnbärtchen, je räudiger desto besser, und langes Haar, das lose über den Kragen hing. Er trug zwar keine Ohrringe, aber zuweilen einen Anhänger, mehr oder weniger in der Form eines Kruzifixes, dazu ein schwarzes Barett, schwarze Jeans mit schwarzem Rollkragenpulli oder, im Sommer, ein weißes T-Shirt. Er rauchte am liebsten Marihuana, spielte Bongos und deklamierte zu cooler Jazzbegleitung Lyrik. Sein weibliches Pendant (»the chick«) war mager, trug das Haar lang und glatt und blasses Make-up und träumte davon, wie Morticia aus der Addams-Family auszusehen. Sie trug schwarze Trikots und Sandalen. Sie trank am liebsten Espresso, ging zu Dichterlesungen und hatte es mit schwarzen Jazz-Musikern. Die angestammten

Wohnräume des Beatnik waren ein düsteres Kaffeehaus in North Beach und eine kärgliche Mansarde (»the pad«) mit nackten Glühbirnen, einer Heizplatte für die Espressokanne und mexikanischen Kuhglocken.

Von den Kritikern innerhalb der literarischen Welt gab es nur wenige, darunter Norman Mailer und Kenneth Rexroth, die zu den Beats standen. Typischer war die Reaktion von Ginsbergs alten Jahrgangskameraden an der Columbia University, Herbert Gold und Norman Podhoretz, die ihre Attacken in intellektuellen Zeitschriften ritten. Das Auffälligste an der zeitgenössischen kritischen Reaktion auf *On the Road* und »Howl« war, daß es keine wirkliche *Literatur*kritik gab. Man behandelte diese Texte wie ein gesellschaftliches Phänomen, das Moral und Literatur und letztlich die gesamte westliche Kultur bedrohte. »Kerouac hat sich zum Prosafürst eines Rudels entfesselter Banausen aufgeworfen«, schrieb Gold in *The Nation*.[17] Norman Podhoretz formulierte in der *Partisan Review* Jack Kerouacs Motto: »Tod den Intellektuellen, die einer verständlichen Sprache mächtig sind, Tod den Leuten, die fünf Minuten lang still sitzen können, Tod diesen unverständlichen Typen, die fähig sind, ernsthaft auf eine Frau, eine Arbeit oder ein Engagement einzugehen.«[18] Anstatt Kerouac und Ginsberg als Schriftsteller zu behandeln, die aus ihrer Lebenserfahrung Kunst gemacht hatten, betrachtete die Kritik ihr Werk als Symptom einer psychologischen und soziologischen Krankheit. Auf diese Weise betrachtete man nicht nur Kerouac und Ginsberg, sondern auch Englands Zornige Junge Männer und James Dean – die führenden intellektuellen Kritiker ergingen sich in Tiraden gegen jugendliche Kriminelle, Jazz, Homosexualität, Drogen und die Jugend schlechthin.

Kenneth Rexroths Reaktion war zweischneidig. Er prophezeite, Ginsberg würde »der erste wirklich populäre richtige Dichter seit über einer Generation« werden.[19] Kerouac jedoch machte er, vermutlich aus Gründen, die mit Literatur nichts zu tun hatten, lächerlich. Rexroth nannte *On the Road* das Werk eines »rasenden Spießers«, das voller Figuren mit dem Verstand von »Eintagsfliegen und Kleinkindern« steckte, und er prophezeite, die Beat-Mode würde in kurzer Zeit »ebenso vergessen sein wie Davy-Crockett-Mützen«.[20]

*Manchmal nennt man mich einen Beatnik. Sehe ich vielleicht so aus?*
– Carl Solomon

**Kritiker der Beats**
John Ciardi, Benjamin DeMott, James Dickey, Herbert Gold, John Hollander, Norman Podhoretz, John Updike

**Der »Archetyp« des Beatnik:**

Mann:
Ziegenbärtchen
Barett
Raucht Marihuana
Jeans
Kleidung aus zweiter Hand
Kruzifixähnliche Anhänger
Dunkle Brille
Spielt Bongos
Malt große expressionistische Bilder
Deklamiert Lyrik zu Jazz-Begleitung
Tendiert geschlechtlich zur Zweideutigkeit
Haare stehen über den Kragen
Mag Method Acting

Frau:
Jeans
Schwarze Trikots
Wächsernes Augenmake-up
Teint wie Morticia Addams
Gertenschlank
Trinkt Expresso
Kocht mit Knoblauch
Geht mit schwarzen Jazzmusikern

*Nimmt man dehydrierten Hipster und gibt, um Instant Beatnik zu bekommen, wäßrige Sprache dazu, ist zwar das Aroma dahin, aber die Geschmacklosigkeit bleibt.*
– Herbert Gold

*Die Rebellion der geistig Unterprivilegierten und seelischen Krüppel – junge Männer, die nicht bis drei zählen können und jeden hassen, der das kann.*
– Norman Podhoretz, über die Beat Generation

*Communists, Beatniks, Eggheads.*
*Kommunisten, Beatniks, Eierköpfe.*
– *Amerikas dreifache Bedrohung, laut J. Edgar Hoover auf dem Parteitag der Republikaner 1960*

Die Beatnik-Phase, deren Wegbereiter die San Francisco Renaissance war, dauerte ungemindert vom Herbst 1957 bis 1960. Ihre Popularität läßt sich an kulturellen Erscheinungen wie der erfolgreichen »Rent-A-Beatnik«-Agentur in Greenwich Village ablesen, am blühenden Geschäft der Army-Läden, an den »Ihr-Foto-mit-einem-Beatnik«-Kabinen in North Beach, an einem ganzen Schwung von Romanen, die das Phänomen ausschlachteten, oder an Läden, in denen es »Sandalen für Beatnik-Flossen« gab.

## Die Beat-Generation auf der Leinwand

1959 hatte sich das Phänomen »Beatnik« über Literatur, Kleidung und Cafés hinaus ausgebreitet. Atlantic Records verkaufte sich zum Beispiel als »das Label im Einklang mit der Beat Generation«,[21] die Seifenoper *Helen Trent* nahm eine Beat-Figur auf, und die beliebte Fernsehserie *The Many Loves of Dobie Gillis* hatte einen Möchtegern-Beatnik namens Maynard G. Krebs, der mit Sweatshirt, Ziegenbärtchen und Bongos herumlief und beim Gedanken an Arbeit zu zittern anfing. 1959 liefen gleich zwei Filme an, die sich den Titel *The Beat Generation* streitig machten, während ein dritter, der nie vollendet wurde, *The Beatniks* heißen sollte. An den beiden fertiggestellten Filmen zeigt sich auf dramatische Weise der Unterschied zwischen der Beat Generation und ihrem von den Medien geschaffenen Ersatz.

Der Sieger im Streit um den Titel *The Beat Generation* war ein 95minütiger, von Schundmeister Albert Zugsmith für MGM produzierter Streifen in Cinemascope. Das Melodram drehte sich um einen soziopathischen Vergewaltiger und den Sergeanten der Polizei, der im auf den Fersen war. Wenn er nicht gerade hinter Hausfrauen her ist, trinkt der Schurke gern einen Espresso unter Beatniks, die – wie es in *Variety* hieß – als »Freudsche Fälle« dargestellt wurden, »die, Statuen mimend, mit Schwachsinn im Blick zusehen, wie Vampira einen Werbeslogan über den Haß auf die Eltern vorträgt«.[22] Als schrille Tapete, vor der sich das müde Melodram abspielt, stehen Beatniks für das, was man allgemein »das andere« nennt, und schüren die Angst der Amerikaner vor der aufblühenden Subkultur.

*Mr. Beatnik Goes to Washington*

Jack Kerouac selbst schrieb das Drehbuch zum Film, der beim Streit um den Titel *The Beat Generation* verlor und 1959 als *Pull My Daisy* erschien. Er bot die authentischste Version der Beat Generation auf Zelluloid, indem er einige Original-Beats in Episoden ihrer eigenen Vergangenheit zeigte, und sein Stil entsprach am ehesten einem filmischen Gegenstück zur spontanen Prosa. Der Film veranschaulicht außerdem den Prozeß der Zusammenarbeit. Der Titel war die erste Zeile des Knittelgedichtes »Fie My Fum«, das Ginsberg, Cassady und Kerouac während einiger Monate des Jahres 1949 zusammen geschrieben hatten – kurz nachdem Kerouac das erste Mal mit Cassady von Küste zu Küste gefahren und ungefähr zu der Zeit, als Ginsberg in die psychiatrische Klinik gekommen war. Die unwahrscheinliche Handlung des Films war im Grunde eine ziemlich genaue Wiedergabe eines Abends im Haus der Cassadys in Los Gatos im Jahre 1955. Carolyn Cassady hatte einen Bischof aus der Diözese eingeladen, und sein Besuch – mit Mutter und Tante im Schlepptau – fiel mit dem unerwarteten Eintreffen von Kerouac, Ginsberg, Orlovsky und einiger weiterer Freunde zusammen. Im Verlauf des Abends hatte Kerouac dem Bischof mehrere Male gesagt »Ich liebe Sie«, während Ginsberg mit der völlig entgeisterten Familie des Kirchenmannes über Sexualität diskutierte.

Zwei Jahre später nahm Kerouac diese Anekdote als Grundlage für den dritten Akt seines Dramas *The Beat Generation*, das er hastig während eines Wochenendes schrieb. Wiederum ein Jahr darauf hatten der Maler Alfred Leslie und der Fotograf Robert Frank die Idee, sich unter dem Namen G-String Enterprises zu einer einmaligen Partnerschaft für einen Film zusammenzutun, um den letzten Akt des Stücks zu verfilmen. Sie besetzten ihn mit einer Mischung aus Freunden aus Kunst und Literatur (die einzige professionelle Schauspielerin war die Französin Delphine Seyrig, die man im letzten Augenblick engagiert hatte) und bezahlten ihnen 20 Dollar pro Tag. Man mietete eine 16-Millimeter-Kamera Marke Arriflex, baute in Alfred Leslies Loft in der Forth Avenue 108 eine minimalistische Version von Cassadys Heim und trieb das nötige Kapital von 15.000 Dollar auf. Leslie brachte ein Megaphon mit, auf das er »Regisseur« geschrieben hatte, dann drehte man, Ende 1958, in vierzehn Acht-

**Romane, die auf den Beat-Zug aufsprangen**

*Bang a Beatnik* von Ira Staver
*Beat Girl* von Bonni Golightly
*Beatnik Wanton* von Don Elliott
*Bongo Gum* von Richard E. Geis
*Jesus Was a Beatnik* von Jim Oaks Bryan
*Lust Pad* von Andrew Shaw
*Pads Are for Passion* von Sheldon Lord
*Sintime Beatniks* von D. S. Froeman

**Besetzung von *Pull my Daisy***

Allen Ginsberg als Allen Ginsberg
Peter Orlovsky als Peter Orlovsky
Gregory Corso als Jack Kerouac
Larry Rivers als Neal Cassady
Delphine Seyrig als Carolyn Cassady
Richard Bellamy als Bischof
Alice Neel als Mutter des Bischofs
David Amram als der Musiker

*Die Beat Generation dreht sich nicht mehr um Lyrik. Die Beat Generation dreht sich um alles.*
– Gregory Corso

Stunden-Tagen den Film. Robert Frank hatte die Kamera auf ein Stativ gestellt und schoß die meisten Szenen in drei Takes; Ton nahm man keinen auf. »Keiner dachte damals, ›Wir machen jetzt ein zwanzigminütiges Beatnik-Epos, einen unscharfen Underground-Klassiker‹«, erinnerte sich David Amram, der mit von der Partie war. »Wir dachten einfach alle, es wäre doch ganz lustig, zusammen so eine Art Familienfilm zu drehen.«[23] Eines der Probleme, die es zu lösen galt, bestand darin, eine zusammenhängende Filmhandlung zu schaffen, ohne dabei Unmittelbarkeit und Spontaneität aufzugeben. Obwohl man den Film später als improvisierten Kinosketch bezeichnete, war die Produktion in Wirklichkeit sorgfältig durchdacht und die scheinbar spontanen Szenen von den Akteuren geprobt. *Pull My Daisy* war kein Familienfilm, wie Leslie bemerkte, sondern das Faksimile eines Familienfilms.

Als sie die Musteraufnahmen ohne Tonspur sahen, waren Leslie und Frank frustriert, und ihre Stimmung hellte sich auch nicht auf, als sie Kerouacs Erzählung der Handlung hörten, die er betrunken aufgezeichnet hatte. Nach der ersten Aufnahme bestand Kerouac darauf, einmal sei genug, schließlich sei er ein Verfechter spontaner Prosa, und außerdem habe ihn »die Hand Gottes berührt«.[24] Obwohl

*Beatniks im Kino: Szene aus Albert Zugsmiths* The Beat Generation, *1959*

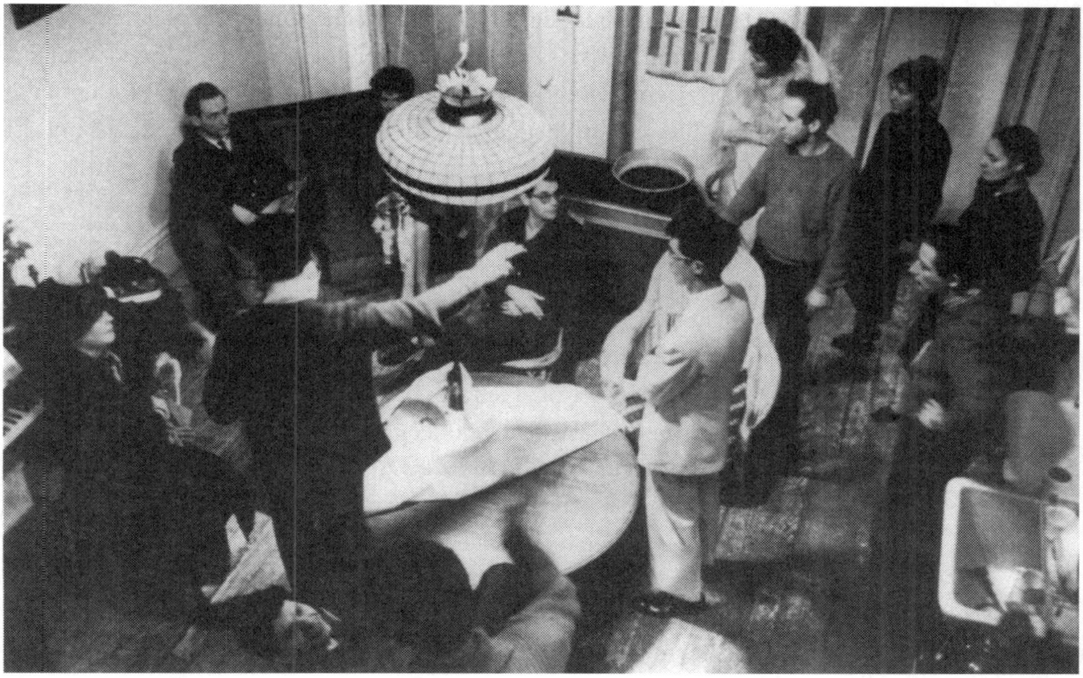

man ihn überreden konnte, die Erzählung noch zweimal aufzunehmen, fürchteten die Filmemacher immer noch, ein formloses Desaster produziert zu haben. Die »Spontaneität« des schließlich 28minütigen Films kam größtenteils im nachhinein zustande, als man Ton und Bild zusammenfügte. Die Schnitte sprangen von einem Take zum anderen, auf Kontinuität achtete man nur am Rande, und die Toningenieure mischten schließlich verschiedene Versionen von Kerouacs Erzählung und unterlegten sie mit David Amrams pulsierendem Jazz.

*Die Beat Generation im Kino: auf dem Set von* Pull My Daisy *von Alfred Leslie und Robert Frank mit, von rechts nach links, Larry Rivers, Gregory Corso, Alfred Leslie, Delphine Seyrig Youngerman, David Amram, Allen Ginsberg, Dick Bellamy, Robert Frank, Denise Parker, Sally und Gert Berliner; New York, 1959; Foto: John Cohen*

Am 11. November 1959 hatte der Film im Cinema 16, Amos Vogels *Cinématèque* in downtown New York, Premiere, und später lief er kommerziell im New Yorker Theater (obwohl die Werbestrategie, auf der Fifth Avenue Gänseblümchen zu verteilen, nach hinten losging, denn eine ganze Reihe von Passanten sah darin eine Werbung für den jüngsten Streifen von Doris Day, *Please Don't Eat the Daisies*). Jahrzehnte nach seiner Veröffentlichung, lange nachdem *The Beat Generation* aus dem Verleih genommen wurde, zeigt man *Pull My Daisy* immer noch regelmäßig an Universitäten und in Programmkinos. Mit Robert Franks satter Schwarzweißfotografie und David Amrams jazzigem Soundtrack zu Kerouacs Erzählung nimmt sich der Film heute wie ein Insiderblick auf eine Beat-Freundschaft aus und ist längst ein Klassiker des unabhängigen amerikanischen Films.

## Beat-Frauen

Für die charismatischen Männer im Zentrum ihres Lebens waren die Frauen der Beat Generation Freundin, Stütze und Mutterfigur. In den Schlüsselromanen des Beat erschienen sie eher als zusammengesetzte Charaktere oder gar Typen denn als Protagonisten mit ausgeprägter Persönlichkeit. Eine ähnliche Anonymität war vielen der frisch geprägten Beatnikfrauen zu eigen, aber daneben gehörten zur neuen Generation auch einige substantiellere Charaktere wie Hettie (Mrs. LeRoi) Jones, Diane DiPrima, Helen (Mrs. Edward) Dorn, Joyce Johnson und Elise Cowen. Greenwich Village und North Beach waren für sie Feuerproben ihrer Mündigkeit. Ihre wichtigsten Treffs waren Jazzclubs – vor allem das »Five Spot«, das Zuhause von Thelonious Monk – und Cafés. Wenn sie (wie Hettie Cohen Jones) von Long Island ins Village kamen oder von der Upper West Side (wie Joyce Glassman Johnson), trugen sie Downtown-Outfits: schwarze Strumpfhosen von Goldin Dance Supply in der 8. Straße, Gürtel mit Spiralclips aus Messing, Schnürsandalen und große Ohrgehänge aus getriebenem Kupfer. (Um sich die Radikalität einer solchen Aufmachung klarzumachen, muß man sich vor Augen halten, daß der Kleidercode für arbeitende Frauen, selbst im Sommer, Nylons und hochgeschlossene Kleider vorschrieb.) Lionel Trillings Frau Diana gefielen die Beat-Girls ganz und gar nicht – »So viele tiefstschwarze Strümpfe«, meinte sie 1959, als sie ihr bei einer Lesung Ginsbergs, Corsos und Orlovskys an der Columbia University auffielen.[25]

*Beatnik:* ***Prägung analog zu »Sputnik«; Kolumnist Herb Caen benutzte den Begriff erstmals am 2. Aprl 1958 im*** San Francisco Chronicle: *»Zur Vorbereitung einer Fotoserie über San Franciscos Beat Generation (oh, nein, nicht NOCH eine!) gab Look Magazine eine Party für 50 Beatniks in einem Haus in North Beach, und als der Buschtelegraph die Nachricht schließlich verbreitet hatte, waren über 250 bärtige Cats und Kits zur Stelle ...« Das Wort wurde den Medien zum beliebten Begriff für die Anhänger der Beat Generation.*

»In den fünfziger Jahren war Sex – wenn man überhaupt soweit kam – ein ernster und angstbesetzter Akt«, schrieb Joyce Johnson.[26] »Das richtige Leben war sexueller Natur«,[27] glaubte sie, und so wurde Sex zu einer der wesentlichen Arenen in der Entwicklung von Hettie Jones, Diane DiPrima und Joyce Johnson, von drei Frauen, die man gemeinhin mit der Beat Generation assoziiert. Für Joyce Johnson bedeutete diese Rebellion, ihre Jungfräulichkeit noch vor der Ehe zu verlieren und eine illegale Abtreibung in Canarsie; für Hettie Jones hieß es, einen Schwarzen zu heiraten, ihm zwei Kinder zu schenken und sie stolz großzuziehen; für Diane DiPrima gehörte dazu, Affären mit Männern wie mit Frauen zu haben und explizite, heitere Erotika zu schreiben. Diese Frauen »feministisch« zu nennen, wäre anachronistisch, aber sie lebten, ohne sich ihren Männern unterzuordnen, und suchten Unterstützung und Identität bei anderen Frauen.

*The truth of the matter is we don't unterstand our women; we blame them and it's all our fault.*
*Tatsache ist, daß wir unsere Frauen nicht verstehen; wir geben ihnen die Schuld, aber es liegt an uns.*
– Jack Kerouac, *On the Road*

## Joyce Johnson

Joyce Johnson (geborene Glassman) wuchs nur einen Block von Joan Vollmers Kommune in der 115. Straße auf, und die beiden begegneten sich wahrscheinlich irgendwann 1945 oder 1946 am Broadway. Joan lernte, wie man Inhalatoren benutzt, Joyce stand kurz vor ihrem Eintritt ins Jugendalter, lernte, ein jüdisches Mädchen mit nichtjüdischem Einschlag zu werden, eine Klavierschülerin, die auf dem Stutzflügel der Familie übte und auf ein Berufsleben vorbereitet wurde, das ihrer Mutter verwehrt geblieben war. Sex war in der Familie ein peinliches Thema – den Genitalbereich nannte man »da unten«, und ihr Vater ging, als er sich die Entjungferung seiner Tochter vorstellte, ins Bad, um sich zu übergeben. Die frühreife Tochter ging noch vor ihrem sechzehnten Geburtstag ans Barnard, gleich um die Ecke, und hatte bald nicht nur das College-Leben, sondern auch die Verlockungen des Village kennengelernt. Angeleitet wurde sie dabei in der Hauptsache von ihrer Mitschülerin Elise Cowen, die sich in einen damals noch unveröffentlichten Dichter namens Allen Ginsberg verliebt hatte, dem sie ständig Postkarten schrieb (und später das Manuskript von »Kaddish« tippte, bevor sie aus dem Fenster sprang). Elise Cowen machte Joyce Johnson im Dezember 1956 mit Ginsberg bekannt.

Eines Samstagabends im darauffolgenden Monat erhielt Johnson einen Anruf und sah sich von Jack Kerouac eingeladen, sich mit ihm – auf Ginsbergs Vorschlag hin – im Howard Johnson's in der 8.

*Field: Ein Marihuanafeld: »That's what everybody used to say about me, man, that year: ›The trouble with Ervie is he found a field‹« [Kerouac, 1950, einen Hipster imitierend].*

*Jack Kerouac und Joyce Johnson in Greenwich Village; Foto: Jerome Yulsman*

Straße zu treffen. Sich mit einem Unbekannten im Village zu verabreden, war ein tollkühnes Unterfangen, und die einundzwanzigjährige Studentin trug etwas mehr Lidschatten auf als gewöhnlich, bevor sie in eine U-Bahn zum Astor Place sprang. Als sie am Tresen eine Gestalt stehen sah, im karierten Holzfällerhemd und sonnengebräunt nach dreiundsechzig Tagen Einsamkeit auf einem Berg, dachte sie: »Er ist der einzige in Farbe im ganzen Howard Johnson's.«[28] Kerouac verschlang Frankfurter, Bratkartoffeln und gebackene Bohnen, und da er kein Geld hatte, bezahlte Joyce Johnson die Rechnung (eine Premiere für sie). In seinen blauen Augen sah sie »den Blick eines Mannes, der Liebe brauchte«, und sie glaubte, ihn von seiner zärtlichen Melancholie kurieren zu können.[29] Sie half ihm, den Alptraum seines plötzlichen Ruhms durchzustehen, der im Herbst 1957 wie eine Urgewalt über ihn hereinbrach, und sie hörte seinen endlosen Geschichten zu. Sie bot sich ihm an, obwohl sein Verhalten im Bett gar nicht so wild, sondern »merkwürdig brüderlich und etwas zurückhaltend«[30] war. Im Prinzip glich Kerouacs Beziehung zu ihr denen mit seinen anderen Freundinnen, aber es gab auch einige Unterschiede: Die Beziehung dauerte länger, Johnson war intellektueller, und die Intensität ihrer Vernarrtheit reflektierte den Hunger der kommenden Generation, die *On the Road* feiern sollte. »Die ›Suche nach etwas‹, die Jack in mir gesehen hatte, war der psychische Hunger meiner Generation«, schrieb sie. »Tausende warteten auf einen Propheten, der sie aus ihrem vorsichtigen Mittelschichtdasein holte, das zu erben man sie erzogen hatte.«[31] Während der zwei Jahre, die sie sporadisch zusammenlebten oder sich trafen, akzeptierte Joyce alles – vom Alkoholismus über den emotionalen Rückzug bis hin zu Buddhismus und Mutterliebe. Kerouac sagte ihr: »Mach immer, was du willst«, und diese Aussicht auf Freiheit verwirrte sie.[32]

Ihr letzter Abschied an einer Straßenecke im Herbst 1959 bestand aus folgendem stilisiertem Wortwechsel: »Du bist nichts weiter als ein großer Schaumschläger!« sagte Johnson. »Einseitige Liebe ist langweilig!« antwortete Kerouac.[33] Joyce Johnson führte ihr Leben nach dem Bruch weiter wie bisher, sie heiratete, zog einen Sohn groß, ließ sich scheiden, schrieb zwei Romane und arbeitete als Lektorin bei Dial Press. Die Frucht ihrer Beziehung mit Kerouac stellte sich

*Chucks: Heißhunger, oft auf Süßigkeiten, nach Heroinentzug: »I have seen addicts who did not eat for a month. Then he gets the ›chucks‹ and eats everything in sight« [Burroughs].*

erst viele Jahre später ein. Im Alter von siebenundvierzig Jahren schrieb Johnson diese ersten Jahre nieder, und ihre Memoiren *Minor Characters* lieferte einen Insiderblick aus der Sicht einer Frau, die in der Beat-Ära mündig wurde, ein Bein in der respektablen literarischen Welt der Mittelschicht, das andere in Greenwich Village.

## Hettie Jones

*Hettie Jones, Mitarbeiterin bei* The Record Changer *und* Yūgen, *Frau von LeRoi Jones, New York, 1959; Foto: James O. Mitchell*

Hettie Jones lernte LeRoi im März 1957 kennen, als er sich um eine Stelle bei *Record Changer* bewarb. Er war angenehm überrascht, als er sah, daß die Frau, mit der er dort sprach, Kafkas *Amerika* las, und sie freute sich, jemandem zu begegnen, der so klug und direkt war – er stocherte mit dem Mittelfinger in die Luft, und das scharfe V seines Haaransatzes betonte dabei seine Miene. »Aber seine Bewegungen waren lässig, die eines Mannes, der sich nicht nur in seiner Haut wohlfühlte, sondern auch in Muskeln und Knochen«, schrieb Hettie. »Und er führte mit seinem Kopf. Was mit Kafka begonnen hatte, hörte einfach nicht mehr auf.«[34] LeRoi Jones stammte aus einer Mittelschichtfamilie in Newark, er hatte an den Universitäten Rutgers und Howard studiert und bei der Luftwaffe als Bordschütze gedient. Von allen diesen Milieus zutiefst entfremdet, spürte er bei der Lektüre von »Howl« einen Sog der Identifikation; er nannte das Gedicht später den wichtigsten lyrischen Einfluß jener Zeit.

Als Hettie Cohen und LeRoi Jones am 13. Oktober 1958 heirateten, war ihre Familie entsetzt. Sie beschrieb ihre Entscheidung, Jones zu heiraten, als unvermeidlich und einfach, weil sie ihn liebte. Es war nichtsdestoweniger ein tollkühner Entschluß, denn selbst im toleranten Milieu des Village gab es gerade mal ein halbes Dutzend gemischtrassiger Paare. Die italienische Gemeinde südlich des Washington Square fand das so anstößig, daß manchmal Halbstarkenbanden das Paar bedrohten. Der Unterschied zwischen dieser und anderen Beat-Liaisonen bestand darin, daß sie beide sich – wie Hettie Jones bemerkte – »eher *durch Arbeit* kennenlernten als einfach nur als Ehefrau«.[35]

Die Arbeit des Ehepaars Jones spielte in der Beat-Bewegung eine wichtige Rolle – sowohl die kleine Zeitschrift, die sie gründeten, als auch ihr zwangloser Salon in der großen Wohnung, die sie in der

*LeRoi Jones in New York, ca. 1959; Foto: James O. Mitchell*

Nummer 402 der 20. Straße West bewohnten. 1958 brütete Jones die Idee für ein kleines Magazin aus, das sich dem Werk junger Autoren widmen wollte. Durch »Howl« inspiriert, schrieb er Allen Ginsberg einen Brief auf Toilettenpapier, in dem er ihn fragte, ob es ihm ernst sei, und um Beiträge für die neue Zeitschrift bat. Ginsberg unterstützte die Zeitschrift, indem er auf das weite Netzwerk von Freunden zurückgriff, und bald gehörten zu dem sich stetig vergrößernden Zirkel um das Ehepaar Jones auch Frank O'Hara, Jack Kerouac, Diane DiPrima, Gregory Corso, Robert Creeley und Joel Oppenheimer. Das Reservoir an potentiellen Mitarbeitern war groß. Hettie nutzte ihre Erfahrung mit Zeitschriften – sie war bereits beim *Record Changer* für die Abos zuständig und Geschäftsführerin der *Partisan Review* gewesen – und leitete die Redaktion. Sie beschlossen, die Zeitschrift *Yūgen, a new consciousness in arts and letters* zu nennen, und auf den ockerfarbenen Titel kam ein japanisches Ideogramm, das »Eleganz, Schönheit, Anmut, Transzendenz dieser Dinge und auch gar nichts« bedeutete.[36] Hettie tippte die vierundzwanzig Seiten der ersten Nummer auf einer gemieteten IBM und machte das Layout mit Anschlagwinkel und Dreieck auf ihrem Küchentisch. Im März 1958

***Joint:** Eine Marihuanazigarette; in den fünfziger Jahren aufgekommen; folgte auf **Stick:** »Don't Bogart that joint.«*

erschien das erste Heft. Sowohl das Magazin als auch die Wohnung der Joneses wurde zum Treffpunkt für das New Yorker Kontingent der Beats. In den acht Ausgaben, die unregelmäßig bis Dezember 1962 erschienen, veröffentlichte *Yūgen* nicht nur die Beats, sondern auch die Dichter aus San Francisco, die New Yorker und die der Black-Mountain-Gruppe.

Zu den Partygästen der Joneses gehörten die Stammgäste der Cedar Bar, die Maler, die in den neuen Ladengalerien in der 10. Straße Ost ausstellten, Jazz-Musiker und Schriftsteller. Hettie kochte Spaghetti für hundert und kaufte das Bier faßweise beim Großhändler; die Feten wurden zu regelrechten Ereignissen. Ginsberg beschrieb sie als »einen Gipfel guter Laune. Es herrschte ein buntes Durcheinander, schwarz weiß hip klassisch«.[37]

In den frühen sechziger Jahren trennten sich die Joneses, und als LeRoi 1965 um die Scheidung bat, sahen viele den Bruch als Symbol für das Abbröckeln der Bürgerrechtskoalition zwischen Schwarz und Weiß. Nach der Ermordung von Malcolm X im Februar desselben Jahres engagierte sich Jones mehr und mehr bei den schwarzen Separatisten und änderte bald darauf seinen Namen in Amiri Baraka. Seine Exfrau, jetzt »Mrs. Hettie Jones« ging ihrem Leben als Literatin und Aktivistin nach. Sie zog zwei Töchter groß, schrieb ein Dutzend Kinderbücher, leitete ein Tagesstättenprogramm an der Lower East Side und half beim Schreiben der Geschichte einer Organisation gegen die Armut. Ende der achtziger Jahre schrieb sie ihre Memoiren, *How I Became Hettie Jones*, in denen sie einen ebenso schonungslosen wie liebevollen und bittersüßen Blick auf ihre frühen Jahre in Greenwich Village bot.

**Freie Mitarbeiter bei Yūgen**

Ray Bremser
Gergory Corso
Allen Ginsberg
Jack Kerouac
Frank O'Hara
Charles Olson
Joel Oppenheimer
Gary Snyder
Philip Whalen
John Wieners

## Diane DiPrima

Während sie noch für die *Partisan Review* arbeitete, hatte Hettie Jones Diane DiPrima zum Eintüten angestellt, aber Diane spielte bald eine größere Rolle im Leben des Ehepaares Jones. Sie wurde LeRois Geliebte und bekam eine Tochter von ihm. Obwohl sie ihre Affäre beendete, blieb DiPrima eine literarische Kollegin, die ein monatliches Mitteilungsblatt für Lyrik mit dem Titel *Floating Bear* herausgab. Het-

***Bugged:** Verärgert; entnervt; das dazugehörige Tätigkeitswort ist bug: »Don't bug me.«*

tie bewunderte DiPrimas Eigenständigkeit, ihr ansteckendes Lachen und ihren Mumm, bemerkte jedoch auch, »DiPrima neigte dazu, ihre Liebhaber wie Sergeantenwinkel zu tragen«.[38]

Diane DiPrima galt zuweilen als Archetyp der Beat-Frau, eine Bezeichnung, die sowohl ihren enormen Schwung als auch ihre Schlüsselrolle bei der Organisation von Aktivitäten rund um die Beat-Bewegung reflektiert. Sie verfügte über eine günstige Kombination von Beat-Eigenschaften: absolute Unabhängigkeit, große sexuelle Erfahrung seit ihrer Jugend, Vertrautheit mit Drogen, dem Village, Jazz und der Boheme. Und sie widmete sich resolut der Literatur als Beruf; nachdem sie mit dem Gedanken gespielt hatte, als Physikerin in die Forschung zu gehen, entschloß sie sich im Alter von vierzehn Jahren, das Leben einer Dichterin zu leben.

Mitte der fünfziger Jahre, kurz bevor die Beats bekannt wurden, nannte man ihre Freunde die »neue Boheme«. Sie pflegten so ziemlich denselben Stil (Levis, Sweatshirts, Sandalen) wie später die Beatniks, nur daß bei ihnen diese Mode noch nicht so einstudiert war. Das Sortiment ihrer Freunde – Angehörige des Actors Studio, Ayn-Rand-Fans, Jazz-Liebhaber, übriggebliebene Poundianer, homosexuelle Ballettänzer und machohafte Maler – entsprach in ihrer Mischung der Boheme der fünfziger Jahre. Ihre diversen »Buden« waren voller Freunde, die oft zusammen auf einer Ausziehcouch oder in einem Doppelbett schliefen. (»Im Bett hatten bequem vier von uns Platz«, schrieb DiPrima, »und aus diesem Umstand erwuchsen Beziehungen mit den zartesten Nuancen.«[39]) Bevor die Beats überhaupt in ihr Leben traten, fraternisierte Diane DiPrima bereits mit der neuen Boheme:

> Soviel wir wußten, waren wir nur eine Handvoll – vielleicht vierzig oder fünfzig – Leute, die wußten, was wir wußten: die in Levis und Arbeiterhemden herumrannten, Kunst machten, Dope rauchten, auf den neuen Jazz standen und einen verwässerten schwarzen Argot sprachen. Wir schätzten, daß es wohl noch mal fünfzig in San Francisco gab und vielleicht weitere hundert über das ganze Land verstreut: Chicago, New Orleans etc., aber unsere Isolation war absolut und undurchdringbar, und wir versuchten noch nicht einmal, mit dieser kleinen Handvoll unserer Kollegen in Kontakt zu kommen.[40]

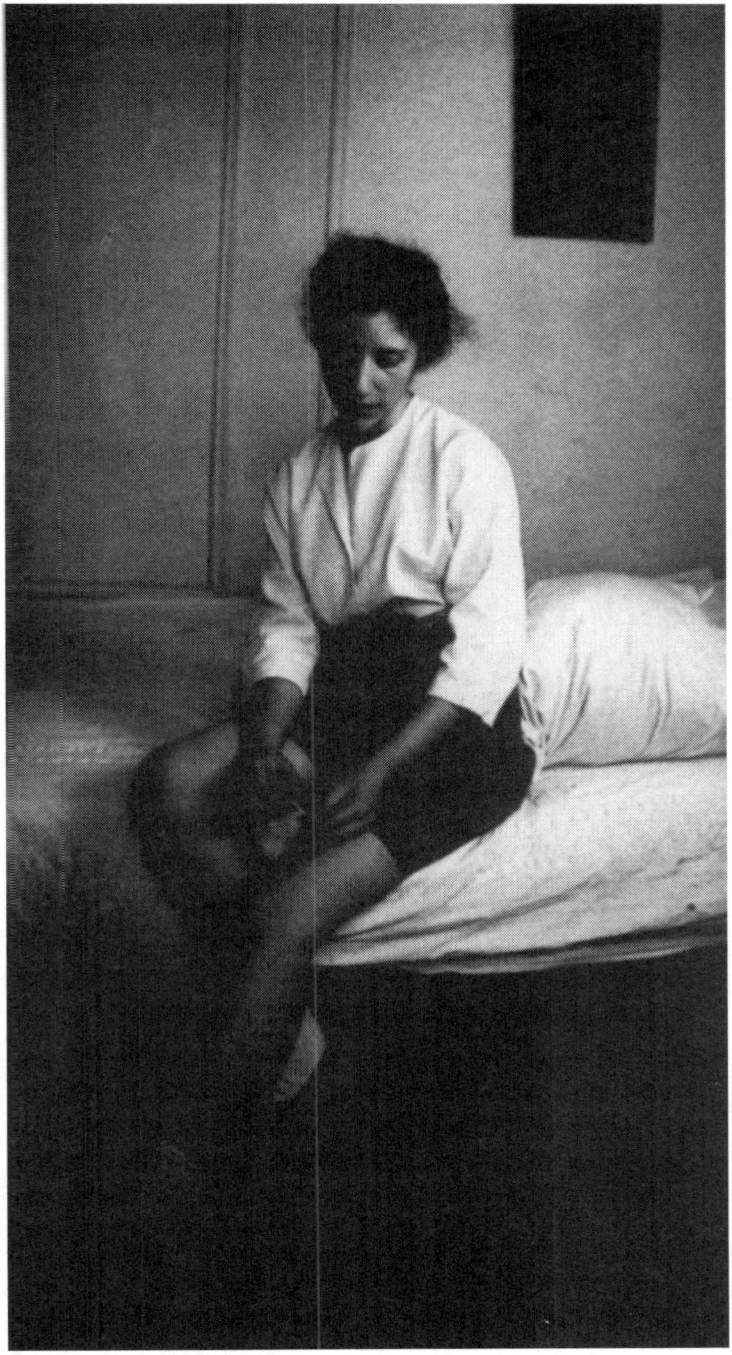

*Diane DiPrima, New York City, 1959; Foto: James O. Mitchell*

DiPrima war gerade dabei, bei einem gemeinsamen Abendessen den Rindereintopf zu verteilen, als ein Freund ihr das kürzlich erschienene *Howl and Other Poems* gab. Sie war gleich von den ersten Zeilen so begeistert, daß sie den Schöpflöffel beiseite legte, zu den Piers am Hudson ging und das ganze Gedicht las; dann ging sie zu den anderen zurück und las es laut vor. »Ich wußte, daß dieser Allen Ginsberg, wer immer er war, Neuland erschlossen hatte, für uns alle – die paar Hundert, die wir waren –, allein schon dadurch, daß er es geschafft hatte, das veröffentlichen zu lassen.«[41]

Während des nächsten Jahrzehnts sollte DiPrima dieses neu gewonnene, einst verbotene Territorium weiter besiedeln – mit ihrer eigenen Lyrik und ihren Aktivitäten innerhalb der Dichtergemeinde. 1958 veröffentlichte die Totem Press ihren ersten Lyrikband *This Kind of Bird Flies Backward*, dem viele andere folgten. Eine Liste von DiPrimas Verlegern läßt ahnen, wie viele kleine Verlage es Ende der fünfziger und bis in die sechziger Jahre hinein gab: Totem Press, Auerhahn Press, Poets Press, Capra Press, City Lights Books. Junge Lyriker waren ganz und gar auf dieses alternative Netz angewiesen, in dessen Entwicklung DiPrima lange eine herausragende Rolle spielte.

Ende der sechziger Jahre forderte Maurice Girodias von der Olympia Press (die *Naked Lunch* und diverse Erotika veröffentlicht hatte) DiPrima auf, ihre Lebensgeschichte als erotische Memoiren zu schreiben. Sie brauchte Geld und schrieb rasch genug für einen Vorschuß: »Es war das erste und einzige Mal, daß ich um des Geldes willen geschrieben habe, und es war klar, daß das der richtige Weg war.«[42] Girodias schickte ihr die Kapitel jedesmal mit demselben Vermerk zurück: »MEHR SEX«. Obwohl nur des Geldes wegen geschrieben, wurden DiPrimas *Memoirs of a Beatnik* ihr meistgelesenes Werk. Sie beschrieb darin unter anderem, wie es war, an einer Beat-Orgie teilzunehmen – mit Ginsberg, Kerouac und zwei anderen ins Bett zu gehen, war »kuschelig und nett und ganz und gar nicht aufregend, als säße man mit vier anderen Leuten in einer Badewanne.«[43] DiPrimas Memoiren boten nicht nur ein lebendiges Bild der New Yorker Boheme um die Mitte der fünfziger Jahre, sie brach-

***Cop out:*** *Sich in ein bürgerliches Leben zurückziehen, sich verkaufen oder Angaben bei der Staatsanwaltschaft machen, um das Strafmaß zu mindern. »One could cop out by shaving a beard, wearing button-down collars, or getting a straight job.«*

ten auch wieder echte Körper und Humor aus dem richtigen Leben ins Genre der Erotika, ganz zu schweigen von dem verschmitzten Trost, daß da jemand besseren Sex hatte als die Herren unter den Beats.

## Beat Hotel

*It was like a Marx Brothers movie directed by Madame Blavatsky.*
*Es ging zu wie in einem Marx-Brothers-Streifen unter der Regie von Madame Blavatsky.*
– Ted Morgan über das Beat Hotel

Die Veröffentlichung von *Naked Lunch*, Ginsbergs Arbeit an »Kaddish« und Burroughs' Entdeckung der Cut-up-Technik fanden in Paris statt, vor dem Hintergrund eines Hotels an der *rive gauche*, Rue Git-le-Cœur 9. Man stieg eine Treppe hinauf und sah sich auf dem schiefen Podest vor einem flachen Plumpsklosett und abblätternden Wänden; ein Blick in die Zimmer enthüllte blanke Böden, tropfende Decken und schäbige Möbel im Dämmerschein von 40-Watt-Birnen, und überall hing das schale Aroma längst gerauchter Gauloises in der Luft. Bei den Behörden fiel diese Absteige unter die letzte von dreizehn Kategorien, *Time* nannte es einen »verwanzten Tabernakel«, und Gregory Corso gab ihm den Namen, der ihm schließlich blieb: Beat Hotel. Madame Rachou, die furchterregende alte Inhaberin, verlangte 30 Dollar im Monat, und ob Sex, Drogen oder Zeichnungen an den Wänden – was in ihren Zimmern vorging, war ihr völlig egal. Trotzdem suchte sie sich ihre Mieter sorgfältig aus, und ihre zweiundvierzig Zimmer waren immer belegt. Zu den Bewohner gehörten, zu verschiedenen Zeiten, Allen Ginsberg und Peter Orlovsky, Gregory Corso (der in der winzigen Mansarde hauste), der Maler und Restaurator Brion Gysin, William Burroughs, der Dichter Harold Norse, daneben Jazzmusiker und Prostituierte. Norse, der das Haus die ideale Künstlerkolonie nannte, bemerkte: »Erst Jahre später, als alles vorbei war, wurde uns klar, wie einzigartig es war.«[44]

Als Ginsberg und Orlovsky im Oktober 1957 ins Zimmer 25 des Beat Hotel zogen, holte Allen aus seinem Tornister das zerfledderte Manuskript von *Naked Lunch*, das er in Spanien und Italien dabei gehabt hatte. Es gab in Paris nur einen Verleger, der dafür in Frage kam: Maurice Girodias, dessen Olympia Press genau die Art von verlegerischer Risikobereitschaft hatte, die für die Avantgarde

*Cat: Ursprünglich aus dem schwarzen Slang der dreißiger Jahre, wo das Wort einen Jazzmusiker bezeichnete, fand es Anwendung auf jeden Mann, oft allerdings für einen, »der es drauf hatte«: »a cool cat«.*

*»Gregory Corso, Paris 1957, in seinem Dachzimmer in der Rue Git-le-Cœur 9 mit Zauberstab, Postkarten aus dem Louvre an der Wand, rechts ein hölzerner Engel am Draht, Fenster zum Hof.« Foto und Legende: Allen Ginsberg*

schon immer so wichtig war. 1953 gegründet, setzte Girodias damit die Formel fort, die sein Vater, Jack Kahane, 1931 mit der Obelisk Press aufgestellt hatte: eine bunte Mischung aus Erotika und Avantgarde. Unter dem Motto »Traveler's Companion« verlegte Girodias eine Reihe »schmutziger Bücher«, die sich an Touristen wandte, die in Paris Titel kaufen wollten, die in ihrer Heimat verboten waren. Er ließ sich die Titel, die er im Versandkatalog führte, für 500 Dollar schreiben, besorgte den Satz und brachte sie rasch unter die Leute; Girodias arbeitete schnell, da er sowohl dem Bankrott als auch dem Gesetz immer einen Schritt voraus sein mußte. Diese Reihe finanzierte die seriöse Literatur, die er daneben verlegte, beginnend 1954 mit Samuel Becketts *Watt*. Es folgten drei weitere von Becketts Romanen, Vladimir Nabokovs *Lolita* und J. P. Donleavys *The Ginger Man*. (Viele seiner Stammkunden erlebten eine unangenehme Überraschung, wenn sie feststellten, daß sie versehentlich »Literatur« gekauft hatten: »Sie verderben sich damit ihren Namen«, schrieb ihm ein zorniger Kunde.[45]) Die bewährte Kombination von Erotika und Literatur funktionierte in New York nicht weniger als in Frankreich, und es waren gerade diese wirtschaftlich bedeutungslosen Verleger, die historisch gesehen – schon aus purer Notwendigkeit – immer in der vordersten Linie des Kampfes um die Redefreiheit standen. Nur durch diese Hintertür konnte ein Buch wie *Naked Lunch* überhaupt veröffentlicht werden.

Allen Ginsberg platzte ins Büro der Olympia Press und verkündete Girodias großspurig: »Ich habe hier ein Manuskript, das ich aus Tanger mitgebracht habe, es ist von Bill Burroughs, und es ist das Meisterwerk des Jahrhunderts.«[46] Girodias schreckte jedoch schon vor dem Manuskript an sich zurück, chaotisch und von Ratten angenagt, wie es seinen eigenen Worten nach war – die äußerlichen Hinweise auf einen instabilen Charakter. Girodias sagte, das sei kein Buch.

Er änderte seine Meinung zwei Jahre später, aber erst nachdem die Zensur *Naked Lunch* zur Cause célèbre gemacht hatte.

**Traveler's Companions**
*With Open Mouth* von Carmencita de las Lunas
*I've Got a Whip in My Suitcase* von Beauregard de Farniente
*White Thighs* von Count Palmiro Vicarion
*Sin for Breakfast* von Faustino Perez
*Love on a Trampoline* von Sybah Darrich
*Of Sheep and Girls* von Robert M. Duffy

*Die Sache ist die: Der übliche Roman* ist schon passiert.
*Dieser Roman* passiert jetzt.
– William Burroughs über *Naked Lunch*

*Peter Orlovsky und Allen Ginsberg im Beat Hotel, Zimmer 25, 1957, Foto: Harold Chapman*

## Kaddish

Kurz nach seinem Erlebnis mit Girodias begann sich Allen Ginsberg emotionell dem Tod seiner Mutter zu stellen, die ein Jahr zuvor gestorben war. Er hatte ihr ein hektographiertes Exemplar von »Howl« geschickt, und sie hatte ihrem Sohn am Vorabend ihres Todes am 9. Juni 1957 einen liebevollen und relativ klaren Brief geschrieben. »Geh in deinem Leben keine Risiken ein!« mahnte sie. »Ich wünschte, du würdest heiraten. Wärst du gern Farmer? Es ist ein Beruf wie jeder andere . . . Ich wünschte, ich wäre nicht hier, und zu Hause zu der Zeit, wo du noch klein bist; dann wäre ich jung. Ich bin doch jetzt in den besten Jahren . . . Ich hoffe, du nimmst keine Drogen, wie deine Gedichte vermuten lassen. Das würde mir weh tun. Laß dich nicht auf so alberne Dinge ein.«[47]

Der Brief wurde vom Pilgrim State Hospital, der psychiatrischen Klinik, zwei Tage nach Naomis Tod abgeschickt, und als er Allen erreichte, hatte dieser bereits seines Bruders Bericht über »die kleinste Beerdigung der Geschichte« gelesen: Sieben Leute waren auf dem Beth Moses Cemetery erschienen, und der Geistliche, der die kurze Zeremonie leitete, sprach noch nicht einmal ihren Namen richtig aus. Das Schlimmste jedoch war, daß in Ermangelung eines *minjen* – der für die Abhaltung eines Gottesdienstes vorgeschriebenen zehn Männer – kein *kaddish*, kein Gebet für das Seelenheil der Verstorbenen, gelesen werden konnte. »Wie Lou gesagt hat, man hat Naomi (Mutter) ein letztes Mal im Stich gelassen«, berichtete sein Bruder.[48] Kurze Zeit später ging Ginsberg in San Francisco, während eines Spaziergangs mit Kerouac und Orlovsky, in eine Synagoge und bat die Leute dort, ein Gebet für seine Mutter zu sprechen; wieder kam kein *minjen* zustande. Es lag also an ihm, entschied Allen; im Juli 1956 schrieb er in sein Tagebuch: »Schreibe Kaddish.«[49] Es dauerte jedoch sechzehn Monate, bis er sich dieser Aufgabe stellen konnte.

Am 13. November 1957 machte er sich im Café Select, dem legendären Treff der zwanziger Jahre, daran; er weinte, als er die ersten Zeilen einer förmlichen Elegie zu Papier brachte. Er schickte sie Kerouac. Er konnte an jenem Tag nicht weiterschreiben, aber seine Pariser Tagebücher enthielten Seiten mit dem Titel »Elegie für Mama«. Zum nächsten konzertierten Versuch kam es erst über ein

*S: Schizophrenie: »I have thought a great deal about Schizophrenia (S in the trade)« [Burroughs].*

Jahr später in seiner Wohnung an der Lower East Side. Er war eben von einem Besuch bei seinem Freund Zev Putterman zurückgekommen und sang Zeilen aus dem jüdischen Gebetbuch. Eines Sonntags, um sechs Uhr morgens, machte er sich an einen Schreibmarathon. Er nahm einige Benzedrintabletten, und Peter Orlovsky versorgte ihn mit Kaffee und hartgekochten Eiern. Bis zum Abend hatte er achtundfünfzig tränengetränkte Seiten vollendet, metaphysisch gefärbt, vom Rhythmus der Trauer geprägt, dominiert von der Erinnerung an die Gefühle für seine Mutter.

Das Manuskript lag weitere achtzehn Monate ungeordnet herum; dann machte er sich an die Redaktion - sechsunddreißig Stunden lang auf Benzedrin. Als er es Lawrence Ferlighetti schickte, zweifelte er immer noch daran, ob man es überhaupt veröffentlichen sollte: »Ich weiß nicht, wie's für dich aussehen wird, ist es Lyrik oder nicht - wahrscheinlich wie ein lästiges Ungetüm - überleg du, was wir damit machen sollen.«[50] Auch Ferlighetti hatte seine Zweifel und schlug vor, es zu kürzen. Nach weiterer Redaktion, der fünf Seiten zum Opfer fielen, las Ginsberg es Kerouac vor und entschied: »Hört

*Naomi Ginsberg auf einer Blumenwiese, noch vor dem Einsetzen ihrer schizophrenen Phasen, Milltown, New Jersey*

sich solide an, es ist genau das, was ich will.«[51] Erst jetzt war er bereit, es veröffentlicht zu sehen.

»Kaddish« ist Ginsbergs bewegendstes Werk. Nachdem er diese Elegie für seine Mutter und seine eigene verlorene Kindheit geschrieben hatte, konnte er endlich um Naomi trauern.

## Ginsberg und Burroughs im Beat-Hotel

William Burroughs zog am 16. Januar 1958 im Zimmer 15 des Beat Hotel ein. Allen war sofort auf der Hut, aber Burroughs erwies sich als sensibel und klar. Er hatte mit dem Trinken aufgehört (und mit dem Schreiben), und Ginsberg bemerkte, daß er, nachdem er sich all die Jahre das Alter vom Leib hatte halten können, plötzlich viel älter aussah. Er verbrachte seine Nachmittage auf dem Bett sitzend und ließ die traumatischen und dämonischen Ereignisse seines Lebens Revue passieren, bis er sich im Zustand eines klaren, unpersönlichen Beobachters sah. Ginsberg schilderte das folgendermaßen: »Anstatt den Versuch zu machen, die Phantasien, die seinen Verstand erfüllten und das Glück ausschlossen, zu bekämpfen, zu beruhigen, zum Schweigen zu bringen, stürzt er sich in seine Phantasien, füllt sie an und fühlt sie so intensiv er nur kann.«[52] Diese Sitzungen waren ihm eine selbstauferlegte Erweiterung der Psychoanalyse, zu der er zweimal die Woche ging, und er war, mehr denn je zuvor, auf dem Weg zu einer heiteren Ruhe.

Burroughs reagierte auf Ginsberg ohne die besitzergreifende Sehnsucht von früher und teilte mit ihm die Vision »eines wohlwollenden fühlenden Zentrums der ganzen Schöpfung«.[53] Bis spät in die Nacht hinein saßen sie zusammen im Beat Hotel und fanden zu einer intuitiven Beziehung, die zu Augenblicken von bebender Sensibilität führte, bevor sie sich beruhigte und in die Rhythmen einer wohlwollenden Häuslichkeit fand. Ginsberg kochte, Burroughs ging jeden Nachmittag raus, zu seinem Psychoanalytiker oder um Schmerzmittel zu kaufen, und der Tag endete mit einem Abendspaziergang auf dem Boulevard St. Germain. Zum erstenmal seit Jahren war ihre Beziehung versöhnlich und unkompliziert. Als Ginsberg im Juli 1958 nach New York abreiste, weinte Burroughs.

***Angel, Saint, Holy:** Bei gleichbleibender Bedeutung feierten die Beats damit die Heiligkeit ihres Lebens: »Lucien is his Angel« [Kerouac über Ginsberg]. »The bum's as holy as the seraphim!« [Ginsberg, »Footnote to Howl«]*

## Cut-ups

Ein Jahr nach Ginsbergs Abreise wohnte Burroughs noch immer im Beat Hotel. Er hatte einen neuen Liebhaber – Ian Sommerville, einen brillanten britischen Mathematiker, der dem jungen Burroughs geradezu unheimlich ähnlich sah. Mit Unterbrechungen blieb er während des nächsten Jahrzehnts Burroughs' Geliebter. Wichtiger für seine literarische Tätigkeit jedoch war die enge Freundschaft mit einem seiner Nachbarn im Beat Hotel, mit Brion Gysin, dem Maler und ehemaligen Restaurator in Tanger, der ihn mit einer revolutionären Methode der Literaturproduktion bekanntmachte.

Eines Nachmittags im Oktober 1959, nachdem Gysin einen Stapel von *New York Herald Tribunes* durchgeschnitten hatte, las er die beliebig aus verschiedenen Schichten von Zeitungsseiten zusammengefügten Teile und amüsierte sich dabei derart, daß einige Mitbewohner des Beat Hotels glaubten, er sei hysterisch geworden. »Cut-ups«, wie er das Ganze nannte, boten ein verbales Gegenstück zum Gesellschaftsspiel der Surrealisten, *cadavre exquise*, aber Burroughs sah in den Cut-ups etwas weit Wichtigeres als ein Spiel. Die Gegenüberstellung von Zeilen gab seiner Arbeit die totale Willkür, und er verglich das Ergebnis mit der modernen Collagetechnik, wie man sie vierzig Jahre zuvor in der Kunst akzeptiert hatte. Mit einem Stanley-Messer statt einer Schreibmaschine bewaffnet, vergewisserten sich Burroughs und Gysin der Hilfe von Gregory Corso und Sinclair Beiles und machten sich daran, Seiten zu zerschneiden, die sie in vier Körbe sortierten. Burroughs schilderte den Prozeß: »Seiten mit Text werden ausgeschnitten und neu zusammengefügt, um neue Kombinationen von Wörtern und Bildern zu ergeben; das heißt, die Seite wird mit der Schere zerschnitten, für gewöhnlich in vier Teile, und dann in eine neue Ordnung gebracht ... Ich nehme eine Textseite her, meine eigene oder von jemand anderem ... und füge die Zeilen aneinander. Der zusammengesetzte Text wird dann von rechts nach links gelesen, halb der eine Text und halb der andere. Bei vielleicht einem von zehn funktioniert das, und den benutze ich dann.«[54]

Burroughs schwelgte nicht nur in den glücklichen Zufällen, wenn eine Zeile sich in die andere fügte, er sah in den Cut-ups auch ein revolutionäres Mittel, das Diktat der linearen Erzählweise zu brechen,

***Shake:** Eine Drogenrazzia, eine Durchsuchung durch die Polizei: »I had asked him to keep the grass ... out of the apartment in case of a shake, except what he was using« [Burroughs].*

*William Burroughs im Beat Hotel, Zimmer 15, 5. Stock ( die Drahtkörbe enthalten Manuskripte), ca. 1959; Foto: Harold Chapman*

*Das ist nicht Schreiben, das ist Klempnern.*
– Samuel Beckett über »Cut-ups«

*Um meinem Ruf gerecht zu werden, muß ich wohl meinen Tee künftig aus Schädeln trinken, er ist nämlich das einzige Laster, das ich noch habe.*
– William Burroughs über seinen schlechten Ruf

also ein Kompositionsmittel, das seinem assoziativen Geist weit genauer entsprach und ohne Drogen für eine Verwirrung der Sinne sorgte. Später begann er aus den zufälligen Gegenüberstellungen Prophezeiungen herauszulesen, als hätte er seine Sehergabe jetzt schwarz auf weiß; es fehlte nur noch eine Antenne für die Signale. Burroughs bewahrte sich seine Faszination in bezug auf die Cut-up-Technik, obwohl seine Freunde sie für zweifelhaft hielten (selbst Gregory Corso distanzierte sich von der Auswahl in *Minutes to Go*, dem ersten Cut-up-Buch überhaupt). Burroughs glaubte, wie er Paul Bowles wissen ließ, daß »es in den Händen des Meisters funktioniert«.[55]

## *Naked Lunch:* Zensur – Veröffentlichung – Zensur

Allen Ginsberg setzte sich weiterhin für eine Veröffentlichung von *Naked Lunch* ein. Lawrence Ferlinghetti verwarf das Manuskript für City Lights, und die einzige Möglichkeit, es zu veröffentlichen, waren die kleinen Magazine, zu denen Ginsberg Verbindungen und bei denen er Einfluß hatte. Der erste Auszug aus *Naked Lunch*, der das Licht der Öffentlichkeit erblickte, erschien in der letzten Ausgabe der *Black Mountain Review* (Herbst 1957), und die anstößige Sprache erregte kaum Aufmerksamkeit. Ein Jahr später jedoch, als Irving Rosenthal einen neunseitigen Auszug in der von der Universität von Chicago gesponsorten *Chicago Review* brachte, begann eine Schlacht zwischen Zensoren und Schriftstellern, die im Lauf der nächsten acht Jahre immer wieder Neuauflagen erfahren sollte. Der Konflikt begann damit, daß ein Kolumnist der *Chicago Daily News* den Auszug als »eine der widerlichsten Ansammlungen gedruckten Schmutzes« bezeichnete, »die ich je in öffentlichem Umlauf gesehen habe«[56], und es dauerte nicht lange, bis die in Verlegenheit gebrachten Universitätsoberen in dieselbe Kerbe schlugen und die Veröffentlichung weiterer Auszüge von *Naked Lunch* in der nächsten Ausgabe verboten. Rosenthal und sechs Redaktionsmitglieder kündigten daraufhin und gründeten ihr eigenes Magazin, das auf Kerouacs Anregung hin den Titel *Big Table* bekam und teils durch eine Benefizlesung von Ginsberg, Corso und Orlovsky finanziert wurde; hier sollte der aus der *Chicago Review* verbannte Text erscheinen.

Die erste Nummer von *Big Table* aus dem März 1959 enthielt zehn Episoden aus *Naked Lunch* und wurde von der Post in Chicago beschlagnahmt. Über ein Jahr später erteilte Richter Julius J. Hoffman den Episoden aus *Naked Lunch* die Absolution: »Keine Verwandtschaft mit lüsternem Denken.« (Hoffman saß ein Jahrzehnt später dem Prozeß gegen die Chicago Seven vor.) In der Folge des Prozesses witterte Maurice Girodias den literarischen Ruhm und überdachte im Juni 1960 seine Ablehnung von *Naked Lunch*. Rasch setzte er einen Vertrag auf, der für Burroughs einen Vorschuß von 800 Dollar und für Girodias ein Drittel der englischsprachigen Rechte vorsah. Burroughs, der die fünfjährige Irrfahrt von *On the Road* mitverfolgt hatte, vertraute Girodias sein Manuskript willig an: »O. K., in guten wie in schlechten Zeiten, in Krankheit wie im Tran.«[57] Die willkürlich aneinandergereihten »Routinen«, die sich jeder Art der Organisation entzogen, mußten jetzt innerhalb von zehn Tagen druckfertig gemacht werden, und Burroughs fand, der »Druck schmiedete das

*»Dieses Buch packt einen am Hals«, sagt L. Marland, der berühmte Kritiker. »Es springt mit einem ins Bett und stellt Unaussprechliches mit einem an ... Dieses Buch ist ein Muß für jeden, der die Krankheit der Seele, der todkranken Seele des Atomzeitalters, verstehen will.«*

– William Burroughs' Phantasierezension seines Work-in-progress, *Naked Lunch*

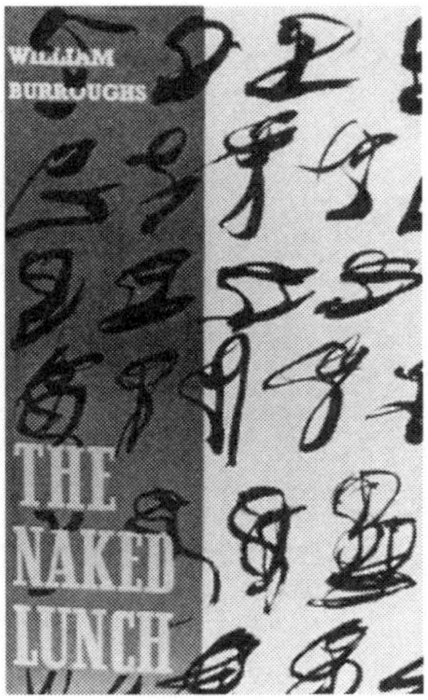


*Der erste Umschlag von* Naked Lunch *in der Ausgabe der Olympia Press in lila und gelb, nach Burroughs' eigenem Entwurf, 1959*

ganze Buch zu einer organischen Folge, die es vorher nie gehabt hatte«.[58] Als die Fahnen völlig durcheinander aus der Herstellung kamen, erklärte Burroughs die Sequenz für so gut wie jede andere; *Naked Lunch* ging nach einigen belanglosen Änderungen zurück in die Druckerei, zusammen mit einem von Burroughs selbst entworfenen Umschlag mit fetten pseudochinesischen Zeichen auf violettem und gelbem Grund. Ende Juli 1959 erschien das Buch, das sich eigentlich nicht veröffentlichen ließ, als Nummer 76 der Reihe »Traveler's Companion« in einer Auflage von 10.000 Stück. In der anonymen Tradition von Burroughs' *Junky* bleibend, erhielt es nicht eine einzige Rezension.

Rasch verkaufte man die Rechte nach Deutschland und Italien – und in den Vereinigten Staaten für 3.000 Dollar an Barney Rossets Grove Press. Aber *Naked Lunch* standen noch mehrere Prozesse bevor, literarischer wie metaphorischer Art, bis es, drei Jahre später, endlich in Burroughs' Heimat erschien.

Die Grove Press hatte in den fünfziger Jahren eine ähnliche Nische inne wie die Olympia Press; hier erschienen neben Erotica Avantgarde-Autoren wie Beckett und Genet. Zu dem Zeitpunkt, als Verleger Barney Rossett die Rechte zu *Naked Lunch* kaufte, kämpfte er vor vierzehn Gerichten um Henry Millers *Tropic of Cancer*. Erst als Millers Roman 1964 vom Vorwurf der Obszönität freigesprochen wurde, waren Präzedenzfälle geschaffen, die *Naked Lunch* ein sichereres Klima garantierten.

Als es am 20. November 1962 in die amerikanischen Buchhandlungen kam, war *Naked Lunch* bereits unbesehen zur Legende geworden. Was das Renommee bei der Kritik anbelangte, so hatte Burroughs sich bereits Anfang des Jahres durch seine Teilnahme an einer Schriftstellerkonferenz in Schottland ein Fundament geschaffen. Neben Henry Miller, Norman Mailer und Mary McCarthy vertrat Burroughs die Vereinigten Staaten. Mailer und McCarthy bezeichneten Burroughs als den zeitgenössischen Autor, der den größten Einfluß auf Literaturkenner habe (ein Statement, das vom Publikum mit verblüfftem Schweigen quittiert wurde, schließlich hatten die meisten den Namen William Burroughs noch nie gehört). Vor der internationalen Schriftstellergemeinde, die kollek-

*Wir bieten diese Saison keinen Masochismus in der Hölle, weder psychischer noch sonstiger Art.*
– William Burroughs

tiv eine enorme Macht auf die Welt der literarischen Vierteljahres- und Avantgardeschriften ausübte, erklärte Burroughs die Rahmenbedingungen für seinen Roman: »Als Autor bin ich Kartograph, Forscher in psychischen Gegenden«, sagte er. »Und ich sehe keinen Sinn darin, Gegenden zu erforschen, die bereits gründlich vermessen sind.«[59]

Selbst bewundernde Kritiker taten sich schwer, den Roman zu beschreiben – Mary McCarthy verglich ihn mit dem Action Painting, andere nannten es eine existentielle Parabel in der absurden Tradition, eine Swiftsche Satire oder moderne Bekenntnisliteratur. Herbert Gold bezeichnete sie zusammenfassend als »weniger einen Roman denn ein Reihe von Essays, Phantasien, Prosagedichten, dramatischen Fragmenten, bitteren Streitereien, Witzen, Wortspielen, Epigrammen – und das Ganze um das explizite Thema, sich auf Drogen zu bewähren, während man sich weder bei der Arbeit noch beim Sex bewähren kann.«[60] Nur wenige Magazine, namentlich *Time*, zogen Burroughs' Privatleben ans Licht der Öffentlichkeit. (Er verklagte *Time* erfolgreich wegen Diffamierung, wenn auch dem Gericht sein Ruf nur einige Dollars wert war.) Das vielleicht Bemerkenswerteste an der Aufnahme von *Naked Lunch* seitens der seriösen Magazine, die eine Karriere fördern konnten, war das Tempo, mit dem man diesem zutiefst subversiven und schwierigen Werk einen Platz im literarischen Kanon als groteskem Meisterwerk des 20. Jahrhunderts einräumte.

*Naked Lunch* stand noch ein letzter Zensurprozeß bevor; aus Boston wurde es buchstäblich verbannt. Die Stadt, die bereits Theodore Dreisers *An American Tragedy* und Lillian Smiths *Strange Fruit* unterdrückt hatte, ging mit ihrer Obszönitätsklage vor das Landesgericht Massachusetts. Unter Berufung auf den Fall *Jacobellis gegen Ohio* – der Richter hatte Pornographie mit »Ich erkenne sie, wenn ich sie sehe« definiert – erklärte der vorsitzende Richter Eugene A. Hudson *Naked Lunch* für obszön.[61] Der Anwalt der Grove Press, Edward de Grazia, ein Experte für den Ersten Verfassungszusatz, legte Berufung beim Oberlandesgericht ein. Nachdem der Fall am 8. Oktober 1965 zur Verhandlung gekommen war, vertagte das Gericht die Entscheidung, um die Urteile in einigen anderen anhängigen Verfahren

**Autoren der Grove Press**
Simone de Beauvoir
Samuel Beckett
Jean Genet
Eugene Ionesco
D. H. Lawrence
Alain Robbe-Grillet
Marquis de Sade
Hugh Selby

*Worum es uns allen geht, ist größtmögliche Freiheit, größtmögliche Freiheit des Ausdrucks, nicht nur beim Schreiben, nicht auf Papier, nicht beim Sprechen, sondern im Handeln, und meiner Ansicht nach ist heute die ganze Welt im Würgegriff.*
– Henry Miller bei einer Schriftstellerkonferenz 1962

*Schriebe der Heilige Augustinus heute, er schriebe womöglich so etwas wie* Naked Lunch.
– Norman Holland in seiner Zeugenaussage für *Naked Lunch*

*Titel der Evergreen Review, 1960: Barney Rossets Warnung*

abzuwarten. Am 21. März 1965 nannte Richter William Brennan drei Kriterien für Obszönität, die alle erfüllt werden mußten:

> 1. Das dominante Thema des Materials in seiner Gesamtheit apelliert an ein lüsternes Interesse am Sex.
>
> 2. Das Material ist eindeutig anstößig, weil es hinsichtlich der Beschreibung oder Darstellung sexueller Sachverhalte einen Affront gegen die zeitgenössischen Normen der Gemeinschaft darstellt.
>
> 3. Das Material ist ohne jeden ausgleichenden gesellschaftlichen Wert.

Als Brennans Kriterien erstmals zur Anwendung kam, befanden fünf der sieben Richter *Naked Lunch* als nicht obszön.

Es war dies nicht nur das letzte Kapitel der Veröffentlichungsgeschichte von *Naked Lunch*, sondern auch ein Meilenstein in der Geschichte des Verlagswesens. Es war das letzte literarische Werk, das vom amerikanischen Zoll, der Post oder einer bundesstaatlichen Behörde beschlagnahmt wurde, und die Entscheidung um *Naked Lunch* markierte in den Vereinigten Staaten das Ende der literarischen Zensur (auch wenn die Zensur in anderen Kunstrichtungen noch immer blüht). Wenn *Naked Lunch* – mit seiner vulgären Sprache und der Darstellung brutaler Homosexualität, mit Kannibalismus und den Ejakulationen Strangulierter – nicht obszön war, dann war an einen durchsetzbaren Standard für Obszönität kaum noch zu denken. Oder wie es Allen Ginsberg formulierte: Das Wort war befreit.

# Nachlese

*Umseitig: Allen Ginsberg, Philip Whalen und William Burroughs im Naropa Institute, Boulder, Colorado, 1976; Foto: Gordon Ball (oben)*

*Allen Ginsberg, William Burroughs und Peter Orlovsky vor der Villa Muniria, Tanger, 1961 (unten)*

# Nachlese

## Neal Cassady: Nachlese

*How this beat beatster beats*
*a beat bastille.*
*Wie dieser fertige Beat mit*
*einer fertigen Bastille fertig*
*wird.*

– Neal Cassady, in
San Quentin

Im Gefolge der Veröffentlichung von *On the Road* wurde Neal Cassady, als Modell für den Protagonisten des Romans, zu einer lokalen Berühmtheit. Die Polizei sah in seinem offenen Marihuanakonsum und in der Tatsache, daß er in North Beach als Johnny Potseed bekannt war, eine Gefahr. Er wurde im April 1958 wegen Drogenbesitz verhaftet und zu fünf Jahren Gefängnis verurteilt. Weil er drei »markenlose Zigaretten«, die sich als Marihuana erwiesen, bei sich gehabt hatte, verbrachte Neal Cassady (unter der Nummer A-47667) 787 Tage in San Quentin. Wann immer er nicht Fusseln in der Gefängnisweberei fegte, lag er auf der durchhängenden Pritsche seiner ein Meter 40 mal zwei Meter 30 mal zwei Meter 90 messenden Zelle. Er schrieb seiner Frau, die Isolation bringe ihn dazu, nachzudenken »über vergangene Fehler, gegenwärtige Qualen & künftige Niederlagen im Licht welcher Einsichten auch immer, die derart gestörte Bedingungen erlauben«.[1] Er regte sich darüber auf, daß das einzige Exemplar von *On the Road* in der Gefängnisbibliothek immer ausgeliehen war, und der Artikel in der Gefängniszeitung über den exilierten »Premier« der »Beatnuts« ärgerte ihn. Nach einigen Monaten jedoch begann Neal in der Zwangsjacke der Gefängnisroutine aufzublühen. Er vergrub sich in religiöse Literatur, lernte die Amtszeiten der Päpste auswendig, führte sich Mary Baker Eddy zu Gemüte und besuchte alles, was die Kirche im Gefängnis anbot (Beichte, katholische Messe, protestantischen Gottesdienst und einen für schwarze Fundamentalisten). Er lernte Gebete auswendig, die er wie Mantras wiederholte. »Der Ex-Beat obsiegt über eine üble Bastille: Regel: leerer Kopf Verlangen proportional zu jeder Aufhebung des Körpers.«[2] Besonders erhebend fand er einen religiösen Kurs des neunundfünfzigjährigen Gavin Arthur, der sein Mentor wurde und

*Du weißt ja, daß wir beide in der Gefangenschaft eine beispiellose Gelegenheit sehen, größere Gnade zu erlangen & ich spüre diese Reinigung noch intensiver, wenn ich mich in Gebet & Meditation nicht beirren lasse.*

– Neal Cassady an Carolyn Cassady, aus San Quentin

ihm auch später, nach dem Gefängnis, half. (Als Cassady später mit Arthur schlief, schloß sich ein über mehrere Generationen reichender homosexueller Kreis: Cassady schlief mit Arthur, der mit Edward Carpenter geschlafen hatte, und der wiederum hatte mit Walt Whitman geschlafen.)

In seinen Briefen an Carolyn gelobte Neal, er würde nie wieder mit dem Gesetz in Konflikt kommen, und das war ihm damals auch ernst. Nach seiner Entlassung aus San Quentin am 3. Juni 1960 fuhren er und Carolyn direkt zu einem Juwelier in North Beach und kauften dort neue Goldringe, um ihren Neuanfang zu besiegeln. Aber es dauerte nicht lange, und die alten Komplikationen in Neals Leben stellten sich wieder ein: Carolyn und die drei Kinder lebten in Los Gatos; seine Geliebte, Jacky Gibson, verlangte, daß er sich scheiden ließ (Kerouac bot ihr an, das Problem dadurch zu lösen, daß er auch Jacky heiratete); die Langeweile seiner Nachtarbeit in einer Reifenwerkstatt in San Jose, die steigenden Verluste auf der Pferderennbahn, der Führerscheinentzug, die kurzen Zwischenspiele im Gefängnis wegen Verkehrsdelikten. Ginsberg und Kerouac ermunterten ihn, seine Memoiren, *The First Third*, zu überarbeiten, und Ferlinghetti erbot sich, diese zu veröffentlichen. Aber selbst mit Ginsberg als Schreibkraft brachte Neal weder eine Revision noch etwas Neues zustande, und die Fragmente erschienen erst nach Cassadys Tod. Als sein Drogenkonsum zunahm – vor allem Speed und Marihuana, später dann auch LSD – war es auch um den letzten Rest von Ordnung geschehen. Carolyn sah in ihm »nur eine Belastung – wie die Kinder – ich bin nur eine Zuflucht für ihn«.[3] 1963 ließen die beiden sich schließlich scheiden.

*Neal Cassady in San Quentin, wo er wegen Marihuanabesitz einsaß, ca. 1959; Foto: Harry Redl*

Cassadys Leben hatte noch ein letztes brillantes Kapitel als »Speed Limit«, Kommandeur des psychedelischen Busses der Merry Pranksters. Als Neal Ende 1962 Ken Kesey kennenlernte, studierte dieser Kreatives Schreiben an der Stanford University. Er und seine Kollegen von der schreibenden Zunft lebten an der Perry Lane, die Malcolm Cowley als *»rive gauche* von Stanford«[4] bezeichnet hat und wo Kesey bald sein erstes »Marihuana-Brownie« bekam. 1959 hatte er sich bereit erklärt, im Menlo Park Veterans Hospital für 100 Dollar Versuchskaninchen zu spielen, und so bekam er dort während mehrerer Wochen eine Reihe psychoaktiver Drogen verabreicht – Psilocybin, Meskalin, LSD und Amphetamin IT-290. Er aß acht Peyote-»Buttons« und verarbeitete seine Erfahrungen im Krankenhaus in *One Flew Over the Cuckoo's Nest.* Im Gefolge der Veröffentlichung des Romans im Jahre 1962 erschien eines Nachmittags Neal Cassady auf der Bildfläche – schwankend und hemdlos in einem Wohnzimmer, in dem Larry McMurtry soeben aus *Leaving Cheyenne* vorlas. Wie sich ein Beteiligter erinnerte, »tanzte Neal irgendwie über sie hinweg und kam einfach nach vorne«, wobei er ununterbrochen quasselte.[5] Da *On the Road* einer der Meilensteine in Keseys Leben gewesen war, freute er sich riesig, Dean Moriarty persönlich kennenzulernen. Cassady zeigte sich seinerseits von *One Flew Over the Cuckoos's Nest* beeindruckt und nannte Kesey vom Fleck weg »Chief« (»Häuptling«).

*Die Revolution hat begonnen – Hör auf, deine Autorität Christus & der Leere & der Phantasie zu geben – du bist sie jetzt selbst, nicht Gott … man braucht dich – hör auf, dein Licht unter den Scheffel zu stellen.*
– Allen Ginsberg an Neal Cassady, Dezember 1960

Kesey setzte sich damals für eine Gruppe kreativer Leute ein, die er »Die Neon-Revolution« nannte, und es dauerte nicht lange, da bildete er seine eigene Gruppe, die Merry Pranksters. Sie gehörten zur Generation nach den Beats und verschworen sich frohen Sinns, dem Establishment mit »der Tollkühnheit einer miliärischen Eliteeinheit«[6] Knüppel zwischen die Beine zu werfen; sie lebten von Psychedelika, Risiko und Spielen. Sie hatten kein offizielles Programm, aber wie Kesey sagte: »Was wir uns erhofften, war, das Ende der Welt verhindern zu können.«[7]

**Die Neon-Revolution, laut Ken Kesey**
Lenny Bruce
William Burroughs
Ornette Coleman
Günter Grass
Anna Halprin
Wally Hedrick
Joseph Heller
New-Wave-Filmemacher
John Rechy

1964 kauften die Pranksters im Hinblick auf eine Fahrt quer über den Kontinent nach New York – Anlaß war die Veröffentlichung von Keseys zweitem Roman *Sometimes a Great Notion* – einen Schulbus, Baujahr 1939, schnitten ein Loch ins Dach, installierten Mikrophone und Lautsprecher und bemalten den Bus mit Mandalas und Leuchtfarbe. Auf dem Schild über dem Fenster stand »WEITER«, ein auf der Seite aufgesprühter Slogan lautete: »EINE STIMME FÜR BARRY IST EINE STIMME FÜR DEN SPASS«, die Aufschrift am Heck lautete: »ACHTUNG: IRRE AN BORD«. Die Passagiere trugen wider Erwarten weder langes Haar noch Batik-Look, da man sich noch in der Zeit vor den Hippies befand.) Am 14. Juni 1964 machte sich ein Dutzend Pranksters mit Cassady am Steuer auf den Weg. Es war das *On the Road* einer neuen Generation.

*When you went riding with [Cassady], it was to be as afraid as you could be, to be in fear for your life.*
*Also mit [Cassady] zu fahren, das hieß höllische Angst, Angst um dein Leben.*
– Jerry Garcia über Neal Cassadys Fahrkünste

*Der Bus der Merry Pranksters, »Further«, 1964: »Eine Stimme für Barry ist eine Stimme für den Spaß«*

*In seiner reinsten Form war Cassady ein Werkzeug des Kosmos.*
– Jerry Garcia

**Merry Pranksters**
Ken Babbs
Neal Cassady
Paul Foster
Jerry Garcia
Ken Kesey
Mountain Girl

»Wir sind eigentlich vierdimensionale Wesen in einer dreidimensionalen Welt und leben in einer zweiten Dimension«, quasselte Cassady in das Mikrofon über seinem Kopf, während er am Radio herumdrehte und Marihuana rauchend auf das Lenkrad eindrosch. Einer der Mitreisenden bezeichnete seinen assoziativen psychischen Kommentar als »sinnlos und doch mit Sinn . . . ein endloses Gerede unter Wasserfällen«.[8] Seine Fahrweise und sein Gequassel verkörperten die euphorische Auf-Teufel-komm-Raus-Haltung der Pranksters, und Cassady wurde ihnen rasch zur Ikone. Er war teils Beat-Mentor, teils erotischer Feuerwerker, teils Guru – oder, wie seine Freundin, Ann Murphy, sich ausdrückte: »Muskeln, Fleisch und Metaphysik«.[9] Ginsberg beschrieb Cassadys Rolle Herbert Huncke gegenüber folgendermaßen: »Er ist eine Art phantastischer, ständig (auf 7 oder 8 Assoziationsebenen gleichzeitig) redender Lehrer.«[10]

Als die Pranksters im Juli an der Ostküste ankamen, steuerte Neal den Bus zu Jack Kerouacs Haus in Northport, Long Island. Die beiden hatten sich vier Jahre lang nicht gesehen. Am Abend lockte Neal Jack zur Party der Pranksters in der Madison Avenue. Als Kerouac, seinen Whiskey in einer braunen Papiertüte, den Saal betrat, war er verwirrt, dort Kameras, Scheinwerfer, Tonbandgeräte, eine sechs-köpfige Band und einen Raum voller Leute auf Acid zu sehen. »Guck dir das an, Jack«, rief Neal aus, »Tonbänder, Kameras, wie bei uns, nur diesmal professionell!«[11] Kerouac bahnte sich einen Weg zu einer mit einer amerikanischen Flagge drapierten Couch. Schweigend faltete er sie sorgfältig zusammen, nach Art der Pfadfinder zu einem sauberen Dreieck, und setzte sich dann finster, während Allen Ginsberg mit einer Gruppe von Leuten Mantras sang. Cassady, der auf Amphetamin und LSD war, erwies sich als lausiger Gesellschafter. Die Pranksters taten ihr Bestes, Kerouac eine wahnsinnige Vorstellung zu liefern; wie einer sich erinnerte: »Sie versuchten ihn dazu zu bekommen, sich ihrer großen Party anzuschließen.«[12] Nur Kesey hatte Sensibilität genug, ihn als »Rangältesten« zu behandeln, indem er Kerouac versicherte, er habe seinen festen Platz in der Geschichte. Jack sagte: »Ich weiß.«[13] Es war das letzte Mal, daß Kerouac Cassady sah – obwohl Neal sich gegen Ende seines Lebens in einer Vermengung seiner wahren mit seiner Medienidentität zuweilen »Kerouassady« nannte.

*Alte rotgesichtige W. C. Fields-Guru-Kröte, zitternd schüchterner verkaterter schmerbäuchiger Meister ... zu feige, sich totzusaufen.*
– Allen Ginsbergs Beschreibung von Jack Kerouac bei der Pranksters-Party

*Neal Cassady, rechts, als »Speed Limit« am Steuer des Pranksters-Busses*

*Neal Cassady beim Rasieren in Allen Ginsbergs Wohnung, San Francisco, ca. 1962; Foto: Larry Keenan*

Im Januar 1966 nahm man Kesey wegen Marihuanabesitzes fest, und die Merry Pranksters lösten sich auf; einige blieben in Kalifornien, andere folgten Kesey nach Mexiko. Auch Cassady ging über die Grenze. Er hatte das Gefühl, von seinen alten Beat-Genossen ebenso abgeschnitten zu sein wie von seiner Ehe, obwohl er Carolyn immer wieder anrief, um ihr zu sagen: »Ich komme heim.«[14] Ginsberg schrieb er eine Reihe verzweifelter Briefe, und sie trafen sich 1967 ein letztes Mal. »Seine Haut war kalt, eisig, schweißüberzogen & wie die einer Leiche«, erinnerte sich Ginsberg. »Ich glaube, es war das erste Mal, daß ich bei Neal aus freien Stücken aus dem Bett stieg.«[15]

*Die ganze Straße entlang sah man immer wieder die verkohlten und verzerrten Leichen ziemlich undichter Typen, die sich, in ihrem Bemühen, Cassady nachzumachen, zu Asche gefahren haben. Und ich rede hier nicht von zehn, zwanzig Leuten.*
– Wavy Gravy

Am 3. Februar 1968, kurz vor seinem zweiundvierzigsten Geburtstag, verließ Cassady die kleine Stadt Celaya in Mexiko, um seine »Zaubertasche« zu holen, die er auf dem Bahnhof von San Miguel de Allende gelassen hatte. Sie enthielt eine Bibel, Briefe von Ginsberg und Kerouac und andere persönliche Dinge, die in seinem Leben eine Rolle gespielt hatten. Er kam an einer mexikanischen Hochzeit vorbei, wo er Unmengen *pulque* trank, nachdem er schon den ganzen Tag über Seconal geschluckt hatte. Er kannte die Gefahren einer Kombination von »Seccies und Sprit«, aber womöglich war ihm das längst egal. Er gelobte, ein Versprechen einzulösen, die fünfzehn Meilen lange Bahnstrecke zwischen San Miguel de Allende und Celaya zu Fuß zu gehen und dabei laut die Schwellen zu zählen. Der Legende nach sagte er »64.928« und kippte dann um. Er wurde am nächsten Morgen von *campesinos* gefunden und starb noch am selben Tag an Unterkühlung und Verstopfung. Seine Asche erreichte Carolyn in einer Schachtel mit der getippten Aufschrift: »Contiene Cenizas Del Sr. Neal Cassady Jr.«[16]

## Jack Kerouac: Nachlese

Jack Kerouac hatte sich immer die Anerkennung seines literarischen Status neben Melville und Shakespeare gewünscht; statt dessen bekam er eine Nische im Pantheon amerikanischer Popkultur neben James Dean und Maynard G. Krebs. Sein Medienruhm brachte ihm weder Freude noch Befriedigung, aber womöglich hätte auch das Gegenteil die tief in ihm verwurzelten Rhythmen von Einsamkeit und zunehmender Abhängigkeit von Mutter und Alkohol nicht durchbrochen.

Wenigstens konnte der nun berühmte Kerouac seine früher geschmähten Manuskripte veröffentlichen. Als er im Alter von siebenundvierzig Jahren starb, waren die meisten Episoden der mythischen Duluoz-Legende erschienen, wie ein umfangreiches Proustsches Epos über das abenteuerliche Lebens eines amerikanischen Arbeiters. Aber die Tatsache, daß allenthalben neue Kerouac-Titel zu haben waren, signalisierte keinen Kreativitätsschub – bei den meisten handelte es sich um Manuskripte, die Anfang bis Mitte der fünfziger Jahre entstanden waren. Und *Visions of Cody*, das Buch, das Kerouac für sein bestes hielt, blieb zu seinen Lebzeiten unveröffentlicht.

Die Befriedigung, seine Bücher endlich gedruckt zu sehen, wurde freilich von den frechen Rezensionen geschmälert. Zuerst ergingen sich die Kritiker in billigen Angriffen auf »den König der Beats«, dann verspotteten sie ihn als abgehalfterten Beat. Immer wieder forderte man ihn auf, erwachsen zu werden und Disziplin in seine Prosa zu bringen. Kerouac begann eine jüdisch-intellektulle Verschwörung zu wittern. Aber schlechte Kritiken waren immer noch besser, als ignoriert zu werden; als 1960 *Book of Dreams* erschien, wurde es überhaupt nicht besprochen.

**Nach *On the Road***

*The Subterraneans* (Grove, 1958)
*The Dharma Bums* (Viking, 1958)
*Doctor Sax* (Grove, 1959)
*Maggie Cassady* (Avon, 1959)
*Mexico City Blues* (Grove, 1959)
*Tristessa* (Avon, 1960)
*Book of Dreams* (City Lights, 1961)
*Big Sur* (Farrar, Straus & Cudahy, 1962)
*Visions of Gerard* (Farrar, Straus, 1963)
*Desolation Angels* (Coward-McCann, 1965)
*Vanity of Duluoz* (Coward-McCann 1968)
*Visions of Cody* (McGraw-Hill, 1973)

*Ruhm läßt dich mit dem Schreiben aufhören.*
– Jack Kerouac an Allen Ginsberg

*Ich sehe nichts vor mir als Bequemlichkeit und Freude, und doch ist es in mir so finster und einsam, daß ich jeden Augenblick an deiner oder Bills oder Neals Schulter heulen möchte.*

– Jack Kerouac an Allen Ginsberg

Trotz der Veröffentlichung seiner Romane fand Kerouac weder einen Platz im literarischen Establishment (das ihn für kindisch und antiintellektuell hielt) noch bei den populären Verlegern (die in ihm eine Gefahr für ihre eigenen Mittelschichtwerte sahen), und so erschienen Kerouacs Arbeiten während der letzten zehn Jahre seines Lebens vor allem in sexorientierten Magazinen wie *Nugget*, *Escapade* und *Playboy*. Der größte Betrag, den er je verdiente, waren 15.000 Dollar für die Filmrechte an *The Subterraneans*, mit George Peppard in der Kerouac-Rolle. (Die vielgerühmten Filmrechte an *On the Road* wurden erst nach Kerouacs Tod verkauft, und Francis Ford Coppola bezahlte Kerouacs Erben mehr dafür, als der Autor an allen seinen Büchern verdient hatte.) Kerouacs erste Erfahrung mit finanzieller Solvenz gab ihm die Chance, alte Schulden zu begleichen und einen lebenslangen Traum zu verwirklichen: seine Mutter versorgt zu sehen. Die Zeit zum Schreiben, die ihm das Geld verschaffte, fraßen Alkohol, Fernsehen und eine anhaltende Depression auf.

Kerouacs Freundeskreis wurde zusehends kleiner. Ob er in Northport, Long Island, wohnte, ob in seiner Heimatstadt Lowell, Massachusetts, oder in Orlando, Florida – seine Gefährtin war fast immer Gabrielle. Er hatte hin und wieder Affären, aber Gabrielle verwarf Jacks Frauen als nicht gut genug für ihren Sohn: Sie waren Hexen, sie spülten nicht ordentlich ab, oder ihr Haar war zu lang. (Jacks lebenslange Romanze, Carolyn Cassady, war nach ihrer Scheidung von Neal 1963 zu haben, aber Kerouac war der Ansicht, sie gehöre bis zu seinem Tod zu Neal. Gabrielle hatte durch ein gemeinsames Konto die Hand auf Jacks Geld und zwang ihn dazu, den Schwur einzulösen, den er seinem Vater am Totenbett gegeben hatte: Sich immer um seine Mutter zu kümmern. Gabrielle hatte so endlich die Möglichkeit, Hausfrau zu sein, Snacks für ihren Sohn zuzubereiten und bei Whiskey und kalorienarmem Ginger Ale fernzusehen, religiöse Pins am Unterrock, einen Rosenkranz in der Hand. Gabrielle schirmte ihren Sohn erfolgreich gegen alte Freunde ab. So schrieb sie etwa Ginsberg einen Brief, in dem sie ihm drohte, sie werde ihn beim FBI als Homosexuellen anzeigen, wenn er ihrem Sohn noch einmal nahekäme, sie mißbilligte den Kontakt mit Neal Cassady und

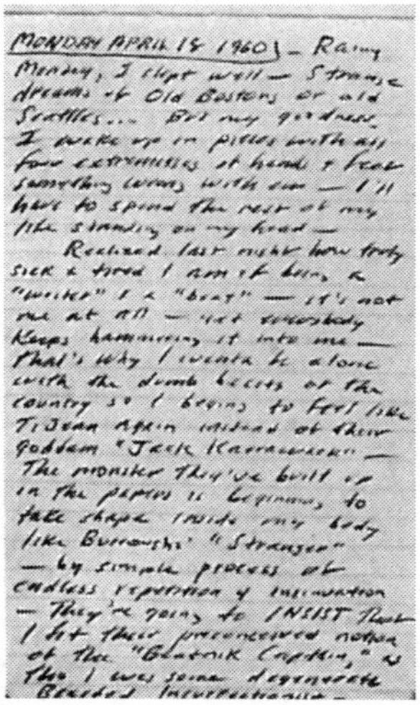
MONDAY APRIL 18 1960) – Rainy Monday, I slept well – Strange dreams of Old Bostons or old Seattles... But my goodness, I wake up in pieces with all four extremities at hand & hear something wrong with me — I'll have to spend the rest of my life standing on my head —

Realized last night how truly sick & tired I am of being a "writer" & a "beat" — it's not me at all — yet everybody keeps hammering it into me — That's why I wanna be alone with the dumb beasts of the country so I begin to feel like Ti Jean again instead of their goddam "Jack [illegible]" — The monster they've built up in the papers is beginning to take shape inside my body like Burroughs' "Stranger" — by simple process of endless repetition & insinuation — They're going to INSIST that I fit their preconceived notion of the "Beatnik Captain," & that I was some degenerate Bearded Intellectualia —

*Eine Seite aus Jack Kerouacs Tagebuch, 18. April 1960 – der Preis seines Ruhmes als Beat*

schikanierte Burroughs mit Briefen (die dieser verbrannte). »Mein Gott!« schlußfolgerte Burroughs. »Die hat ihn ja wirklich unter Verschluß.«[17]

Jack heiratete schließlich im November 1966 Stella Sampas, die ältere Schwester seines engen Kindheitsfreundes Alex Sampas – Gabrielle hatte zwei Monate zuvor einen Schlaganfall gehabt und brauchte jemanden, der sich um sie kümmerte. »Wer sagt hier, man kann nicht mehr nach Hause?« fragte Kerouac rhetorisch, als die Frischvermählten nach Lowell zurückgingen, wo Jack das zweigeschossige Haus in der Beaulieu Street zu kaufen versuchte, in dem Gerard gestorben war. Es war nicht zu haben. Kerouacs alte Freunde störte sein Gestank, sein pausenloses Geplapper und vor allem sein Alkoholismus. Er trank mehr als einen Liter Johnny Walker Red am Tag, den er mit Falstaff-Bier und Doppelbock hinabspülte. Seine Frau versuchte seine Sauftouren zu unterbinden, indem sie seine Schuhe versteckte, aber man warf Jack trotzdem aus fast sämtlichen Bars der Stadt, manchmal eben auch barfuß.

*Ich verliebe mich immer wieder in meine Mutter.*
– Jack Kerouac

»Um die Sprachbarriere mit WORTEN zu durchbrechen, muß man in einer Umlaufbahn um seinen Verstand sein«, schrieb er kurz nach seiner Rückkehr nach Lowell, »und vielleicht komme ich wieder hoch, wenn ich wieder zu Kräften gelange.«[18] Die sichere Kombination von Mutter, wachsamer Frau und Heimatstadt half ihm, sich noch einmal hinzusetzen und den Roman zu schreiben, der sein letzter sein sollte. Man räumte sein Arbeitszimmer auf und spannte die Rolle Fernschreiberpapier in die elektrische Schreibmaschine unter einer Lampe von Woolworth ein, auf der »Genie bei der Arbeit« zu lesen war; ein Spiegel wurde so aufgestellt, daß er sich beim Schreiben beobachten konnte, und über allem thronte ein Kruzifix. Er konnte das Schreiben nicht mehr als Tour de force betreiben wie früher, so daß sein Tagesausstoß zwischen einigen wenigen Seiten und einem Absatz betrug, aber er hielt sich an sein Ethos der Spontaneität und absoluten Ehrlichkeit. Und so hatte er bis Mitte Mai 1967 eine Dreißig-Meter-Rolle Fernschreiberpapier voll. Er nannte das Ganze *Vanity of Duluoz*, sprach es auf Band, hörte sich an, wie es klang und hielt seine Prosa für weniger peotisch als früher. Aber er dachte: »Jetzt ist sowieso keine Zeit für Poesie.«[19]

*Ich werde meine Mutter nicht den Hunden der Ewigkeit vorwerfen.*
– Jack Kerouac an Allen Ginsberg

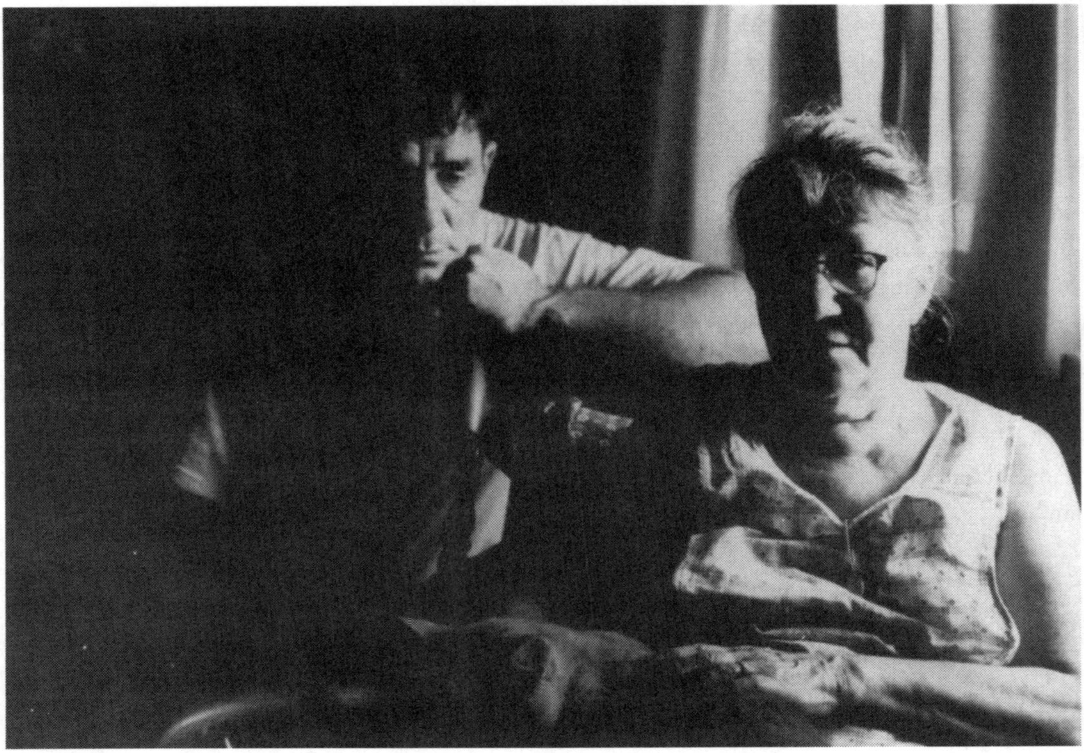

*Jack Kerouac und seine Mutter; Hyannis, 1965, Foto: Ann Charters*

*Lauf einem Hund nach, und er wird dich nicht beißen, trink immer vor dem Durst, und du wirst nie welchen haben.*
– Jack Kerouac

*Vanity of Duluoz* war die letzte Episode in seinem endlosen Epos, der *Legende von Duluoz*. Mit dem Untertitel »Eine Abenteuerliche Erziehung« ging der Roman zurück zu den ersten Tagen des Beat-Triumvirats in New York. Eine Menge des Materials hatte er bereits in seinem ersten Roman, *The Town and the City*, aufgearbeitet. Diese vielversprechende Anfangszeit schilderte er jetzt noch einmal, aber nicht in fieberhafter Erwartung, sondern vom Blickpunkt desjenigen aus, bei dem die Eitelkeit persönlichen und künstlerischen Ehrgeizes einer abgeklärten Gleichgültigkeit gewichen ist. »Es spielte einfach keine Rolle, was ich wann, wo und mit irgend jemandem gemacht habe; wie gesagt, das Leben ist komisch.«[20] Es war der Tonfall eines Mannes, der bereit war, dieser Erde den Rücken zu kehren.

*Vanity of Duluoz* erschien zwei Tage nach Neal Cassadys Tod und erhielt neben gemischten Rezensionen unerwartete Unterstützung (*Time*, zum Beispiel, nannte es seinen besten Roman). Kommerziell gesehen war es ein Mißerfolg; als Taschenbuch erschien es erst fünfundzwanzig Jahre nach Kerouacs Tod. Kerouac fühlte sich weiter denn je entfernt von den Freunden, über die er in seinem Buch schrieb, obwohl er manchmal, wenn er betrunken war, geschwätzige Telefonate mit ihnen führte, bis die Rechnungen so hoch wurden, daß seine Frau den Stecker aus der Wand riß. Manchmal weigerte er sich zu glauben, daß Cassady tot war, manchmal gab er die Schuld an Cassadys Tod anderen. Ginsberg hatte er als »haarigen Verlust« abgeschrieben, und Burroughs lebte größtenteils auf einem anderen Kontinent. Bevor Kerouac 1968 in William Buckleys Fernsehshow *Firing Line* auftrat, kam es zu einem letzten Wiedersehen mit den Freunden. Wie immer der weise Alte, korrigierte Burroughs Jacks Erinnerungen an einige Ereignisse und warnte ihn vergeblich davor, bei Buckleys Show mitzumachen. Ginsberg jedoch saß im Studiopublikum und sah dem alten Freund zu, wie er sich, betrunken von Scotch, in antisemitischen Bemerkungen erging und erklärte, er hätte sich nie mit Ginsberg einlassen dürfen. Nach der Show umarmte Allen Jack und verabschiedete sich ein letztes Mal von ihm: »Ade, trunkener Geist.«[21]

*Wenn du und ich und Bill unser GANZES Werk veröffentlicht haben, dann wird von Nabokovs oder Silones keine Rede mehr sein. Wie lange das noch dauern wird, und wann es soweit ist, das spielt keine Rolle mehr, dann gehen wir in die Ewigkeit ein, und es ist uns sowieso egal.*
– Jack Kerouac an Allen Ginsberg

Buckley hatte Kerouac nach der auf die Beats folgenden Generation, den Hippies, gefragt, die in ihm ihren Vorläufer sahen. Eines Tages, während seiner letzten Jahre, nahmen Kerouac und ein Freund im Auto einen langhaarigen Hippietramp mit, der ausrief: »Mann, das ist das Leben auf der Straße!«[22] So wurde Kerouac Zeuge des Aufstiegs der Generation der sechziger Jahre, für die er sowohl zögernder Vorfahr als auch nostalgische Ikone war. Obwohl er durchaus einräumte, daß es den Blumenkindern um spirituelle Erleuchtung ging, mißtraute er der schnellen Bewußtseinserweiterung durch Drogen wie LSD; er erklärte: »Auf dem Wasser geht man nicht an einem Tag.«[23] Kerouac schmähte Abbie Hoffman und Jerry Rubin und war gegen ihre linke Politik. Über die Unruhen 1968 sagte er: »Es gibt Leute, die grundsätzlich für Chaos sorgen, damit sie sich, ist das Chaos dann im Kommen, als die Leute wählen lassen können, die sich um die Verbesserung kümmern.«[24] Das Letzte, was Kerouac schrieb, eine Auftragsarbeit für die Zeitung, war eine lange Tirade gegen Hippies und Antikriegsbewegung mit dem Titel: »Nach mir die Sintflut.«

Als Kerouac am 21. Oktober 1969 starb, hatte er einen Bauch, ein Opfer von Johnny Walker Red und Dexedrin. Kurz bevor die Blutung einsetzte, saß er vor dem Fernseher und guckte, ein Notizbuch in der Hand, die Idee für einen neuen Roman im Kopf, *The Galloping Gourmet*. Das nächste Buch sollte die Jahre nach der Veröffentlichung von *On the Road* zum Thema haben, und als Hommage an die kleine Zeitung *The Spotlight*, die sein Vater in Lowell gehabt hatte, plante er den Titel *The Beat Spotlight*.

*Wenn ich sterbe, Neal, dann wird mein Gesicht im Grab eine Knochenmaske mit Löchern ... ALSO WAS SOLL ICH TUN?*
– Jack Kerouac an Neal Cassady, 1951

Die Messe fand in St. Jean Baptiste in Lowell statt, wo Jack fünfunddreißig Jahre zuvor ministriert hatte. Unter den Trauergästen befanden sich Hippies, Kollegen aus Lowell und alte Freunde: John Clellon Holmes, Robert Creeley und der Agent Sterling Lord. Edie Parker kam herein und rief: »Ich bin Mrs. Jack Kerouac!«[25] Allen Ginsberg, Peter Orlovsky und Gregory Corso hakten sich beieinander ein, als sie auf den offenen Sarg zugingen. Corso verspürte den Drang, die Leiche aus dem Sarg zu holen und durch den Raum zu schleudern, »weil er nicht da war, es war nur sein Körper«.[26] (Corso beherrschte sich.) Ginsberg sah seinen Freund in dem schwarzweißkarierten Sportsakko und der roten Fliege, einen Rosenkranz in den Händen, und wie er sich erinnerte, war es »zuerst ein Schock, ihn so in diesem theatralisch ausgeleuchteten Aufbarungsraum zu sehen, als wäre ein Buddha in *Parinirvana*-Pose gekommen, hätte augenzwinkernd seine illusorische Nachricht hinterlassen & seinen Körper«.[27] Bevor man Kerouac in einem Grab ohne Stein begrub, sprach Pater »Spike« Morrissette die letzten Worte: »Wir beten und hoffen, daß Jack jetzt, wo er Gerards Visionen teilt, die absolute Befreiung gefunden hat. Amen. Halleluja.«[28]

*Wenn das Universum Jack übersieht, dann stirbt er ...*
– Gregory Corso an Allen Ginsberg

## Allen Ginsberg: Nachlese

Allen Ginsberg verfolgte, und das buchstäblich bis ans Ende der Welt, seine Vision vom Sommer 1948. Er versuchte jenen verklärenden Augenblick wiederzufinden, als Blake zu ihm sprach – sei es durch Drogen oder durch die spirituelle Suche in Indien und Japan. »Das Bemerkenswerte ist, ich habe mich zwischen 1948 und 1963 betäubt«, reflektierte Ginsberg. »Eine lange Zeit – fünfzehn Jahre in der Beschäftigung mit nur einem einzigen Gedanken.«[29]

*Ich habe genau so viele Stunden high zugebracht wie im Kino – manchmal drei Stunden die Woche, manchmal zwölf oder zwanzig und mehr, wie bei einem Filmfestival.*
– Allen Ginsberg

Bei seiner Jagd nach einem veränderten Bewußtsein versuchte Ginsberg eine ganze Reihe von Drogen, und die beiden, an die er sich am lebhaftesten erinnerte, waren Yage (*ayahuasca*) und LSD. Er hatte seine erste Erfahrung mit LSD 1959, innerhalb von Gregory Batesons Experimenten im Mental Research Institute in Palo Alto, gemacht und sie seinem Vater beschrieben: »Diese Droge scheint automatisch ein mystisches Erlebnis zu produzieren. Die Wissenschaft wird wirklich hip.«[30]

*»Der Erbrecher« von Allen Ginsberg, unter dem Einfluß von Yage gezeichnet*

Im Januar 1960 ging Ginsberg nach Peru, stieg auf den Machu Picchu und trank später Yage. Wieder fand er sich auf einer spirituellen Reise, wie er in sein Notizbuch schrieb: »Ich bin nach Hause gekommen, ich bin Gott, und ich verlange, durch das Tor gelassen zu werden.«[31] Er setzte seine Suche fort und folgte dem Dschungelpfad von William Burroughs zu den *curanderos* von Pucallpa. Das bierartige Gebräu aus *Banisteriopsis caapi* war stärker als frühere Tränke; der Kosmos drohte zu zerspringen, als Ginsberg mit ansehen mußte, wie »der große Kalmar der Ewigkeit, im halluzinatorischen Zustand, in den phantasmagorischen Tiefen der Phantasie, in unermeßlicher Zeitlupe das Maul öffnete und wieder schloß – mit fransigen Unterwasserlippen.«[32] Mit Tod und Wahnsinn konfrontiert, war es das stärkste Erlebnis, das er je gehabt hatte. »Das LSD war die Vollkommenheit«, schrieb er, »aber es zog mich nicht so tief hinein und auch nicht so schrecklich.«[33] Unsicher, ob er wagen sollte weiterzumachen, suchte er den weisen Rat von Burroughs. »Du hast nichts zu befürchten«, antwortete Burroughs. »Dein Ayahuasca-Bewußtsein ist gültiger als dein normales Bewußtsein.«[34] Ginsberg kehrte auf ein letztes Erlebnis zurück, bei dem er die unvermeidliche Dualität von Gott und Tod noch einmal erlebte und sich »mit einem Selbstverurteilten« konfrontiert sah, »der sich Sorgen um seine Vernichtung macht«.[35] Trotzdem notierte er in seinem Tagebuch einen spontanen Entschluß, was dieses durch Yage herbeigeführte Bewußtsein für die eigene Sterblichkeit anging: »Erweitere den Bereich des Bewußtseins, bis er so weit ist, daß er seinen eigenen Tod einschließt. Das ist der Zweck des Lebens.«[36]

*Yen: Krank werden aufgrund eines Mangels an Heroin oder verwandten Drogen (Opium, Morphium, Dilaudid, Pantopon, Kodein, Dionin): »You know yourself when a guy is yenning, he doesn't look behind him. He's running« [Burroughs].*

Sein nächstes großes Drogenexperiment – mit psilocybinhaltigen Pilzen – unternahm Ginsberg am 26. November 1960 an der

*Jeder, der meine Stimme hört: Probier LSD wenigstens einmal, jeder Mann, jede Frau, jedes Kind bei guter Gesundheit und über vierzehn.*
– Allen Ginsberg

*Bloß Acid nehmen hat nichts mit Yoga zu tun. Yoga ist, durch Acid durchzukommen, wissen, was man damit macht. Yoga heißt wissen, wie man high sauber bleibt.*
– Allen Ginsberg

Harvard University unter der Anleitung von Professor Timothy Leary, der zu jener Zeit seine Experimente mit bewußtseinserweiternden Drogen begann. Unter dem Einfluß von 36 Milligramm Psilocybin und Wagners *Götterdämmerung* kam Ginsberg sich vor wie der Messias, vom Schicksal ausersehen, eine Revolution anzuführen. Nackt wanderte er die Treppe hinab, entschlossen, der Welt die Wichtigkeit seiner Erfahrung kundzutun, indem er Nikita Chruschtschow, William Carlos Williams und Norman Mailer anrief. Nachdem er sich dem Fräulein vom Amt gegenüber als Gott ausgegeben hatte (er buchstabierte es ihr sogar: »G-O-T-T«), sah er sich mit Jack Kerouac verbunden, den er sofort nach Boston zu kommen drängte: »Ich bin high und nackt, und ich bin der König des Universums. Steig in die nächste Maschine. Es ist Zeit!«[37] Ginsberg und Leary kamen überein, daß auch die führenden Persönlichkeiten der Welt Psilocybin nehmen sollten: »Alle auf einmal Angeturnten verkünden die Kommende Union Allen Bewußtseins«.[38] Allens Epiphanie ähnelte seinen früheren messianischen Erfahrungen, aber in Learys Gesellschaft wurde sie zum folgenschweren Vorläufer der weitverbreiteten Drogenexperimente in den sechziger Jahren. Im Rückblick auf jenen Abend sagte Leary: »Und dann begannen wir die psychedelische Revolution zu planen.«[39]

Bevor er jedoch die psychedelische Revolution weiterverfolgte, versuchte Ginsberg sein Bewußtsein erst einmal durch spirituelle Methoden zu erweitern. Anfang 1962 machte er sich in Begleitung von Peter Orlovsky auf den Weg nach Indien, wo er Gary Snyder und Joanne Kyger traf und ein ganzes Jahr blieb. Von einem Ashram zum anderen ziehend, fragte er die Gurus wiederholt nach dem Weg zur spirituellen Erleuchtung. Einer riet ihm, William Blake als Guru zu nehmen; andere sagten ihm: »Dein eigenes Herz ist dein Guru.«[40] Die Worte, an die er sich am längsten erinnern sollte, waren die von Dudjom Rinpoche, den er am 3. Juni 1962, seinem sechsunddreißigsten Geburtstag, kennenlernte. »Wenn du etwas Schreckliches siehst, halte dich nicht daran fest. Wenn du etwas Schönes siehst, halte dich nicht daran fest.«[41] Wiederholt sah er sich angewiesen, der Metaphysik den Rücken zu kehren und in seinem Körper zu leben, er sei die Form, für die er geboren sei.

*Allen Ginsberg in Indien, 1962; Foto: Peter Orlovsky*

Gegen Ende seiner Reise, am 17. Juli 1962, saß Ginsberg im Expreß von Kyoto nach Tokyo und ließ nicht nur all diese Ratschläge Revue passieren, sondern auch alles, was er in diesem Jahr in Indien gesehen hatte – die brennenden Leichen auf den Scheiterhaufen, die Armut. Während die japanische Landschaft so an ihm vorbeiraste, hatte er ein ekstatisches Erlebnis. In Anlehnung an die alte Vision in der Buchhandlung der Columbia, bei der er über die Masken der Sterblichkeit hinausgesehen hatte, warf er jetzt einen Blick auf seine Mitreisenden und »sah, wie unglaublich lieb sie alle waren – wir alle waren ... Ich wollte plötzlich nicht mehr von jenem Nichtmenschlichem *dominiert* werden, ja noch nicht einmal von der moralischen Verpflichtung, mein Bewußtsein zu erweitern«, erinnerte er sich. »Oder auch nur irgend etwas zu tun, außer mein Herz zu *sein* – das einfach nur zu sein verlangte, zu leben, und zwar jetzt.«[42] Ginsberg weinte.

Kurz nach seiner Rückkehr in die Vereinigten Staaten nahm Ginsberg anläßlich Madame Nhus Besuch in San Francisco an seiner ersten politischen Demonstration teil und gab seiner einzigartigen Perspektive in Worten Ausdruck, die sein Biograph Barry Miles »Hippie-Rhetorik in Reinkultur« genannt hat, »hier zum erstenmal formuliert – eine direkte Folge seiner Erfahrung in jenem Zug in Japan.«[43] Ginsbergs Präsenz bei einer öffentlichen Demonstration läutete die Jahrzehnte ein, in denen er im Blickpunkt der Öffentlichkeit stand, während er seine Energien von der privaten Suche nach Spiritualität auf die öffentliche Bühne gegenkultureller Politik übertrug. Seinen sensiblen Blick auf die Welt um ihn herum trainierend, sah Ginsberg die Hippies voraus, die sexuelle Revolution und den Einfluß des Zen. Bald wurde er zum Ahnherrn der Love Generation der sechziger Jahre und in seiner allenthalben auf Postern zu bewundernden Aufmachung als Uncle Sam des Underground zu ihrer Ikone schlechthin.

*In einem Land, dem in Gegenwart poetischer Helden und prophetischer Poeten noch nie sehr wohl war, ist Ginsberg ein Held, ein Prophet und der Mann, der größtenteils für die Liebesseligkeit so vieler Kinder verantwortlich ist.*
– Jane Kramer

Die an Whitman erinnernde Bandbreite von Ginsbergs außerliterarischen Aktivitäten während der sechziger Jahre und danach entzieht sich an dieser Stelle dem Überblick. Jahrelang schien er einfach überall dabeizusein, als Sprecher eines, wie Jane Kramer sich ausdrückte, »vereinigten hippie-pazifistisch-aktivistisch-visionär-

*Er brachte zuviel Unordnung ins Leben.*
– Diana Trilling über Allen Ginsberg

orgiastisch-anarchistisch-orientalistisch-psychedelischen Untergrunds«.[44] Er küßte für die Rechte der Schwulen; er sagte bei Prozessen zugunsten der Freiheit des Wortes aus, wie etwa im Fall der Zensur von Jack Smiths *Flaming Creatures*; er beteiligte sich an Protestmärschen gegen den Vietnamkrieg; er befürwortete die Legalisierung von Marihuana; er sang und spielte sein Harmonium zugunsten der Religionsfreiheit. In den sechziger Jahren war Ginsberg bei praktisch jeder entscheidenden Zusammenkunft der Gegenkultur an exponierter Stelle dabei: beim Marsch auf Washington 1967, beim Be-in in San Francisco, bei den Unruhen um den Parteitag der Demokraten 1968, aber auch bei Andy Warhols Factory zum Ende des Jahrzehnts. Seine Aktivitäten beschränkten sich nicht nur auf Amerika, sie wurden global; hartnäckig trug er seine Vision vor, selbst wenn er sich von doktrinären Politikern von rechts wie links des Landes verwiesen sah.

Während all dieser Aktivitäten produzierte er weiterhin Lyrik und wurde dafür ausgezeichnet: durch einen Pulitzerpreis, ein Guggenheim-Stipendium, die Aufnahme in die American Academy of Arts and Letters (1974). Selbst *Time* bezeichnete ihn als »amerikanisches Kulturgut«. Er gilt weithin als bester lebender amerikanischer Dichter der Bardentradition.

*Gary Snyder, Michael McClure, Allen Ginsberg und andere feiern »Peace & Love« bei der »Zusammenkunft der Stämme zum Human Be-in«, San Francisco, 14. Januar 1967; Foto: Lisa Law*

Vielleicht nicht weniger bemerkenswert als sein weltweiter Ruhm ist der bescheidene Gleichmut, mit dem er ihn trägt. Viele Elemente seines persönlichen Stils blieben während der letzten Jahrzehnte konstant: seine herzliche, onkelhafte Präsenz, die Eulenaugen hinter der dicken Brille, das breite Lächeln, die gebeugte, stets offene Haltung. Nach seinen weltweiten Massenauftritten kehrte er entweder in das geborgte Zimmer eines Freundes zurück, wo er sich mit Schlafsack und Matratze ein provisorisches Zuhause eingerichtet hatte, oder in seine eigene Wohnung, die einer Reihe von Freunden zum Heim geworden war. Ginsberg las anfangs unentgeltlich und gründete später – um den Steuern zu entgehen, die den Vietnamkrieg unterstützten – das Committee on Poetry (das Dichter unterstützte, die daran arbeiteten, »das Bewußtsein der Nation in Richtung eines menschlicheren Geistes der Zusammengehörigkeit hin zu verändern, wie ihn Whitman vorausgesagt hat«[45]). Nicht weniger aktiv wirkt er auch hinter den Kulissen, wo er Leute zusammenbringt, Zeitschriften unterstützt und Dichter fördert. Gregory Corso hat einmal gesagt, Ginsberg operiere wie ein jüdischer Geschäftsmann, und ein anderer Freund nannte ihn eine Casting-Agentur des Underground. Er wurde zum Fackelträger des Erbes der Beat Generation – ohne seinen archivarischen Eifer, seine schwungvolle Reklame für die Gruppe und seine Großzügigkeit gegenüber der Literaturwissenschaft wäre das Studium der Beat Generation weit weniger intensiv. In seiner Rolle als Beat-Historiker hat Ginsberg die vielfältigen Auswirkungen nicht nur der Beat Generation umrissen, sondern auch der Aktivitäten, die man direkt oder indirekt mit ihr verband. Das Erbe der Beats, laut Ginsberg:

- Spirituelle Befreiung; Befreiung durch sexuelle Revolution, z. B. Befreiung der Schwulen, Katalysator für die Befreiung der Schwarzen, Befreiung der Frau, Befreiung der Grauen Panther
- Befreiung der Welt von der Zensur
- Entmystifizierung und/oder Entkriminalisierung einiger Gesetze gegen Marihuana und andere Drogen
- Verbreitung eines ökologischen Bewußtseins, wie Gary Snyder es schon früh betont hat

*Allen Ginsbergs New Yorker Küche, mit Arthur Rimbaud, Chögyam Trungpa, Walt Whitman; Foto: Gordon Ball*

- Rückkehr zur Würdigung der Eigenheit gegenüber staatlicher Reglementierung
- Respekt für die Erde und Urvölker
- weniger aufwendige Lebensführung aus Prestigegründen
- fernöstliches Gedankengut (und Meditation)
- Non-Theismus, kein kosmischer Faschismus, oder anders herum: kosmischer Antifaschismus
- Offenheit/Direktheit: Ende von Geheimniskrämerei und paranoider Angst vor CIA, KGB, atomarer Geheimniskrämerei bis hin zu sexueller Geheimniskrämerei, und das kontinuierlich.[46]

So sehr er diese Vergangenheit auch schätzt, ausgerichtet ist Ginsbergs Leben auf künftige Reisen, künftige Bücher, künftige Lesungen. Wie sein alter Freund Philip Whalen kürzlich kopfschüttelnd anmerkte: »Allen ist so was von *unbezwingbar*.«[47]

## William Burroughs: Nachlese

William Burroughs hat einmal gesagt, sein ganzes Leben sei einem einzigen, zusammenhängenden Werk gewidmet, »mehreren Romanen, die alle ineinandergreifen und sich gleichzeitig in einem *majoun*-Traum abspielen«.[48] Die Hunderte von Manuskriptseiten, Notizen und Routinen, die nach der Veröffentlichung von *Naked Lunch* übrigblieben – sein »Wortschatz«, wie er es nannte – flossen nach und nach in die nächsten Romane ein. Was ursprünglich unter dem Titel *Naked Free Lunch* als Fortsetzung geplant war, ging schließlich in gleich drei Romanen auf: *The Soft Machine*, *The Ticket That Exploded* und *Nova Express*. Als Burroughs seinen »Wortschatz« erschöpft hatte, entwickelte er neue Routinen, und in den fünfunddreißig Jahren seit *Naked Lunch* lieferte er wie besessen Manuskript auf Manuskript. Figuren wurden recycelt, Sätze wiederverwendet, frühere Werke mit Hilfe der Cut-up-Technik zu neuen Arbeiten »gemischt«, während alte Titel umgeschrieben und in neuen Versionen veröffentlicht wurden. Gelegentlich sah Burroughs sich von Schreibhemmungen gehindert und deprimiert, oder er fragte sich, ob es überhaupt noch etwas zu sagen gibt, trotzdem hielt er Jahr für Jahr durch. So hat er eine nonlineare Karte seines ganz persönlichen Bewußtseins geschaffen und die prophetische Vision einer verdorbenen, geplünderten Welt, jede Episode Teil eines großen, alptraumhaften Mosaiks.

*Ich glaube, daß jeder Schriftsteller für ein Publikum schreibt. Für sich selbst zu schreiben, so etwas gibt es nicht. Man findet nur nie heraus, wer sein Publikum ist. Findet man heraus, für wen man schreibt – ich glaube, dann hört man auf zu schreiben.*

– William Burroughs an Allen Ginsberg

Burroughs beschreibt sich schlicht als »Aufzeichnungsgerät«, aber dieser Apparat unterscheidet sich in auffallender Weise von Christopher Isherwoods »Ich bin eine Kamera«. Es ist durchaus möglich, daß er sich, aus einem leichten Schlaf erwachend, einen Traum notiert, Kindheitserinnerungen verarbeitet oder psychologische Traumata oder daß er einfach unter Drogeneinfluß seinen inneren Visionen folgt. »Alles, was ich schreibe, kommt aus meiner seherischen Veranlagung«, sagte Burroughs. »Man setzt sich hin, ein Licht geht an, und man sieht eine Kulisse oder eine Figur. Anders gesagt, einen Roman schreiben ist wie einen Film sehen. Ich schreibe ihn ab.«[49] Sich des Häßlichen Geists durch Schreiben zu erwehren, ist für ihn ein therapeutischer Prozeß ohne Katharsis, ein andauernder Exorzismus.

*Was überarbeitest du denn da? Eine lebenslange Sorge um Kontrolle und Virus. Hat er sich erstmal Zutritt verschafft, nutzt der Virus Energie, Blut, Fleisch und Knochen des Wirts, um sich zu kopieren.*

– William Burroughs

Themen und Charaktere, die seine ersten Bücher durchziehen, tauchen in anderen Verkleidungen wieder auf. *The Soft Machine* zum Beispiel beginnt mit einer Episode von Burroughs als »Sailor« (Phil White), der im New York des Jahres 1946 Betrunkene beraubt, während *The Ticket That Exploded* auf Burroughs und Marker und die erste Südamerikareise auf der Suche nach Yage zurückgeht. Die Sucht,

*Ich bin der Typ, der alleine geht.*

– William Burroughs

die in *Junky* noch buchstäblich war, kehrt als umfassendere Metapher wieder, die in allen seinen Büchern unter den verschiedensten Verkleidungen auftaucht: Die Charaktere kämpfen gegen die Kontrolle durch Schergen (von Staat, Kirche, Drogen, Liebe, vor allem aber des Häßlichen Geistes) und gegen ihre unerbittliche innere »Algebra der Bedürfnisse«. Seine Trak Enterprises zum Beispiel operieren nach dem Motto: »Invasion, Sabotage, Besetzung«.[50]

Obwohl seine ersten Arbeiten von Unterstützung und Mitarbeit seiner engen Freunde, Ginsberg und Kerouac, abhingen, haben sich Burroughs' Verbindungen in den Jahren seit *Naked Lunch* beträchtlich erweitert, und sein Werk wird nicht nur allein mit der Beat Generation in Verbindung gebracht. Er ist von der literarischen Gemeinde anerkannt, und seit den siebziger Jahren hat ihn eine Generation nach der anderen vereinnahmt – als New-Wave-Popstar oder als Pate der Gegenkultur. Sängerin Patti Smith meint beispielsweise: »Er steht ganz oben, gleich neben dem Papst.«[51] Sein wachsender Ruhm schlug sich freilich nie in den Einkünften aus seinen Büchern nieder – sein Vorschuß lag in der Regel bei etwa 25.000 Dollar, und er verdiente weit mehr durch Lesungen, gelegentliche Filmauftritte *(Drugstore Cowboy)* und den Verkauf alter Briefe und Manuskripte an die Archive von Universitäten.

*Keiner, der bei Verstand ist, würde Gott sein wollen, und ich schon gar nicht. Dazu bin ich nicht qualifiziert.*
– William Burroughs

Zwei völlig unterschiedliche Zeremonien zu Burroughs' Ehren spiegeln seinen merkwürdigen Ruhm wider. Die erste, die Nova Convention, fand während dreier Tage im Dezember 1978 an der Lower East Side in New York statt. Von der Performance-Künstlerin Laurie Anderson moderiert, umfaßte sie neben akademischen Diskussionsgruppen so verschiedenartige Künstler wie John Cage und Merce Cunningham, Patti Smith und Frank Zappa. Im Zentrum – als Bindeglied zwischen Amerikas alter Avantgarde und der neuen Ära der Punks – stand Burroughs, der in seiner programmatischen Rede sagte: »Wir befinden uns im Zeitalter der Raumfahrt, also gehen wir's an.«[52] Viele aus der neuen Generation von Fans hatten Burroughs nie gelesen, kannten ihn jedoch als einen der Köpfe auf dem Cover des Beatles-Albums *Sergeant Pepper's Lonely Hearts Club Band*. Musiker zitierten Burroughs – *Heavy Metal* zum Beispiel hatte seinen Ursprung in der Phrase »heavy metal thunder« aus *Naked Lunch,* und die Gruppe Steely Dan nannte sich nach einem Dildo in *Naked Lunch*; David Bowie bediente sich seiner Cut-up-Technik beim Text von »Diamond Dogs«.

Die zweite Zeremonie fand fünf Jahre später statt. Die Kulisse – die American Academy of Arts and Letters – war erhabener, und die Teilnehmer – die sich an *escargots en croûte* und Beaujolais gütlich taten – waren einige Generationen älter. Man hatte sich zusammengefunden, um neue Mitglieder aufzunehmen, und Burroughs wurde einer von ihnen – ein Ergebnis von Allen Ginsbergs energischem Einsatz sowie der Unterstützung Norman Mailers, John Ashberys, Christopher Isherwoods, Peter Matthiessens und Hortense Calishers. (Daß er nicht ganz »einer der ihren« war, ging aus dem Beitrag hervor, den er für eine Ausstellung von Arbeiten neuer Mitglieder einreichte; ein Werk mit dem Titel *Gun Door*, das dadurch zustande kam, daß er mit einer Flinte auf eine mit Farbballons behängte Türfüllung schoß; man stellte es nicht aus.) Hortense Calisher sagte den Versammelten: »*Naked Lunch* kennzeichnete William Burroughs nicht nur als Erneuerer von Form und Inhalt des Romans, sondern auch als kulturelles Symbol.« Burroughs verbeugte sich höflich und nahm die lila-goldene Rosette des Instituts entgegen, die am Revers zu tragen ist. »Diese Leute sagten noch vor zwanzig Jahren, ich gehöre ins Gefängnis«, bemerkte Burroughs. »Jetzt sagen sie, ich gehöre in ihren Club. Ich habe damals nicht auf sie gehört, und ich höre heute nicht auf sie.«[53]

In den frühen achtziger Jahren – nach Jahrzehnten in Mexiko, Tanger, Paris, London und New York – kaufte sich Burroughs ein stülpverschaltes weißes Drei-Zimmer-Haus auf einem schattigen Stückchen Land an einem Entwässerungskanal, 270 Meilen westlich von St. Louis, wo er aufgewachsen war. Lawrence, Kansas, hat selbst einen ziemlich merkwürdigen literarischen Stammbaum – sowohl Langston Hughes als auch Frank Harris hatten dort gelebt. Die große Attraktion für Burroughs freilich war die Nähe seines in Kansas geborenen Sekretärs, Redakteurs und Gefährten James Grauerholz. (Vom einundzwanzigsten Lebensjahr bis in die Gegenwart ist Grauerholz von unschätzbarem Wert für die »William Burroughs Communications«. Grauerholz macht alles von Redaktionsarbeit und

*William würde einen großartigen Häftling abgeben. Wissen Sie, in Einzelhaft.*
– James Grauerholz über William Burroughs

Anthologien über die Organisation von Lesungen bis hin zu Filmskripts.) »Es gab eine Zeit, in der jede kreative Person in Paris, London, New York etc. zu sein hatte«, schrieb Burroughs seinem Freund Brion Gysin. »Das ist alles vorbei und vergessen. Mit dem Auftauchen der Jets war es damit aus.«[54] Er tauschte das Stimulans des Stadtlebens – wo »Bewußtsein ein ständiger Strom sekundenlanger Aufmerksamkeit«[55] ist – mit einer kleinstädtischen Umgebung, in der das Leben nur halb soviel kostete, und stattete sein Haus mit Möbeln aus zweiter Hand und einer elektrischen Schreibmaschine aus. Hier konnte er angeln, mit seinen sechs Katzen reden und mit seinem Arsenal an Faustfeuerwaffen, Flinten und Büchsen schießen.

In *Western Lands* schrieb der damals dreiundsiebzigjährige Burroughs etwas, was sich wie eine Abschiedsrede anhört: »Der alte Schriftsteller konnte nicht mehr schreiben, weil das Ende der Wörter erreicht war, das Ende dessen, was mit Wörtern zu machen ist. Und dann?«[56] Die Abschiedsstimmung war jedoch nur vorübergehend, und Burroughs schrieb weiter. So verfaßte er zum Beispiel das Libretto zu *Black Rider*, einer Oper, die in Zusammenarbeit mit Robert Wilson und Tom Waits entstand, und er arbeitet an einer neuen Oper. Kurz nach seinem achtzigsten Geburtstag veröffentlichte Viking unter dem Titel *My Education* seine Sammlung von Träumen. Er verwendet heute viel Zeit auf seine Malerei, die zuweilen mit der Schrotflinte, zuweilen mit der Sprühdose entsteht.

*Ich habe meine Drogenerfahrungen nie bereut. Wenn man zu wachsen aufhört, beginnt man zu sterben.*
– William Burroughs

Burroughs hat wiederholt gesagt, sein Leben sei eine fortwährender Kampf, sich das Böse vom Leib zu halten – durch Schreiben, Psychoanalyse und Scientology. Am 16. April 1992 machte er einen Versuch, den Häßlichen Geist zu exorzieren. Burroughs, Ginsberg und fünf Freunde fuhren zu dem alten Haus in der Nähe von Lawrence, wo Burroughs einst gewohnt hatte; dort stiegen sie in eine Grube, über die sich ein Baldachin aus in schwarzes Plastik gehüllten Zweigen und Ästen bog; in der Mitte gab es eine Feuerstelle. Die Hitze in der kleinen Schwitzhütte war schier unerträglich. Melvin Betsellie, ein dickbäuchiger Navajo-Schamane, saß der Austreibung von Burroughs' bösem Geist vor. Die Versammelten lauschten, als der Schamane sie aufforderte, mit ihm die Medizin seiner Großväter zu teilen, auf eine schrille Knochenpfeife einblies und zu den Elemen-

*William Burroughs in seiner Wohnung in Lawrence, Kansas, 19. März 1992; Foto: Allen Ginsberg*

ten betete. Die ganze Zeit über gab man heiße Steine, Wasser und Zedernspäne in die Feuerstelle, bis sich die Luft vor lauter Dampf nicht mehr atmen ließ. Der Schamane nahm Kohlen aus dem Feuer und legte sie sich in den Mund, so daß sein Rachen leuchtete, er schluckte den bösen Geist in der Glut, würgte sie wieder hervor und berührte dann mit der glühenden Kohle Burroughs. Der spürte nichts. Endlich gefangen, schüttelte man den Geist in die Knochenpfeife und blies ihn ins Feuer. Die Versammelten schickten Burroughs ihre besten heilenden Gedanken, während Ginsberg sich eins mit allen Generationen fühlte, die seinen »abenteuerlustigen Geist zu schätzen wußten, seine Einsichten, den einsamen Mut und die Schönheit seines hartnäckigen Realismus«.[57]

Burroughs hielt den Häßlichen Geist für ein Produkt seiner kapitalistischen Vorfahren. »Er ist eng verwandt mit dem typischen amerikanischen Magnaten. Mit William Randolph Hearst, Vanderbilt, Rockefeller, der ganzen Schicht übler amerikanischer Raffgier . . . Der häßliche Amerikaner in seiner häßlichsten Ausprägung. Genau das ist es.«[58] Der Schamane sagte ihm später, er sei ein wenig zu zuversichtlich, und das böse Wesen in Burroughs sei stärker als alles, was ihm je untergekommen sei, und daß er große Angst gehabt habe. Aber schließlich habe er ihn doch gesehen und in den Griff bekommen: Der Häßliche Geist war ein gesichtsloser weißer Schädel mit flügelartigen Auswüchsen und ohne Augen.

# Chronologie

*Umseitig: Bob Donlin, Neal Cassady, Allen Ginsberg, Robert LaVigne und Lawrence Ferlinghetti vor der City Lights Buchhandlung, 1955; Foto: Allen Ginsberg*

# CHRONOLOGIE:

## The Beat Generation, 1943–1960

### 1943

Anfang 1943 arbeitet Jack Kerouac in seinem Elternhaus in Lowell, Massachusetts, an einem Roman mit dem Titel »The Sea Is My Brother« (Das Meer ist mein Bruder).

Frühjahr: Nach einem Selbstmordversuch wird Lucien Carr ins Cook County Hospital von Chicago eingeliefert. Nach seiner Entlassung zieht er nach New York um und schreibt sich im zweiten Studienquartal an der Columbia University als Erstsemester ein. David Kammerer folgt ihm.

Frühjahr: William Burroughs zieht nach New York.

Mai: Jack Kerouac wird ein ehrenhafter Abschied aus der Marine zuteil; die Diagnose lautet »ungefestigter Charakter«.

Juni: Kerouac sticht mit der *George Weems* in See. Ziel: Liverpool.

Vermutlich Dezember: Kerouac macht durch dessen Freundin Edie Parker die Bekanntschaft von Lucien Carr; die beiden freunden sich an.

Dezember: Allen Ginsberg lernt Lucien Carr kennen, der ihn bald darauf mit William Burroughs und David Kammerer bekannt macht.

### 1944

Lucien Carr, Jack Kerouac und Allen Ginsberg theoretisieren über die »New Vision«; von zentraler Bedeutung sind drei Grundannahmen: 1) Nackte Selbstverwirklichung ist die Voraussetzung der Kreativität.

# ALLGEMEINE CHRONOLOGIE:

## 1943–1960

### 1943

Die Casablanca-Konferenz beschließt, die militärischen Strategien gegen die Achsenmächte zu koordinieren.

Eine tanzbare Form des Jazz namens Jive taucht auf; der populärste Tanz ist der Jitterbug.

Aufgrund der kriegsbedingten Unterbrechung des Pariser Geschmacks befreit sich die amerikanische Frauenmode von der geschmacklichen Vorherrschaft des alten Kontinents.

Dwight D. Eisenhower wird zum Oberkommandeur der Alliierten Streitkräfte in Europa ernannt.

Der Oberste Gerichtshof verfügt, daß Schulkinder nicht dazu gezwungen werden können, die amerikanische Flagge zu grüßen, wenn sich dadurch für sie ein religiöser Konflikt ergibt.

Das Musical *Oklahoma!* von Richard Rodgers und Oscar Hammerstein markiert das Aufkommen der Verschränkung von Musik und Erzählung.

Die junge Communist League erklärt sich selbst für aufgelöst.

### 1944

Franklin Delano Roosevelt wird als erster amerikanischer Präsident zum vierten Mal gewählt.

## Die Beat Generation

2) Das Bewußtsein des Künstlers wird durch Störung der Sinne erweitert.

3) Die Kunst entzieht sich der konventionellen Moral.

Der sechzehnjährige Philip Lamantia arbeitet als stellvertretender Herausgeber bei der Zeitschrift *View*.

Februar: William Burroughs lernt Kerouac über David Kammerer kennen.

*Circle*, herausgegeben von George Leite, erscheint in San Francisco. Mit Arbeiten von Henry Miller, Robert Duncan, William Everson und Kenneth Rexroth markiert das Magazin die erste San Francisco Renaissance.

Frühjahr: Lucien Carr macht Jack Kerouac mit Allen Ginsberg bekannt.

Ende April: *The Illiterati* erscheint mit Gedichten von William Everson.

Sommer: Im »Civilian Public Service Camp for conscientous objectors« in Waldport, Oregon, wird ein Projekt der schönen Künste ins Leben gerufen. Es schließt bildende Künstler, Schriftsteller, Schauspieler und Musiker ein und wird zur Brutstätte der San Francisco Renaissance.

14. August: Lucien Carr ersticht David Kammerer, der ihn in Liebesabsichten bedrängt hat, und verwickelt Kerouac und Burroughs in das Nachspiel dieser fahrlässigen Tötung; sie werden festgenommen und als unentbehrliche Zeugen belastet.

22. August: Um gegen einen Bürgschaftsschein aus dem Gefängnis entlassen zu werden, heiratet Kerouac Edie Parker; kurz darauf ziehen sie in ihr Elternhaus nach Grosse Pointe, Michigan. Die Ehe wird im September 1946 annulliert.

## Allgemein

Die Fleischrationierung wird aufgehoben und die Produktion von Verbrauchsgütern wiederaufgenommen.

Die Communist Party in den USA löst sich auf und wird als nichtparteiliche Gruppierung unter dem Namen Communist Political Association weitergeführt.

Uraufführung der Komposition *Appalachian Spring* von Aaron Copland in der Choreographie von Martha Graham.

Gemeinsame Landungsaktion der Allierten in der Normandie.

Der Oberste Gerichtshof verfügt, daß niemand aus rassischen Gründen das Wahlrecht verweigert werden darf.

Befreiung von Paris und Brüssel von der deutschen Besatzung.

Hollywoods Kassenmagneten: Bing Crosby, Gary Cooper, Bob Hope, Betty Grable, Spencer Tracy, Greer Garson, Humphrey Bogart, Abbott und Costello, Cary Grant, Bette Davis.

Zwei Bestsellerromane liegen mit der Zensur im Clinch: *Strange Fruit* von Lillian Smith und *Forever Amber* von Kathleen Winsor. Ein Richter in New York erklärt *Lady Chatterly's Lover* von D. H. Lawrence für obszön. Das Urteil wird von einer höheren juristischen Instanz aufgehoben.

In Harvard wird ein automatischer Ablaufsteuerungscomputer mit einer 15 Meter langen Bedienungskonsole entwickelt.

Die Herren- wie auch die Damenmode fordern breite Schultern und spitz zulaufende Revers: der »Football Player-Look«.

Lt. John F. Kennedy beweist »extremen Heldenmut«, als sein PT-109 von einem japanischen Zerstörer in zwei Hälften zerrissen wird.

## Die Beat Generation

6. Oktober: Der Mordprozeß gegen Lucien Carr wird eröffnet; er wird zu einem bis zwanzig Jahren Haft im Elmira Reformatory verurteilt; 1946 wird er wieder entlassen.

Dezember: Edie Parker bezieht mit ihrer früheren Zimmergenossin Joan Vollmer eine große gemeinsame Wohnung in der West 115th Street Nr. 419, und Kerouac zieht kurz darauf bei ihnen ein.

### 1945

Unter Pseudonymen arbeiten Burroughs (alias Will Dennison) und Kerouac (alias Mike Ryko) gemeinsam an einem Roman mit dem Titel »And the Hippos Were Boiled in Their Tanks« (Und die Nilpferde wurden in ihren Becken gekocht), in dem sie die Geschehnisse, die zum Tode von David Kammerer führten, nacherzählen; er wird nie veröffentlicht.

Januar: Allen Ginsberg fängt an, seine ersten ernstzunehmenden Gedichte zu schreiben.

16. März: Ginsberg wird von den Vertretern der Columbia University festgenommen, weil er »Fuck the Jews« und »(Columbias Präsident) Butler hat keine Eier« in den Staub auf seinem Fensterbrett geschrieben hat. Er wird für ein Jahr relegiert und zieht in Joan Vollmers Apartment in der 115th Street.

1. Mai 1945: Kerouac beginnt mit der Niederschrift eines Romans, der seine Jugend in New England mit seinen Erfahrungen in New York kontrastiert; es wird die Grundlage für seinen ersten veröffentlichten Roman, *The Town and the City*.

## Allgemein

Die Deutschen entwickeln das erste Langstrecken-Fernlenkgeschoß; es wiegt 1.450 Pfund und hat eine Reichweite von 320 Kilometern.

Die kriegsbedingte Papierknappheit fördert Experimente mit Büchern mit biegsamen Einbänden.

»Kilroy was here« wird als Unterstützung der amerikanischen Soldaten zum populären Graffiti-Spruch.

### 1945

In den US-Streitkräften dienen 7,2 Millionen Männer und Frauen. Kriegsverluste: 292.000 Gefallene oder Vermißte, 613.611 Verwundete.

Earl S. Tupper entwickelt Behälter aus Polyäthylen und nennt sie Tupperware.

Nach 36 Tagen schwerer Kämpfe wird Iwo Jima von den US Marines genommen.

Am 8. Mai wird der Sieg in Europa - der sogenannte V-E Day - verkündet.

Die Vereinten Nationen eröffnen ihre erste Sitzung in San Francisco; der amerikanische Senat ratifiziert die UN-Charta mit 89 zu 2 Stimmen.

Taschenbücher tragen zu einem neuen Veröffentlichungsboom bei.

Im Jazz wird der Bebop populär.

## Die Beat Generation

1. August 1945: Neal Cassady heiratet LuAnne Henderson.

August: Burroughs kehrt aus St. Louis nach New York zurück.

Herbst: Eine zukunftsträchtige Diskussion, bekannt unter dem Namen »The Night of the Wolfeans«, findet in Joan Vollmers Wohngemeinschaft statt. Kerouac und Hal Chase sind die Wolfeans, Ginsberg und Burroughs die Non-Wolfeans.

### 1946

Vermutlich Januar: William Burroughs kommt durch Herbert Huncke und Phil White an Heroin. Ungefähr zur gleichen Zeit zieht Burroughs in Joan Vollmers Wohnung ein.

April: Burroughs wird wegen Fälschung eines Rezepts festgenommen; im Juni bekommt er eine viermonatige Strafe auf Bewährung aufgebrummt und wird nach St. Louis zurückgeschickt.

Frühjahr: Kerouacs Vater liegt im Sterben; Jack fängt mit der Niederschrift von *The Town and the City* an.

Sommer: Joan Vollmers Wohngemeinschaft löst sich auf. Burroughs ist in St. Louis, Ginsberg auf See, Kerouac in seinem Elternhaus, und Vollmer leidet aufgrund ihres Amphetamingebrauchs zunehmend an Wahnvorstellungen.

September: Allen Ginsberg rezensiert *Paterson (I)* von William Carlos Williams für den *Passaic Valley Examiner* und schließt mit dem Satz: »Das Buch und ich haben sehr wenig gemeinsam.« Es ist sein erster Kontakt zu Williams.

Oktober: Joan Vollmer wird in die Psychiatrische Abteilung des Bellevue eingeliefert.

## Allgemein

Die USA werfen Atombomben über Hiroshima und Nagasaki ab.

Roberto Rosselinis Film *Rom – offene Stadt* etabliert den Neorealismus auf der Leinwand.

### 1946

Die Atomenergiekommission wird gegründet.

Mutter Francis X. Cabrini wird heiliggesprochen; sie ist die erste US-amerikanische Bürgerin, die eine Heilige der katholischen Kirche wird.

Die »ranch type«-Häuser erfreuen sich großer Beliebtheit und führen zum Bau von Eigenheimen mit verschiedenen Ebenen.

Die Vereinten Nationen nehmen das Geschenk John D. Rockefellers an und richten ihren permanenten Sitz in New York City ein.

Der französische Krieg in Indochina beginnt.

Ezra Pound wird nach einer Anklage wegen Verrats in das Psychiatrische Krankenhaus St. Elizabeth's eingeliefert, wo er bis 1958 verbleibt.

Die Nürnberger Kriegsverbrecherprozesse enden mit der Verurteilung von vierzehn Nazi-Kriegsverbrechern.

Anläßlich einer Rede in Fulton, Missouri, prägt Winston Churchill den Ausdruck »Eiserner Vorhang« in bezug auf die Sowjetunion.

## Die Beat Generation

Dezember: Burroughs fährt nach New York, um Joan Vollmer gegen Bürgschaft aus dem Bellevue zu holen; in einem Hotelzimmer am Times Square zeugen sie William Burroughs III. und fassen den Entschluß, nach Texas umzuziehen, wo sie Marihuana anbauen wollen.

Dezember: Neal Cassady und seine Ehefrau LuAnne machen einen Reise nach New York, wo sie Kerouac und Ginsberg kennenlernen. Neals Beziehung zu Kerouac ebenso wie zu Ginsberg wird sich als bedeutend erweisen, sowohl als literarische Vorlage wie auch als sexueller Zündfunke.

1947

Das San Remo entwickelt sich zur Anlaufstelle für Hipsters, Schriftsteller, Künstler und Lebenskünstler und bleibt bis in die Mitte der fünfziger Jahre ein vitales Szenezentrum.

Gregory Corso tritt seinen dreijährigen Aufenthalt im Clinton State Prison an, wo er sich in der Gefängnisbibliothek weiterbildet und anfängt, Gedichte zu schreiben.

Januar: William Burroughs und Joan Vollmer ziehen auf eine Farm unweit von New Waverly, Texas, um dort Gemüse und Marihuana anzubauen. Einen Monat später gesellt sich Herbert Huncke zu ihnen.

10. Januar: Erstes bedeutendes Zusammentreffen zwischen Allen Ginsberg und Neal Cassady; bald darauf haben sie eine sexuelle Beziehung und bilden eine intensive Partnerschaft.

4. März: Cassady beendet seine erste Saison in New York und wird von Kerouac und Ginsberg am Greyhound-Busbahnhof verabschiedet.

## Allgemein

Bugsy Siegel eröffnet das Flamingo und gibt damit den Startschuß für das Bestreben von Las Vegas, die »amerikanische Hauptstadt der Unterhaltung« zu werden.

Dr. Benjamin Spocks Buch *The Common Sense Book of Baby and Child Care* erscheint und revolutioniert die Kindererziehung.

1947

Präsident Harry S. Truman verkündet das Prinzip der Eindämmung der sowjetischen Machtausübung (die Truman-Doktrin).

Pan-American Airways hebt die erste weltumspannende Fluglinie aus der Taufe. Einmal um die ganze Welt kostet 1.700 Dollar.

Staatssekretär George Marshall schlägt das Europäische Wiederaufbauprogramm vor (den Marschallplan), der einigen vom Krieg geschädigten Nationen wirtschaftliche Hilfestellung zukommen lassen will.

Kaugummiblasen-Wettbewerbe kommen groß in Mode.

Das Taft-Hartley-Gesetz zur Zügelung des angeblichen Machtmißbrauchs der Gewerkschaften tritt in Kraft.

Entwicklung der Polaroidkamera.

Am Broadway wird *A Streetcar Named Desire* (Endstation Sehnsucht) von Tennessee Williams produziert; das Stück wird mit dem Pulitzerpreis ausgezeichnet.

## Die Beat Generation

Frühjahr: Cassady liiert sich mit Carolyn Robinson.

Juli: Ginsberg kommt nach Denver, um mit Cassady zusammenzusein und erfährt dort, daß dieser eine Affäre mit Carolyn Robinson hat.

17. Juli: Kerouac nimmt den Bus nach Denver, um bei Cassady und Ginsberg zu sein, findet sie jedoch so intensiv miteinander beschäftigt vor, daß er im August mit dem Bus weiter nach San Francisco fährt.

21. Juli: William Burroughs III. kommt in New Waverly, Texas, zur Welt.

29. August: Ginsberg und Cassady treffen auf der Burroughs-Farm in New Waverly ein.

September: Gary Snyder immatrikuliert sich am Reed College (in Portland, Oregon), wo er Literatur und Anthropologie studiert; er macht dort 1950 seinen Abschluß.

7. September: Nach der Trennung von Cassady begibt sich Ginsberg an Bord der *John Blair*, die nach Dakar fährt.

30. September: Burroughs, Huncke und Cassady transportieren ein Auto voll Marihuana nach New York, wo sie den Stoff verkaufen wollen; die Geschäfte erweisen sich jedoch als katastrophal, und Burroughs verwirft seine weiteren Pläne zum Anbau von Marihuana.

### 1948

1. April: Neal Cassady heiratet Carolyn Robinson.

Mai: Jack Kerouac bringt die erste Fassung von *The Town and the City* zum Abschluß.

## Allgemein

Der »New Look« mit Wespentaille und Spitzbusen dominiert die Frauenmode.

Jackie Robinson ist der erste Afroamerikaner, der einen Vertrag bei einem der großen Basketballclubs unterschreibt.

Oral Roberts erwirbt sich als von Gott assistierter Heiler eine große Gefolgschaft.

Der steile Anstieg im Verkauf von Käse, der in der Sendung *Kraft Television Theater* beworben wird, demonstriert das Marketingpotential des Fernsehens.

Das House Un-American Activities Committee beginnt seine Anhörungen und beschuldigt die »Hollywood Ten« der Nichtachtung des Gerichtes, was zu einer Schwarzen Liste angeblicher kommunistischer Sympathisanten führt.

Chrysler, Pepsi-Cola, Gimbels und die *Encyclopedia Britannica* sind die Anführer in einem neuen Trend, der Firmen Patenschaften für künstlerische Tätigkeiten übernehmen läßt.

Das Spring Grove Hospital in Maryland gibt bekannt, daß Schizophrenie durch Stirnlappen-Lobotomie geheilt werden kann.

Erstausstrahlung von *Howdy Doody* und *Meet the Press* im Fernsehen.

Thor Heyerdal sticht mit der *Kon-Tiki* von Peru aus in See.

### 1948

Goldmark entwickelt die Langspielplatte für Phonographen (LP).

Unter der Leitung von Lincoln Kirstein und George Balanchine wird das New York City Ballet gegründet.

## Die Beat Generation

Sommer: Allen Ginsberg hat in einer Wohnung in East Harlem eine Vision – William Blake spricht zu ihm. Dieses Erlebnis wird für die nächsten fünfzehn Jahre seine ihn leitende Kraft.

Juni: Burroughs liest Wilhelm Reich und interessiert sich daraufhin für dessen Orgon-Akkumulator.

November: Kerouac lernt John Clellon Holmes kennen, der den ersten Roman über die Beat Generation schreiben will.

November: Kerouac fängt mit dem Aufzeichnen seiner Reiseerfahrungen aus dem Jahre 1947 an und hat zum Erntedankfest die erste Version von *On the Road* fertig.

24. Dezember: William Everson erlebt eine visionäre Bekehrung, die ihn dazu bringt, sich den Dominikanern als Laienmönch anzuschließen und den Namen Bruder Antoninus anzunehmen.

29. Dezember: Neal Cassady, LuAnne Henderson und Al Hinkle treffen in Kerouacs Wohnung in North Carolina ein.

### 1949

Barney Rosset gründet den Verlag Grove Press.

28. Januar: Jack Kerouac, Neal Cassady, LuAnne Henderson und Al Hinkle verlassen New York und begeben sich auf die Reise, die sich fiktionalisiert in *On the Road* wiederfinden wird. Unterwegs besuchen sie William Burroughs in Louisiana.

Februar: In San Francisco verläßt Cassady Kerouac und LuAnne; einige Tage später fährt Kerouac mit dem Bus zurück zu seiner Mutter.

Februar: Herbert Huncke taucht völlig abgerissen bei Allen Ginsberg auf, übernimmt die Wohnung und stellt sie mit »heißen« Waren voll, die Vicki Russell und Little Jack Melody geklaut haben.

## Allgemein

Nachdem Jean Genet zu einer lebenslangen Haftstrafe verurteilt wird, setzen sich einflußreiche Schriftsteller für ihn ein; er wird wieder freigelassen.

Mahatma Gandhi fällt in Indien einem Attentat zum Opfer.

Alger Hiss wird des Meineids in zwei Fällen angeklagt, in denen er angeblich Geheimnisse an sowjetische Spione weitergeleitet haben soll.

Die erste Anhörung vor dem Obersten Gerichtshof zu einem bundesstaatlichen Obszönitätsgesetz (aus New York) bekräftigt die Zensur von Edmund Wilsons *Memoirs of Hecate County*.

Gründung des Staates Israel.

Der Oberste Gerichtshof erklärt die Religionserziehung in öffentlichen Schulen für einen Bruch des First Amendment der US-Verfassung.

Der Ausdruck »kalter Krieg« wird zum Allgemeinplatz, wenn es um Ost-West-Beziehungen geht.

### 1949

Veröffentlichung von George Orwells *1984*.

Die American Cancer Society und das National Cancer Institute warnen davor, daß das Rauchen von Zigaretten Krebs hervorrufen könne.

Beim Treffen der Veteranen aus dem Bürgerkrieg erscheinen sechzehn Teilnehmer.

Amerikanische Frauen tragen anstelle von Badeanzügen Bikinis.

## Die Beat Generation

29. März 1949: Kerouacs Roman *The Town and the City* wird mit einem Vorschuß von 1.000 $ von Robert Giroux bei Harcourt, Brace angenommen.

April: William Burroughs wird wegen Drogenbesitzes in Louisiana festgenommen.

21. April: Ginsberg kutschiert mit Vicki Russel und Little Jack Melody in einem Auto voller Diebesgut durch die Gegend; sie werden festgenommen und ins Gefängnis gesteckt.

Mai: Mit seinem Vorschuß für *On the Road* zieht sich Kerouac nach Denver zurück; seine Mutter kommt bald darauf nach, fährt jedoch im Juli wieder zurück.

29. Juni: Damit sein Urteil nach der Festnahme im April zur Bewährung ausgesetzt wird, läßt sich Ginsberg als Patient ins Columbia Psychiatric Institute einweisen. Am ersten Tag macht er die Bekanntschaft seines Leidensgenossen Carl Solomon.

Herbst: Kerouac benutzt zum ersten Mal den Begriff »Beat Generation« in einem Gespräch mit John Clellon Holmes.

September: Burroughs und Joan Vollmer siedeln nach Mexico City um.

Dezember: Carl Solomon wird aus dem Columbia Psychiatric Institute entlassen.

### 1950

Robert Duncan trifft auf den Maler und Collagisten Jess Collins; sie ziehen bald darauf zusammen und bilden eine dauerhafte Lebens- und Wohngemeinschaft.

Lawrence Ferling (der seinen Namen alsbald in Ferlinghetti umwandelt) zieht von Paris nach San Francisco, wo er noch heute wohnt.

## Allgemein

Premiere von Arthur Millers *Death of a Salesman* (Tod eines Handlungsreisenden) am Broadway. Das Stück wird mit dem Pulitzerpreis ausgezeichnet und als erstes Bühnenstück vom »Buch des Monats«-Club nominiert.

Konstituierung des Nordatlantischen Bündnisses (NATO).

Kortison wird als Mittel zur Schmerzlinderung für rheumatische Arthritis entdeckt.

Südafrika verabschiedet Apartheidgesetze.

Die Emmy Awards zur Auszeichnung für herausragende Leistungen im Fernsehen werden aus der Taufe gehoben.

Ausstrahlung der ersten Situation Comedies im Fernsehen: *I Remember Mama* und *The Goldbergs*.

Abklingen des Babybooms der Nachkriegszeit.

Zu den neuesten Errungenschaften gehören: Damencatchen, Canasta, kurzes glattes Haar, Caesar Salad, passende »Spielanzüge« für Mutter und Tochter, »Erector«-Plastikbaukästen.

Cool Jazz, wie ihn Miles Davis, das Modern Jazz Quartet und andere spielen, setzt sich durch.

### 1950

Senator Joseph R. McCarthy aus Wisconsin behauptet, das State Department sei von Kommunisten infiltriert.

Der Kongreß verabschiedet den McCarran Act (ein Gesetz zur Inneren Sicherheit) gegen Präsident Trumans Veto. Es ebnet den Weg zur Registrierung von Kommunisten und kommunistischen Deckorganisationen.

## Die Beat Generation

Drei Studenten des Reed College – Gary Snyder, Philip Whalen und Lew Welch – wohnen zusammen. Gary Snyder veröffentlicht seine ersten Gedichte in Studentenzeitungen des Reed College.

27. Februar: Allen Ginsberg wird aus dem Columbia Psychiatric Institute entlassen und beginnt sofort mit einer Kampagne, ein »normales« Leben zu führen.

März: Ginsberg hört William Carlos Williams im Guggenheim Museum und schreibt dem älteren Dichter einige Tage später einen Brief, aus dem sich eine förderliche literarische Beziehung ergibt.

2. März: Jack Kerouacs Roman *The Town and the City* wird veröffentlicht; er erhält durchwachsene Kritiken und verkauft sich schlecht. Ende April kommen die Verkäufe praktisch zum Erliegen.

Vermutlich März: Allen Ginsberg und Gregory Corso treffen sich im Pony Stable, einer Lesbenbar in Greenwich Village; eine lange währende Freundschaft beginnt.

Frühjahr: Carl Solomons Artikel »Report from the Asylum – Afterthoughts of a Shock Patient« (Bericht aus der Anstalt – Nachträgliche Überlegungen eines Schocktherapie-Patienten) wird unter dem Pseudonym Carl Goy in *Neurotica* veröffentlicht.

Frühjahr: William Burroughs fängt mit einer autobiographischen Schrift an, die zunächst »Junk« heißt und später als *Junky* veröffentlicht wird.

10. Juli: Neal Cassady heiratet als Bigamist Diana Hansen, die von ihm schwanger ist; er ist noch immer mit Carolyn Cassady verheiratet und kehrt zu ihr am Tag seiner Hochzeit zurück.

August: Lucien Carr besucht die Burroughs' in Mexico; kurz darauf unternimmt Joan Schritte, um sich von Burroughs scheiden zu lassen.

## Allgemein

Jackson Pollock malt *Lavender Mist*, das erste »action painting«.

Vorgefertigte Atomschutzbunker finden beträchtliche Verbreitung.

Charles Schultz kreiert den Comicstrip *Peanuts*.

Die Kleidung wird natürlicher und tragbarer; junge Leute tragen die Haare kurz, kleiden sich in Leinenstoffe und gehen in Ballettschuhen.

Unter dem Kommando von General Douglas MacArthur überschreiten amerikanische Streitkräfte den 38. Breitengrad und stoßen nach Nordkorea vor.

Präsident Truman gibt der Atomenergiekommission grünes Licht zur Entwicklung der Wasserstoffbombe.

Gründung des Dave Brubeck Quartet, das bald zur beliebtesten Jazz-Combo der Welt wird.

Das Analphabetentum in den USA erreicht mit 3,2 Prozent eine neue Tiefstmarke.

Ein Bericht der Vereinten Nationen besagt, daß von den 800 Millionen Kindern auf der Erde 480 Millionen an Unterernährung leiden.

Veröffentlichung von *The Lonely Crowd* von David Riesman.

Gründung der Mattachine Society, der ersten Gruppe für die Rechte Homosexueller, in Los Angeles.

Herblock prägt den Begriff »McCarthyismus«, und auf der Schwarzen Liste von Hollywood befinden sich Gypsy Rose Lee, Arthur Miller, Pete Seeger, Zero Mostel, Howard K. Smith sowie Orson Welles.

## Die Beat Generation

17. November: Kerouac heiratet Joan Haverty, die ehemalige Freundin von Bill Cannastra, einem Freund, der am 12. Oktober bei einem U-Bahn-Unfall geköpft wurde.

27. Dezember: Kerouac erhält von Cassady einen Beichtbrief mit einer Länge von 23.000 Worten, der heute als »Joan Letter« bekannt ist. Kerouac nennt ihn ein »Meisterwerk« und läßt sich von ihm zu einem Prosastil ohne jegliche Einschränkungen inspirieren.

Dezember: Burroughs beendet die erste Fassung von *Junky*.

### 1951

Winter bis Frühjahr: Neal Cassady arbeitet an seinen autobiographischen Erinnerungen, die 1971 unter dem Titel *The First Third* (Das erste Drittel) veröffentlicht werden.

März: John Clellon Holmes zeigt Kerouac seinen Roman *Go* über mehrere Angehörige der Beat Generation, der kaum kaschierte Portäts von Ginsberg, Kerouac, Cassady und Huncke enthält.

Frühjahr: Erstes Erscheinen von Cid Cormans *Origin*.

Frühjahr: William Burroughs beginnt mit der Niederschrift von *Queer*.

April: Kerouac tippt rasend schnell und mit nur wenigen Unterbrechungen auf eine aneinandergeklebte Papierrolle eine neue Version von *On the Road*, die weitestgehend mit der 1957 veröffentlichten Version übereinstimmt.

Juni: Gary Snyder geht mit einem Abschluß in Literatur und Anthropologie vom Reed College ab.

Anfang Juli: Burroughs und Lewis Marker begeben sich auf der Suche nach Yage auf eine Reise nach Ecuador, kehren Anfang September wieder zurück.

## Allgemein

Erste erfolgreiche Verpflanzungen von Halsschlagadern und Nieren.

Die Zeitschrift *Life* veröffentlicht eine Liste mit den zehn beliebtesten Teenager-Idolen: Louisiana May Alcott, Joe DiMaggio, Vera-Ellen, Franklin Delano Roosevelt, Abrahahm Lincoln, Roy Rogers, General Douglas MacArthur, Clara Barton, Doris Day, Schwester Elizabeth Kenny, Babe Ruth und Florence Nightingale.

Alger Hiss wird des Meineides für schuldig befunden.

### 1951

Verurteilung von Julius und Ethel Rosenberg wegen Verschwörung zur Übermittlung streng geheimer Militärdokumente an die Sowjetunion; sie werden 1953 hingerichet.

American Telephone und Telegraph ist die erste Firmengruppe mit mehr als einer Million Aktionären.

UNIVAC I wird als erster Computer in hoher Stückzahl produziert.

Entwicklung einer Videokamera, die sowohl bewegte Bilder als auch Töne auf Magnetband festhalten kann.

Waffenstillstandsverhandlungen zwischen den Vereinten Nationen und Korea.

Einführung des Farbfernsehens in den Vereinigten Staaten.

Teenager tragen Poodle Skirts und Saddle Shoes.

Die erste transkontinentale Sendung zwischen New York und San Francisco wird ausgestrahlt.

## Die Beat Generation

August: Allen Ginsberg und Lucien Carr besuchen Joan Burroughs in Mexico City.

6. September: Burroughs erschießt Joan in betrunkenem Zustand bei einem Wilhelm-Tell-Kunststückchen. Er verbringt dreizehn Tage im Gefängnis.

25. Oktober: Kerouac entdeckt die »spontane Prosa«, auch bekannt als »wilde Prosa« oder »bop prosody«.

Dezember: Auf Drängen des Lektors Carl Solomon und des Agenten Allen Ginsberg gewährt der Verlag Ace Books Kerouac einen Vorschuß von 250 $ für *On the Road*.

### 1952

Robert Duncan, Jess Collins und Harry Jacobus gründen die King Ubu Gallery in der Fillmore Street 3110; nach ihrer Auflösung kommt sie später als Six Gallery zu neuen Ehren.

Januar: Jack Kerouac kommt in San Francisco an und wohnt bis Mai bei den Cassadys; während dieses Besuchs fangen Kerouac und Carolyn Cassady eine Liebesbeziehung an.

Januar: Allen Ginsberg schickt William Carlos Williams einige Gedichte aus seinen Tagebuchfragmenten. Williams reagiert enthusiastisch und befindet Ginsbergs Gedichte der Veröffentlichung würdig.

16. Februar: Janet Michelle Kerouac wird in Albany, New York, geboren; Kerouac streitet die Vaterschaft ab und verweigert Unterhaltszahlungen.

April: Kerouac stellt eine alternative Version von *On the Road* fertig (1973 als *Visions of Cody* veröffentlicht); sie spiegelt sein Interesse an »bop prosody« und »vertikaler Form« wieder.

## Allgemein

Carl Rogers macht die nondirektive klientenzentrierte Therapie bekannt.

Mit der Verbreitung des Fernsehens wächst der Markt für bequeme Hauskleidung.

Erster Auftritt von Garagentoren mit Knopfbedienung, Telekollegs, Infrarotherden, Anzügen aus Dacron, Servolenkung und vibrierenden Matratzen.

### 1952

Das Architekturbüro Skidmore, Owings und Merrill entwirft das Lever House in New York.

Samuel Becketts *Waiting for Godot* (Warten auf Godot) wird das berühmteste Stück des absurden Theaters.

Die Forschung beweist, daß das genetische Material von Viren DNA ist.

Der Oberste Gerichtshof beschließt, daß Lehrer, die als subversiv angesehen werden, von öffentlichen Schulen ausgeschlossen werden können.

Ralph Ellisons *Invisible Man* erscheint.

In den Colleges im ganzen Land werden »panty raids« [Überfälle mit dem Ziel, möglichst viele Damenunterhosen zu erbeuten, Anm. d. Ü.] durchgeführt.

Die Republikaner Dwight David Eisenhower und Richard Milhous Nixon werden zum Präsidenten und Vizepräsidenten gewählt; die Republikaner erlangen die Mehrheit im Kongreß.

## Die Beat Generation

April: Ginsberg nimmt zum ersten Mal Peyote.

Mai: Carl Solomon lehnt *Visions of Cody* ab und erleidet einen Nervenzusammenbruch.

Juli: Während eines Aufenthalts bei William Burroughs schreibt Jack Kerouac *Doctor Sax*; dazu hält er sich über zwei Monate in Burroughs' Badezimmer auf und raucht Marihuana.

Juli: A. A. Wyn, der Verleger von Ace Books, zahlt Burroughs für *Junky* einen Vorschuß von 1.000 $.

Herbst: Gary Snyder zieht nach San Francisco; Philip Whale ist bald als sein Mitbewohner mit von der Partie.

Herbst: Gary Snyder zieht nach San Francisco, und Philip Whalen teilt sich mit ihm ein Zimmer.

16. November: Holmes' Artikel »This Is the Beat Generation« erscheint im *New York Times Magazine*.

8. Dezember: Burroughs verläßt Mexiko und kann nicht wieder dorthin zurückkehren, da ihm sonst eine Haftstrafe droht.

### 1953

Januar bis Juni: William Burroughs begibt sich auf seine zweite Suche nach Yage.

Mai: *Junky: Confessions of an Unredeemed Drug Addict* von Burroughs erscheint in einem 35-Cent-Taschenbuch bei Ace, das auch *Narcotics Agent* von Maurice Helbrant enthält. Das Buch wird nirgendwo besprochen, verkauft aber 113.170 Exemplare allein im ersten Jahr. Zur gleichen Zeit schreibt Burroughs seine ersten »Routines«.

Juni: City Lights, der erste Taschenbuchladen Amerikas, wird an der Columbus Avenue 261 von Peter D. Martin und Lawrence Ferlinghetti eröffnet.

## Allgemein

Zu den beliebtesten Schlagern gehören: »Cry«, »Kiss of Fire«, »Wish You Were Here«, »I Went to Your Wedding« und »Wheel of Fortune«.

In Hollywood entstehen 3-D-Filme, die mit speziellen Brillen betrachtet werden; nach einem kurzen Höhenflug verfliegt der Reiz des Neuen.

Um einen Steik zu verhindern, werden die Stahlwerke in den Vereinigten Staaten beschlagnahmt; der Oberste Gerichtshof erklärt die Beschlagnahmung als gesetzeswidrig.

Der 26jährige Däne George Jorgensen wird auf chirurgischem Wege in Christine Jorgensen verwandelt.

Neue Vokabeln: Hot rod [frisierter Wagen, Anm. d. Ü.], Miniaturisierung, Globalismus, pentagonesisch, Telethon, Psycholinguistik, Hack [für Taxi].

Die ersten Ausgaben von *Mad* erscheinen.

Zu den TV-Premieren gehören: *I've Got a Secret, The Adventures of Ozzie and Harriet, Dragnet* (Polizeibericht) und *The Today Show*.

### 1953

Hugh Hefner veröffentlicht den ersten *Playboy*.

Auf Anordnung des Justizministeriums muß sich die Kommunistische Partei der Vereinigten Staaten als von der UdSSR kontrollierte Organisation registrieren lassen.

Die Modeschöpfer werfen sich auf Männerkleidung. Für die Sommermonate werden Bermudashorts für Geschäftsleute propagiert; die Frauen legen sich einen mädchenhaft verspielten, sogenannten »italienischen« Haarschnitt zu.

Schaffung des Ministeriums für Gesundheit, Erziehung und Wohlfahrt.

## Die Beat Generation

Sommer: Gary Snyder verläßt San Francisco, um als Feuerwächter auf dem Sourdough Mountain zu arbeiten; er schreibt sich an der University of California ein, wo er orientalische Sprachen studieren will.

Mitte August: Burroughs kommt mit der Absicht in New York an, einen Monat bei Allen Ginsberg zu wohnen und gemeinsam mit ihm *The Yage Letters* herauszugeben. Er verliebt sich in Ginsberg, und die beiden haben eine intensive Affäre, die von Ginsberg beendet wird.

Dezember: Burroughs reist nach Europa, zuerst nach Venedig, im Januar dann nach Tanger, wo er sich bis 1958 aufhält.

Juli: Malcolm Cowley, ein Berater des Verlagshauses Viking, meldet Interesse an, die *On-the-Road*-Fassung vom April 1951 zu veröffentlichen, und nennt Jack Kerouac »den interessantesten bislang unveröffentlichten Schriftsteller«.

Herbst: Kerouac schreibt »Essentials of Spontaneous Prose«.

Oktober: Nachdem ihn seine Freundin Alene Lee zurückweist, schreibt Kerouac innerhalb von 72 Stunden an einem Stück *The Subterraneans*.

### 1954

Bob Kaufman siedelt nach San Francisco um, wo er die restlichen 22 Jahre seines Lebens verbringt.

Michael McClure zieht nach San Francisco, wo er im Poetry Center der San Francisco State University Robert Duncan trifft.

Januar: William Burroughs läßt sich in Tanger nieder.

## Allgemein

Die General Electric Company kündigt die Entlassung aller kommunistischen Angestellten an.

Alfred Charles Kinsey veröffentlicht seinen heiß umstrittenen Report über *Das Sexualverhalten der Frau*.

Ende des Koreakrieges, in dem 25.604 Amerikaner getötet wurden.

Swansons TV-Dinners werden ausgestrahlt, bei der Premiere wird Truthahn mit Soße serviert.

Zu den populärsten Songs gehören: »I Believe«, »Doggie in the Window«, »Till I Waltz with You« und »I'm Walking Behind You«.

Edmund Hillary und Tenzing Norgay besteigen den Mount Everest.

Der Comic-Markt weitet sich auf 650 Titel aus.

Earl Warren wird Oberster Richter am Obersten Gerichtshof.

Neue Vokabeln: Drag strip [Austragungsort von Geschwindigkeitsrennen, mindestens eine Viertelmeile lang, Anm. d. Ü.], Cookout [Kochen im Freien], Split-level [Wohnhaus mit mehreren Ebenen], Discounter, Egghead [Intellektueller, Studierter], Mädchenmagazin, Jet-Stream.

### 1954

Entwicklung von Kontaktlinsen aus Plastik.

Die United Steelworkers of America [US-Stahlarbeitergewerkschaft] verweigert Kommunisten, Faschisten und Mitgliedern des Ku Klux Klan die Mitgliedschaft.

Impfungen gegen Kinderlähmung werden mit einem von Dr. Jonas Salk entwickelten Serum durchgeführt.

## Die Beat Generation

Januar: Jack Kerouac fängt an, sich mit dem Buddhismus zu beschäftigen, und hilft auch Allen Ginsberg auf die Sprünge, der sich beinahe zeitgleich für den Buddhismus zu interessieren beginnt.

Anfang Januar: Carolyn und Neal Cassady entdecken für sich die Schriften von Edgar Cayce, der ihr Guru wird.

Januar: Ginsberg reist bis Juni nach Mexiko.

8. Februar: Kerouac besucht die Cassadys in San Jose.

März: Robert Creeley läßt sich im Black Mountain College, North Carolina, nieder, wo er unterrichtet und den *Black Mountain Review* herausgibt.

Frühjahr: Der erste *Black Mountain Review* erscheint; er hat einen Umfang von 64 Seiten und eine Auflage von 500 Exemplaren. Bis zu seiner Einstellung 1957 erscheinen noch sechs weitere Ausgaben.

Juni: Ginsberg wohnt bis August bei den Cassadys, bevor er weiter nach San Francisco zieht.

Dezember: Ginsberg trifft in der Wohnung von Robert LaVigne auf Peter Orlovsky und verliebt sich sogleich – zuerst in LaVignes Gemälde von Orlovsky, dann in Orlovsky selbst.

### 1955

Gregory Corsos *The Vestal Lady on Brattle and Other Poems* wird veröffentlicht.

Der Abschnitt »The Mexican Girl« aus Kerouacs *On the Road* erscheint im *Paris Review*.

## Allgemein

Die Verlage machen das große Geld mit Büchern über den kalten Krieg, Unterwanderung und die Atombombe.

Der durchschnittliche Amerikaner ißt am liebsten Früchtebecher, Gemüsesuppe, Steak mit Kartoffeln und Erbsen, Brötchen mit Butter und Kuchen mit einer Portion Eis.

Der Oberste Gerichtshof der USA erklärt Rassentrennung an öffentlichen Schulen für verfassungswidrig.

Premiere von *Davy Crocket*, der TV-Serie mit der bislang höchsten Zuschauerrate des Jahrzehnts und einer Nachfolgeindustrie von 100 Millionen Dollar.

Die New Yorker Börsenkurse erreichen den höchsten Stand seit 1929.

Beginn der Army-McCarthy-Anhörungen, die im Fernsehen übertragen werden und mit einer Rüge für Senator Joseph McCarthy enden – wegen eines Senators unwürdigen Verhaltens.

Start von *Disneyland* im Fernsehen.

Die öffentliche Besorgnis über jugendliche Straftäter steigt; die Gründe dafür werden in Comic-Heften und Groschenromanen gesucht.

90 Prozent der Amerikaner trinken jeden Tag drei bis vier Tassen Kaffee; 64 Prozent trinken Bier, Wein oder härtere Spirituosen; 45 Prozent rauchen mindestens eine Packung Zigaretten am Tag.

### 1955

Schwarze Amerikaner boykottieren Buslinien in Montgomery, Alabama, in denen Rassentrennung praktiziert wird; Dr. Martin Luther King Jr., der Anführer des Boykotts, erwirbt sich landesweite Anerkennung durch die Proklamation passiven Widerstands.

## Die Beat Generation

Frühjahr: John Wiener schreibt sich am Black Mountain College ein.

Frühjahr: Robert Duncan unterrichtet am Black Mountain, verläßt das College, kehrt aber im Sommer 1956 wieder zurück.

Anfang August: Allen Ginsberg schreibt in einer Marathonsitzung den ersten und letzten Abschnitt von »Howl for Carl Solomon«.

10. August: Bei City Lights Press erscheint das erste Buch, Pocket Book Number 1: Lawrence Ferlinghettis *Pictures of the Gone World*.

9. September: Kerouac reist von Mexico City nach Berkeley, wo er sich mit Ginsberg trifft und schon bald die Bekanntschaft von Gary Snyder und Philip Whalen macht.

Oktober: Die siebte Ausgabe von *New World Writing* veröffentlicht Kerouacs »Jazz of the Beat Generation«.

13. Oktober: In der Six Gallery findet eine von Allen Ginsberg und Kenneth Rexroth organisierte Dichterlesung statt, bei der Philip Lamantia, Michael McClure, Gary Snyder, Philip Whalen und Ginsberg selbst lesen, dessen erster öffentlicher Vortrag von »Howl« (obwohl es noch nicht fertiggestellt ist) die Zuhörer elektrisiert. Dieses Ereignis markiert den Beginn der San Francisco Poetry Renaissance.

### 1956

Januar: Jack Kerouac stellt *Visions of Gerard* innerhalb von zwölf Tagen fertig.

März: *Ark II-Moby I*, herausgegeben von James Harmon und Michael McClure, erscheint.

## Allgemein

Preisgünstige Transistorradios erobern den Markt.

Der Orchesterchef Lawrence Welk hebt eine wöchentliche TV-Show aus der Taufe, in der nur Musik präsentiert wird.

James Dean kommt bei einem Autounfall ums Leben.

Pizza wird immer beliebter.

Die Kontra-Altistin Marian Anderson singt als erste schwarze Künstlerin an der Metropolitan Opera; der Tänzer und Choreograph Arthur Mitchell ist der erste Schwarze, der in einer Truppe von Weltgeltung tanzt (im New York City Ballet).

Rock'n'Roll-Musik wird als unmoralisch bezeichnet und eine der Ursachen für die steigende Jugendkriminalität genannt.

Das Fernsehpublikum wird Zeuge der ersten gefilmten Pressekonferenz eines Präsidenten.

Zur Bekämpfung der Symptome der Schizophrenie werden die Medikamente Thorazin und Reserpin eingeführt.

Die erste amerikanische Organisation für die Rechte von Lesbierinnen, die »Daughters of Bilitis«, wird in San Francisco gegründet.

Die Presbyterian Church erlaubt die Ernennung weiblicher Priester.

### 1956

Elvis Presleys Debut in Ed Sullivans wöchentlicher TV-Show, wo er mit »Heartbreak Hotel« einen durchschlagenden Erfolg erzielt. In den folgenden 16 Monaten hat Elvis ständig mindestens einen Hit in den Top Ten, darunter »Hound Dog«, »Don't Be Cruel« und »Love Me Tender«.

## Die Beat Generation

März: Robert Creeley kommt nach San Francisco, freundet sich mit Ginsberg und Kerouac an, hat eine Affäre mit Kenneth Rexroths Ehefrau und fungiert als Mitherausgeber der letzten Ausgabe des *Black Mountain Review*. Er bleibt bis zum Juni in San Francisco.

März: In London unterzieht sich William Burroughs einer erfolgreichen Heroinentziehungskur mit Apomorphin.

Frühjahr: Die epochale Dichterlesung der Six Gallery wird in Berkeley wiederholt, und Allen Ginsberg liest die komplette Fassung von »Howl«.

5. Mai: Gary Snyder fährt nach Japan, um dort Zen zu studieren.

Sommer: Nach seinem letzten Semester am Black Mountain College kehrt John Wiener nach Boston zurück, wo er die erste Ausgabe von *Measure* herausgibt, die von Dichtern aus dem Black Mountain-Umfeld und aus San Francisco dominiert wird.

Juni: Kerouac trampt nördlich von San Francisco zum Desolation Peak und bleibt dort »dreiundsechzig Tage und Nächte, um genau zu sein«.

9. Juni: Naomi Ginsberg stirbt. Weil es keinen Minyan bei ihrer Beerdigung gibt, kann kein *Kaddish* (das jüdische Gebet für die Toten) gesprochen werden.

Herbst: Das Black Mountain College wird geschlossen.

Herbst: Bruder Antoninus/William Everson kommt zu dem Schluß, daß öffentliche Lesungen seine Bestimmung sind.

## Allgemein

Die Automobilindustrie verzeichnet Rekorde; eins von acht Autos ist ein Kombi.

Dizzy Gillespie und seine Band werden vom U.S. State Department auf eine Goodwill-Tour geschickt und sind damit die ersten Jazz-Musiker, die von der Regierung unterstützt werden.

John Osbornes Theaterstück *Look Back in Anger* (Blick zurück im Zorn) gilt als Debut der »zornigen jungen Männer« aus Großbritannien.

In Minnesota eröffnet mit Southdale die erste überdachte Shopping Mall.

Dwight David Eisenhower wird mit überwältigender Mehrheit zum Präsidenten wiedergewählt.

Maria Callas debütiert an der Metropolitan Opera.

Einsatz der ersten transatlantischen Telefonverbindung (via Kabel).

Die Methodist Church verurteilt Rassendiskriminierung.

Nach drei Tagen gewalttätiger Unruhen an der University of Alabama wird Autherine Lucy, die erste schwarze Studentin, vom Unterricht ausgeschlossen und kurz darauf exmatrikuliert.

Frank Lloyd Wright beginnt mit dem Bau des Guggenheim-Museums (es wird 1959 fertiggestellt).

## Die Beat Generation

2. September: Der erste »enthusiastische Bericht« über den »Pacific Coast Upstart« [das neue Erwachen an der Westküste] von Richard Eberhart erscheit im *New York Times Book Review*; es ist zugleich die erste Erwähnung der San Francisco Renaissance an der Ostküste.

30. Oktober: Als Antwort auf einen boshaften Zwischenrufer fordert Ginsberg bei einer Dichterlesung in Los Angeles den Mann auf, sich auszuziehen, und entledigt sich ebenfalls aller Kleider.

Oktober: City Lights veröffentlicht Ginsbergs *Howl and Other Poems* innerhalb seiner Taschenbuchreihe; das Buch verkauft sich flott und erreicht rasch eine zweite Auflage.

Dezember: Viking stimmt zu, Kerouacs *On the Road* zu veröffentlichen (eine Übereinkunft, die zwischen Malcolm Cowley und dem Literaturagenten Sterling Lord ausgehandelt wurde); als Erscheinungsdatum wird der Herbst 1957 festgelegt.

Ende 1956: Der ursprüngliche Kern der Dichterclique aus San Francisco hat sich fast völlig aufgelöst.

### 1957

Anfang 1957: Barney Rosset bringt den ersten *Evergreen Review* heraus. Die zweite Ausgabe konzentriert sich auf die »San Francisco Scene«.

LeRoi Jones (der spätere Amiri Baraka) und seine Frau Hettie Cohen ziehen nach Greenwich Village. Jones wird zum »freimütigen Gönner und Verteidiger der Beat-Schriftsteller«.

Februar: *Mademoiselle* veröffentlicht einen Artikel über die San Francisco Renaissance und gibt damit den Startschuß für die unwahrscheinliche Querverbindung zwischen dieser literarischen Bewegung und der populären Kultur.

## Allgemein

Die Salk-Impfung gegen Kinderlähmung kommt frei auf den Markt.

Nach dem Erfolg von *My Fair Lady* am Broadway steht die edwardianische Mode bei den Damen hoch im Kurs, wohingegen immer mehr Männer den Madison-Avenue-Look mit durchgehend geknöpften Hemden übernehmen.

Die Teenagermode splittet sich in »Weenies« (weiße Kleidung, Militärhaarschnitt, Hosen mit Schnallen an der Hinterseite) und »Greasers« (Lederjacken, Entenschwänze, T-Shirts).

Anläßlich des Busboykotts werden in Montgomery, Alabama, elf Afroamerikaner festgenommen.

Autokinos schießen wie Pilze aus dem Boden.

Die Angehörigen der unteren Mittelklasse ziehen in Scharen in die Vorstädte um.

Neue Vokabeln: Headshrinker [Klinischer Psychiater oder Psychologe], Fuzz [für Polizei], copout [aussteigen, kneifen], Hero sandwich.

### 1957

Premiere von *West Side Story* am Broadway, einem Musical mit jugendlichen Straftätern als Protagonisten.

Balenciaga stellt das Sackkleid vor, das durch Dior größere Verbreitung findet. Es hängt lose in der Taille, und der Saum endet zwei Zentimeter über dem Knie.

In Großbritannien wird der Wolfenden-Bericht über Homosexualität und Prostitution veröffentlicht.

Präsident Eisenhower schickt Truppen nach Little Rock, Arkansas, um die Aufhebung der Rassentrennung durchzusetzen.

## Die Beat Generation

15. Februar: Jack Kerouacs Abreise nach Tanger, wo er bis April bleibt und William Burroughs' Manuskript von *Naked Lunch* abtippt.

Anfang März: Allen Ginsberg, Peter Orlovsky und Alan Ansen kommen in Tanger an, wo sie beim Lektorieren von *Naked Lunch* helfen.

25. März: Chester McPhee vom US-Zollamt San Francisco konfisziert 520 Exemplare von Ginsbergs *Howl and Other Poems* und erklärt das Werk für »obszön«. Der Zoll gibt die Bücher am 29. Mai nach einer Klage des ACLU [American Civil Liberties Union, die Vereinigung zur Bewahrung der bürgerlichen Freiheiten, Anm. d. Ü.] wieder heraus. Drei Tage später werden Lawrence Ferlinghetti und Shigeyoshi Murao, der Geschäftsführer des City Lights Bookshop, wegen Veröffentlichung und Verkauf obszöner Literatur verhaftet.

Frühjahr: Im The Cellar experimentieren Rexroth und Ferlinghetti damit, Gedichte zu Jazzmusik zu rezitieren, was sich bald zu einem Trend auswächst.

Sommer: Norman Mailers Essay »The White Negro: Superficial Reflections on the Hipster« erscheint in *Dissent*.

August: Veröffentlichung der letzten Ausgabe des Black Mountain Review (Nr. 7), gemeinschaftlich herausgegeben von Robert Creeley und Allen Ginsberg; sie enthält Beiträge von Ginsberg, Corso, Burroughs, Kerouac, Snyder, Duncan, Whalen, Lamantia, Louis Zukofsky, Denise Levertov und Hugh Selby Jr.

5. September: Bei Viking erscheint *On the Road*, gefolgt von einer begeisterten Besprechung in der *New York Times*; das Buch klettert rasch bis auf Platz 7 der Bestsellerliste.

## Allgemein

Der Zusammenhang zwischen dem Rauchen von Zigaretten und Lungenkrebs wird bekräftigt.

James Hoffa und seine Teamsters-Gewerkschaft werden aus der CIO [dem Dachverband der US-amerikanischen Gewerkschaften] ausgeschlossen.

In Michigan wird die längste Hängebrücke der Welt eingeweiht.

Der Oberste Gerichtshof hebt das Urteil des Staates Michigan gegen einen Buchhändler auf, der John Howard Griffiths *The Devil Outside* verkauft hat, und moniert, daß das bundesstaatliche Gesetz Erwachsenen vorschreibe, nur das zu lesen, was auch für Kinder geeignet ist.

Zu den beliebtesten Schlagern gehören: »Love Letters in the Sand«, »Tammy«, »Fascination«, »Young Love« und »Round and Round«.

Die UdSSR schickt *Sputnik I* und *II*, die ersten von Menschenhand geschaffenen Satelliten, ins Weltall.

Erste landesweite Ausstrahlung einer auf Videoband produzierten TV-Sendung: *Truth or Consequence*.

Toupier-Frisuren werden populär.

Elvis Presley erwirbt Graceland.

Modeerscheinungen: Knete, Dick Clarks *American Bandstand*, Bloody-Mary-Witze, Dogpatch-Kostüme.

Charles Van Doren gewinnt als Kandidat einer Quiz-Show 129.000 $ und wird als »Schlaukopf der Nation« bewundert.

Aufgrund neuer psychotroper Medikamente sinkt die Zahl der Langzeitpatienten in Psychiatrischen Kliniken drastisch.

## Die Beat Generation

Oktober: Ginsberg und Peter Orlovsky quartieren sich im Beat Hotel in Paris, 5 Rue Git-le-Cœur ein.

3. Oktober: Richter Clayton Horn erklärt *Howl* für »nicht obszön« und bietet ein Kriterium für obszön an.

13. November: In einem Café in Paris beginnt Ginsberg mit der Niederschrift von *Kaddish*.

9. Dezember: Kerouac beendet sein Projekt: »The Darma Bums« (1963 in deutsch erschienen unter dem Titel: »Gammler, Zen und hohe Berge«.

### 1958

Kerouac, Philip Lamantia, Howard Hart und Dave Amram veranstalten in der New Yorker Brata Gallery eine Jazz-Dichterlesung.

John Wieners erstes Buch, *The Hotel Wentley Poems*, wird in San Francisco veröffentlicht.

Mitte Januar: William Burroughs mietet sich im Beat Hotel ein, wo er eine wichtige literarische Zusammenarbeit mit Brion Gysin beginnt, die sie »cut-ups« nennen.

Februar: Bei Grove Press erscheint Kerouacs *The Subterraneans*.

März: LeRoi Jones und Hettie Cohen veröffentlichen die erste Ausgabe von *Yūgen*, das bis zum Dezember 1962 mit acht Ausgaben herauskommen wird.

2. April: Herb Caen prägt in seiner Kolumne im *San Francisco Chronicle* den Ausdruck »Beatnik«, der bald überall gebräuchlich wird.

8. April: Neal Cassady wird in San Francisco wegen Besitzes von drei Marihuana-Zigaretten festgenommen.

14. Juni: Cassady wird zu fünf Jahren bis lebenslänglicher Haft in San Quentin verurteilt, wohin er am 4. Juli überstellt wird.

## Allgemein

Der Kongreß verabschiedet die erste Bürgerrechtsgesetzgebung seit 1872.

Hollywoods Kassenmagneten: Rock Hudson, John Wayne, Pat Boone, Elvis Presley, Frank Sinatra, Gary Cooper, William Holden, James Stewart, Jerry Lewis und Yul Brunner.

Die Rate der Geschlechtskrankheiten steigt zum ersten Mal seit 1948 wieder an.

### 1958

Joseph Welchs *The Blue Book of the John Birch Society* legt die dogmatischen Ansichten dieser ultrakonservativen Organisation dar.

Xerox bringt das erste kommerzielle Kopiergerät auf den Markt.

Die ersten Barbie-Puppen stehen in den Regalen der Spielwarenläden.

Charles Starkweather und seine 15jährige Freundin Caril Fugate werden nach einer Serie von elf Morden festgenommen.

Die Kirchen in den Vereinigten Staaten melden seit 1950 beträchtlichen Mitgliederzuwachs. Die größten Zuwachsraten verzeichnen die katholische Kirche, die Southern Baptist Convention, Churches of Christ sowie die Methodist Church.

Hula Hoops werden der größte Spielzeugschlager aller Zeiten; in Japan werden sie verboten.

Start von *Explorer I*, des ersten US-amerikanischen Satelliten.

Vladimir Nabokovs Roman *Lolita* erscheint und entwickelt sich rasch zum umstrittenen Bestseller.

Lawrence Alloway benutzt als erster den Begriff »Pop-art« in einem gedruckten Artikel.

## Die Beat Generation

13. Oktober: Hettie Cohen und LeRoi Jones heiraten.

15. Oktober: Bei Viking erscheint *The Dharma Bums* von Jack Kerouac.

Winter: Ein Auszug von Burroughs' *Naked Lunch* wird in der vierten Ausgabe des *Chicago Review* abgedruckt, später zensiert.

### 1959

Die Aufmerksamkeit für die Beatniks erreicht ihren Höhepunkt: in großen Publikumszeitschriften, in B-Movies wie Albert Zugsmiths *The Beat Generation* und mit dem Auftauchen einer Beatnik-Figur – Maynard G. Krebs – in der Fernsehserie *The Many Loves of Dobie Gillis*.

Bob Kaufmans Schimpftiraden *Abomunist Manifest* und *Second April* werden bei City Lights Books veröffentlicht.

2. Januar: Unter der Regie von Alfred Leslie und mit dem Kameramann Robert Frank beginnt die Produktion von *Pull My Daisy* in Alfred Leslies Loft auf der Bowery (die Fertigstellung erfolgt sechs Wochen später).

29. Januar: Ginsberg und Corso nehmen an einer Unterstützungsveranstaltung für den zensierten *Chicago Review* teil.

März: Als Reaktion auf die Zensur des *Chicago Review* erscheint die erste Ausgabe von *Big Table*. Die US-amerikanische Post verweigert die Verschickung und beschlagnahmt 499 Exemplare.

## Allgemein

Ford stellt den neuen Edsel vor; das Modell erweist sich bald als totaler Flop.

Zu den populärsten Songs gehören: »Purple People Eater«, »Bird Dog«, »A Certain Smile« und »Your Precious Love«.

Der *Daily Worker*, die Zeitung der Communist Party, stellt ihr Erscheinen ein.

Elvis Presley wird zum Militärdienst eingezogen.

### 1959

Lorrain Hansberrys Theaterstück *Raisins in the Sun* wird das erste von einer Schwarzen geschriebene Werk, das am Broadway produziert wird.

D. H. Lawrences *Lady Chatterly's Lover* wird nach 33 Jahren Zensur aufgrund angeblicher Obzönität wiederveröffentlicht.

Berry Gordy Jr. gründet Motown Records, die Schallplattenfirma, die viele der großen Soulgruppen der 60er Jahre produziert.

Die französische *nouvelle vague* wird zu einer stilbildenden Kraft im internationalen Film.

Zu den bliebtesten Liedern gehören: »Stagger Lee«, »Tom Dooley«, »He's Got the Whole World in His Hands« und »The Battle of New Orleans«.

Ernennung der ersten sieben US-amerikanischen Astronauten.

Zum ersten Mal werden die Grammy Awards für herausragende Leistungen im Bereich der Musikproduktion vergeben; der Preis für das beste Album des Jahres geht an *The Music from Peter Gunn*.

Charles Van Doren, der Teilnehmer, der den Großen Preis davontrug, gibt bekannt, daß bei der *21 Quiz Show* geschummelt wird.

## Die Beat Generation

9. Mai: Veröffentlichung der ersten Ausgabe des Magazins *Beatitude*, das in der Bread and Wine Mission in San Francisco gedruckt wird; die letzte Ausgabe erscheint im Juli 1960.

Juli: Bei Olympia Press erscheint Burroughs' *Naked Lunch* mit einer Auflage von 10.000 Exemplaren.

September: Brion Gysin und William Burroughs entdecken die Möglichkeiten der Cut-up-Technik.

Dezember: Ein Auszug aus Kerouacs *Visions of Cody* wird mit einer Auflage von 750 Stück bei New Directions veröffentlicht.

### 1960

*Minutes to Go*, ein Buch aus Cut-ups von Burroughs, Brion Gysin, Gregory Corso und Sinclair Beiles, erscheint.

Donald M. Allens Anthologie *The New American Poetry 1945–1960* wird veröffentlicht; zum ersten Mal räumt eine »bürgerliche« Anthologie den Beats, den Black-Mountain-Dichtern und der San-Francisco-Szene größeren Platz ein.

Bob Kaufmans *Does the Secret Mind Whisper?* erscheint bei City Lights Books.

23. Mai: Allen Ginsberg nimmt zum ersten Mal Yage in Peru.

Juni: Eine Verfilmung von *The Subterraneans* mit George Peppard in der Rolle der Jack-Kerouac-Figur kommt in die Kinos.

5. Juli: Richter Julius J. Hoffman hebt das Verbot der *Big-Table*-Ausgabe mit den Auszügen von *Naked Lunch* auf.

## Allgemein

Die Rock'n'Roll-Stars Buddy Holly, Richie Valens und Big Bopper kommen bei einem Flugzeugabsturz ums Leben.

Um gegen das Fernsehen ankommen zu können, werden die Kinofilmer würziger (z. B. *Some Like It Hot* (Manche mögen's heiß) oder *Anatomy of a Murder* (Anatomie eines Mordes)).

Nikita Chruschtschow bereist die Vereinigten Staaten; in Disneyland wird ihm der Eintritt verweigert, weil nicht für seine Sicherheit garantiert werden kann.

86 Prozent aller US-amerikanischen Familien besitzen einen Fernsehapparat, und der Durchschnittsamerikaner verbringt 42 Stunden vor dem Fernsehen.

### 1960

Afroamerikaner organisieren in den Südstaaten Sit-ins, um die Aufhebung der Rassentrennung an Restaurantheken und anderen öffentlichen Orten zu erzwingen.

Mit seiner Aufnahme »The Twist« löst Chubby Checker eine internationale Tanzwelle aus.

Die Debatten zwischen Nixon und Kennedy demonstrieren den Einfluß des Fernsehens auf die Politik.

Die Southern Presbyterian Church erklärt, daß ehelicher Geschlechtsverkehr ohne Fortpflanzungsabsicht keine Sünde ist.

Um den sinkenden Verkaufszahlen und den Importen ausländischer Kompakt- und Sportmodelle zu begegnen, fängt die US-Autoindustrie an, wirtschaftlichere Autos zu bauen.

## Die Beat Generation

4. Juli: Neal Cassady wird aus dem Gefängnis entlassen.

August: Jack Kerouac zieht sich in Lawrence Ferlinghettis Blockhaus im Bixby Canyon zurück, wo er sich alptraumhaften Visionen und dem Delirium tremens aussetzt, wie in *Big Sur* beschrieben.

26. November: Ginsberg nimmt unter Anleitung von Timothy Leary Psilocybe-Pilze, und die beiden denken über eine psychedelische Revolution nach.

## Allgemein

Die beiden Kandidaten der Demokraten, John Fitzgerald Kennedy und Lyndon Bairnes Johnson, werden zum Präsidenten und Vizepräsidenten gewählt; Kennedy ist mit 43 Jahren der jüngste Präsident und der erste katholische Präsident der Vereinigten Staaten.

Zusammen mit sieben anderen wird Rock'n'Roll-Promoter Alan Freed festgenommen; man wirft ihnen Bestechung vor. Die Vorfälle werden als »Payola«-Skandal bekannt.

# Fußnoten

## Beats - die geschlagene Generation

[1] John Tytell, »An Interview with Herbert Huncke«, in: Arthur and Kit Knight, Hg., *unspeakable visions of the individual* 3, Nr. 1-2 (1973): 9.

[2] Ginsberg, in: William Plummer, *The Holy Goof. A Biography of Neal Cassady* (New York: Paragon House, 1981), S. 46.

[3] Herb Caen, *San Francisco Chronicle,* 2. April, 1958.

[4] Kerouac, in: Charters, *Portable Beat Reader,* S. xxxiv.

[5] Dennis McNally, *Desolate Angel: Jack Kerouac, the Beat Generation, and America* (New York: Random House, 1979), S. 116.

[6] Allen Ginsberg, Interview mit dem Autor, New York, 10. April, 1995.

[7] William S. Schuyler, Interview mit dem Autor, Palo Alto, Calif., 28. Januar 1994.

[8] Barry Miles, *William Burroughs: El Hombre Invisible* (New York: Hyperion, 1993), S. 21.

[9] Dito, S. 24.

[10] Ted Morgan, *Literary Outlaw: The Life and Times of William S. Burroughs* (New York: Holt, 1988), S. 26.

[11] Morgan, *Literary Outlaw,* S. 35.

[12] William Burroughs, *The Letters of William S. Burroughs*, 1945-1959, hg. von Oliver Harris (New York: Viking, 1993), S. 393.

[13] Morgan, *Literary Outlaw,* S. 35.

[14] William Burroughs, »Foreword«, in Jack Black, *You Can't Win* (New York: Amok Press, 1988), S. vi.

[15] Morgan, *Literary Outlaw,* S. 40.

[16] Ibd., S. 48, 49.

[17] William Burroughs, »The Name Is Burroughs«, in: *The Adding Machine* (New York: Seaver Books, 1986), S. 8.

[18] Morgan, *Literary Outlaw,* S. 52.

[19] Ibd., S. 57.

[20] Ibd., S. 62.

[21] Burroughs an Allen Ginsberg und Peter Orlovsky, 27. 10. 1959, in: Burroughs, *Letters,* S. 433.

[22] Ich bedanke mich bei Peter Swales für den Einblick in sein unveröffentlichtes Werk über diesen Abschnitt, einen Vortrag mit dem Titel »Burroughs in the Bewilderness« vom 4. Februar 1994 am Londoner Institute of Contemporary Art.

[23] Burroughs, »The Names is Burroughs« in *The Adding Machine,* S. 9.

[24] George Plimpton, Hg., *Writers at Work: The »Paris Review« Interviews,* 3rd series (New York: Penguin, 1977), S. 285.

[25] Burroughs, »Twilight's Last Gleaming« in: *Interzone*, hg. von James Grauerholz (New York: Penguin, 1990), S. 3.

[26] Dito, S. 17.

[27] Dito, S. 15.

[28] Tytell, »Interview with Herbert Huncke«, S. 7.

[29] Morgan, *Literary Outlaw,* S. 84.

[30] William Burroughs, »Lee's Journals«, in: *Interzone*, S. 64.

[31] Kerouac an Neal Cassady, 28. Dezember 1950, in: Jack Kerouac, *Selected Letters 1940-1956*, hg. von Ann Charters (New York: Viking, 1995), S. 247.

[32] Jack Kerouac, *Visions of Gerard* (New York: Penguin, 1963), S. 2.

[33] Dito.

[34] Gerald Nicosia, *Memory Babe: A Critical Biography of Jack Kerouac* (New York: Grove Press, 1983), S. 26.

[35] Kerouac, *Visions of Gerard,* S. 109.

[36] McNally, *Desolate Angel,* S. 15.

[37] Tom Clark, *Jack Kerouac* (New York: Paragon House, 1990), S. 21.

[38] Ibd., S. 25.

[39] Ann Charters, *Jack Kerouac: A Life* (New York: Warner, 1973), S. 30.

[40] Barry Miles, *Ginsberg: A Biography* (New York: Simon & Schuster, 1989), S. 27.

[41] Allen Ginsberg, Tagebücher, Ginsberg Collection, Stanford University.

[42] Miles, *Ginsberg,* S. 29.

[43] Ginsberg, Tagebücher, Ginsberg Collection, Stanford University.

[44] Miles, *Ginsberg,* S. 29.

[45] Allen Ginsberg, »Kaddish« in: *Collected Poems 1947–1980* (New York: Harper & Row, 1984), S. 223.

[46] Ginsberg, Tagebücher, Ginsberg Collection, Stanford University.

[47] Dito.

[48] Allen Ginsberg, »Confrontation with Louis Ginsberg's Poems«, in: *Collected Poems of Louis Ginsberg,* hg. von Michael Fournier (Orono, Maine: Northern Lights, 1992), S. 416.

[49] Michael Schumacher, *Dharma Lion: A Biography of Allen Ginsberg* (New York: St. Martin's Press, 1992), S. 11.

[50] Louis Ginsberg an Allen Ginsberg, zitiert in Louis Ginsberg, *Collected Poems,* S. 30.

[51] Ginsberg, Tagebücher, Ginsberg Collection, Stanford University.

[52] »Now, from the cracked and bleeding heart, / Triumphantly, I fashion – Art!« Allen Ginsberg, Motto seines Tagebuchs, »The Book of Martifice«, Oktober 1943, Ginsberg Collection, Stanford University.

[53] Schumacher, *Dharma Lion*, S. 10.

[54] Dito, S. 15.

[55] Miles, *Ginsberg,* S. 26.

[56] Dito, S. 24.

[57] Dito, S. 35.

[58] Allen Ginsberg, »Interview with Allen Ginsberg«, *Playboy*, April 1969, S. 86.

[59] Ginsberg, »Kaddish«, in *Collected Poems,* S. 214.

[60] Miles, *Ginsberg,* S. 35.

[61] Charters, *Kerouac*, S. 37.

[62] Kerouac an Cornelius Murphy, nicht datiert, 1943, in: Kerouac, *Selected Letters,* S. 63.

[63] Kerouac an George J. Apostolos, 7. April 1943, Dito, S. 60.

[64] Clark, *Kerouac,* S. 59.

[65] Miles, *Ginsberg,* S. 37.

[66] Schumacher, *Dharma Lion*, S. 25.

[67] Miles, *Ginsberg,* S. 36.

[68] Dito, S. 41–42.

[69] Ginsbergs Yeats-Zitat, Dito, S. 36; deutsch von Gerschon Jarecki aus William Butler Yeats, Werke I (Neuwied und Berlin, 1970: Luchterhand), S. 183, 185.

[70] Ginsberg, Tagebücher, Ginsberg Collection, Stanford University.

[71] Ginsberg an Neal Cassady, Mai 1949, in: *As Ever: The Collected Correspondence of Allen Ginsberg and Neal Cassady,* hg. von Barry Gifford (Berkeley: Creative Arts, 1977), S. 56.

[72] Ginsberg, Tagebücher, Ginsberg Collection, Stanford University.

[73] Barry Gifford und Lawrence Lee, *Jack's Book* (New York: St. Martin's Press, 1978), S. 36.

[74] Schumacher, *Dharma Lion*, S. 29.

[75] Morgan, *Literary Outlaw,* S. 90.

[76] Charters, *Kerouac*, S. 42.

[77] Jack Kerouac, »Claude«, nicht datiert, Ginsberg Collection, Special Collections, Columbia University.

[78] Nicosia, *Memory Babe,* S. 115.

[79] Dito.

[80] Miles, *Ginsberg,* S. 44.

[81] Nicosia, *Memory Babe,* S. 116.

[82] Clark, *Kerouac*, S. 61.

[83] Allen Ginsberg in einem Interview mit Allen Young, in: Winston Leyland, Hg., *Gay Sunshine Interviews,* Vol. 1 (San Francisco: Gay Sunshine Press 1978), S. 98.

[84] Dito.

[85] Morgan, *Literary Outlaw,* S. 91.

[86] Jack Kerouac, *Vanity of Duluoz* (New York: Coward-McCann, 1968), S. 207.

[87] Morgan, *Literary Outlaw,* S. 112.

[88] Kerouac an Neal Cassady, 13. September 1947, in: Kerouac, *Selected Letters,* S. 126.

[89] Ginsberg, Tagebücher, Ginsberg Collection, Stanford University.

[90] Kerouac an Allen Ginsberg, 13. November 1945, in: Kerouac, *Selected Letters,* S. 100.

[91] Allen Ginsberg in einem Interview mit dem Autor, New York, 27. März 1995.

[92] Allen Ginsberg, »Dialogue on Morality«, 23. Juni 1944, in: Tagebuch, Ginsberg Collection, Stanford University.

[93] Dito.

[94] Allen Ginsberg, »The New Vision«, Tagebücher, Ginsberg Collection, Stanford University.

[95] Ginsberg, Tagebücher, Ginsberg Collection, Stanford University.

[96] Morgan, *Literary Outlaw,* S. 88.

[97] Dito, S. 98.

[98] Allen Ginsberg, »Essay in Character Analysis: Lucien Carr«, 1944, in den Tagebüchern, Ginsberg Collection, Stanford University.

[99] Allen Ginsberg, »A Romanticized Version of a Tragedy«, ca. 1944, in den Tagebüchern, Ginsberg Collection, Stanford University.

[100] Morgan, *Literary Outlaw,* S. 103.

[101] Ginsberg, »A Romanticized Version of a Tragedy«.

[102] Morgan, *Literary Outlaw*, S. 104.

[103] Dito.

[104] Dito.

[105] »Student Murders Friend, Sinks Body«, *New York Times*, 17. August 1944, S. 13.

[106] Kerouac an Mrs. Parker, 1. September 1944, in: *Kerouac, Selected Letters,* S. 76.

[107] Nicosia, *Memory Babe,* S. 130.

[108] Ginsberg, Tagebücher, Ginsberg Collection, Stanford University.

[109] Dito.

[110] Morgan, *Literary Outlaw,* S. 113; Ginsberg, Journals, Ginsberg Collection, Stanford University.

[111] Kerouac an Caroline Kerouac Blake, 14. März 1945, in Kerouac, *Selected Letters,* S. 87.

[112] Dito.

[113] Ginsberg in einem Interview mit dem Autor, New York, 27. März 1995.

[114] N. M. McKnight an Louis Ginsberg, 17. März 1945, in: Schumacher, *Dharma Lion,* S. 54.

[115] Gifford and Lee, *Jack's Book,* S. 41.

[116] Dito.

[117] Morgan, *Literary Outlaw,* S. 112.

[118] Kerouac an Caroline Kerouac Blake, 14. März 1945, in Kerouac, *Selected Letters,* S. 87.

[119] Kerouac an Allen Ginsberg, 13. November 1945, Dito, S. 100.

[120] Dito, S. 112.

[121] *William Burroughs*, Dokumentarfilm von Howard Brookner, 1984.

[122] Ginsberg, Tagebücher, Ginsberg Collection, Stanford University.

[123] Ginsberg in einem Interview mit dem Autor, New York, 27. März 1995.

[124] McNally, *Desolate Angel,* S. 80.

[125] Miles, *Ginsberg,* S. 69.

[126] Hal Chase in einem Interview mit Ted Morgan, Paso Robles, Kalifornien, 15. März 1985, in den Morgan Archives, Arizona State University.

[127] Herbert Huncke, *Guilty of Everything* (New York: Paragon House, 1990), S. 69.

[128] Huncke, in: Brookner, *William Burroughs.*

[129] Huncke, *Guilty*, S. 70.

[130] Dito, S. 71.

[131] William Burroughs, *Junky* (New York: Penguin, 1977), S. 8.

[132] Huncke, *Guilty*, S. 70.

[133] Burroughs, *Junky*, S. xv.

[134] Dito, S. xvi.

[135] Allen Ginsberg, Aufzeichnung eines »Traumbriefes« von John Clellon Holmes, Tagebuch, 1954; zitiert in: Joyce Johnson, *Minor Characters* (Boston: Houghton Mifflin, 1983), S. 79.

[136] Huncke, *Guilty*, S. 74.

[137] Miles, *Ginsberg,* S. 73.

[138] Burroughs in: Brookner, *William Burroughs.*

[139] Ginsberg, »The New Vision«.

[140] Aus Morgans Notizen, Ted Morgan Collection, University of Arizona.

[141] Huncke, *Guilty*, S. 74.

[142] Allen Ginsberg, Einleitung zur »Birthday Ode«, um 1949, in den Tagebüchern, Ginsberg Collection, Stanford University.

[143] Morgan, *Literary Outlaw*, S. 115.
[144] Brookner, *William Burroughs*.
[145] Morgan, *Literary Outlaw,* S. 124.
[146] Brookner, *William Burroughs*.
[147] Ginsberg, Tagebücher, Ginsberg Collection, Stanford University.
[148] Morgan, *Literary Outlaw,* S. 126. [von *to boost* »klauen« und *benny* »Überzieher« A. d. Ü.]
[149] Ginsberg, Tagebücher, Ginsberg Collection, Stanford University.
[150] Dito.
[151] Nicosia, *Memory Babe,* S. 134.
[152] Kerouac an Allen Ginsberg, Oktober 1944, in: Kerouac, *Selected Letters,* S. 81.
[153] Nicosia, *Memory Babe,* S. 134.
[154] McNally, *Desolate Angel,* S. 74.
[155] Brookner, *William Burroughs*.
[156] Nicosia, *Memory Babe,* S. 163.
[157] Ginsberg, Tagebücher, Ginsberg Collection, Stanford University.
[158] Dito.
[159] Schumacher, *Dharma Lion,* S. 50.
[160] Leyland, *Gay Sunshine Interviews*, S. 107.
[161] Aus Morgans Notizen, Ted Morgan Collection, University of Arizona.
[162] Ginsberg, Tagebücher, Ginsberg Collection, Stanford University.
[163] Morgan, *Literary Outlaw,* S. 125.
[164] Dito, S. 127.
[165] Ginsberg in einem Interview mit dem Autor, New York, 27. März 1995.
[166] Morgan, *Literary Outlaw,* S. 132.
[167] Joan Vollmer an Edie Parker, 1. Januar 1947, Dito, S. 133.
[168] Ginsberg, Tagebücher, Ginsberg Collection, Stanford University.

## Ikonen der Beats

[1] Allen Ginsberg, »Footnote to Howl«, in *Collected Poems*, S. 134.
[2] Nicosia, *Memory Babe,* S. 253.
[3] Jack Kerouac, *On the Road* (New York: Viking, 1957), S. 8.
[4] Nicosia, *Memory Babe,* S. 371.
[5] Herbert Huncke, Interview mit dem Autor, New York, 25. Februar 1995.
[6] Huncke, *Guilty,* S. 17.
[7] William Burroughs, »Foreword«, in: Huncke, *Guilty*, S. vii.
[8] Huncke in einem Interview mit dem Autor, New York, 12. März 1995.
[9] Huncke in einem Interview mit dem Autor, New York, 25. Februar 1995.
[10] Dito.
[11] Dito.
[12] Huncke, *Guilty*, S. 43.
[13] Ginsberg, Tagebücher, Ginsberg Collection, Stanford University.
[14] Ginsberg in einem Interview mit dem Autor, New York, 27. März 1995.
[15] Allen Ginsberg, »On Huncke's Book«, in: Arthur and Kit Knight, Hg., *unspeakable visions of the individual* 3, Nr. 1–2 (1973), S. 21.
[16] Gifford and Lee, *Jack's Book,* S. 39.
[17] Huncke, *Guilty*, S. 77.
[18] Carl Solomon, *Emergency Messages: An Autobiographical Miscellany,* hg. von John Tytell (New York: Paragon House, 1989), S. 48.
[19] Dito, S. 54.
[20] Solomon an Allen Ginsberg, 15. Juli 1950, Ginsberg Collection, Special Collections, Columbia University.
[21] Solomon, *Emergency Messages,* S. 60.
[22] Solomon an Ginsberg, nicht datiert, Ginsberg Collection, Special Collections, Columbia University.
[23] Neal Cassady, *The First Third and Other Writings* (San Francisco: City Lights, 1971; erweiterte Ausgabe, 1981), S. 47.
[24] Dito, S. 100.
[25] Dito, S. 112.
[26] Dito, S. 170.
[27] Dito.

[28] Kerouac, *On the Road,* S. 4.
[29] Dito, S. 10.
[30] John Clellon Holmes, »The Gandy Dancer«, in *Representative Men: The Biographical Essays* (Fayetteville: University of Arkansas Press, 1988), S. 202.
[31] Cassady, *First Third,* S. 26.
[32] Nicosia, *Memory Babe,* S. 172.
[33] Kerouac, *On the Road,* S. 10.
[34] Dito, S. 39.
[35] Dito, S. 10.
[36] Dito, S. 7.
[37] Ginsberg, Tagebücher, Ginsberg Collection, Stanford University.
[38] Miles, *Ginsberg,* S. 84.
[39] Ginsberg, Tagebücher, Ginsberg Collection, Stanford University.
[40] Dito.
[41] Dito.
[42] Dito.
[43] Cassady an Ginsberg, 30. März 1947, in Ginsberg and Cassady, *As Ever,* S. 11.
[44] Cassady an Ginsberg, Juni 1947, Dito, S. 23.
[45] Carolyn Cassady, *Off the Road: My Years with Kerouac, Cassady, and Ginsberg* (New York: Morrow, 1990), S. 19.
[46] Allen Ginsberg, »The Visions of the Great Rememberer«, in: Jack Kerouac, *Visions of Cody* (1972; New York: Penguin, 1993), S. 403.
[47] Ginsberg, Tagebücher, Ginsberg Collection, Stanford University.
[48] Cassady, *Off the Road,* S. 29.
[49] Kerouac an Neal Cassady, 26. August 1947, in: Kerouac, *Selected Letters,* S. 118–119.
[50] Ginsberg an Cassady, nicht datiert, Ginsberg Collection, Stanford University.
[51] Ginsberg, Tagebücher, Ginsberg Collection, Stanford University.
[52] Cassady, *Off the Road,* S. 21.
[53] Ginsberg, Tagebuch, zitiert in Miles, *Ginsberg,* S. 91.
[54] Burroughs an Allen Ginsberg, 10. Oktober 1946, in: Burroughs, *Letters*, S. 8.
[55] Kerouac, *Visions of Cody,* S. 125.
[56] Huncke in einem Interview mit dem Autor, New York, 12. März 1995.
[57] Huncke in einem Interview mit dem Autor, New York, 26. Februar 1995.
[58] Morgan, *Literary Outlaw,* S. 137.
[59] Ginsberg an Lionel Trilling, August 1947, Ginsberg Collection, Stanford University.
[60] Tytell, »Interview with Herbert Huncke«, S. 7.
[61] Morgan, *Literary Outlaw,* S. 137.
[62] Ginsberg, Tagebücher, Ginsberg Collection, Stanford University.
[63] Kerouac, *Visions of Cody,* S. 139, 140.
[64] Morgan, Literary *Outlaw,* S. 144.
[65] Kerouac, *Visions of Cody,* S. 141.
[66] Ginsberg, Tagebuch, 1. September 1947, zitiert in: Miles, *Ginsberg,* S. 91.
[67] Cassady an Ginsberg, 15. März 1949, in: Ginsberg and Cassady, *As Ever,* S. 55.
[68] Kerouac, *Visions of Cody*, S. 124.
[69] Morgan, *Literary Outlaw,* S. 146.
[70] Dito, S. 148
[71] Burroughs an Jack Kerouac, April 1952, in: Burroughs, *Letters*, S. 113.
[72] Morgan, *Literary Outlaw,* S. 149. A. d. Ü.: von WASP, *White Anglo-Saxon Protestant,* als Anspielung auf den »Wandering Jew«, den Ewigen Juden.

### Beat-Leben, Beat-Literatur

[1] Kerouac an Ginsberg, 6. September 1945, in: Kerouac, *Selected Letters,* S. 98.
[2] Charters, *Kerouac,* S. 60.
[3] Kerouac an Allen Ginsberg, nicht datiert, Ginsberg Collection, Special Collections, Columbia University.
[4] Charters, *Kerouac,* S. 62.
[5] Ginsberg, Tagebücher, Ginsberg Collection, Stanford University.
[6] Miles, *Ginsberg,* S. 98.
[7] Cassady an Ginsberg, Mai 1948, in: Ginsberg and Cassady, *As Ever*, S. 35.

[8] Plimpton, *Writers at Work*, S. 302.
[9] Ginsberg an Bertrand Russell, 27. September 1952, Ginsberg Collection, Stanford University.
[10] Plimpton, *Writers at Work*, S. 302.
[11] Dito, S. 303.
[12] Dito.
[13] Dito, S. 308.
[14] Ginsberg an Bertrand Russell, 27. September 1952, Ginsberg Collection, Stanford University.
[15] Plimpton, *Writers at Work*, S. 309.
[16] Dito, S. 303–304.
[17] Miles, *Ginsberg,* S. 105.
[18] Morgan, *Literary Outlaw,* S. 173.
[19] Plimpton, *Writers at Work*, S. 310.
[20] Paul Portuges, *The Visionary Poetics of Allen Ginsberg* (Santa Barbara, Calif.: Ross-Erikson, 1978), S. 27.
[21] Cassady, *Off the Road,* S. 63.
[22] Dito, S. 64.
[23] Dito, S. 143.
[24] Dito, S. 141.
[25] Kerouac an Allen Ginsberg, 15. Dezember 1948, Ginsberg Collection, Special Collections, Columbia University.
[26] Kerouac an Hal Chase, 19. Oktober 1948, in: Kerouac, *Selected Letters,* S. 169.
[27] Nicosia, *Memory Babe,* S. 239.
[28] Dito, S. 238.
[29] Dito, S. 240.
[30] Kerouac an Allen Ginsberg, 15. Dezember 1948, in: Kerouac, *Selected Letters,* S. 176–177.
[31] Gifford and Lee, *Jack's Book,* S. 124.
[32] Dito, S. 125.
[33] Dito.
[34] Burroughs an Allen Ginsberg, 16. Januar 1949, in: Burroughs, *Letters*, S. 35.
[35] Kerouac, *On the Road,* S. 134.
[36] Dito, S. 140.
[37] Burroughs an Allen Ginsberg, 10. Januar 1949, in: Burroughs, *Letters*, S. 33.
[38] Kerouac, *On the Road,* S. 143.
[39] Dito, S. 146.
[40] Dito.
[41] Burroughs an Ginsberg, 30. Januar 1949, in: Burroughs, *Letters,* S. 37.
[42] Kerouac, *On the Road,* S. 156.
[43] Dito, S. 170
[44] Dito.
[45] Schumacher, *Dharma Lion*, S. 107.
[46] Ginsberg, Tagebücher, Ginsberg Collection, Stanford University.
[47] Dito.
[48] Dito.
[49] Schumacher, *Dharma Lion*, S. 108.
[50] Ginsberg, Tagebücher, Ginsberg Collection, Stanford University.
[51] Jane Kramer, *Allen Ginsberg in America* (New York: Random House, 1969), S. 126.
[52] Ginsberg, Tagebücher, Ginsberg Collection, Stanford University.
[53] Schumacher, *Dharma Lion*, S. 111.
[54] Ginsberg, Tagebücher, Ginsberg Collection, Stanford University.
[55] Dito.
[56] Carl Solomon, *Mishaps, Perhaps* (San Francisco: Beach Books, Texts & Documents, 1968), S. 40.
[57] Miles, *Ginsberg*, S. 117.
[58] Dito, S. 119.
[59] Kerouac an Allen Ginsberg, 10. Juni 1949, in: Kerouac, *Selected Letters,* S. 191.
[60] Ginsberg, Tagebücher, Ginsberg Collection, Stanford University.
[61] Kramer, *Ginsberg in America,* S. 41.
[62] Miles, *Ginsberg,* S. 122.
[63] Ginsberg, Tagebücher, Ginsberg Collection, Stanford University.
[64] Solomon, *Mishaps, Perhaps,* S. 45.
[65] Solomon an Ginsberg, nicht datiert, Ginsberg Collection, Stanford University.
[66] Solomon an Ginsberg, Entwurf eines Briefes an T. S. Eliot, 19. Dezember 1949, Ginsberg Collection, Stanford University.
[67] Solomon, *Emergency Messages,* S. 33.
[68] Solomon an Ginsberg, 15. Juli 1950, Ginsberg Collection, Stanford University.

69 Miles, *Ginsberg,* S. 125.

70 Ginsberg, Tagebücher, Ginsberg Collection, Stanford University.

71 Dito.

72 Miles, *Ginsberg,* S. 129.

73 Ginsberg an Cassady, Sommer 1950, in: Ginsberg and Cassady, *As Ever,* p. 67.

74 Ginsberg an Cassady, Januar 1952, Dito, S. 115.

75 Ginsberg, Tagebücher, Ginsberg Collection, Stanford University.

76 Ginsberg an Lionel Trilling, Dezember 1948, Ginsberg Collection, Stanford University.

77 Ginsberg to Cassady, 31. Oktober 1950, in: Ginsberg and Cassady, *As Ever,* S. 73.

78 Chandler Brossard, »Tentative Visits to the Cemetery: Reflections on My Beat Generation«, *Review of Contemporary Literature* 7 (1987), S. 13.

79 Gloria Sukenick, in: Ronald Sukenick, *Down and In: Life in the Underground* (New York: Macmillan, 1987), S. 19.

80 Judith Malina, *The Diaries of Judith Malina 1947–1957* (New York: Grove Press, 1984), S. 172.

81 Dito, S. 181.

82 Anatole Broyard, »Portrait of a Hipster«, *Partisan Review* 15, Nr. 6 (Juni 1948): S. 721.

83 Norman Mailer, »Mailer's Reply« in *Advertisements for Myself* (New York: Putnam, 1959), S. 363.

84 Ned Polsky, dito, S. 366.

85 Milton Klonsky, »Greenwich Village: Decline and Fall«, in: Chandler Brossard, *The Scene Before You: A New Approach to American Culture* (New York: Rinehart, 1955), S. 26.

86 Mailer, »Mailer's Reply«, S. 363.

87 Shelley, »A Defence of Poetry«, zitiert in: Thomas McClanahan, »Gregory Corso«, *Dictionary of Literary Biography,* Bd. 5, *American Poets Since World War II* (Detroit: Gale Research, 1980), S. 142.

88 Dito, S. 143.

89 Miles, *Ginsberg,* S. 133.

90 Gifford and Lee, *Jack's Book,* S. 178.

91 Gregory Corso, »Elegiac Feelings American«, in: *Elegiac Feelings American* (New York: New Directions, 1970), S. 24.

92 Ginsberg in einem Interview mit dem Autor, New York, 27. März 1995.

93 Kramer, *Ginsberg in America,* S. 174.

94 Ginsberg, Tagebücher, Ginsberg Collection, Stanford University.

95 Paul Mariani, *William Carlos Williams: A New World Naked* (New York: McGraw-Hill, 1981), S. 607.

96 Schumacher, *Dharma Lion,* S. 123.

97 Mariani, *William Carlos Williams,* S. 605.

98 Schumacher, *Dharma Lion,* S. 123.

99 Williams an Harriet Monroe, 5. März 1913, in: *The Selected Letters of William Carlos Williams,* Hg.: John C. Thirlwall (New York: Obolensky, 1957), S. 25.

100 Pound, zitiert in: Michael Reck, *Ezra Pound: A Close-up* (New York: McCraw-Hill, 1967), S. 95.

101 Williams an Lowell, 11. März 1952, in: Williams, *Selected Letters,* S. 312.

102 Schumacher, *Dharma Lion,* S. 124.

103 Miles, *Ginsberg,* S. 146.

104 Allen Ginsberg, »The Bricklayer's Lunch Hour«, in: *Collected Poems,* S. 4.

105 Williams an Ginsberg, 27. Februar 1952, in: Miles, *Ginsberg,* S. 145.

106 Dito, S. 146.

107 Ginsberg an Cassady, 23. Juni 1953, in: Ginsberg and Cassady, *As Ever,* S. 147.

108 Miles, *Ginsberg,* S. 153.

109 Dito.

110 Ginsberg an Cassady, 4. September 1953, in: Ginsberg and Cassady, *As Ever,* S. 153.

111 Allen Ginsberg, »The Green Automobile«, in: *Collected Poems,* S. 86.

112 Nicosia, *Memory Babe,* S. 279.

113 Dito, S. 287.

114 Ginsberg an Lionel Trilling, nicht datiert, Ginsberg Collection, Stanford University.

115 Nicosia, *Memory Babe,* S. 301.

116 Plummer, *The Holy Goof,* S. 87.

117 Nicosia, *Memory Babe,* S. 337.

[118] Plummer, *The Holy Goof,* S. 86.
[119] Ginsberg an Cassady, Februar 1951, in: Ginsberg and Cassady, *As Ever,* S. 101.
[120] Cassady an Ginsberg, 17. Mai 1951, dito, S. 104.
[121] Kerouac an Cassady, 27. Dezember 1950, in: Kerouac, *Selected Letters,* S. 243.
[122] Nicosia, Memory *Babe,* S. 337.
[123] Charters, *Kerouac,* S. 127.
[124] Kerouac an Neal Cassady, 15. April 1955, in: Kerouac, *Selected Letters,* S. 473.
[125] Kerouac an Cassady, 22. Mai 1951, dito, S. 315.
[126] Nicosia, *Memory Babe,* S. 343.
[127] Kerouac, *Visions of Cody*, S. 93.
[128] Kerouac, »Essentials of Spontaneous Prose« in: Charters, *Portable Beat Reader,* S. 58.
[129] Dito, S. 57.
[130] Dito.
[131] Kerouac an Allen Ginsberg, 18. Mai 1952, in: Kerouac, *Selected Letters,* S. 356.
[132] Tim Hunt, *Kerouac's Crooked Road: Development of a Fiction* (Hamden, Conn.: Archon Books, 1981), S. 145.
[133] Kerouac an Carolyn Cassady, 10. August 1953, in: Kerouac, *Selected Letters,* S. 358.
[134] Nicosia, *Memory Babe,* S. 371.
[135] Cassady, *Off the Road,* S. 218.
[136] Kerouac, *Visions of Cody*, S. 398
[137] Cassady, *Off the Road,* S. 163.
[138] Dito, S. 167.
[139] Allen Ginsberg an Carolyn Cassady, Ende 1952; in: Ginsberg and Cassady, *As Ever,* S. 135.
[140] Cassady, *Off the Road,* S. 204.
[141] Gina Berriault, »Neal's Ashes«, Rolling Stone, 12. Oktober 1972, S. 32.
[142] Kerouac an Ginsberg, 15. Dezember 1948, Ginsberg Collection, Special Collections, Columbia University.
[143] Nicosia, *Memory Babe,* S. 445.
[144] William Burroughs, »Introduction«, in: *Queer* (New York: Viking Penguin, 1985), S. v.
[145] Dito, x.
[146] Burroughs an Kerouac, Mai 1951, in: Burroughs, *Letters,* S. 91.
[147] Burroughs an Kerouac, April 1952, dito, S. 114.
[148] Burroughs an Ginsberg, 11. Januar 1951, dito, S. 79.
[149] Burroughs an Ginsberg, 20. Dezember 1951, dito, S. 97.
[150] Morgan, *Literary Outlaw,* S. 175.
[151] Burroughs an Ginsberg, 5. Mai 1951, in: Burroughs, *Letters,* S. 87.
[152] Burroughs an Ginsberg, 13. Oktober 1949, dito, S. 54.
[153] Morgan, *Literary Outlaw,* S. 173
[154] Dito, S. 176.
[155] Dito, S. 157.
[156] Burroughs an Ginsberg, Mai 1951, in: Burroughs, *Letters,* S. 89.
[157] Burroughs an Ginsberg, 18. März 1949, dito, S. 45.
[158] Chase in einem Interview mit Morgan, Paso Robles, Kalifornien, 15. März 1985, in: Morgan Archives, Arizona State University.
[159] Dito.
[160] William Burroughs' Unterschrift in Burroughs an Allen Ginsberg, 22. April 1952, in: Burroughs, Letters, S. 121.
[161] Burroughs, *Interzone*, S. 70.
[162] Burroughs an Kerouac, 10. März 1950, in Burroughs, *Letters,* S. 65.
[163] Plimpton, *Writers at Work*, S. 145.
[164] Burroughs, *Queer*, S. xii-xiii.
[165] Morgan, *Literary Outlaw,* S. 185.
[166] Burroughs, *Queer*, S. xiv.
[167] Morgan, *Literary Outlaw,* S. 187.
[168] Burroughs, *Queer*, S. 100.
[169] Burroughs, *Interzone*, S. 64.
[170] Morgan, *Literary Outlaw,* S. 187.
[171] Burroughs, *Queer*, S. 73.
[172] Burroughs an Ginsberg, 23. Mai 1952, in: Burroughs, *Letters,* S. 126.
[173] Burroughs, *Interzone*, S. 64.
[174] Burroughs, *Queer*, S. 61.

[175] Morgan, *Literary Outlaw,* S. 187.
[176] Burroughs, *Junky*, S. 156.
[177] Burroughs, *Queer*, S. 114.
[178] Dito, S. 118.
[179] Morgan, *Literary Outlaw,* S. 191.
[180] Dito, S. 192.
[181] Dito, S. 193.
[182] Burroughs, *Queer*, S. xxi.
[183] Morgan, *Literary Outlaw,* S. 195.
[184] Dito, S. 194.
[185] Dito, S. 196.
[186] Burroughs an Allen Ginsberg, 7. Februar 1955, in: Burroughs, *Letters*, S. 263.
[187] Dito, S. 196.
[188] Chase in einem Interview mit Morgan, Paso Robles, Kalifornien, 15. März 1985, in den Morgan Archives, Arizona State University.
[189] Burroughs, *Queer*, S. xxii.
[190] Morgan, *Literary Outlaw,* S. 201.
[191] Dito, S. 202.
[192] Burroughs an Allen Ginsberg, 20. Februar 1948, in: Burroughs, *Letters*, S. 18.
[193] Morgan, *Literary Outlaw,* S. 215.
[194] Burroughs an Ginsberg, 19. Januar 1952, in: Burroughs, *Letters*, S. 101.
[195] Dito.
[196] Burroughs an Ginsberg, Juli 1952, dito, S. 134.
[197] Burroughs an Ginsberg, 5. November 1952, dito, S. 140.
[198] Kerouac an John Clellon Holmes, 9. Dezember 1952, in: Kerouac, *Selected Letters,* S. 388–389.
[199] Morgan, *Literary Outlaw,* S. 218.
[200] Burroughs an Ginsberg, 3. Juli 1953, in: Burroughs, *Letters,* S. 179, 180.
[201] Burroughs an Ginsberg, 19. Januar 1952, dito, S. 101.
[202] Burroughs an Ginsberg, 22. April 1952, dito, S. 121.
[203] Burroughs an Ginsberg, 6. Oktober 1952, dito, S. 138.
[204] Louis Simpson an Allen Ginsberg, 29. Mai 1952, Ginsberg Collection, Stanford University.
[205] Burroughs an Ginsberg, 3. August 1953, in: Burroughs, *Letters,* S. 187.
[206] Morgan, *Literary Outlaw,* S. 206.
[207] Dito.
[208] Ginsberg, Tagebücher, Ginsberg Collection, Stanford University.
[209] Dito.
[210] Schumacher, *Dharma Lion*, S. 148.
[211] Morgan, *Literary Outlaw,* S. 206.
[212] Ginsberg an Neal Cassady, 4. September 1953, in: Ginsberg and Cassady, *As Ever,* S. 154.
[213] Miles, *Burroughs*, S. 66.
[214] Allen Ginsberg, »Recollections of Burroughs Letters«, in: William S. Burroughs, *Letters to Allen Ginsberg, 1953–1957* (New York: Full Court Press, 1982), S. 5.
[215] Schumacher, *Dharma Lion*, S. 157.
[216] Ginsberg, »Recollections of Burroughs Letters«, S. 6.
[217] Miles, *Ginsberg,* S. 156.

## Anlaufhäfen der Beats: San Francisco, Tanger

[1] Miles, *Burroughs*, S. 74.
[2] Burroughs an Allen Ginsberg, 1. März 1954, in: Burroughs, *Letters*, S. 198.
[3] Dito, S. 199.
[4] Burroughs an Ginsberg, 26. Januar 1954, dito, S. 195.
[5] Burroughs an Ginsberg, 9. Februar 1954, dito, S. 195.
[6] Burroughs an Ginsberg, 1. März 1954, dito, S. 198.
[7] Burroughs an Jack Kerouac, 4. Mai 1954, dito, S. 209.
[8] Burroughs an Kerouac, 22. April 1954, dito, S. 205.
[9] Dito, S. 204.
[10] Dito, S. 205.
[11] Burroughs an Ginsberg, 7. April 1954, dito, S. 201
[12] Ginsberg, »Recollections of Burroughs Letters«, S. 7.

[13] Allen Ginsberg, *Journals: Early Fifties Early Sixties*, Hg. Gordon Ball (New York: Grove Press, 1977), S. 55.
[14] Allen Ginsberg, »Siesta in Xbalba«, in: *Collected Poems*, S. 101.
[15] Kerouac to John Clellon Holmes, 19. Februar 1954, in: Kerouac, *Selected Letters*, S. 407–408.
[16] Ginsberg an Cassady, 12. Mai 1954, in: Ginsberg and Cassady, *As Ever*, S. 182.
[17] Ginsberg, *Journals: Early Fifties Early Sixties*, S. 34.
[18] Cassady, *Off the Road*, S. 233.
[19] Clark, *Kerouac*, S. 131.
[20] Jack Kerouac, »The Last Word«, *Escapade* 4, no. 2 (October 1959): S. 72.
[21] Clark, *Kerouac*, S. 131.
[22] Nicosia, *Memory Babe*, S. 458.
[23] Kerouac an Ginsberg, Anfang Mai 1954, in: Kerouac, *Selected Letters*, S. 410.
[24] Burroughs an Jack Kerouac, 24. Mai 1954, in: Burroughs, *Letters*, S. 213.
[25] Ginsberg, Tagebücher, Ginsberg Collection, Stanford University.
[26] Schumacher, *Dharma Lion*, S. 153.
[27] Ginsberg an Kerouac, um den Herbst 1954, zitiert in Schumacher, *Dharma Lion*, S. 195.
[28] Gifford and Lee, *Jack's Book*, S. 215.
[29] Jack Kerouac, »Some of the Dharma«, zitiert in: Nicosia, *Memory Babe*, S. 471.
[30] Ginsberg an Kerouac, zitiert in: Miles, *Ginsberg*, S. 168.
[31] Dito, S. 167.
[32] Allen Ginsberg, »Love Poem on Theme by Whitman«, *Collected Poems*, S. 115.
[33] Kerouac an Carolyn Cassady, 2. Juli 1954, in: Kerouac, *Selected Letters*, S. 427.
[34] Morgan, *Literary Outlaw*, S. 251.
[35] Schumacher, *Dharma Lion*, S. 186.
[36] Miles, *Ginsberg*, S. 177.
[37] Kramer, *Ginsberg in America*, S. 42.
[38] Schumacher, *Dharma Lion*, S. 193.
[39] Dito, S. 199.
[40] Miles, *Ginsberg*, S. 186.
[41] Schumacher, *Dharma Lion*, S. 200.
[42] Carl Solomon an Allen Ginsberg, 1955, Ginsberg Collection, Stanford University.
[43] Schumacher, *Dharma Lion*, S. 200.
[44] Allen Ginsberg, »Notes Written on Finally Recording Howl«, Liner Notes zu *Allen Ginsberg Reads Howl and Other Poems* (Fantasy Records 7006, 1959).
[45] Kramer, *Ginsberg in America*, S. 140.
[46] Schumacher, *Dharma Lion*, S. 201.
[47] Ginsberg, »Notes Written on Finally Recording Howl«.
[48] Dito.
[49] Schumacher, *Dharma Lion*, S. 204.
[50] Kerouac an Ginsberg, 19. August 1955, in: Kerouac, *Selected Letters*, S. 508.
[51] Schumacher, *Dharma Lion*, S. 207.
[52] Barry Miles, Hg., *Howl: Original Draft Facsimile, Transcript and Variant Versions, Fully Annotated by Author, with Contemporaneous Correspondence, Account of First Public Reading, Legal Skirmishes, Precursor Texts and Bibliography* (New York: Harper & Row, 1986), S. 165.
[53] Kerouac an Ginsberg, 1.–6. September 1955, in: Kerouac, *Selected Letters*, S. 511.
[54] Miles, *Howl*, S. 165.
[55] James McKenzie, Interview mit Peter Orlovsky, North Dakota, 1975, in: Knight and Knight, *unspeakable visions of the individual* 9, Nr. 1 (1979): S. 23.
[56] Linda Hamalian, *A Life of Kenneth Rexroth* (New York: Norton, 1991), S. 244.
[57] Jack Kerouac, *The Dharma Bums* (New York: Viking, 1958), S. 10.
[58] Kramer, *Ginsberg in America*, S. 48.
[59] John Allen Ryan, zitiert in: Rebecca Solnit, *Secret Exhibition: Six California Artists of the Cold War Era* (San Francisco: City Lights, 1990), S. 48.
[60] Miles, *Howl*, S. 165.
[61] Bruce Cook, *The Beat Generation*, (Westport, Conn.: Greenwood Press, 1983), S. 165.
[62] Glen Burns, *Great Poets Howl: A Study of Allen Ginsberg's Poetry, 1943–1955* (New York: P. Lang, 1983), S. 332.

63 Michael McClure, »Allen for Real: Allen Ginsberg«, in: Michael McClure, *Lighting the Corners: On Art, Nature, and the Visionary: Essays and Interviews* (Albuquerque: University of New Mexico Press, 1993), S. 163.
64 Miles, *Ginsberg*, S. 196.
65 Dito, S. 197.
66 Schumacher, *Dharma Lion*, S. 216.
67 Dito, S. 215.
68 Ekbert Faas, *Young Robert Duncan: Portrait of the Homosexual in Society* (Santa Barbara, Calif.: Black Sparrow Press, 1983), S. 278.
69 Gary Snyder, »North Beach« in *The Old Ways* (San Francisco: City Lights, 1977), S. 45.
70 William Everson, »Shaker and Maker«, in: Geoffrey Gardner, Hg., *For Rexroth: The Ark 14* (New York: The Ark, 1980), S. 25–26.
71 Jack Spicer, in McClure, *Lighting the Corners*, S. 44.
72 Gifford and Lee, *Jack's Book*, S. 224.
73 Everson an Duncan, in Faas, *Young Robert Duncan,* S. 168.
74 David Meltzer, Hg., *The San Francisco Poets* (New York: Ballantine, 1971), S. 76.
75 Hilda Burton, in: Faas, *Young Robert Duncan,* S. 211.
76 Janet Richards, *Common Soldiers* (San Francisco: Archer, 1979), S. 274.
77 Lee Bartlett, *William Everson: The Life of Brother Antoninus* (New York: New Directions, 1988), S. 95.
78 Hamalian, Rexroth, S. 221.
79 Richards, *Common Soldiers,* S. 274.
80 Linda Hamalian, »Everson on Rexroth: An Interview«, *Literary Review* 26, no. 3 (Spring 1988): S. 133.
81 Richards, *Common Soldiers*, S. 311.
82 Faas, *Young Robert Duncan*, S. 191.
83 Bartlett, *William Everson,* S. 94.
84 Faas, *Young Robert Duncan,* S. 9.
85 Kenneth Rexroth, *American Poetry in the Twentieth Century* (New York: Seabury Press, 1971), S. 165.
86 Richards, *Common Soldiers,* S. 222.
87 Faas, *Young Robert Duncan,* S. 87.
88 Dito, S. 150.
89 Dito, S. 151.
90 Michael McClure, »Robert Duncan: A Modern Romantic«, in: *Lighting the Corners*, S. 92.
91 Richards, *Common Soldiers,* S. 222.
92 Hamalian, »Everson on Rexroth«, S. 426.
93 James A. Powell, »Brother Antoninus«, in: Ann Charters, Hg., *Dictionary of Literary Biography,* Bd. 16 (Detroit: Gale Research, 1983), S. 190–191.
94 Bartlett, *William Everson,* S. 162.
95 Meltzer, *San Francisco Poets,* S. 99.
96 Bartlett, *William Everson*, S. 170.
97 Dito, S. 169.
98 Powell, »William Everson«, S. 191.
99 Richards, *Common Soldiers,* S. 316.
100 Lawrence Ferlinghetti in einem Interview mit dem Autor, 27. Januar 1994, San Francisco.
101 Robert I. Bertholf and Ian Reid, Hg., *Robert Duncan: Scales of the Marvelous* (New York: New Directions, 1979), S. 19.
102 Mick McAllister, »An Interview with Michael McClure« in: Arthur and Kit Knight, Hg., *Kerouac and the Beats* (New York: Paragon House, 1988), S. 211.
103 Michael McClure, *Scratching the Beat Surface* (San Francisco: North Point Press, 1982), S. 138.
104 McClure, »Allen for Real: Allen Ginsberg«, in: *Lighting the Corners*, S. 170.
105 McClure, »The Beat Journey: An Interview«, dito, S. 424.
106 Lew Welch, *I Remain: The Letters of Lew Welch and Correspondence of His Friends,* Hg. Donald Allen (Bolinas, Calif: Grey Fox Press, 1980), S. 41.
107 Dan MacLeod, »Gary Snyder«, in: Charters, *Dictionary of Literary Biography,* S. 490.
108 Carol Baker, »1414 S. E. Lambert Street«, in: John Halper, Hg., *Gary Snyder: Dimensions of a Life* (San Francisco: Sierra Club Books, 1991), S. 26.
109 MacLeod, »Gary Snyder«, S. 489.
110 Ekbert Faas, "Robert Creeley«, in: Charters, *Dictionary of Literary Biography,* S. 145.
111 Kerouac, *Dharma Bums,* S. 11.

[112] Alvah Goldbook, die auf Ginsberg basierende Figur, in: dito, S. 32. Der Kerouac-Charakter pflichtet ihm bei.
[113] Dito, S. 9.
[114] Dito, S. 84.
[115] Dito, S. 77.
[116] Nicosia, *Memory Babe,* S. 495.
[117] Nancy J. Peters, »Philip Lamantia«, in Charters, *Dictionary of Literary Biography,* S. 330.
[118] Dito, S. 330.
[119] Dito, S. 331.
[120] Dito, S. 332.
[121] McClure zu Steven Watson, 1. März 1995.
[122] Paul Christensen, »Philip Whalen«, in: Charters, *Dictionary of Literary Biography,* S. 554.
[123] Dito, S. 556.
[124] Dito, S. 558.
[125] Dito.
[126] Martin Duberman, *Black Mountain: An Exploration in Community* (Garden City, N. Y.: Anchor Press/ Doubleday, 1973), S. 408, 409.
[127] Dito, S. 144.
[128] Robert Creeley, »Introduction«, in: *Black Mountain Review* (Reprint Hg.; New York: AMS Press, 1969), S. iv.
[129] Dito.
[130] Dito, S. 144.
[131] Duberman, *Black Mountain,* S. 419.
[132] Dito.
[133] Creeley, »Introduction«, S. xii.
[134] Dito.
[135] Dito, S. xiii.
[136] Mel Clay, *Jazz – Jail and God: Bob Kaufman* (San Francisco: Androgyne Books, 1987), S. vi.
[137] »Legendary Beat Poet Bob Kaufman Dies«, *San Francisco Chronicle,* 13. Januar 1986.
[138] Clay, *Jazz – Jail and God,* S. 63.
[139] »Talking with Duncan«, in: McClure, *Lighting the Corners,* S. 84.
[140] Michael McClure, »Ninety-One Things About Richard Brautigan«, dito, S. 43.
[141] Michael McClure, »Allen for Real«, dito, S. 161.
[142] Kerouac an Stella Sampas, 9. November 1955, in: Kerouac, *Selected Letters,* S. 528.
[143] Gifford and Lee, *Jack's Book,* S. 224.
[144] Herbert Gold, »How to Tell the Beatniks from the Hipsters«, *Noble Savage* 1 (Frühjahr 1960): 132.
[145] Kerouac an Lucien Carr, 24. Februar 1956, in: Kerouac, *Selected Letters,* S. 562.
[146] Richards, *Common Soldiers,* S. 325–326.
[147] Faas, *Young Robert Duncan,* S. 279.
[148] Gifford and Lee, *Jack's Book,* S. 222.
[149] Dito, S. 221.
[150] Duberman, *Black Mountain,* S. 438–439.
[151] Richards, *Common Soldiers,* S. 323.
[152] Hamalian, *Rexroth*, S. 246.
[153] Dito, S. 259.
[154] Dito, S. 271.
[155] Kerouac an John Clellon Holmes, 27. Mai 1956 in: Kerouac, *Selected Letters,* S. 580.
[156] Ginsberg in einem Interview mit dem Autor, New York, 27. März 1995.
[157] Faas, »Robert Creeley«, S. 145.
[158] Kerouac, *Dharma Bums*, S. 199.
[159] Dito, S. 215.
[160] Ralph J. Gleason, »Begone, Dull Beats«, *New Statesman*, 2. Juni 1961, S. 94.
[161] Burroughs an Ginsberg, 16. Juni 1954, in: Burroughs, *Letters,* S. 215.
[162] Burroughs an Ginsberg, 21. September 1955, dito, S. 280.
[163] Burroughs, *Interzone*, p. 69.
[164] Dito, S. 70.
[165] Burroughs an Ginsberg, 24. Juni 1954. in: Burroughs, *Letters,* S. 216–217.
[166] Dito, S. 216.
[167] Plimpton, *Writers at Work*, S. 147.
[168] Burroughs an Ginsberg, 8. Mai 1956, in: Burroughs, *Letters,* S. 317
[169] Dito.
[170] Burroughs an Ginsberg, 16. September 1956, dito, S. 326.
[171] Miles, *Burroughs*, S. 77.

[172] Burroughs an Ginsberg, 13. Oktober 1956, in: Burroughs, *Letters,* S. 329.
[173] Burroughs, *Interzone*, S. 128.
[174] William Burroughs, »Deposition: Testimony Concerning a Sickness«, in: *Naked Lunch* (New York: Grove Press, 1961), S. v.
[175] Miles, *Burroughs*, S. 78.
[176] Dito.
[177] Paul Bowles, *Without Stopping: An Autobiography* (New York: Putnam, 1992), S. 323.
[178] Burroughs an Ginsberg, 29. Oktober 1956, in: Burroughs, *Letters*, S. 337.
[179] Dito, S. 356.
[180] Jack Kerouac, *Desolation Angels* (New York: Coward-McCann, 1965), S. 307.
[181] Dito, S. 311.
[182] Dito, S. 301.
[183] Dito, S. 315.
[184] Miles, *Burroughs*, S. 79.
[185] Dito, S. 81.

### Vom Beat zum Beatnik

[1] William Carlos Williams, »Introduction«, in: Allen Ginsberg, *Howl and Other Poems* (San Francisco: City Lights, 1956), S. vi.
[2] Schumacher, *Dharma Lion*, S. 261.
[3] Dito, S. 262.
[4] Gilbert Millstein, *New York Times,* 5. September 1957.
[5] Clark, *Kerouac,* S. 161.
[6] Johnson, *Minor Characters,* S. 190.
[7] Jack Kerouac an Allen Ginsberg, 11. August 1958, Ginsberg Collection, Special Collections, Columbia University.
[8] McNally, *Desolate Angel*, S. 243.
[9] Clark, *Kerouac,* S. 165.
[10] McNally, *Desolate Angel*, S. 242.
[11] Clark, *Kerouac,* S. 166.
[12] Plummer, *The Holy Goof*, S. 104.
[13] John Montgomery, *Kerouac West Coast* (Palo Alto, Kalifornien: Fels & Firn, 1976), n. p.
[14] Art Buchwald, »The Upbeat Beatnik«, *New York Herald Tribune*, 4. Januar 1960.
[15] Fred McDarrah, Hg., *Kerouac and Friends* (New York: Morrow, 1985), S. 19.
[16] Kerouac an Ginsberg, 28. August 1958, Ginsberg Collection, Special Collections, Columbia University.
[17] Herbert Gold, »Hip, Cool, Beat - and Frantic«, *Nation*, 6. November 1957, S. 349.
[18] Nicosia, *Memory Babe,* S. 567.
[19] Kenneth Rexroth, »San Francisco Letter«, *Evergreen Review* 1, no. 2 (Summer 1957): S. 10.
[20] Clark, *Kerouac*, S. 165, 167.
[21] Lionel Trilling, in: Hettie Jones, *How I Became Hettie Jones* (New York: Penguin, 1991), S. 129.
[22] »Ron«, Rezension des Films *The Beat Generation, Variety,* 1. Juli 1959.
[23] Blaine Allan, »The Making (and Unmaking) of *Pull My Daisy*«, *Film History* 2, no. 3 (September–Oktober 1988): S. 189.
[24] Dito, S. 197.
[25] Jones, *How I Became Hettie Jones,* S. 129.
[26] Johnson, *Minor Characters,* S. 89.
[27] Dito, S. 30.
[28] Dito, S. 127.
[29] Dito.
[30] Dito, S. 132.
[31] Dito, S. 137.
[32] Dito, S. 154.
[33] Dito, S. 253.
[34] Jones, *How I Became Hettie Jones*, S. 2.
[35] Dito, S. 129.
[36] Titelblat von Yūgen, zitiert in: Jones, *How I Became Hettie Jones,* S. 54.
[37] Miles, *Ginsberg,* S. 252.
[38] Jones, *How I Became Hettie Jones,* S. 98.
[39] Diane DiPrima, *Memoirs of a Beatnik* (Paris: Olympia Press/Traveler's Companion, 1969), S. 63.
[40] Dito, S. 126.
[41] Dito, S. 127.
[42] Dito, S. 137.
[43] Dito, S. 131.

[44] Harold Norse, *Memoirs of a Bastard Angel: A Fifty-Year Literary and Erotic Odyssey* (New York: Morrow, 1989), S. 347.

[45] Morgan, *Literary Outlaw,* S. 278.

[46] Dito, S. 280.

[47] Naomi Ginsberg an Allen Ginsberg, geschrieben am 8. Juni, Poststempel vom 11. Juni 1956, in: Miles, *Ginsberg*, S. 208.

[48] Eugene Brooks an Allen Ginsberg, 11. Juni 1956, Ginsberg Collection, Stanford University.

[49] »Allen Ginsberg Reads ›Kaddish‹, a Twentieth-Century Ecstatic Poem«, Liner Notes, Atlantic Records #4001, 1966.

[50] Dito.

[51] Ginsberg an Lawrence Ferlinghetti, 11. Oktober 1960, dito.

[52] Schumacher, *Dharma Lion*, S. 274.

[53] Miles, *Burroughs*, S. 86.

[54] Dito, S. 113.

[55] Morgan, *Literary Outlaw,* S. 407.

[56] Dito, S. 296.

[57] Burroughs an Allen Ginsberg, 24. August 1959, in: Burroughs, *Letters,* S. 421.

[58] Burroughs an Ginsberg, Juli 1959, dito, S. 418.

[59] Morgan, *Literary Outlaw,* S. 338.

[60] Miles, *Burroughs,* S. 106.

[61] Jonathon Green, Hg., *The Encyclopedia of Censorship* (New York: Facts on File, 1990), S. 221.

## Nachlese

[1] Neal Cassady an Carolyn Cassady, in: Knight and Knight, *Beat Angels,* S. 8.

[2] Dito, S. 6.

[3] Carolyn Cassady an Allen Ginsberg, 31. Oktober 1962, Ginsberg Collection, Special Collections.

[4] Paul Perry and Ken Babbs, *On the Bus: The Complete Guide to the Legendary Trip of Ken Kesey and the Merry Pranksters* (New York: Thunder's Mouth Press, 1990), S. 108.

[5] Ed McClanahan, dito, S. 33.

[6] Stewart Brands Formulierung, in: Plummer, *The Holy Goof,* S. 122.

[7] Perry and Babbs, *On the Bus,* S. 43.

[8] »L.«, »My Visions of Neal«, in: Rudi Horemans, Hg., *Beat Indeed!* (Antwerpen: EXA, 1985), S. 95.

[9] Plummer, *The Holy Goof,* S. 143.

[10] Miles, *Ginsberg,* S. 376.

[11] Perry and Babbs, *On the Bus,* S. 84.

[12] Ron Bivert, dito, S. 86.

[13] Nicosia, *Memory Babe,* S. 653.

[14] Berriault, »Neal's Ashes«, S. 36.

[15] Plummer, *The Holy Goof,* S. 153.

[16] Berriault, »Neal's Ashes«, S. 36.

[17] Burroughs an Ginsberg, 24. Juli 1958, in: Burroughs, *Letters,* S. 392.

[18] Kerouac, »The First Word«, *Escapade* 12, Nr. 1 (Januar 1967): 33.

[19] Clark, *Kerouac*, S. 204.

[20] Nicosia, *Memory Babe,* S. 675.

[21] McNally, *Desolate Angel*, S. 338.

[22] Nicosia, *Memory Babe,* S. 684.

[23] Miles, *Ginsberg,* S. 286.

[24] McNally, *Desolate Angel*, S. 338.

[25] Nicosia, *Memory Babe,* S. 698.

[26] Gifford and Lee, *Jack's Book*, S. 315.

[27] Dito, S. 316.

[28] Charters, *Kerouac*, S. 367.

[29] Miles, *Ginsberg,* S. 327.

[30] Dito, S. 260.

[31] Dito, S. 269.

[32] Dito, S. 270.

[33] Dito, S. 271.

[34] Dito, S. 272.

[35] Dito, S. 273.

[36] Schumacher, *Dharma Lion*, S. 332.

[37] Miles, *Ginsberg,* S. 279.

[38] Schumacher, *Dharma Lion*, S. 347.

[39] Dito.

[40] Swami Shivananda, in: Plimpton, *Writers at Work*, S. 315.

[41] Miles, *Ginsberg,* S. 309.

[42] Plimpton, *Writers at Work*, S. 316.

[43] Miles, *Ginsberg,* S. 331.

[44] Kramer, *Ginsberg in America,* S. 13.

[45] Dito, S. 100.

[46] Allen Ginsberg, »A Definition of the Beat Generation«, *Friction* I, Nr. 2–3 (1982): S. 50. Auch Ginsberg in einem Telefoninterview mit dem Autor, New York, 14. Juli 1995.

[47] Philip Whalen in einem Interview mit dem Autor, San Francisco, 1. Februar 1994.

[48] Burroughs an Ginsberg, 20. September 1957, in: Burroughs, *Letters,* S. 367.

[49] Morgan, *Literary Outlaw,* S. 595.

[50] William Burroughs, *The Soft Machine* (New York: Grove Press, 1966), zitiert in: Miles, *Burroughs,* S. 122.

[51] Brookner, *William Burroughs.*

[52] Morgan, *Literary Outlaw,* S. 548.

[53] Dito, S. 13.

[54] Dito, S. 571.

[55] Dito.

[56] William Burroughs, *The Westem Lands* (New York: Penguin, 1987), S. 258.

[57] Allen Ginsberg, »Account of Purification of Spirit of William S. Burroughs«, 17.–22. März 1992, Ginsberg Collection, Stanford University.

[58] Dito.

# Marginalien

Die Zitate auf den Textseiten wurden aus dem Amerikanischen von Bernhard Schmid übersetzt.

### Seite 3

William Burroughs an Allen Ginsberg, 30. Mai 1953, in: William Burroughs, *The Letters of William S. Burroughs 1945–1959,* hg. von Oliver Harris (New York: Viking, 1993,), S. 166.

### Seite 4

Holmes an Jack Kerouac, 28. April 1950, in: Jack Kerouac, *Selected Letters 1940–1956,* hg. von Ann Charters (New York: Viking, 1995), S. 226.

Allen Ginsberg, »A Definition of the Beat Generation«, *Friction* 1, Nr. 2–3 (1982): 52.

Paul O'Neill, »The Only Rebellion Around«, *Life*, 30. November 1959, S. 130.

William Burroughs, »Remembering Jack Kerouac«, in: *The Adding Machine* (New York: Seaver Books, 1986), S. 180.

### Seite 5

Gregory Corso, »Variations on a Generation«, in: Charters, *The Portable Beat Reader,* S. 183.

Allen Ginsberg, Tagebücher, Ginsberg Collection, Stanford University.

### Seite 6

Burroughs an Allen Ginsberg, 10. Juli 1953, in: Burroughs, *Letters,* S. 185.

Kerouac an Neal Cassady, 28. Dezember 1950, in: Kerouac, *Selected Letters,* S. 247.

Kerouac an Neal Cassady, 3. Oktober 1948, in: Kerouac, *Selected Letters,* S. 167.

### Seite 7

Anfang von Kerouacs Gedicht »A Remembrance of Walking Past the Hotel Wilson«, in: Gerald Nicosia, *Memory Babe: A Critical Biography of Jack Kerouac* (Berkeley: University of California Press, 1994), S. 162.

### Seite 8

Anatole Broyard, »Portrait of a Hipster«, *Partisan Review* 15, Nr. 6 (Juni 1948): 721.

### Seite 9

William Burroughs, *Queer* (New York: Viking Penguin, 1985), S. 76; Norman Mailer in: Nicosia, *Memory Babe,* S. 206; Herbert Huncke in einem Interview mit dem Autor, New York, 26. Februar 1995.

### Seite 10

William Burroughs, *Junky* (New York: Penguin, 1977), S. 142.

Burroughs, *Queer*, S. x.

Burroughs, *Junky*, S. 50.

### Seite 11

Ted Morgan, *Literary Outlaw: The Life and Times of William S. Burroughs* (New York: Holt, 1988), S. 41.

### Seite 13

Ted Morgan, *Literary Outlaw: The Life and Times of William S. Burroughs* (New York: Holt, 1988), S. 57.

Burroughs an Jack Kerouac, 15. März 1949, in: Burroughs, *Letters,* S. 42.

William Burroughs, »Lee's Journals«, in: *Interzone,* Hg.: James Grauerholz (New York: Penguin, 1989), S. 66.

### Seite 14

Burroughs, *Junky,* S. 15–16.

Seite 15

Burroughs an Ginsberg, 1953, in: William Plummer, *The Holy Goof. A Biography of Neal Cassady* (New York: Paragon House, 1981), S. 94.

Burroughs, »Lee's Journals«, in: *Interzone*, S. 90.

Seite 16

Burroughs an Allen Ginsberg, 22. April 1925, in: Burroughs, *Letters*, S. 121.

Seite 17

Burroughs, »Lee's Journals«, *Interzone*, S. 67–68.

Burroughs, *Junky*, S. 47. / Kerouac an Neal Cassady, 6. Oktober 1950, in: Kerouac, *Selected Letters*, S. 234.

Seite 18

Kerouac an Neal Cassady, 28. Dezember 1950, in: Kerouac, *Selected Letters*, S. 250.

Seite 21

Kerouac an Neal Cassady, 28. Dezember 1950, in: Kerouac, *Selected Letters*, S. 253.

Seite 22

Kerouac an Neal Cassady, 9. Januar 1951, in: Kerouac, *Selected Letters*, S. 282.

Kerouac an Neal Cassady, 28. Dezember 1950, in: Kerouac, *Selected Letters*, S. 252.

Kerouac an Neal Cassady, 9. Januar 1951, in: Kerouac, *Selected Letters*, S. 282.

Joe Kerouac an Jack Kerouac, in: Tom Clark, *Jack Kerouac* (New York: Paragon House, 1990), S. 19.

Seite 23

Kerouac an Neal Cassady, 3. Januar 1951, in: Kerouac, *Selected Letters*, S. 268.

Seite 24

Leo Kerouac zu Jack Kerouac, in: Dennis McNally, *Desolate Angel: Jack Kerouac, the Beat Generation, and America* (New York: Random House, 1979), S. 15.

Ginsberg, in: Michael Schumacher, *Dharma Lion: A Biography of Allen Ginsberg* (New York: St. Martin's Press, 1992), S. 16.

Seite 27

Huncke in einem Interview mit dem Autor, New York, 26. Februar 1995.

Seite 28

Louis Ginsberg, »Keep an O'Pun Mind« (Zeitungskolumne).

Seite 29

John Clellon Holmes, *Go*, in: Charters, *The Portable Beat Reader*, S. 159.

Seite 31

Horace Mann, Jahrbucheintrag für Jack Kerouac, in: McNally, *Desolate Angel*, S. 40.

Jack Kerouac, *Vanity of Duluoz* (New York: Coward-McCann, 1968), S. 94.

Seite 33

Kerouac an Neal Cassady, 9. Januar 1951, in: Kerouac, *Selected Letters*, S. 285.

Seite 34

Kerouac zu einem Marinepsychiater, 1943, in: Nicosia, *Memory Babe*, S. 106.

Kerouac an John Clellon Holmes, 8. Februar 1952, in: Kerouac, *Selected Letters*, S. 338.

Seite 36

Ginsberg, in: Barry Miles, *Ginsberg: A Biography* (New York: Simon & Schuster, 1989), S. 43.

Ginsberg, Tagebücher, Ginsberg Collection, Stanford University.

Allen Ginsberg an Jack Kerouac, 13. Juli 1949, in: Kerouac, *Selected Letters*, S. 210.

**Seite 37**

Jack Kerouac, *Desolation Angels* (New York: Coward-McCann, 1965), S. 312.

**Seite 39**

Kerouac an Caroline Kerouac Blake, 14. März 1945, in: Kerouac, *Selected Letters,* S. 89.

Burroughs zu Kerouac, in: Nicosia, *Memory Babe,* S. 119.

**Seite 40**

McNally, *Desolate Angel*, S. 77.

Jack Kerouac, »Belief & Technique for Modern Prose«, in: Charters, *The Portable Beat Reader,* S. 59.

**Seite 41**

Arthur Rimbaud, in: Kerouac, *Selected Letters,* S. 79.

**Seite 43**

Burroughs, *Junky*, S. 14–15.

**Seite 46**

Jack Kerouac, *On the Road* (New York: Viking, 1957), S. 137.

**Seite 48**

Kerouac an Sterling Lord, 17. September 1956, in: Kerouac, *Selected Letters,* S. 586; Kerouac an Neal Cassady, 6. Oktober 1950, dito, S. 234.

**Seite 50**

Miles, *Ginsberg,* S. 54.

Kerouac an Ginsberg, 23. August 1945, in: Kerouac, *Selected Letters,* S. 92.

**Seite 51**

Ginsberg, Tagebücher, Ginsberg Collection, Stanford University.

Jack Kerouac, *The Subterraneans* (New York: Grove Press, 1958), S. 40; Burroughs, *Queer,* S. 123.

**Seite 53**

Ginsberg, Tagebücher, Ginsberg Collection, Stanford University.

Kerouac, *The Subterraneans,* S. 15.

**Seite 54**

Ginsberg, Tagebücher, Ginsberg Collection, Stanford University.

**Seite 55**

Burroughs an Allen Ginsberg, 20. Dezember 1951, in: Burroughs, *Letters,* S. 98; Burroughs an Allen Ginsberg, 11. Januar 1951, dito, S. 77.

**Seite 56**

Kerouac an Ginsberg, 15. Dezember 1948, in: Kerouac, *Selected Letters,* S. 176.

Chase, in: Nicosia, *Memory Babe,* S. 151–152.

Chase, Interview mit Ted Morgan, Paso Robles, Kalifornien, 15. März 1985, Morgan Archives, Arizona State University.

Burroughs an Allen Ginsberg, 1. März 1954, in: Burroughs, *Letters*, S. 198.

**Seite 58**

Burroughs, *Junky*, S. 123.

Burroughs, *Junky*, S. xv.

**Seite 59**

Kerouac an Neal Cassady, 28. Juli 1949, in: Kerouac, *Selected Letters,* S. 215.

**Seite 61**

Huncke, in: Barry Gifford and Lawrence Lee, *Jack's Book* (New York: St. Martin's Press, 1978), S. 55.

Ginsberg, Tagebücher, Ginsberg Collection, Stanford University.

**Seite 62**

Allen Ginsberg an Kerouac, 2. Januar 1947, in: Kerouac, *Selected Letters,* S. 108.

### Seite 63

Kerouac an Neal and Carolyn Cassady, 27. Mai 1952, in: Kerouac, *Selected Letters,* S. 358; Burroughs an Allen Ginsberg, 16. September 1956, in: Burroughs, *Letters,* S. 327.

### Seite 64

Burroughs, *Junky*, S. 140.

### Seite 65

Burroughs an Allen Ginsberg, 24. Juni 1949, in: Burroughs, *Letters,* S. 51.

### Seite 66

Tagebücher, Ginsberg Collection, Stanford University.

Leo Kerouac, in: McNally, *Desolate Angel,* S. 22.

Burroughs, *Junky*, S. 29.

### Seite 67

Burroughs, *Queer,* S. 34.

### Seite 68

Burroughs an Allen Ginsberg, 6. Juni 1953, in: Burroughs, *Letters*, S. 169.

Huncke in einem Interview mit dem Autor, New York, 26. Februar 1995.

### Seite 69

Kingsland zu Ginsberg, Oktober 1946, Ginsberg Collection, Special Collections, Columbia University.

Burroughs an Allen Ginsberg, 16. April 1949, in: Burroughs, *Letters,* S. 53; Burroughs, *Junky*, S. 91.

### Seite 73

Jack Kerouac, *On the Road*, S. 226.

Solomon an Kerouac, Anfang 1952, in: Nicosia, *Memory Babe,* S. 368.

### Seite 74

Kerouac an Allen Ginsberg, April 1948, in: Kerouac, *Selected Letters,* S. 147.

### Seite 75

Huncke an Allen Ginsberg, 1947, Ginsberg Collection, Special Collections, Columbia University.

Kerouac an Neal Cassady, 13. September 1947, in: Kerouac, *Selected Letters,* S. 127.

### Seite 76

Holmes, in: Plummer, *The Holy Goof,* S. 35.

### Seite 78

Neal Cassady, in: Plummer, *The Holy Goof,* S. 67; Allen Ginsberg an Kerouac, 25. August 1955, in: Kerouac, *Selected Letters,* S. 508.

### Seite 79

Burroughs, »Lee's Journal«, in: *Interzone*, S. 82

### Seite 80

Carl Solomon, »Pilgrim State Hospital«, in: *Mishaps, Perhaps* (San Francisco: City Lights Books, 1966).

Kerouac, *On the Road,* S. 10.

### Seite 81

Neal Cassady, *The First Third and Other Writings* (San Francisco: City Lights Books, 1971; erweiterte Ausgabe, 1981), S. 47.

Kerouac, *The Subterraneans*, S. 11.

### Seite 82

Cassady an Allen Ginsberg, in: Plummer, *The Holy Goof,* S. 48.

Holmes an Ginsberg, nicht datiert, Ginsberg Collection, Stanford University.

### Seite 84

Kerouac an Cassady, 28. Juli 1949, in: Kerouac, *Selected Letters,* S. 213.

Kerouac, *On the Road,* S. 182.

**Seite 85**

Kerouac an Cassady, ca. 15. April 1955, in: Kerouac, *Selected Letters,* S. 472.

Ginsberg zu Cassady, August 1948, in: Plummer, *The Holy Goof,* S. 31.

**Seite 86**

Ginsberg zu Cassady, Herbst 1947, in: Plummer, *The Holy Goof,* S. 45.

Kerouac an John Clellon Holmes, 24. Juni 1949, in: Kerouac, *Selected Letters,* S. 200.

**Seite 87**

Broyard, »Portrait of a Hipster«, S. 726–727; Huncke in einem Interview mit dem Autor, New York, 26. Februar 1995.

**Seite 88**

Kerouac, *On the Road,* S. 87.

**Seite 89**

Burroughs, *Junky*, S. 25.

**Seite 91**

Herbert Huncke in einem Interview mit dem Autor, New York, 12. März 1995.

**Seite 92**

Burroughs an Jack Kerouac, 30. November 1948, in: Burroughs, *Letters,* S. 27.

**Seite 93**

Herbert Huncke, nach Neal Cassady, in: Jack Kerouac, *Visions of Cody* (1972: New York: Penguin, 1993), S. 139.

**Seite 94**

Huncke in einem Interview mit dem Autor, New York, 12. März 1995.

Burroughs, *Junky*, S. 87.

**Seite 95**

Ginsberg in Texas, 1947, Ginsberg Collection, Stanford University.

Huncke in einem Interview mit dem Autor, New York, 26. Februar, 1995.

**Seite 96**

Kerouac an Neal Cassady, 3. Dezember 1950, in: Kerouac, *Selected Letters,* S. 239.

**Seite 101**

Kerouac, ca. 1947, Ginsberg Collection, Stanford University.

Kerouac, in: McNally, *Desolate Angel,* S. 53.

Kerouac an Hal Chase, 19. April 1947, in: Kerouac, *Selected Letters,* S. 107.

**Seite 102**

Nietzsche, zitiert in: dito, S. 81.

Ginsberg, Tagebücher, Ginsberg Collection, Stanford University.

**Seite 103**

Kerouac an Neal Cassady, 13. September 1947, in: Kerouac, *Selected Letters,* S. 130.

Alan Ansen, in: Nicosia, *Memory Babe,* S. 456.

**Seite 104**

Ginsberg, zitiert in: Kerouac an Ginsberg, 6. September 1945, in: Kerouac, *Selected Letters,* S. 94.

Gregory Corso, »Variations on a Generation«, in: Charters, *The Portable Beat Reader,* S. 182.

**Seite 105**

Ginsberg an Van Doren, nicht datiert, in: Plummer, *The Holy Goof,* S. 41.

Kerouac an William Burroughs, 14. Juli 1947, in: Kerouac, *Selected Letters,* S. 108.

Seite 106

Burroughs, *Junky*, S. 22.

Ginsberg, Tagebücher, Ginsberg Collection, Stanford University.

Seite 107

Kerouac an Cassady, 27. Juni 1948, in: Kerouac, *Selected Letters,* S. 154.

Cassady an Jack Kerouac, 5. Oktober 1947, dito, S. 134.

Cassady, in: Plummer, *The Holy Goof,* S. 84.

Seite 109

Kerouac, *On the Road,* S. 251.

Kerouac an Allen Ginsberg, 15. Dezember 1948, in: Kerouac, *Selected Letters,* S. 177.

Kerouac, in: Clark, *Kerouac*, S. 80.

Kerouac an Allen Ginsberg, ca. Mai 1954, Ginsberg Collection, Special Collections, Columbia University.

Seite 111

Kerouac, *On the Road,* S. 119.

Kerouac, *On the Road,* S. 133.

Seite 112

Kerouac, *On the Road,* S. 146.

Kerouac, *On the Road,* S. 147.

Seite 113

Kerouac, *On the Road,* S. 140.

Kerouac, *On the Road,* S. 109.

Dinah Shore, in: Karal Ann Marling, *As Seen on TV: The Visual Culture of Everyday Life in the 1950s* (Cambridge, Mass.: Harvard University Press, 1994), S. 148.

Seite 114

Huncke, Tagebuch, 1946, in: Herbert Huncke, *Huncke's Journal* (New York: Poets' Press, 1965), S. 5.

Kerouac an Allen Ginsberg, 14. Juli 1955, in: Kerouac, *Selected Letters,* S. 500; Burroughs an Allen Ginsberg, 20. Dezember 1956, in: Burroughs, *Letters,* S. 345.

Seite 115

Burroughs an Allen Ginsberg, 30. Januar 1949, in: Burroughs, *Letters,* S. 39.

Burroughs, *Junky*, S. 52.

Seite 116

Kerouac an Alan Harrington, 23. April 1949, in: Kerouac, *Selected Letters,* S. 187.

Seite 117

Kerouac an Ginsberg, 5. Juli 1949, Ginsberg Collection, Special Collections, Columbia University.

Carl Solomon, »Electric Shock«, in: *Mishaps, Perhaps,* S. 24.

Seite 118

Ginsberg, zitiert in Jack Kerouac an Neal Cassady, 28. Juli 1949, in: Kerouac, *Selected Letters,* S. 217.

Solomon, in: Nicosia, *Memory Babe,* S. 284.

Burroughs an Ginsberg, 4. Juni 1952, in: Burroughs, *Letters,* S. 128.

Seite 120

Kerouac an Neal Cassady, 3. Dezember 1950, in: Kerouac, *Selected Letters,* S. 238.

Seite 122

Burroughs an Ginsberg, 1. Mai 1950, in: Burroughs, *Letters,* S. 68.

Seite 123

Corso, »Variations on a Generation«, in: Charters, *The Portable Beat Reader,* S. 184.

Burroughs an Jack Kerouac, April 1952, in: Burroughs, *Letters,* S. 115.

### Seite 124

Norman Mailer, »The White Negro«, *Dissent,* Sommer 1957; nachgedruckt in: Norman Mailer, *Advertisements for Myself* (New York: Putnam, 1959), S. 339.

Judith Malina, 2. März 1957, in: *The Diaries of Judith Malina 1947–1957* (New York: Grove Press, 1984), S. 214.

### Seite 126

Kerouac an Philip Whalen, 31. Dezember 1956, in: Kerouac, *Selected Letters,* S. 597.

### Seite 127

Burroughs, *Junky*, S. 19.

### Seite 128

Corso, in: Ronald Sukenick, *Down and In: Life in the Underground* (New York: Macmillan, 1987), S. 13.

### Seite 129

Corso, in: Ronald Sukenick, *Down and In: Life in the Underground* (New York: Macmillan, 1987), S. 24.

### Seite 130

Corso, in: Barry Miles, Hg., *Howl: Original Draft Facsimile, Transcript and Variant Versions, Fully Annotated by Author, with Contemporaneous Correspondence, Account of First Public Reading, Legal Skirmishes, Precursor Texts and Bibliography* (New York: Harper & Row, 1986), S. 124.

### Seite 133

Kerouac, 11. Mai 1955, Ginsberg Collection, Special Collections, Columbia University.

Huncke in einem Interview mit dem Autor, New York, 26. Februar 1995.

### Seite 134

Steven Watson, *Strange Bedfellows: The First American Avant-Garde* (New York: Abbeville Press, 1991), S. 194.

Kerouac an Caroline Kerouac Blake, 25. September 1947, in: Kerouac, *Selected Letters,* S. 131.

### Seite 135

Kerouac an Neal Cassady, 3. Dezember 1950, in: Kerouac, *Selected Letters,* S. 238.

Morgan, *Literary Outlaw,* S. 288.

### Seite 136

Kerouac an Cassady, 28. Juli 1949, in: Kerouac, *Selected Letters,* S. 215.

### Seite 137

Kerouac an Ginsberg, 26. Juli 1949, in: Kerouac, *Selected Letters,* S. 210.

### Seite 139

Kerouac an Yvonne Le Maitre, 8. September 1950, in: Kerouac, *Selected Letters,* S. 229.

Kerouac an Cassady, 28. Juli 1949, in: Kerouac, *Selected Letters,* S. 215.

### Seite 140

Cassady an Kerouac, December 1947, in: Kerouac, *Selected Letters,* S. 136.

### Seite 141

Kerouac an Allen Ginsberg, März oder April 1952, in: Kerouac, *Selected Letters,* S. 345.

Kerouac an Allen Ginsberg, 18. Mai 1952, in: Kerouac, *Selected Letters,* S. 357.

Kerouac an John Clellon Holmes, 5. Juni 1952, in: Kerouac, *Selected Letters,* S. 369.

### Seite 142

Kerouac an Neal Cassady, 22. Mai 1951, in: Kerouac, *Selected Letters,* S. 315.

Seite 143
Kerouac, in: Clark, *Kerouac,* S. 123.

Kerouac an Allen Ginsberg, 18. Mai 1952, in: Kerouac, *Selected Letters,* S. 356.

Burroughs, »Ginsberg's Notes«, in: *Interzone,* S. 129.

Seite 144
Kerouac, in: Clark, *Kerouac*, S. 103.

Seite 146
Kerouac an Neal Cassady, 3. Oktober 1948, in: Kerouac, *Selected Letters,* S. 168.

Gabrielle Kerouac an Jack Kerouac, 1. April 1956, in: Kerouac, *Selected Letters,* S. 574.

Seite 147
Kerouac an Neal Cassady, 3. Oktober 1948, in: Kerouac, *Selected Letters,* S. 167.

Seite 148
Burroughs an Ginsberg, 11. Januar 1951, in: Burroughs, *Letters,* S. 78.

Burroughs an Jack Kerouac, 3. April 1952, in: Burroughs, *Letters,* S. 109.

Seite 150
Vollmer an Ginsberg, 13. April 1948, in: Ginsberg Collection, Special Collections, Columbia University.

Seite 151
Burroughs, *Junky*, S. 132.

Seite 152
Burroughs, in: Morgan, *Literary Outlaw,* S. 595.

Burroughs an Jack Kerouac, 3. April 1952, in: Kerouac, *Selected Letters,* S. 340.

Kerouac, 11. Mai 1955, in: Ginsberg Collection, Special Collections, Columbia University.

Seite 153
Burroughs, *Queer,* S. xiv.

Burroughs, *Junky,* S. 116; Burroughs, *Junky,* S. 141.

Seite 154
Kerouac an Allen Ginsberg, 10. Mai 1952, in: Kerouac, *Selected Letters,* S. 352.

Seite 156
Burroughs, *Junky*, S. 35.

Seite 157
Aus Symphony Sids Bebop-Sendung, Ende der vierziger Jahre.

Seite 158
Burroughs, *Queer*, S. 21.

Seite 159
Burroughs, *Queer*, S. 5; Janet Richards, *Common Soldiers* (San Francisco: Archer, 1979), S. 323.

Seite 160
Kerouac an Allen Ginsberg, 10. Mai 1952, in: Kerouac, *Selected Letters,* S. 353.

Seite 163
Burroughs an Allen Ginsberg, 23. Mai 1952, in: Burroughs, *Letters,* S. 126.

Burroughs an Ginsberg, 10. Juli 1953, in: Burroughs, *Letters,* S. 186.

Burroughs an Ginsberg, in: Burroughs, *Letters,* S. 155.

Burroughs an Ginsberg, 8. Juli 1953, in: Burroughs, *Letters,* S. 179–180.

Seite 165
Burroughs an Ginsberg, 5. April 1952, in: Burroughs, *Letters,* S. 111.

Seite 166
Kerouac an William Burroughs, Mai 1955, in: Kerouac, *Selected Letters,* S. 481.

Seite 167
Kerouac an Solomon, 5. August 1952, in: Kerouac, *Selected Letters,* S. 376.

Kerouac an Solomon, 5. August 1952, in: Kerouac, *Selected Letters,* S. 377.

Seite 170
Kerouac, *Desolation Angels*, S. 314.

Seite 173
Burroughs an Allen Ginsberg, 30. Mai 1953, in: Burroughs, *Letters,* S. 166.

Burroughs, »International Zone«, in: *Interzone,* S. 52.

Seite 175
Burroughs, »International Zone«, in: *Interzone,* S. 49.

Burroughs an Allen Ginsberg, 29. Oktober 1956, in: Burroughs, *Letters,* S. 337.

Seite 176
Burroughs an Allen Ginsberg, 16. Juni 1954, in: Burroughs, *Letters,* S. 215.

Burroughs an Ginsberg, 12. Januar 1955, in: Burroughs, *Letters,* S. 255.

Seite 178
Kerouac an Cassady, 15. April 1955, in: Kerouac, *Selected Letters,* S. 472.

Seite 179
Kerouac an Carolyn Cassady, 26. August 1954, in: Kerouac, *Selected Letters,* S. 441.

Kerouac an Ginsberg, Mai 1954, in: Kerouac, *Selected Letters,* S. 413.

Ginsberg, in: Jane Kramer, *Allen Ginsberg in America* (New York: Random House, 1969), S. 47.

Seite 180
Burroughs an Kerouac, 3. September 1954, in: Burroughs, *Letters,* S. 233.

Kerouac, in: Kerouac, *Selected Letters,* S. 567.

Seite 182
Burroughs an Allen Ginsberg, 19. Februar 1955, in: Burroughs, *Letters,* S. 270.

Seite 183
Kerouac an Carolyn Cassady, 26. August 1954, in: Kerouac, *Selected Letters,* S. 441.

Burroughs an Kerouac, 3. September 1954, in: Burroughs, *Letters*, S. 232.

Seite 184
Orlovsky, in: Schumacher, *Dharma Lion*, S. 306.

Seite 185
Orlovsky, in: Miles, *Ginsberg,* S. 182.

Kerouac an Ginsberg, 18. Januar 1955, in: Kerouac, *Selected Letters,* S. 459.

Seite 186
Burroughs an Allen Ginsberg, 5. November 1952, in: Burroughs, *Letters,* S. 140; Burroughs »Lee's journals«, in *Interzone,* S. 73.

Seite 187
Kerouac an Ginsberg, 19. August 1955, in: Kerouac, *Selected Letters,* S. 508.

Seite 189
Kerouac an Ginsberg, 19. August 1955, in: Kerouac, *Selected Letters,* S. 508.

Burroughs an Ginsberg, 14. März 1956, in: Burroughs, *Letters*, S. 315.

Seite 190
Kerouac an Malcolm Cowley, 20. September 1955, in: Kerouac, *Selected Letters,* S. 519.

Kerouac zu Ginsberg, in: Glen Burns, *Great Poets Howl: A Study of Allen Ginsberg's Poetry, 1943–1955* (New York: Peter Lang, 1983), S. 331.

**Seite 192**
Gary Snyder, *The Real Work: Interviews and Talks, 1964–1979* (New York: New Directions, 1980), S. 5.

**Seite 193**
Rexroth, in: Brown Miller and Ann Charters, »Kenneth Rexroth«, in: Ann Charters, Hg., *Dictionary of Literary Biography,* Bd. 16 (Detroit: Gale Research, 1983), S. 463.

**Seite 198**
Rexroth, in: Brown Miller and Ann Charters, »Kenneth Rexroth«, in: Ann Charters, Hg., *Dictionary of Literary Biography,* Bd. 16 (Detroit: Gale Research, 1983), S. 460.

**Seite 199**
Michael McClure, *Lighting the Corners: On Art, Nature, and the Visionary: Essays and Interviews* (Albuquerque: University of New Mexico Press, 1993), S. 44.

**Seite 200**
Richards, *Common Soldiers,* S. 317.

Burroughs, *Junky,* S. 56.

**Seite 202**
Everson, in: Lee Bartlett, *William Everson: The Life of Brother Antoninus* (New York: New Directions, 1988), S. 45.

**Seite 203**
Kerouac, *The Subterraneans,* S. 2.

**Seite 205**
Rexroth, in: Miller and Charters, »Kenneth Rexroth«, in: Charters, *Dictionary of Literary Biography,* S. 463.

**Seite 206**
Michael McClure, in: Barry Silesky, *Ferlinghetti: The Artist in His Time* (New York: Warner, 1990), S. 47.

Robert Duncan, in: Linda Hamalian, *A Life of Kenneth Rexroth* (New York: Norton, 199 1), S. 154.

**Seite 207**
McClure, *Lighting the Corners,* S. 90.

**Seite 209**
Robert Duncan, in: Richard Candida Smith, *Utopia and Dissent: Art, Poetry, and Politics in California* (Berkeley: University of California Press, 1995), S. 169

Everson/Brother Antoninus, in: Lee Bartlett, *Benchmark & Blaze* (Metuchen, N. J.: Scarecrow Press, 1979), S. 12.

**Seite 211**
Everson/Brother Antoninus, in: Lee Bartlett, *Benchmark & Blaze* (Metuchen, N. J.: Scarecrow Press, 1979), S. 11.

Everson/Brother Antoninus, in: Bartlett, William Everson, S. 172.

Everson/Brother Antoninus, in: Bartlett, William Everson, S. 169.

**Seite 212**
Ferlinghetti, in: Larry Smith, »Lawrence Ferlinghetti«, in: Charters, *Dictionary of Literary Biography,* S. 201.

**Seite 214**
Ferlinghetti, in: Larry Smith, »Lawrence Ferlinghetti«, in: Charters, *Dictionary of Literary Biography,* S. 201.

Nach Ralph Cook, *City Lights Books: A Descriptive Bibliography* (Metuchen, N. J.: Scarecrow Press, 1992).

**Seite 221**
Philip Lamantia, in: Nancy Peters, »Philip Lamantia«, in: Charters, *Dictionary of Literary Biography,* S. 330.

**Seite 223**
Philip Lamantia, in: Nancy Peters, »Philip Lamantia«, in: Charters, *Dictionary of Literary Biography,* S. 329.

**Seite 227**
McClure, *Lighting the Corners,* S. 173.

**Seite 228**

Michael Rumaker, in: Martin Duberman, *Black Mountain: An Exploration in Community* (Garden City, N. Y.: Anchor Press/Doubleday, 1973), S. 416.

**Seite 229**

Michael Rumaker, in: Martin Duberman, *Black Mountain: An Exploration in Community* (Garden City, N. Y.: Anchor Press/Doubleday, 1973), S. 438.

**Seite 231**

Burroughs, *Junky*, S. 17.

**Seite 232**

Kerouac an John Clellon Holmes, 8. Februar 1952, in: Kerouac, *Selected Letters,* S. 338.

**Seite 233**

Burroughs an Ginsberg, 12. November 1954, in: Burroughs, Letters, S. 239.

**Seite 234**

McClure, *Lighting the Corners*, S. 37.

**Seite 235**

Kerouac an John Clellon Holmes, 27. Mai 1956, in: Kerouac, *Selected Letters,* S. 579.

**Seite 237**

Wilfrid Sheed, »Beat Down and Beautific«, in: *The Good Word* (New York: Dutton, 1978), S. 111.

Rexroth, in: Miller und Charters, »Kenneth Rexroth«, in: Charters, *Dictionary of Literary Biography,* S. 462.

**Seite 238**

Everson/Brother Antoninus, in: Bartlett, *William Everson*, S. 168.

Rexroth, in: Miller und Charters, »Kenneth Rexroth«, in: Charters, *Dictionary of Literary Biography,* S. 462.

**Seite 241**

Kerouac an Gary Snyder, 15. Januar 1956, in: Kerouac, *Selected Letters,* S. 539.

**Seite 242**

Burroughs, *Queer*, S. 69.

**Seite 243**

Burroughs an Allen Ginsberg, 13. Oktober 1956, in: Burroughs, *Letters,* S. 329.

**Seite 246**

Burroughs an Jack Kerouac und Allen Ginsberg, 2. November 1955, in: Burroughs, *Letters,* S. 302.

**Seite 247**

Burroughs an Allen Ginsberg, 15. Juli 1954, in: Burroughs, *Letters,* S. 223.

Burroughs an Ginsberg, 28. September 1958, in: Burroughs, *Letters,* S. 397.

Burroughs an Ginsberg, 20. April 1955, in: Burroughs, *Letters,* S. 271.

Burroughs, »Lee's Journals«, in: *Interzone*, S. 68.

**Seite 248**

Burroughs an Allen Ginsberg, 11. September 1959, in: Burroughs, *Letters*, S. 424.

**Seite 250**

Burroughs, *Queer,* S. xii.

**Seite 251**

Burroughs an Ginsberg, 24. Juni 1954, in: Burroughs, *Letters,* S. 217.

**Seite 253**

Burroughs an Ginsberg, 13. Oktober 1956, in: Burroughs, *Letters,* S. 331.

**Seite 257**

Donald Justice, in: Lewis Hyde, Hg., *On the Poetry of Allen Ginsberg* (Ann Arbor: University of Michigan Press, 1984), S. 41.

Schlagzeile zitiert in: Lawrence Ferlinghetti, »Horn on ›Howl‹«, in: Charters, *The Portable Beat Reader*, S. 256.

Solomon an Allen Ginsberg, 29. Dezember 1957, in: Ginsberg Collection, Stanford University; Solomon an Allen Ginsberg, 7. Juli 1959, in: Ginsberg Collection, Stanford University.

**Seite 258**

Marianne Moore, in: James E. B. Breslin, »Introduction: The Presence of Williams in Contemporary Poetry«, in: Breslin, Hg., *Something to Say: William Carlos Williams on Younger Poets* (New York: New Directions, 1985), S. 16.

Kenneth Rexroth, »San Francisco Letter«, *Evergreen Review* 1, Nr. 2 (Sommer 1957): S. 11.

**Seite 259**

Nicosia, *Memory Babe*, S. 565.

**Seite 260**

Ginsberg, in: Burns, *Great Poets Howl*, S. 404.

**Seite 261**

Kerouac an Carolyn Cassady, Anfang 1959, in: Clark, Kerouac, S. 173.

**Seite 262**

Howard Smith, ursprünglich in: *Village Voice*, 1957; zitiert in: Sukenick, *Down and In*, S. 38.

Kerouac an Neal und Carolyn Cassady, 10. Januar 1953, in: Kerouac, *Selected Letters*, S. 396.

**Seite 264**

Norman Mailer, »Hipster and Beatnik«, in: *Advertisements for Myself*, S. 374.

Rexroth, in: Miller und Charters, »Kenneth Rexroth«, in: Charters, *Dictionary of Literary Biography*, S. 462.

Ginsberg, in: Morgan, *Literary Outlaw*, S. 310.

**Seite 265**

Carl Solomon, ca. 1967, in: Kramer, *Ginsberg in America*, S. 70.

**Seite 266**

Herbert Gold, in: Burns, *Great Poets Howl*, S. 35.

Norman Podhoretz, in: Morgan, *Literary Outlaw*, S. 289.

J. Edgar Hoover, in: Morgan, *Literary Outlaw*, S. 289.

**Seite 268**

Gregory Corso, »Variations on a Generation«, in: Charters, *The Portable Beat Reader*, S. 183.

**Seite 271**

Kerouac, *On the Road*, S. 122.

Kerouac an Neal Cassady, 6. Oktober 1950, in: Kerouac, *Selected Letters*, S. 234.

**Seite 272**

Burroughs, *Junky*, S. 28.

**Seite 279**

Morgan, *Literary Outlaw*, S. 308.

**Seite 281**

Burroughs an Allen Ginsberg, 28. Oktober 1957, in: Burroughs, *Letters*, S. 375.

**Seite 282**

Burroughs an Allen Ginsberg, 18. Juni 1956, in: Burroughs, *Letters*, S. 321.

Seite 284

Kerouac an John Clellon Holmes, 24. Juni 1949, in: Kerouac, *Selected Letters,* S. 200; Allen Ginsberg, *Collected Poems, 1947–1980* (New York: Harper, 1984), S. 134.

Seite 285

Burroughs an Allen Ginsberg, 13. Juli 1952, in: Burroughs, *Letters*, S. 136.

Seite 286

Samuel Beckett, in: Morgan, *Literary Outlaw,* S. 323.

Burroughs, in: Morgan, *Literary Outlaw,* S. 320.

Seite 287

Burroughs an Allen Ginsberg, 12. Januar 1955, in: Burroughs, *Letters*, S. 255.

Seite 288

Burroughs an Allen Ginsberg, Juli 1959, in: Burroughs, *Letters*, S. 418.

Seite 289

Miller, in: Morgan, *Literary Outlaw,* S. 337.

Holland, ibd., S. 345.

Seite 293

Cassady, in: Plummer, *The Holy Goof,* S. 110.

Seite 294

Cassady an Carolyn, nicht datiert, in: Plummer, *The Holy Goof,* S. 107.

Seite 295

Ginsberg an Cassady, 4. Dezember 1960, in: Plummer, *The Holy Goof,* S. 115.

Ken Kesey, in: Plummer, *The Holy Goof,* S. 122.

Jerry Garcia, in: Plummer, *The Holy Goof,* S. 132.

Seite 296

Jerry Garcia, in: Plummer, *The Holy Goof,* S. 127.

Seite 297

Ginsberg, in: Clark, Kerouac, S. 201.

Seite 298

Wavy Gravy, in: Plummer, *The Holy Goof,* S. 146.

Seite 299

Kerouac an Ginsberg, nicht datiert, in: Nicosia, *Memory Babe,* S. 564.

Seite 300

Kerouac an Ginsberg, 29. Juni 1963, Ginsberg Collection, Special Collections, Columbia University.

Seite 301

Kerouac, in: Clark, *Kerouac,* S. 175.

Kerouac an Ginsberg, nicht datiert, in: Clark, *Kerouac,* S. 200.

Seite 302

Kerouac an Allen Ginsberg, 14. Juli 1955, in: Kerouac, *Selected Letters,* S. 500.

Seite 303

Kerouac an Ginsberg, 28. August 1958, Ginsberg Collection, Special Collections, Columbia University.

Seite 304

Kerouac an Cassady, 3. Januar 1951, in: Kerouac, *Selected Letters*, S. 273.

Corso an Ginsberg, nicht datiert, in: Nicosia, *Memory Babe,* S. 555.

Allen Ginsberg, »The Great Marijuana Hoax«, *Atlantic Monthly,* November 1966, S. 107.

Seite 305

Burroughs, *Junky*, S. 50.

**Seite 306**
Ginsberg, in: *East Village Other,* Januar 1967; quoted in: Morgan, *Literary Outlaw,* S. 385.

Ginsberg, in: Kramer, *Ginsberg in America,* S. xvi.

**Seite 307**
Ginsberg, in: Kramer, *Ginsberg in America,* S. 9.

Diana Trilling, in: McNally, *Desolate Angel,* S. 75.

**Seite 311**
Burroughs an Ginsberg, Oktober 1952, in: Burroughs, *Letters,* S. 138.

Burroughs, *Queer,* S. xxiii.

Burroughs, in: Morgan, *Literary Outlaw,* S. 571.

**Seite 312**
Burroughs, in: Morgan, *Literary Outlaw,* S. 293.

**Seite 313**
James Grauerholz, in: *William Burroughs,* Dokumentarfilm von Howard Brookner.

**Seite 314**
Burroughs, *Junky,* S. xv.

# Bibliographie


Burroughs, William. *The Letters of William S. Burroughs, 1945–1959.* Edited by Oliver Harris. New York: Viking, 1993. Burroughs' pre-fame letters.

Cassady, Carolyn. *Off the Road: My Years with Kerouac, Cassady, and Ginsberg.* New York. Morrow, 1990. The memoirs of Cassady's wife.

Cassady, Neal. *The First Third and Other Writings.* San Francisco: City Lights Books, 1971; expanded ed., 1981. Fragments of early autobiography.

Charters, Ann. *Kerouac: A Biography.* San Francisco: Straight Arrow Books, 1973. The first Kerouac biography.

———, ed. *The Beats: Literary Bohemians in Postwar America.* 2 vols. Vol. 16 of *Dictionary of Literary Biography.* Detroit: Gale Research, 1983. The best single source for the writers connected with the Beats and the San Francisco Renaissance.

Clark, Tom. *Jack Kerouac.* New York: Harcourt Brace Jovanovich, 1984. A readable introductory biography.

DiPrima, Diane. *Memoirs of a Beatnik.* Paris: Olympia Press/Traveler's Companion, 1969. Early, erotic memoirs.

Gifford, Barry, and Lee, Lawrence. *Jack's Book.* New York: St. Martin's Press, 1978. An oral history of Kerouac and friends.

Huncke, Herbert. *Guilty of Everything.* New York: Paragon House, 1990. Huncke's memoirs.

Johnson, Joyce. *Minor Characters.* Boston: Houghton Mifflin, 1983. Mermoirs of the period by Kerouac's girlfriend.

Jones, Hettie. *How I Became Hettie Jones.* New York: Dutton, 1990. Clear-eyed memoirs of the period.

Kerouac, Jack. *Selected Letters 1940–1956.* Edited by Ann Charters. New York: Viking, 1995. Annotated letters from Kerouac's pre-fame period.

McNally, Dennis. *Desolate Angel: Jack Kerouac, the Beat Generation, and America.* New York: Random House, 1979.

Miles, Barry. *Ginsberg: A Biography.* New York: Simon & Schuster, 1989. The first, highly readable biography of Ginsberg.

———. *William Burroughs: El Hombre Invisible.* New York: Hyperion, 1993. The most recent Burroughs biography.

Morgan, Ted. *Literary Outlaw:* The Life and Times of William S. Burroughs. New York: Holt, 1988. The most thorough biography of Burroughs.

Nicosia, Gerald. *Memory Babe: A Critical Biography of Jack Kerouac.* New York: Grove Press, 1983. The most exhaustive Kerouac biography.

Plummer, William. *The Holy Goof: A Biography of Neal Cassady.* New York: Paragon House, 1981. A biography of Cassady.

Schumacher, Michael. *Dharma Lion: A Biography of Allen Ginsberg.* New York: St. Martin's Press, 1992. The most comprehensive Ginsberg biography.

Solomon, Carl. *Mishaps, Perhaps.* San Francisco: Beach Books, Texts & Documents, 1968. A selection of pieces by Solomon.

Tytell, John. *Naked Angels: The Lives and Literature of the Beat Generation.* New York: McGraw-Hill, 1976. An overview of Burroughs, Kerouac, and Ginsberg.

# Credits

## Danksagungen

Besonderer Dank für die Erlaubnis zum Abdruck von bisher veröffentlichtem und unveröffentlichtem Material gilt:

*Eugene Brooks:* Excerpt from a June 1956 letter to Allen Ginsberg. Reprinted by permission of Eugene Brooks.

*Ann Charters:* Excerpts from »Kenneth Rexroth« by Ann Charters, from *The Dictionary of Literary Biography,* vol. 16, edited by Ann Charters (Gale Research, Detroit, 1983), copyright © 1983 by Gale Research Company. Reprinted by permission of Ann Charters.

*Paul Christensen:* Excerpts from »Philip Whelan« by Paul Christensen, from *The Dictionary of Literary Biography,* vol. 16, edited by Ann Charters (Gale Research, Detroit, 1983), copyright © 1983 by Gale Research Company. Reprinted by permission of Paul Christensen.

*Columbia University:* Excerpt from an April 13, 1948, letter from Joan Vollmer to Allen Ginsberg; excerpts from unpublished letters from Jack Kerouac, Carolyn Cassady, John Kingsland, Gary Snyder, and Herbert Huncke; excerpts from Allen Ginsberg's journal entries. Allen Ginsberg Papers, Rare Book and Manuscript Library, Columbia University. Reprinted by permission of Columbia University.

*Creative Arts Book Company:* Excerpts from *As Ever: The Collected Correspondence of Allen Ginsberg and Neal Cassady,* edited by Barry Gifford. Reprinted by permission of Creative Arts Book Company, Berkeley, CA, Donald S. Ellis, publisher.

*The Estate of Carl Solomon:* Excerpts from »Electric Shock« from *Mishaps, Perhaps* by Carl Solomon, excerpts from unpublished letters by Carl Solomon. Reprinted by permission of The Estate of Carl Solomon, Elaine Friedman, executrix.

*Allen Ginsberg:* Excerpts from liner notes from »Howl« (Fantasy Records) by Allen Ginsberg, copyright © Allen Ginsberg; excerpt from »A Definition of the Beat Generation« by Allen Ginsberg (*Friction,* vol. 1, nos. 2–3, 1982, and an interview granted July 14, 1995). Reprinted by permission of Allen Ginsberg.

*HarperCollins Publishers, Inc., and Penguin Books Ltd.:* Excerpts from »The Bricklayer's Lunch Hour«, »The Green Automobile«, »Howl«, »Kaddish«, and »Siesta in Xbalba«, from *Collected Poems 1947–1980* by Allen Ginsberg, copyright © 1947, 1953, 1954, 1955, 1959 by Allen Ginsberg. Copyright renewed. Rights in the United Kingdom administered by Penguin Books Ltd, London. Reprinted by permission of HarperCollins Publishers, Inc., and Penguin Books Ltd.

*Henry Holt and Company, Inc., The Bodley Head, and International Creative Management, Inc.:* Excerpts from *Literary Outlaw* by Ted Morgan, copyright © 1985 by Ted Morgan. Rights in the United Kingdom administered by The Bodley Head, London. Reprinted by permission of Henry Holt and Company, Inc., The Bodley Head, and International Creative Management, Inc.

*Hyperion and Virgin Publishing Limited:* Excerpts from *William Burroughs: El Hombre Invisible* by Barry Miles copyright © 1993 by Barry Miles. Rights in the United Kingdom controlled by Virgin Publishing Limited, London. Reprinted by permission of Hyperion and Virgin Publishing Limited.

*Marlowe & Company:* Excerpts from *The Holy Goof* by William Plummer, copyright © 1989 by William Plummer. Reprinted by permission of Marlowe & Company.

*New Directions Publishing Corporation:* Excerpts from »*True Confessional*« from *Endless Life* by Lawrence Ferlinghetti, copyright © 1973 by Lawrence Ferlinghetti. Reprinted by permission of New Directions Publishing Corporation.

*The New York Times Company:* Excerpt from »Books of the Times; Review of *On the Road*« by Gilbert Millstein (September 5, 1957), copyright © 1957 by The New York Times Company. Reprinted by permission of The New York Times Company.

*Gerald Nicosia:* Excerpts from *Memory Babe* by Gerald Nicosia (Grove/Atlantic, Inc., New York, 1983), copyright © 1983 by Gerald Nicosia. Reprinted by permission of Gerald Nicosia.

*Nancy J. Peters:* Excerpts from »Philip Lamantia« by Nancy J. Peters, from *Dictionary of Literary Biography*, vol. 16, edited by Ann Charters (Gale Research, Detroit, 1983), copyright © 1983 by Gale Research Company. Reprinted by permission of Nancy J. Peters.

*Random House, Inc., and Janklow & Nesbit Associates:* Excerpts from Allen Ginsberg in America by Jane Kramer, copyright © 1968, 1969 by Jane Kramer. Rights in the United Kingdom are administered by Janklow & Nesbit Associates, New York. Reprinted by permission of Random House, Inc., and Janklow & Nesbit Associates.

*Random House, Inc., and Lescher & Lescher Ltd.:* Excerpts from *Desolate Angel* by Dennis McNally, copyright © 1979 by Dennis McNally. Rights in the United Kingdom administered by Lescher & Lescher, Ltd, New York. Reprinted by permission of Random House, Inc., and Lescher & Lescher, Ltd.

*St. Martin's Press, Inc., and Connie Clausen Associates:* Excerpts from *Dharma Lion* by Michael Schumacher, copyright © 1992 by Michael Schumacher. Rights in the United Kingdom administered by Connie Clausen Associates, New York. Reprinted by permission of St. Martin's Press, Inc., and Connie Clausen Associates.

*Gary Snyder:* Excerpt from a June 1956 letter from Gary Snyder to Allen Ginsberg, copyright © 1956 by Gary Snyder. Reprinted by permission of Gary Snyder.

*Stanford University:* Excerpts from unpublished letters and journal entries of Allen Ginsberg. Reprinted by permission of the Department of Special Collections, Stanford University Libraries.

*Sterling Lord Literistic, Inc.:* Excerpts from *Jack Kerouac, Selected Letters 1940–1956,* edited by Ann Charters (Viking, New York, 1995); excerpts from the unpublished letters of Jack Kerouac, copyright © 1995 by The Estate of Jack Kerouac, John Sampas, literary representative. Reprinted by permission of Sterling Lord Literistic, Inc.

*Peter J. Swales:* Excerpts from the unpublished work *Burroughs in the Bewilderness* by Peter J. Swales, presented as a lecture at the Institute of Contemporary Arts, London, 1994, copyright © by Peter J. Swales. Reprinted by permission of Peter J. Swales.

*Viking Penguin:* Excerpts from *On the Road* by Jack Kerouac, copyright © 1955, 1957 by Jack Kerouac, copyright renewed 1983 by Stella Kerouac, copyright renewed 1985 by Stella Kerouac and Jan Kerouac. Reprinted by permission of Viking Penguin, a division of Penguin Books USA Inc.

*Viking Penguin and Picador:* Excerpts from *Letters of William S. Burroughs: 1945–1959* by William S. Burroughs, edited by Oliver Harris, copyright © 1993 by William S. Burroughs. Introduction copyright © 1993 by Oliver Harris. Rights in the United Kingdom administered by Picador, London. Reprinted by permission of Viking Penguin, a division of Penguin Books USA Inc., and Picador, a division of Macmillan, London.

*Viking Penguin and Wylie, Aitken & Stone, Inc.:* Excerpts from *Queer* by William S. Burroughs, copyright © 1985 by William S. Burroughs; excerpts from *Interzone* by William S. Burroughs, introduction by James Grauerholz, copyright © 1989 by William S. Burroughs. Rights in the United Kingdom administered by Wylie, Aitken & Stone, Inc., New York. Reprinted by permission of Viking Penguin, a division of Penguin Books USA Inc., and Wylie, Aitken & Stone, Inc.

*Wylie, Aitken & Stone, Inc.:* Excerpts from *Ginsberg: A Biography by Barry Miles,* copyright © 1989 by Barry Miles; excerpts from *Junky* by William S. Burroughs, copyright © 1977 by William S. Burroughs. Reprinted by permission of Wylie, Aitken & Stone, Inc.

## Illustration Credits

Seite 1 Courtesy of the Archive of Allen Ginsberg. Copyright © 1994 NYC. All rights reserved.

Seite 7 Courtesy of the Ohio State University Libraries, Rarebooks and Manuscripts, and William S. Burroughs.

Seite 11 Courtesy of Los Alamos Historical Museum Photo Archives.

Seite 13 Courtesy of Harvard Yearbook Publications, Inc.

Seite 16 Courtesy of *Burroughs: Eine bild-Biographie* by Michael Kohler.

Seite 19 © John Sampas, literary executor of the Jack and Stella Kerouac Estate.

Seite 20 © John Sampas, literary executor of the Jack and Stella Kerouac Estate.

Seite 21 © John Sampas, literary executor of the Jack and Stella Kerouac Estate.

Seite 23 Courtesy of the Archive of Allen Ginsberg. Copyright © 1994 NYC. All rights reserved.

Seite 25 Courtesy of Michael Schumacher and the Archive of Allen Ginsberg.

Seite 26 Courtesy of the Archive of Allen Ginsberg. Copyright © 1994 NYC. All rights reserved.

Seite 27 Courtesy of the Archive of Allen Ginsberg. Copyright © 1994 NYC. All rights reserved.

Seite 28 Courtesy of the Archive of Allen Ginsberg. Copyright © 1994 NYC. All rights reserved.

Seite 29 Courtesy of the Archive of Allen Ginsberg. Copyright © 1994 NYC. All rights reserved.

Seite 32 © John Sampas, literary executor of the Jack and Stella Kerouac Estate.

Seite 35 © John Sampas, literary executor of the Jack and Stella Kerouac Estate.

Seite 45 Courtesy of the Archive of Allen Ginsberg. Copyright © 1994 NYC. All rights reserved.

Seite 49 Courtesy of the Historic Newspaper Archives.

Seite 57 © 1995, Collection of Richard Lorenz, Berkeley, California.

Seite 60 Courtesy of the Ohio State University Libraries, Rarebooks and Manuscripts.

Seite 65 © John Sampas, literary executor of the Jack and Stella Kerouac Estate.

Seite 71 (left) Courtesy of the Archive of Allen Ginsberg. Copyright © 1994 NYC. All rights reserved.

Seite 71 (right) Photograph by Allen Ginsberg. Copyright © 1994 NYC. All rights reserved.

Seite 77 Courtesy of Culver Pictures.

Seite 83 Photograph by Edward D. White, Jr. Courtesy of the Archive of Allen Ginsberg.

Seite 84 Courtesy of the Archive of Allen Ginsberg. Copyright © 1994 NYC. All rights reserved.

Seite 93 Photograph by Allen Ginsberg. Copyright © 1994 NYC. All rights reserved.

Seite 99 (left) Photograph by Allen Ginsberg.

Seite 99 (right) Drawing by Robert LaVigne. Courtesy of the Robert LaVigne Papers, Rare Book and Manuscript Library, Columbia University.

Seite 108 Courtesy of Carolyn Cassady.

Seite 110 Courtesy of Carolyn Cassady.

Seite 119 Photograph by Allen Ginsberg. Copyright © 1994 NYC. All rights reserved.

Seite 128 Photograph by Harold Chapman. Courtesy of the Archive of Allen Ginsberg.

Seite 131 Photograph by Eve Arnold/Magnum Photos.

Seite 138 Photograph by Elliott Erwitt/Magnum Photos.

Seite 142 © John Sampas, literary executor of the Jack and Stella Kerouac Estate.

Seite 144 Courtesy of Carolyn Cassady.

Seite 149 Copyright © 1995 by The Estate of Jack Kerouac, John Sampas, Literary Representative. Reprinted by permission of Sterling Lord Literistic, Inc.

Seite 150 Courtesy of William S. Burroughs.

Seite 151 Courtesy of the Archive of Allen Ginsberg.

Seite 161 Courtesy of the Archive of Allen Ginsberg.

Seite 164 Courtesy of the Ohio State University Libraries, Rarebooks and Manuscripts, and William S. Burroughs.

Seite 166 Courtesy of Mr. and Mrs. Soond.

Seite 168 Courtesy of the Archive of Allen Ginsberg.

Seite 169 Photograph by Allen Ginsberg. Copyright © 1994 NYC. All rights reserved.

Seite 171 Photographs by William S. Burroughs. Courtesy of the Ohio State University Libraries, Rarebooks and Manuscripts.

Seite 174 Courtesy of the Ohio State University Libraries, Rarebooks and Manuscripts.

Seite 177 Camera in hands of Peter Orlovsky. Photograph by Allen Ginsberg. Copyright © 1994 NYC. All rights reserved.

Seite 178 Courtesy of Am Here Books.

Seite 182 Courtesy of Carolyn Cassady.

Seite 183 Courtesy of Carolyn Cassady.

Seite 184 Drawing by Robert LaVigne. Courtesy of the Robert LaVigne Papers, Rare Book and Manuscript Library, Columbia University.

Seite 186 Photograph by Allen Ginsberg. Copyright © 1994 NYC. All rights reserved.

Seite 188 Camera in hands of Peter Orlovsky. Photograph by Allen Ginsberg. Copyright © 1994 NYC. All rights reserved.

Seite 191 © Harry Redl, 1994.

Seite 193 Photograph by Walter Lehrman.

Seite 194 © 1957, by Evergreen Review, Inc. Courtesy of Barney Rosset.

Seite 196–197 Map illustration © 1995 by Eric Hanson.

Seite 201 Painting by Cornelius Sampson. Courtesy of the Collection of Robert E. Johnson.

Seite 202 Design by Bern Porter. Copyright 1945 by Circle. Courtesy of Am Here Books.

Seite 205 Photograph by Jonathan Williams.

Seite 208 © Harry Redl, 1994.

Seite 210 © Harry Redl, 1994.

Seite 213 © Harry Redl, 1994.

Seite 215 Photograph by Jack Morrison. Courtesy of Michael McClure.

Seite 216 © Harry Redl, 1994.

Seite 219 © Harry Redl, 1994.

Seite 222 © Harry Redl, 1994.

Seite 224 Portrait by Jack Kerouac, signed Jean Louis Kerouac. Copyright © 1995 by The Estate of Jack Kerouac, Inc., John Sampas, Literary Representative. Reprinted by permission of Sterling Lord Literistic, Inc. Courtesy of the Collection of Philip Whalen.

Seite 226 Photograph by Jonathan Williams.

Seite 229 Photograph by Jonathan Williams.

Seite 231 Photograph by Chester Kessler. Courtesy of the Collection of Robert E. Johnson.

Seite 233 Photograph by Ed Nyberg. Courtesy of the Ed Nyberg Photographs, 1957, Archives of American Art, Smithsonian Institution.

Seite 236 Photograph by Larry Jordan. Courtesy of Michael McClure.

Seite 240 Both illustrations courtesy of the Collection of Janice Belmont.

Seite 241 Photograph by Walter Lehrman. Courtesy of the Collection of Philip Whalen.

Seite 242 Courtesy of Am Here Books.

Seite 243 © Larry Keenan, 1967.

Seite 245 Drawing by William S. Burrougus. Courtesy of the Allen Ginsberg Papers, Rare Book and Manuscript Library, Columbia University.

Seite 247 Photograph by Allen Ginsberg. Copyright © 1994 NYC. All rights reserved.

Seite 249 Courtesy of the Ohio State University Libraries, Rarebooks and Manuscripts.

Seite 251 Photograph by Allen Ginsberg. Copyright © 1994 NYC. All rights reserved.

Seite 252 Photograph by Allen Ginsberg. Copyright © 1994 NYC. All rights reserved.

Seite 255 (left) Photograph by Jerry Stoll.

Seite 255 (right) Courtesy of Photofest.

Seite 258 Photographer unknown. Reprinted by permission of CITY LIGHTS BOOKS.

Seite 261 © John Cohen/Courtesy of Deborah Bell Photographs, New York.

Seite 263-264 Illustrations from MAD Magazine #57. Copyright © 1960 E. C. Publications, Inc. Used with permission. All rights reserved. Reprinted with permission of The Village Voice, NY, NY.

Seite 264 Illustration from MAD Magazine #57. Copyright © 1960 E. C. Publications, Inc. Used with permission. All rights reserved.

Seite 266 Courtesy of The Bettmann Archive.

Seite 268 Courtesy of Photofest.

Seite 269 © John Cohen/Courtesy of Deborah Bell Photographs, New York.

Seite 272 Photograph by Jerry Yulsman.

Seite 273 Photograph by James Oliver Mitchell.

Seite 274 Photograph by James Oliver Mitchell.

Seite 277 Photograph by James Oliver Mitchell.

Seite 280 Photograph by Allen Ginsberg. Copyright © 1994 NYC. All rights reserved.

Seite 281 Photograph by Harold Chapman. Courtesy of the Archive of Allen Ginsberg.

Seite 283 Courtesy of the Archive of Allen Ginsberg. Copyright © 1994 NYC. All rights reserved.

Seite 286 Photograph by Harold Chapman. Courtesy of The Bettmann Archive.

Seite 288 Courtesy of William S. Burroughs and Bruccoli, Clark, Layman, Inc.

Seite 290 © 1960, by Evergreen Review, Inc. Courtesy of Barney Rosset.

Seite 291 (top) Photograph by Gordon Ball.

Seite 291 (bottom) Courtesy of the Ohio State University Libraries, Rarebooks and Manuscripts.

Seite 294 © Harry Redl, 1994.

Seite 296 Photograph by Allen Ginsberg. Copyright © 1994 NYC. All rights reserved.

Seite 297 Photograph by Allen Ginsberg. Copyright © 1994 NYC. All rights reserved.

Seite 298 © Larry Keenan, 1967.

Seite 300 © John Sampas, literary executor of the Jack and Stella Kerouac Estate.

Seite 302 Photograph by Ann Charters.

Seite 305 Drawing by Allen Ginsberg. Courtesy of the Archive of Allen Ginsberg. Copyright © 1994 NYC. All rights reserved.

Seite 306 Camera in hands of Peter Orlovsky. Photograph by Allen Ginsberg. Copyright © 1994 NYC. All rights reserved.

Seite 308 © Lisa Law.

Seite 310 Photograph by Gordon Ball.

Seite 315 Photograph by Allen Ginsberg. Copyright © 1994 NYC. All rights reserved.

Seite 317 Photograph by Allen Ginsberg. Copyright © 1994 NYC. All rights reserved.

**Roadmap:** Illustration © 1995 by James Steinberg.

# Index

D



E